Tibor Simányi

Er schuf das Reich

Ferdinand von Habsburg

Tibor Simányi

Er schuf das Reich

Ferdinand von Habsburg

Amalthea

Für ihre Hilfe
danke ich meiner langjährigen Kollegin
Dr. Annie Haberkalt

Schutzumschlag: Wolf Bachmann, München
unter Verwendung eines Photos aus dem
Bildarchiv der Österr. Nationalbibliothek
Satz: Ludwig Auer, Donauwörth
Druck und Bindung: Wiener Verlag, Himberg bei Wien
Printed in Austria 1987
ISBN 3-85002-224-2

Inhalt

Textstellen im Original werden mit zeitgenössischer Orthographie angeführt, andere Zitate sind Übersetzungen.

TAFEL I

Stammtafel

der Habsburger / *der Jagiellonen*

Friedrich III.
römisch-deutscher
Kaiser, 1415–1493

⚭ 1452 Eleonora von Portugal
1436–1467

Kasimir IV.
König von Polen
1427–1492

⚭ 1454 Elisabeth,
Herzogin von
Österreich, Tochter
Albrechts II.
1437–1505

Maximilian I.
römisch-deutscher Kaiser
1459–1519

⚭ 1477 Maria von Burgund
1457–1482

Ferdinand II.
König von
Aragon
1452–1516

⚭ 1469 Isabella I.
Königin von
Kastilien
1451–1504

die katholischen Könige von
Spanien

Wladislaw II.
König von
Böhmen, 1471
von Ungarn,
1490
1456–1516

⚭ 1502 Anna von Foix
gest. 1506

Sigismund I.
König von Polen, 1467–1548
1518 Bona, Herzogin v. Mailand

Sigismund II.
König von Polen, 1520–1572
1) Elisabeth v. Österreich
2) Barbara Radziwill
3) Katharina von Österreich

Philipp I., der Schöne
Herzog von Burgund
König von Kastilien
1478–1506

⚭ 1496

Johanna, die Wahnsinnige
Königin von Kastilien
1479–1554

Anna
Prinzessin von
Böhmen u.
Ungarn
1503–1547

Ludwig II.
König von
Ungarn,
von Böhmen
1506–1526

Eleonora
1498–1558

Karl I./V.
König von Spanien
römisch-deutscher Kaiser
1500–1558
⚭ 1525 Isabella von
Portugal

Philipp II.
König von Spanien
1527–1598

Elisabeth
1501–1526

Ferdinand I.
Infant von
Spanien
Erzhzg. v.
Österreich,
König von
Böhmen, von
Ungarn, römischer König,
römisch-deutscher Kaiser
1503–1564

⚭ 1521 (Anna)

Maria
Königin von
Ungarn, Böhmen, Statthalterin der
Niederlande
1505–1558

⚭ 1521 (Ludwig II.)

Katharina
1507–1578

Die österreichisch-deutsche Linie s. auf S. 296/297

EIN VORSPIEL

Der Kongreß zu Wien im Jahre 1515

Sie waren von Preßburg gekommen oder, wie sie die Stadt lieber nannten, von Posonium. Mit großem Gefolge und unter vielen bunten Fahnen, die, um den Ruhm ihrer Reiche kundzutun, ihnen ständige Begleiter waren, wenn sie auf Reisen gingen, zogen sie nun feierlich und fröhlich gen Wien. Sie – das waren die beiden königlichen Brüder aus dem Hause der Jagiellonen, Söhne des mächtigen und erfolgreichen Königs von Polen und Großfürsten von Litauen Kasimir IV. Er hatte die Macht Litauens die russischen Fürsten fühlen lassen. Zur Gemahlin hatte er die Tochter des deutschen, ungarischen und böhmischen Habsburgerkönigs Albrecht II. genommen und so für sein Haus die Königswürden von Ungarn und Böhmen gesichert. Sein älterer Sohn Wladislaw II. herrschte seit 1471 in Böhmen und seit dem Tod des Matthias I. Corvinus im Jahr 1490 auch in Ungarn. Der jüngere Sohn Sigismund war König von Polen, der Erste dieses Namens, und Großfürst von Litauen. Die Brüder hatten in Preßburg Kaiser Maximilian I. zu Verhandlungen erwartet.

Doch Maximilian, der sich seit 1508 »erwählter römischer Kaiser« nannte, um die Kaiserwürde von Rom und dem Papsttum zu trennen – ein Entschluß von noch nicht absehbarer Auswirkung –, war nicht gekommen. Er hatte, sich auf wichtige Reichsangelegenheiten berufend, Erzbischof Matthäus Lang von Gurk nach Preßburg entsandt, um über die Streitereien des polnischen Königs mit dem Deutschen Orden, den er unterstützte, und dem moskowitischen Großfürsten Gedanken auszutauschen und auch um die christlichen Herrscher zu einem Feldzug gegen die Türken aufzurufen. Aber die tönenden Worte über den zu erlassenden Aufruf waren kaum mehr als eine fromme Pflichtübung, denn man sprach schon seit Menschengedenken mit langweilender Beharrlichkeit von der türkischen Gefahr. Von unvergleichlich größerem Interesse für alle Beteiligten und von einer Tragweite, die schemenhaft in die Zukunft wies, war jedoch der

Beschluß vom 20. Mai, nun endlich die doppelte Hochzeit stattfinden zu lassen. Deren vordergründige Akteure sollten die Königskinder sein: der neunjährige Ludwig von Ungarn und Böhmen und seine Schwester, die zwölfjährige Anna, dann der fünfzehnjährige Karl und der zwölfjährige Ferdinand und ihre zehnjährige Schwester Maria, Kinder Philipps des Schönen von Kastilien und Johannas der Wahnsinnigen und Enkelkinder Maximilians. Der sechsundfünfzigjährige Kaiser selbst wollte vor den Hochzeitsaltar treten und sich mit Prinzessin Anna trauen lassen, falls gegen die Eheschließung eines seiner Enkel Einspruch erhoben würde. Und nun zogen die Könige Wladislaw und Sigismund gen Wien. Maximilian ritt ihnen mit gleichfalls glanzvollem Gefolge und unter vielen wehenden Fahnen bis nach Schwechat entgegen und geleitete seine Gäste in die Stadt, die am äußersten östlichen Rand seines Herrschaftsbereiches lag und in der er gar nicht residierte.
Die beiden Könige und ihre Gefolgsleute und die Gastgeber erfreuten sich dann vieler gesitteter und auch ausgelassener Gelage, spektakulärer Festlichkeiten und Vernügungen aller Art. Endlich, am 22. Juli, begaben sie sich mit feierlichem Ernst in den Dom zu St. Stephan: voran die beiden Kinder Maria und Ludwig, dann der kaiserliche Großvater und der königliche Vater, hinter ihnen schritt Sigismund von Polen und ihnen folgten die Großen ihrer Reiche. Maria und Ludwig traten vor den Altar und blickten etwas befangen, doch auch neugierig hinauf zum strengen Priester, der sie trauen sollte.
Es war der Primas von Ungarn und Erzbischof von Esztergom, das man in Wien Gran nannte, der verschlagene und hartnäckige Thomas Bakócz. Aus den untersten Schichten der feudalen Gesellschaft war er in das höchste kirchliche Amt Ungarns emporgestiegen, und die Botschafter der venezianischen Republik nannten ihn »den zweiten König des Landes«, berichteten, daß seine Autorität größer als jene des Königs sei, denn dieser war schwachen Willens und minderen Geistes und auch kränklich. Sie berichteten, Bakócz sei in Ungarn »Papst sowohl als auch König, mit einem Wort: alles, was er nur sein will«. Und so wandten sich die europäischen Mächte, wenn sie am ungarischen Hof etwas zu verrichten trachteten, sogleich an den Primas, zumal sie um dessen Ambitionen und stets bereitwillige Bestechlichkeit wußten – übliche Verhaltensweisen der Zeit. Und sie schenkten und verschafften ihm Würden und Pfründen und schmeichelten ihm in feinen und schönen Briefen. Alle Welt wußte, daß es

der Einfluß Veneziens war, dem er den römischen Purpur zu verdanken hatte: Seit 1500 huldigte man ihm als dem Cardinalis Strigoniensis. Er hieß auch, gleichfalls eine freundliche Geste Veneziens, Patriarch von Konstantinopel, wo allerdings der Sultan residierte und es Istanbul nannte. Maximilian, der lächelnd und listenreich Taktierende, hatte ihm im Frühling 1505 (als einige mächtige Magnaten unter der Führung des Bannerherrn Johann Zápolya, dessen Schwester Barbara 1512 Sigismund von Polen vermählt werden sollte, gegen die Erbansprüche des Hauses Habsburg einen Kampf entfesselt hatten) in einer Urkunde zugesagt, bei der nächsten Papstwahl auf das Kardinalskollegium im Interesse des Primas von Ungarn einzuwirken. Doch Maximilians Versprechungen durfte man nicht immer ernst nehmen. Dennoch war Bakócz, als eine Nachricht den nahen Tod Julius II. angekündigt hatte, nach Rom gereist, und der Glanz seines Gefolges, mit dem er zu Beginn des Jahres 1512 in die Ewige Stadt eingezogen war, hatte sogar den verwöhnten Römern Töne des Staunens entlockt. »So glanzvoll war der Einzug«, hatte ein Unbekannter berichtet, »daß wir einen ähnlichen schon seit Jahren nicht mehr gesehen haben. Ich kann mich nicht unterfangen, den Pomp der Gewänder und den Prunk der Zaumzeuge zu beschreiben, denn ich müßte dazu hundert Augen haben ...« Ein ganzes Jahr hatte Bakócz auf den Tod Julius II. warten müssen. Während dieser Zeit hatte er jeden bestochen, der sich nur hatte bestechen lassen. Am 20. Februar 1513 war Papst Julius II. gestorben, am 4. März war das Konklave zusammengetreten. Kaiser Maximilian hatte seinen römischen Botschafter angewiesen, darauf hinzuarbeiten, daß weder ein französischer noch ein venezianischer Kardinal gewählt werde. Der König von Spanien hatte nur den einen frommen Wunsch geäußert, daß nämlich die Wahl frei, sauber und unter Einhaltung der kirchlichen Gesetze stattfinden möge. Der König von Frankreich hatte die Kardinäle seines Landes aufgerufen, einem Kandidaten die Stimme zu geben, der sich um die Wiederherstellung des Friedens in der christlichen Welt bemühe – auch ein frommer Wunsch, eher für die Weltöffentlichkeit denn für die geheime Wahl gedacht. Venedig hatte sich, wie so oft, zweideutig verhalten. Beim ersten Wahlgang hatte Bakócz acht von fünfundzwanzig Stimmen erhalten. Beim zweiten Wahlgang war einstimmig Giovanni Medici zum Papst gewählt worden. Man munkelte, der sterbende Julius habe die Kardinäle inbrünstig und drohend gemahnt, nicht den Primas von Ungarn zum Papst zu ma-

chen, weil dieser gewiß nicht seine, Julius', Politik fortsetzen, sondern mit den ehrgeizigen Franzosen Frieden schließen würde. Leo X. ernannte sodann den Primas zu seinem Legaten, damit der Kardinal in den Ländern der hl. Stephanskrone, auch in Polen, Rußland, Preußen, Schweden, Dänemark und Norwegen den Kreuzzug gegen den Türken predige – eine symbolträchtige, doch inhaltslose Geste.
Nun stand der päpstliche Legat und Primas von Ungarn auf dem Podest vor dem Altar im Dom zu Wien und blickte nachdenklich herab auf die königlichen Kinder. Ludwig und Maria erklärten sich bereit, miteinander in den heiligen Stand der Ehe zu treten. Sie wechselten die Ringe und erhielten den Segen des Kardinals. Dann trat Maximilian vor den Altar. Der Primas fragte ihn, ob er Prinzessin Anna zur Gemahlin nehmen wolle. Der Kaiser antwortete.
Der Gedanke, der nun durch das Sakrament der Ehe manifestiert werden sollte – der Gedanke nämlich, die Königreiche Ungarn und Böhmen und die österreichischen Herzogtümer zu vereinen – war nicht neu. Er lag alten dynastischen Machtbestrebungen zugrunde, er war ein Ausdruck auch des individuellen Herrschertums, wie es noch im Spätmittelalter oft das Leitmotiv der Handlungen von Fürsten gewesen war, aber es war auch ein noch nicht klar erkanntes, im tiefen Bewußtsein dennoch wirksames Gebot, das der Raum stellte, der in weitestem Sinn zu begreifende Donauraum. Doch nur durch einen gemeinsamen Herrscher, durch seine von allen als heilig anerkannten, die Gemeinsamkeit des Glaubens und der Herrscherkultur offenbarenden Würden konnten mehrere Länder auch formell zusammengefaßt werden, wie dies im vorangehenden Jahrhundert so oft geschehen war: durch Sigismund den Luxemburger, König von Ungarn und Böhmen, deutschen und lombardischen König und römischen Kaiser; durch Wladislaw, den ersten Jagiellonen dieses Namens im Donauraum; durch Albrecht und Ladislaus Postumus, die beiden Habsburger, und zuletzt durch Matthias I. Corvinus. Er war erst seit zwei Wochen tot gewesen, als Maximilian, damals deutscher König, am 20. April 1490 in einem offenen Aufruf die Stände Ungarns an das Erbrecht des Hauses Habsburg gemahnt und sie daran erinnert hatte, daß sein Vater, Kaiser Friedrich III., 1459 zum König von Ungarn gewählt worden war. Er hatte sich auf den seiner Formulierungen wegen umstrittenen Friedensvertrag zwischen Matthias und Friedrich von 1462 berufen. Er hatte, um den Erbanspruch seines Hauses den ungarischen Ständen und den fremden Höfen gegenüber zu bekräfti-

gen, den Wortlaut jenes Vertrages von 1462 drucken und die Exemplare in aller Welt verbreiten lassen – und so zum erstenmal in der Geschichte die Presse zu politischem Zweck gebraucht. Er hatte eine Delegation nach Ungarn entsandt und sie beauftragt, den Ständen auseinanderzusetzen, daß sein Vater seine Erbrechte auf ihn, Maximilian, übertragen habe. Die Gesandtschaft hatte den Ständen dargelegt, daß Maximilian als gewählter König von Ungarn die Rechte und Freiheiten der Stände achten, ohne deren Einwilligung keinen Krieg führen und sie von den »unbilligen Steuern« des Königs Matthias befreien, die Würden und Ämter der Nation nur mit Ungarn besetzen, Mähren, Schlesien und die Lausitz als Länder der hl. Stephanskrone erhalten, zwischen Ungarn und dem Reich ewigen Frieden stiften und gegen den Türken die Hilfe seiner Länder und der christlichen Fürsten erwirken würde. Alles das hatte er mit bereitwilligem Eifer versprochen. Denn mächtig war die Anziehungskraft jenes Königreichs, um dessen Besitz seit dem Aussterben der Dynastie der Árpáden im Jahre 1301 so viele Fürstenhäuser gerungen hatten: die Przemysliden, die Wittelsbacher, die Anjous, die Luxemburger, die Habsburger, die Hunyadis und die Jagiellonen.
Die Stände hatten am 25. Juli 1490 von allen Bewerbern den Jagiellonenkönig von Böhmen zum Rex Hungariae gewählt, und hintergründig war ihre Erklärung gewesen: »Die ungarischen Stände faßten nach gründlicher Überlegung den Entschluß«, hatte der Bischof von Erlau dem Gesandten Maximilians auseinandergesetzt, »daß im Interesse ihrer Länder die Wahl des tschechischen Königs am nützlichsten war, weil sein Land an Ungarn angrenzt und die Umstände es ihm erlauben, sich in Ungarn aufzuhalten, auch ist er befähigt, Mähren und Schlesien für die ungarische Krone zu erhalten. Hingegen mußten sie den römischen Kaiser und den römischen König (Friedrich III. und Maximilian) außer acht lassen, besonders deswegen, weil *diese sich auf ihre Rechte berufend* die Krone beansprucht hatten. *Doch die Stände können sich nicht der Königswahl,* von der ihre Vorfahren zu allen Zeiten Gebrauch gemacht haben, *begeben lassen*... Sie bitten also Ihre Majestäten, die getroffene Wahl gut aufzunehmen. Im übrigen ist der tschechische König, der gewählt worden, Ihrer Majestäten geliebter Blutsverwandter, denn in seinen Adern fließt das Blut des österreichischen Hauses. Und so hoffen die Stände, daß Ihre Majestäten die Erhebung des Königs mit ebengleicher Geneigtheit aufnehmen, als wäre eine der Majestäten gewählt worden.«

So treffend auch die freie Königswahl, ein eifersüchtig gehütetes Privileg der Stände, als ein besonderer Grund für die Nichtbeachtung der Kandidatur von Friedrich III. und Maximilian angeführt worden war – nicht minder entscheidend hatte auch die Einsicht gewirkt, daß ein aus der Wahl Wladislaws notwendig sich ergebendes nordisches Bündnis mit Böhmen und vor allem dem mächtigen Polen und Litauen den Ländern der Stephanskrone eine festere Rückendeckung gegen die drohende Türkengefahr aus dem Süden gewährleisten würde als eine eher lockere Bindung an die Fürsten des heiligen römischen Reiches.

Denn das Reich hatte schon jenem aufwühlenden Kampf entgegengefiebert, dessen Schauplatz Italien werden sollte: dem Kampf um die Vorherrschaft in Europa, dem Kampf zwischen Deutschland und Frankreich, dem Kampf der Häuser Habsburg und Valois. Und so war es ein klares Gebot der französischen Interessen gewesen, zu verhindern, daß ein Habsburger das machtvolle Erbe des Matthias I. Corvinus antrete, der ein straffer und wirkungsvoller organisiertes Staatswesen im Donauraum hinterlassen hatte, als es das Reich gewesen war. Ja, es war ein dringendes Gebot der französischen Diplomatie gewesen, Ungarn und Böhmen im Rücken des Reiches in die Interessensphäre Frankreichs zu ziehen – zu verhindern, daß der neue ungarische König Beatrix, die Witwe Matthias' aus dem Hause Aragon, auf dessen neapolitanischen Thron Karl VIII. von Frankreich Anspruch erhoben hatte, eheliche. Ein eifriger Parteigänger der französischen Politik in Italien war der Herzog Ludovico Sforza von Mailand gewesen, der erkannt hatte, daß Ungarn – wenn nur sein König eine milanesische Prinzessin heiratete – zumindest in das Vorfeld der Verbündeten Frankreichs geraten würde. In diesem undurchsichtigen Augenblick der diplomatischen Verwirrspiele hatte der verschlagene Priester Thomas Bakócz die Szene betreten.

Zunächst hatte sich Maximilian nicht in die Königswahl zu fügen vermocht, sondern im Herbst 1490 Westungarn mit Krieg überzogen und einige bedeutende Städte erobert. Doch aus Mangel an Geld hatte er seine Söldner nicht weiter bezahlen können und sich gegen Ende des Jahres nach Österreich zurückgezogen. Zwei Feldherrn des einstigen stehenden Heeres von Matthias I. hatten dann die Städte wieder eingenommen. Dennoch waren Maximilian im Friedensvertrag vom 7. November 1491 auffallend große Vorteile eingeräumt worden – federführend dabei war der Bischof von Györ, genannt Raab,

gewesen, eben jener Thomas Bakócz (federführend auch im wirklichen Sinn des Wortes, denn er hatte das Schriftstück nicht nur für sich, sondern auch an zweier Bannerherren Statt, da sie des Schreibens unkundig gewesen, unterzeichnet). Und dieses hatte wortreich Folgendes besagt: König Wladislaw und die gesamte Nation bekräftigten alle früheren, den Thronanspruch Habsburgs betreffenden Vereinbarungen; auf dem nächsten Landtag sollten sich die Stände durch Urkunden und Eid verpflichten, Maximilian oder dessen Nachfolger zum König zu wählen, wenn Wladislaw ohne Thronerben stürbe; und jeder Nachfolger Wladislaws sollte diese Vereinbarung bei der Thronbesteigung bekräftigen – so war der Thronanspruch des Hauses Habsburg in alle Zukunft für den Fall gesichert worden, daß der jagiellonische Mannesstamm ausstürbe. Damit aber hatten Bakócz und seine Mitstreiter gerade jenes heilige Privileg der Stände verleugnet, welches diese anderthalb Jahre zuvor Maximilian gegenüber geltend gemacht hatten: die freie Königswahl.
Nicht ohne lauten und erbitterten Einspruch des mittleren Adels waren die Bedingungen der habsburgischen Erbfolge auf dem Landtag von 1492 angenommen worden. Doch der König und seine Ratgeber hatten die aufgewühlten Gemüter zu beruhigen gewußt – und so hatten die Stände Ungarns, dann Kroatiens, Slawoniens und Dalmatiens den Friedensvertrag bekräftigt. Ansehnlich war der Preis gewesen, den sie für ihre Unterschriften und ihre 129 Petschaften an den 15 Urkunden erhalten hatten. Denn Matthias I. Corvinus hatte von ihnen Steuern eingehoben, so ein schlagkräftiges, nur ihm verantwortliches, jederzeit und jedenorts einsetzbares stehendes Heer unterhalten, dafür den Klerus und den Adel der Verpflichtung entledigt, zu Zeiten von Kriegsgefahr Truppen aufzustellen und selbst ins Feld zu ziehen. Nun waren die Stände von diesen »unbilligen Steuern« befreit worden, und man hatte die alte Wehrform wieder eingeführt: Zur Landesverteidigung war der König mit den eigenen und den von ihm besoldeten Fähnlein der Bannerherren, den »Banderien«, berufen, und nur wenn diese Armee nicht ausreichte, war dem König gestattet, die Banderien des hohen Klerus, der weltlichen Herren und der Komitate zu den Fahnen zu rufen – eine Wehrform, die, unzeitgemäß und wirkungslos, mit ein Grund für die Katastrophe wird, welche ein Vierteljahrhundert später über das Königreich hereinbricht und nachhaltig auf das Geschick Mitteleuropas, mit einigen politischen Transmissionen auch auf die weitere Entwicklung des

gesamten Abendlandes sich auswirkt. Zugleich war dieser Beschluß des Landtags auch ein erster Affront gegen die königliche Autorität gewesen, eine gefahrvolle Form der Auflehnung gegen die straffe, gerechte Zentralregierung, wie sie Matthias I. Corvinus ausgeübt hatte. Die Auflehnung hatte sich dann manchesmal in grotesken, meist aber dramatischen, ja auch in bürgerkriegähnlichen Formen geoffenbart, und hatte die Autorität der Krone untergraben.

Und standhaft gelauert hatte die Bedrohung aus dem Süden, denn die Nachricht von den würdelosen Zwistigkeiten der diversen Thronprätendenten in Ungarn nach dem Tod jenes Königs, dessen Herrschergewalt der Hohen Pforte Achtung eingeflößt hatte, war auch nach Istanbul geeilt. Also waren schon im Oktober 1490 türkische Truppen, mordend und raubend, in bosnische Gebiete, im Frühling 1491 sogar in Ungarn und zu Beginn des Jahres 1493 in Siebenbürgen eingedrungen. Doch die Abwehr hatte noch funktioniert: Einige in der Kriegsschule des Matthias I. Corvinus groß gewordene Heerführer hatten die beutegierigen Türken mit den eigenen Truppen zurückgeschlagen. Dennoch hatte die bewaffnete Abwehrkraft nach der Auflösung des aus größtenteils tschechischen, mährischen und polnischen Söldnern bestehenden »schwarzen Heeres« des Corvinus bald nachgelassen: Als im Sommer 1493 der Bei von Bosnien mit 8000 Reitern Kroatien überfallen hatte und in Kärnten eingedrungen war, da hatten ihm 5000 Kroaten und Ungarn den Rückweg versperrt und waren blutig besiegt worden. Man hatte jedoch in Wien und in Buda die Nachrichten über diese vereinzelten Waffengänge kaum beachtet. Leidenschaftliche Beachtung hatte man aber der fortschwelenden Frage der Nachfolge auf dem Thron Ungarns geschenkt. Der achtzehnjährige mächtige Bannerherr Johann Zápolya hatte 1505 um die Hand der Prinzessin Anna, Tochter Wladislaws II., angehalten (der König hatte 1502 Anna aus dem Geschlecht der Foix im Südwesten Frankreichs geheiratet, in der weiblichen Linie Vorfahren der bourbonischen Könige). Eingedenk des Vertrags von 1491 hatte aber Wladislaw II. den Grafen Johann abgewiesen, und drohend hatte daraufhin der mittlere Adel in seinem ablehnenden Verhalten einer habsburgischen Thronfolge gegenüber weiterhin beharrt, ja angekündigt, nach dem Tode Wladislaws die freie Königswahl wieder auszuüben. Also hatte Maximilian am 25. Juli 1505 von den in Köln versammelten Reichsständen 4000 Bewaffnete verlangt, damit er, dem von seinen Untertanen bedrängten König von Ungarn zu Hilfe eilend, seinen Thronanspruch geltend machen könne, und versprochen, das Königreich dem Reich einzugliedern, wenn er den Thron bestiege. Die Reichsversammlung hatte ein Hilfskorps zugesagt, und so hatte Maximilian am 13. September den ungarischen Ständen den Krieg erklärt. Doch die Aufstellung der Reichsarmee hatte sich hinausgezögert, die unüberlegte Kriegserklärung aber der nationalen Bewegung in Ungarn neue Nahrung geliefert. Der hohe Adel und Klerus, an der Spitze Thomas Bakócz und selbst Johann Zápolya, hatten sich zu guter Letzt doch noch um den König geschart, und so war in den Urkunden vom 27. und 28. März 1506 die Vereinbarung festgehalten worden, daß ein Enkel Maximilians Prinzessin Anna zur Gemahlin nehmen werde; sollte die hochschwangere Königin einen Sohn gebären, so werde dieser die Enkelin Maximilians, Maria, heiraten. Am 2. Juli hatte Königin Anna einem Sohn Ludwig das Leben geschenkt, und am 19. Juli hatten die beiden kriegerischen Parteien Frieden geschlossen. Die Königin, nachdem sie ihre Pflicht getan und einen Thronerben geboren hatte, war am 26. Juli gestorben.

Nun war man daran gegangen, die Thronfolge des Neugeborenen durch seine Krönung zum König von Ungarn und Böhmen zu gewährleisten. Im Februar 1507 hatte der Landtag zu Prag Ludwig zum Erben der böhmischen Krone erklärt und ihn zwei Jahre später gekrönt. Und am 4. Juni 1508 hatte Thomas Bakócz, nun schon Primas von Ungarn, in Stuhlweißenburg die Krönungsmesse zelebriert und den Zweijährigen zum König gesalbt. Die Bannerherren waren, einer nach dem andren, vor den Knaben getreten, um ihm das Schwert, das Zepter und den Reichsapfel zu überreichen. Dreimal, wie der geheiligte Brauch es vorschrieb, hatte der Palatin gefragt: »Wollt Ihr, daß Prinz Ludwig zum König gekrönt werde?« – und dreimal hatten die Bannerherren begeistert ausgerufen: »Wir wollen!«. Nun war das Kind auf den Thron gesetzt worden. Der Primas und der Palatin hatten ihm die 2050 g schwere Krone des heiligen Stephan, behutsam sie haltend, auf das Haupt gesetzt, dann den Gekrönten in einem goldenen Wagen vor St. Michaels Kirche außerhalb der Stadtmauern geleitet und ihn dort in den Sattel seines Rosses gehoben. Die traditionellen Schwerthiebe in die vier Himmelsrichtungen hatte im Namen des Knaben der Palatin ausgeführt. König Wladislaw hatte während der Zeremonie Tränen des Glücks vergossen. Der Knabe aber, erschreckt und geängstigt, hatte mehrmals wehklagend aufgeweint.

Nun saß er, neunjährig schon, an diesem heißen Julitag des Jahres 1515 im Dom zu Wien und begriff nicht recht, was jener würdevolle Herr auf die Frage des Primas, der ihn gesalbt und soeben verheiratet hatte, zur Antwort gab. Denn Kaiser Maximilian führte aus: Ja, er sei bereit, Prinzessin Anna zur Gemahlin zu nehmen. Dann ließ er eine Urkunde verlesen. In ihr wurde festgehalten, daß der Kaiser seine Ehe mit Prinzessin Anna nur dann als gültig anerkenne, wenn nicht einer seiner Enkel innerhalb eines Jahres die Prinzessin eheliche. In einer andren Urkunde nahm er Ludwig an Kindes Statt an, bestimmte ihn zum Statthalter im Reich und zu seinem Nachfolger in der Kaiserwürde. War der Ehevertrag zwischen dem Kaiser Maximilian und der Prinzessin Anna ein recht plumper und sogar unmoralischer Ausdruck nackter politischer Finesse, so mochte die kaiserliche Urkunde, welche die Nachfolge Ludwigs im Reich postulierte, nicht wenigen der anwesenden Großen des Römischen Reiches und der Königreiche Ungarn, Böhmen und Polen geradezu als eine staatsrechtliche Absurdität erschienen sein. Doch alle diplomatischen Winkelzüge und all die sonderlichen Urkunden, durch den verschlagenen Kardinal mit dem Segen der Kirche versehen, dienten nur dem einen Ziel: der Zusammenfassung der Königreiche und Herzogtümer im Donauraum unter einem Herrscher. Unter einem habsburgischen. Und Maximilian unterstützte fortan nicht mehr die Widersacher Sigismunds: den Deutschen Orden und den Großfürsten von Moskau.

Der Erste Wiener Kongreß ging auseinander. Der eine Teilnehmer sollte ihn nur um einige Monate überleben. Im Februar 1516 erkrankte Wladislaw II. Kurz vor seinem Tod, dem er ruhig entgegensah, diktierte er am 11. März mit festerer Entschlußkraft, als er in seinem ganzen königlichen Dasein je aufzubringen vermocht hatte, Briefe an Kaiser Maximilian und König Sigismund und bat sie, die Vormundschaft für seine Kinder, wie versprochen, zu übernehmen. Die um sein Sterbelager versammelten Herren mahnte er, die Bande zum Kaiser nicht locker werden zu lassen und treu zu seinem Sohn zu stehen, den er der besonderen Obhut des Kardinals Thomas Bakócz und des Markgrafen Georg von Brandenburg empfahl. Er starb am 13. März. Man bestattete ihn neben seiner Gemahlin in der Königsgruft zu Stuhlweißenburg. König Ludwig II. und Königin Maria bestiegen zumindest nominell die Throne Ungarns und Böhmens – nicht ganz zehn Jahre alt der eine, die andere elf Jahre.

I. Kapitel

Der Zweitgeborene

Fortgegangen war der Gatte, der Leichtlebige und Genußsüchtige, den man auch den Schönen nannte, fort im Dezember 1502 nach einem nur zu kurzen Aufenthalt in Madrid, gleichsam geflohen war er vor dem Kreis seiner hingebungsbereiten und zugleich würdevollen Untertanen. Sie hatten ihn, hatten das junge Fürstenpaar bei seinem Einzug mit flammender Begeisterung gefeiert, und vielleicht war es diese schrankenlose Entflammbarkeit, die den Vierundzwanzigjährigen so sehr erschreckt hatte, daß ihn eine heftige Sehnsucht nach der flandrischen Atmosphäre der Ungezwungenheit ergriff: Philipp, Sohn des deutschen Königs Maximilian und der Herzogin Maria von Burgund, hatte seine Gemahlin im sechsten Monat der Hoffnung allein gelassen.

Sie zehrte sich auf in glühender Eifersucht und unerwiderter Leidenschaft. Sie war bereit gewesen, ihm alles zu geben, doch er hatte ihre Hingabe nicht angenommen. Bald schon verzeichnet die gegenstandslos lodernde Liebe, als sie in Haß umschlägt, ihr fein geschnitztes längliches Gesicht mit der hohen Stirn zu einer schmerzvollen Larve, und man nennt sie La Loca, die Wahnsinnige: Johanna, die dreiundzwanzigjährige Tochter der Katholischen Könige, der Königin Isabella I. von Kastilien und des Königs Ferdinand II. von Aragon. Sie hatten ihre Kinder Johanna und Philipp aus den Niederlanden nach Madrid gerufen, damit diese als ihre Nachfolger – Isabella fühlte sich müde und krank – die Huldigung Spaniens empfingen. Nun war Philipp fort in den fernen Niederlanden, wo auch sein und Johannas dreijähriger Sohn Karl erzogen wurde. Johanna fröstelte im lärmenden Madrid.

Heimelige Stille lag über Alcalá de Henarez, der vornehmen alten Stadt, welche einst die Römer gegründet und die Mauren wiederaufgebaut hatten. Alcalá de Henarez liegt zwei Tagesreisen westlich von Madrid, im Schatten der schönen gotischen Kirche La Magistral.

Hierher floh Johanna, und ihre Eltern begleiteten sie: Isabella, die Tochter einer Geisteskranken und die Mutter einer Erbarmungswürdigen, die den Wahn der Großmutter in sich trug – Isabella selbst war eine jener in Klugheit starken und durch Tatkraft strengen Frauengestalten, die mitunter die Weltgeschichte prägten, die Heldin der Reconquista, der Zurückeroberung der spanischen Gebiete von den Mauren, die mit der Rückgewinnung Granadas 1492 vollendet worden war; Ferdinand, der sich auch König von Sizilien nannte und den man seit 1496 als den Katholischen ehrte, hatte zusammen mit seiner Gemahlin jene Lande im Glauben an Thron und Altar geeint, welche man gemeinhin als Spanien kennt. Die Eltern begleiteten die Hochschwangere nach dem ruhigen Alcalá de Henarez und umgaben sie mit Liebe, auf daß sie ihren Reichen einen Thronerben schenke.
Es war Frühling. Johanna kam bald nieder und wurde am 10. März 1503 eines gesunden Knaben entbunden. Isabella und ihr Gemahl waren überglücklich. Nicht einen Augenblick waren sie im Zweifel, welchen Namen sie dem Zweitgeborenen zulegen würden, denn sie waren sich einig darin, daß es kein deutscher Name sein sollte, nein – das Kind sollte den Namen seines Großvaters erhalten, den Namen jenes Königs, den man als den glorreichsten Aragoniens kannte, Ferdinand.
Die Taufe gestaltete man zu einem Fest des Dankes und des Jubels. Denn dieser Prinz wurde in Spanien geboren. Die ältere Schwester seiner Mutter, die Königin von Portugal, war früh gestorben und bald auch ihr Sohn Miguel, der spanische Thronerbe, dahingegangen. Seitdem war Johanna die von den Cortes 1502 bestätigte Erbin der spanischen Reiche. Sie hatte ihren ersten Sohn im fernen Gent zur Welt gebracht. Doch dieser zweite Prinz wurde in Spanien geboren, er gehörte ihnen und sollte ein spanischer Fürst werden. Der hochbetagte Francisco Jiménez de Cisneros, Beichtvater der Königin und Erzbischof von Toledo, ruhelos in seinem heiligen Eifer, die Mauren zu bekehren, wollte selbst den Knaben taufen. Er wollte dem Himmel danken für die Geburt des Prinzen, indem er einem Verbrecher, gerade als dieser zur Hinrichtungsstätte geführt wurde, Begnadigung erwirkte. Der ruhmreichen Stadt Alcalá de Henarez aber verschaffte er besondere Privilegien. Die Granden des Reiches, die dem Thron am nächsten standen, wohnten der Zeremonie der Taufe als Paten bei, andere reichten die Kirchengeräte dar. Als Ausklang und Höhepunkt des Tages wurde ein Stierkampf veranstaltet. Es war ein wildes, ein

hemmungsloses Fest. Doch es war auch eine jenem Menschenschlag eigene Symbiose von Würde, Strenge und unbedingter Begeisterung. Es war auch ein demutvolles Fest. Man feierte die Geburt eines Infanten von Spanien.

Er wurde zum Gegenstand eifersüchtiger Liebe und weitverzweigter politischer Ränke. Isabella umgab ihn mit einem eigenen Hofstaat, dem der fromme Bischof Diego Ramirez de Guzman von Catania vorstand und dem auch ein Leibarzt angehörte. Doch kaum war der Knabe ein Jahr alt, da wurde die Mutter von heftiger, von liebender und zugleich hassender Sehnsucht nach Philipp heimgesucht. Sie segelte nach Flandern und ließ das Kind zurück. Und bald ließ auch die Großmutter den Knaben allein: In Medina del Campo, wo sie ein Vierteljahrhundert zuvor mit dem englischen König Heiratspläne für ihre jüngste Tochter ausgehandelt hatte – sie alle lagen schon im Grab –, sagte nun die Königin ihren Letzten Willen dem kundigen Priester zur Niederschrift an. Man nennt ihn den Vertrag von Medina del Campo. Dann, nachdem sie das Werk der Einigung Spaniens vollbracht und ihren Nachfolger bestimmt hatte, starb sie, dreiundfünfzigjährig, am 26. November 1504. Sorgende Mutterliebe wird dem Infanten Ferdinand nicht zuteil.

Und plötzlich wollte es scheinen, daß nur Isabellas Wille und Weitsicht, nur ihre unnahbare Würde die spanischen Lande zusammengehalten hatten. Denn sogleich nach ihrem Tod entbrannte ein unheilvoller Zwist. Im Jahr 1506 zogen Johanna und Philipp – Maximilians berühmter General Niklas Graf Salm gab ihnen das Geleit – als Könige in Kastilien ein, und die von Ferdinand II. eingesetzten Erzieher brachten den kleinen Prinzen zögernd zwar, dann doch dem Geheiß Philipps folgend, nach Valladolid an den Hof. Ein würdeloser Streit der Granden entflammte um die Gunst der neuen Herrscher. Vertraute Ferdinands des Katholischen boten nun ihre Dienste Philipp dem Schönen an und forderten dafür hohen Lohn. Der Hofstaat des Infanten sollte anders gestaltet werden, andere Männer sollten ihn erziehen, und die Granden stritten voller Haß und Wut um die Posten, die sie für ihre soeben entdeckte Treue zu Philipp erhalten wollten. Der König ließ seinen Sohn nach Simancas bringen, er selbst begab sich in die alte Handelsstadt Burgos. Dort befiel ihn ein tückisches Fieber, dem er, erst achtundzwanzig Jahre alt und den Freuden des Lebens stets neugierig zugetan, am 25. September 1506 erlag. Das Gesicht Johannas erstarrte zu einer schmerzvollen Larve, sie war ihres Verstandes nicht mehr ganz mächtig. Ferdinand II. aber hielt sich gerade in Italien auf. Welche Aussichten

boten sich da einem entschlossenen Mann, wenn er sich nur des königlichen Kindes bemächtigte! Am selben Tag, an dem der König starb, erhielt Bischof Don Diego Ramirez de Guzman die Nachricht von Philipps schwerer Erkrankung und übersandte sie per Eilboten seinem Bruder Pedro Nuñez in Simancas. Dieser befestigte sogleich die Stadtmauern und bewaffnete die Bürger. Gerade zur rechten Zeit. Denn am nächsten Tag schon kamen zwei Würdenträger des Hofes, mächtige Granden, begleitet von fünfundzwanzig Bogenschützen, angeritten und wiesen drei Briefe vor. Der eine war vom 24. September datiert, trug die Unterschrift König Philipps und enthielt den Befehl, den Infanten auf die alte maurische Zitadelle von Simancas zu bringen, die – wie sonderbar! – im Besitz eines flämischen Ritters war. Wie hatte denn, zweifelten Pedro Nuñez und seine Gefährten, der todkranke König den Brief mit solch festen Schriftzügen unterschreiben können? Dann öffnete man den zweiten Brief. In ihm bezeugte Kardinal Jiménez die Echtheit des königlichen Namenszuges. Dennoch wollten ihm Pedro Nuñez und seine Mannen keinen Glauben schenken und zogen die Verhandlung dahin. Währenddessen setzte Don Diego Ramirez mit feuriger Beredsamkeit dem königlichen Rat in Valladolid auseinander, in welcher Gefahr der Infant schwebte, so daß der Rat in aller Eile eine Abordnung unter dem Befehl von Don Diego Ramirez nach Simancas entsandte und ihr dreitausend Bewaffnete beigab. Als sie vor den Stadtmauern ankamen, gelangte auch die Nachricht vom Hinscheiden Philipps dorthin. Mit seinem Tod aber erlosch die Befehlsgewalt des Königs, und die vorhin noch so hochmütig, ja drohend auftretenden Granden als Vollstrecker des königlichen Willens flehten Pedro Nuñez und Diego Ramirez um Schutz an – denn schon hatte sich unter dem Volk das böse Gerücht verbreitet, die beiden Granden hätten den Infanten von Spanien mit Hilfe des flämischen Ritters auf der Festung nach Flandern ausliefern wollen. Zu guter Letzt einigte man sich, daß eine Leibwache von hundert Bürgern von Simancas den kleinen Prinzen nach Valladolid bringen sollte.
Zwei Zeitgenossen haben die Ereignisse von Simancas für die Nachwelt festgehalten. Die Ausführlichkeit ihrer Berichte, mit welcher sie die kleinsten Einzelheiten gewissenhaft beschreiben, zeigt lebhaft die Erregung des Volkes und seine Anteilnahme am Schicksal des Infanten. Sie zeigt auch, in wie hohem Maß ein königliches Kind – in Spanien ebenso wie in Ungarn und in allen Ländern dieser Zeit, da

das Gottesgnadentum der Monarchen als regierendes Prinzip das Fortbestehen des Staatswesens bestimmte – Gegenstand politischer Ränke war.
Nun eilte Ferdinand der Katholische aus seinem umstrittenen sizilianischen Königreich nach Kastilien und übernahm die Regierung des Landes. Alle Liebe, deren er beim Anblick seiner wahnsinnigen Tochter nicht mehr fähig war, brachte er dem Enkel entgegen, der seinen Namen trug. Denn Johanna wandelte Nacht für Nacht hinter dem offenen Sarg ihres Gemahls einher und vermochte sich nicht von dem einbalsamierten Leichnam zu trennen, nur für ihren Sohn hatte sie noch hie und da einen Blick übrig. Doch Ferdinand ließ nicht zu, daß der Infant der Ausstrahlung der Irren ausgesetzt werde. Bald schon entschwindet sie auch dem Gesichtskreis des Knaben für immer, sie zieht sich 1509 nach Tordesillas zurück, der altkastilischen Stadt am Dueroﬂuß. Dort lebt sie fortan in der selbstgeschaffenen und unergründlichen Welt ihrer schmerzvollen Träume noch sechsundvierzig Jahre. Ihre beiden Söhne werden handelnde und bestimmende Akteure der Geschichte, ihre vier Töchter Königinnen mächtiger Reiche: Eleonora heiratet Emanuel I. von Portugal und nach dessen Tod, gleichsam als Bekräftigung des denkwürdigen Friedensvertrags von Madrid 1525 zwischen Kaiser Karl V. und Franz I. von Frankreich, den französischen König; Isabella wird die Gemahlin Christians II. von Dänemark, und Katharina die Johanns III. von Portugal; Maria wird Königin von Ungarn und Böhmen.
Der Infant Ferdinand wuchs in Geborgenheit heran, abgöttisch geliebt vom Großvater und von ganz Spanien. Ihm wurde nur langsam bewußt, daß er in fernen Ländern einen älteren Bruder und auch noch einen zweiten Großvater hatte, den deutschen König. Maximilians Sorge aber galt Karl, dessen Rechten in Kastilien. Er schmiedete immer neue Heiratspläne, abenteuerliche manchmal – so wollte er Heinrich VII. von England mit seiner wahnsinnigen Schwiegertochter verheiraten –, sprunghaft ging er daran, die Macht seines Hauses durch Eheschließungen zu erweitern, sprunghaft von Plan zu Plan, aber unermüdlich. Es beruhigte ihn, daß Ferdinand der Katholische in einem Brief vom 4. Juni 1507 Maximilian erklärt hatte, er betrachte Karl und dessen Nachfolge mit dem gleichen Wohlwollen wie der deutsche König selbst: »... Wir fragen Euch sehr herzlich, ob Ihr es für gewiß nehmt, daß Wir in den Angelegenheiten, welche die Gewißheit der Nachfolge des erlauchten Prinzen Don Carlos, unseres

sehr teuren, sehr geliebten Enkels betreffen, ... den selben Willen wie Eure Majestät haben ...«. Dennoch wollte Maximilian im Verhalten König Ferdinands dunkle Gefahren erblicken, und nur die kluge Tochter des Kaisers, Margarete, zweimal verwitwet und nun an des minderjährigen Karl Statt Regentin der Niederlande, konnte mit feinem Takt einen Bruch von unabsehbarer Folge zwischen den beiden Großvätern verhindern. Und so kam es im Dezember 1508 im nordfranzösischen Cambrai zwischen Maximilian – seit dem Februar dieses Jahres »erwählter römischer Kaiser« –, dem Katholischen König Ferdinand II. und Ludwig XII. von Frankreich zu einer Übereinstimmung, die sie eine Liga nannten. Ihr schloß sich fünf Monate später auch Papst Julius II. an. Ziel der Liga war es, das durch Reichtum mächtige Venedig zu vernichten, die mit den Türken paktierende Republik unter sich aufzuteilen, und so luden sie auch König Wladislaw II. von Ungarn ein, der Liga beizutreten, und stellten ihm die Zurückeroberung Dalmatiens in Aussicht. Als dann die Franzosen am 14. Mai 1509 bei Agnadello östlich von Mailand, mit dem Ludwig XII. erst vier Jahre zuvor belehnt worden war, einen großen Sieg über die Venezianer errangen, trat in Buda eine Versammlung zusammen, um den Beitritt Ungarns zur Liga zu beratschlagen. Doch nicht nur die Zurückeroberung Dalmatiens war Gegenstand der Diskussionen, sondern auch die feierliche päpstliche Zusage, nach der Niederringung der Republik Venedig im Zusammenwirken mit den anderen europäischen Mächten einen großen Feldzug gegen das Osmanische Reich zu eröffnen. Man konnte sich nicht einigen. Viele nur zu mächtige Freunde Venedigs, an der Spitze der Primas Thomas Bakócz, zögerten die Beschlußfassung hinaus – und sollten bald durch die Ereignisse bestätigt werden. Auch die sehr berechtigte Einsicht wirkte in der Verzögerungstaktik mit, daß Venedig, sobald Ungarn Dalmatien angriffe, den Türken zu Hilfe rufen würde. Doch die Stände konnten keine Aussicht auf Erfolg erblicken, wenn das Land ohne Bundesgenossen dem osmanischen Ansturm standhalten sollte. Der feierlichen päpstlichen Zusage wollte niemand ernsthaften Glauben schenken: Nur zu lebendig war die Erinnerung an die hochfliegenden Worte des Kardinallegaten Giuliano Cesarini über päpstliche Kreuzzugsvorbereitungen, mit welchen er den ersten Jagiellonen auf Ungarns Thron, Wladislaw I., zum Bruch der Übereinkunft mit der Pforte bewogen hatte, und an die Niederlage des christlichen Heeres bei Varna an der Westküste des Schwarzen Meeres, bei dem auch der junge und begabte König gefallen war. Und tatsächlich: Ende Juni 1510 traf in Buda die Nachricht ein, der Papst habe sich von der Liga von Cambrai getrennt und sich mit Venedig ausgesöhnt. Inzwischen hatte ein venezianischer Feldherr Padua zurückerobert. Die Liga brach auseinander – doch nicht so sehr infolge der militärischen und diplomatischen Gegenzüge Venedigs, sondern viel eher deswegen, weil die Interessen und Neigungen der ungleichen Verbündeten einander widersprachen. 1511 gelang es sogar Julius II., Ferdinand von Aragon zu einer »Heiligen Liga« mit Venedig zu bewegen, zu einem Bündnis gegen die französische Übermacht in Norditalien. In den diversen Heiratsplänen der Herrschenden, in ihren immer wieder aufflammenden Streitigkeiten über die Nachfolge auf dem Thron bald dieses, bald jenes Landes, in den Bündnissen und Gegenbündnissen spiegelten sich – während der Schatten der osmanischen Weltmacht drohend über Europa fiel – die wirren dynastisch-politischen Tendenzen des heraufdämmernden 16. Jahrhunderts. Der Infant Ferdinand war ein vornehmes Objekt der einander durchkreuzenden Bestrebungen.

Sie waren im Südwesten Europas besonders verworren. In den Ländern der italienischen und der iberischen Halbinsel regierte die Selbstsucht, in die sich religiöse und nationale Einsichten mengten, und alle widersprüchlichen Verbindungen wurden durch »heilige Ligen«, durch die Zusammenführung von fürstlichen Partnern in der ausgehandelten Ehe und unter Anrufung der dynastischen Ordnungsstruktur und der disziplinierenden Gewalt der Kirche sanktioniert. Italien war der Kreuzungspunkt französischer, deutscher, spanischer und türkischer Machtvorstellungen. Der siegreiche Vormarsch der Franzosen im Norden Italiens hatte in Papst Julius II. della Rovere, Freund Michelangelos und Patron der italienischen Kunst, ein italienisches Selbstbewußtsein geweckt und ihn bewogen, sich auf die Seite des bedrängten Venedig zu schlagen (darum auch seine Mahnung auf dem Sterbebett an die italienischen Kardinäle, ja nicht einen Fremden, der noch dazu den Franzosen geneigt sein könnte, zum Papst zu wählen).

Die Nachfolge auf dem Thron Spaniens war fraglich geworden: Ferdinand der Katholische hatte, kaum ein Jahr nach dem Tod seiner Gemahlin, Germaine aus dem Geschlecht der Foix geheiratet (um in den Besitz des Königtums Navarra zu gelangen: 1512 besetzt er dessen spanischen Teil, das Königreich wird 1515 auch formell für die

Krone Kastiliens annektiert) – im Vertrag von Blois vom 12. Dezember 1509 sah sich Kaiser Maximilian unter dem Schiedsrichteramt des Königs von Frankreich gezwungen, Ferdinand den Katholischen als Regenten von Kastilien anzuerkennen und ihm auch noch zuzugestehen: Sollte Johanna sterben oder sollten aus der Ehe Ferdinands mit Germaine de Foix männliche Nachkommen hervorgehen, dann würde Ferdinand die Verwaltung bis zum fünfundzwanzigsten Lebensjahr ihres Enkels Karl innehaben. (Als Maximilian diesen Vertrag am 1. Januar 1510 in Bozen ratifizierte, war Karl zehn Jahre alt, König Ferdinand aber achtundfünfzig. Fast auf den Tag genau sechs Jahre nach dem Vertragsabschluß ist er tot. Und fünf Jahre nach dem Vertrag erklärt sich Maximilian im Dom zu St. Stephan von Wien bereit, die zwölfjährige Anna von Ungarn zu heiraten – er selbst oder an eines seiner Enkel Statt. Die Heiratspläne der Fürsten als Mittel zur imperialen Erweiterung des Machtbereichs ihrer Häuser oder als zeitweilige Mächtegruppierung gegen Dritte durchzogen ganz Europa, und der sakramentale Inhalt der Ehe verlieh den innerlich oft so unwahren Bindungen den Schein göttlicher Legalität.)

Nun heckten zwei kluge Frauen einen weiteren Heiratsplan aus: Königin Germaine von Aragon und Königin Anna von Frankreich (nacheinander Gemahlin Karls VIII. und Ludwigs XII.), geborene Prinzessin der Bretagne, beide auch miteinander verwandt, regten an, die zweitgeborene Tochter des französischen Königs, Renèe, und den Infanten Ferdinand zu verheiraten. Das gemeinsame Interesse, das durch diese Ehe wahrgenommen werden sollte, sahen sie darin, daß Frankreich, im Süden entlastet, die Bretagne gegen englische Ansprüche wirkungsvoller verteidigen konnte und daß Ferdinand II. sich den Besitz Navarras sicherte. Der Katholische König griff den Plan gierig auf, und seine Liebe zum Infanten fand einen rührenden Beweis in der Weisung für seinen Sekretär und Gesandten: »Er ist ein sehr hübscher, intelligenter und guter Junge, er hat sich auch bereits viel mehr entwickelt, sowohl geistig wie auch körperlich, als man es sich bei seinen Jahren vorstellen kann.« Gleich einem erhellenden Sonnenstrahl durchbrach plötzlich reines väterliches Fühlen die weite Landschaften überdeckenden trüben Wolkenfelder der Politik, zumal Ferdinand, immer kränklicher werdend, wohl erkannt hatte, daß er mit seiner jungen Frau nie würde Kinder zeugen können.

Um so inniger wurde seine Liebe zum Enkel, um so dringender der Wunsch und um so angespannter der Eifer, dem Infanten zur Macht,

zu einem Reich zu verhelfen. Noch wurde der französische Heiratsplan und somit eine Belehnung des Prinzen mit Mailand, Pavia und Genua, ja auch mit Neapel durch König Ludwig XII. an beiden Höfen und auch in Burgund und in Italien beraten – da entsandte König Ferdinand einen Boten nach Rom, zu Kardinal Lang von Gurk, der Kaiser Maximilian gerade beim Heiligen Stuhl vertrat. Ferdinands Gesandter setzte dem wohl überraschten Kardinal auseinander, der König habe sich für eine Verbindung mit dem Kaiser gegen Venedig entschlossen und sei bereit, für das große Ziel, die Vernichtung der Republik, alle seine Kräfte einzusetzen, vorausgesetzt, daß der Kaiser den Infanten und dessen Nachkommen mit dem venezianischen Staat belehne. Er und der Kaiser würden dann schon Venedig gemeinsam regieren. Und wenn Maximilian den Infanten auch noch mit der Grafschaft Tirol belehnte, sei er, König Ferdinand, bereit, seinen Enkel nach Italien und Deutschland zu senden, damit dieser die Sprachen und die Sitten der beiden Länder kennen lerne, obwohl ihm eine Trennung von seinem Enkel gleichbedeutend wäre mit dem Verzicht auf das Leben. Doch möge Don Ferdinand Generalstatthalter und Stellvertreter des Prinzen Karl im ganzen Haus Österreich, in Burgund und im ganzen deutschen Reich werden. Kardinal Lang berichtete von diesem Vorschlag des Katholischen Königs am 16. November 1513 aus Viterbo an Maximilian, und fügte noch hinzu, was ihm der spanische Gesandte als eine persönliche Beobachtung mitgeteilt hatte: Sooft der König von der Nachfolge Ferdinands spreche, habe er Tränen in den Augen (habet lachrimas in oculis), so groß sei seine Liebe zu seinem Enkel, dem er eine Zukunft als mächtiger Herr voraussage, denn dieser habe die besten Talente (optimam indolem). Dann riet der Kardinal, ganz Diplomat, dem Kaiser, unverzüglich eine Belehnungsurkunde für Don Ferdinand, vom Kaiser unterzeichnet, an ihn zu schicken.
Von allen liebevollen Vorstellungen und hochfahrenden Plänen, die für den nun schon zehn Jahre alten Ferdinand entwickelt wurden, enthielt dieser letzte diplomatische Vorstoß die Möglichkeit zur Wende. Denn er traf den Wunsch Maximilians, den sehnlichsten, der ihn immerfort antrieb: die Ausweitung und die Verankerung der Macht seines Hauses. In diesen Wunsch stimmten viele mächtige Kreise in den Landen des Kaisers ein: Es schwebte ihnen ein großes lombardisches Reich vom Mittelmeer bis zur Adria vor, das Venedig umklammern und schließlich aufsaugen sollte. Maximilian aber

nannte zwei Bedingungen seiner Zustimmung zur französischen Ehe von Don Ferdinand: Der Infant möge auf sein Erbrecht in Deutschland verzichten, und Karls Erbe sollten Spanien, Deutschland und die beiden Sizilien bilden.

Die auf Italien gerichteten Pläne des spanischen und des französischen Königs und des Kaisers erweckten in dem für die Künste und die Antike sich begeisternden Sohn des Prächtigen Lorenzo, den seine florentinischen Mitbürger auch den Weisen genannt hatten, in Papst Leo X. das Schreckensbild eines auseinandergerissenen Italien. Er wandte sich an die Eidgenossen, denen es ja auch nicht gleichgültig sein konnte, welcher Fürst ihr Nachbar im Süden würde, und mit flammenden Worten der Entrüstung berichtete der Kardinal von Sion (Sitten) auf dem Züricher Tag am 4. April 1514, Ludwig XII. von Frankreich beabsichtige, seine Tochter dem zweitgeborenen Enkel des Katholischen Königs zu vermählen und ihnen beiden Mailand zu verleihen. Mehr noch, ereiferte sich der Kardinal, dieser Ferdinand würde nicht nur über Spanien und Neapel herrschen, sondern auch über Kalabrien und sogar Venedig, dazu noch über das Erzherzogtum Österreich und wäre dann Herr der halben Christenheit. Man blies zum Sturm gegen die Verbindung der Häuser Valois und Habsburg.

Letztlich aber war es Maximilian selbst, der diese Pläne mit Lässigkeit fahren ließ, indem er, phantasievoll und auf manch erbrechtliche Gegebenheiten bedacht, unermüdlich die Länder östlich von seinem Erzherzogtum in seine Hausmacht einzubinden suchte. Litauen und Polen, Böhmen und Ungarn figurierten in der diplomatischen Korrespondenz der Zeit als machtvolle und stabile Reiche, der Ruhm ihrer großen Herrscher Kasimir IV. und Matthias I. Corvinus reichte über deren Herrschaftsbereiche und auch über deren Regierungszeiten hinaus. Gewiß, die Herrschaft des Hauses Jagiello war vielleicht doch nicht so fest gefügt, daß eine Verbindung seiner Länder mit dem Weltreich, das Karl einmal erben würde, zu günstig erscheinen wollte. Aber der jüngere Enkel mußte der gegebene Gegenstand der weitgesponnenen Pläne Maximilians sein. Dessen Gesandter war viermal nach Ungarn gereist, bis er endlich das Einverständnis der dortigen Stände mitgebracht hatte. Der Kaiser war sogar in einem Brief seines Gesandten vom 21. März 1513 aufgefordert worden, in der Sache »eur bayder Magestaten khinder halben« einstweilen so viel zur Kenntnis zu nehmen und, »wo (sobald) es muglich were«, mit dem

König von Ungarn zusammenzutreffen. Doch auch König Ferdinand, und er erst recht, entwickelte weitreichende Pläne für seinen Enkel und war, gerade als die Zustimmung Wladislaws II. bei Kaiser Maximilian einlangte, nahe daran, die französische Heirat des Infanten in die Wege zu leiten. Da starb am 1. Januar 1515 Ludwig XII. von Frankreich, und schon im März desselben Jahres wurde Renèe, bis dahin für Don Ferdinand bestimmt, seinem Bruder Karl zugesprochen.

Die französischen Heiratspläne waren es gewesen, die Maximilian den endlichen Anstoß gegeben hatten, selbst über die Zukunft Ferdinands zu verfügen. So war es im Mai 1515 zu den Vereinbarungen mit Wladislaw II. von Ungarn und Sigismund I. von Polen in Preßburg gekommen, die der rührige Kardinal von Gurk ausgehandelt hatte, so auch zu der Doppelhochzeit zwei Monate später in St. Stephan zu Wien. Allerdings stellten sich dem Kaiser einige Hindernisse in den Weg, seinen Verpflichtungen, die er in Wien eingegangen war, nachzukommen: Sie waren in seiner gespannten Beziehung zu König Ferdinand II. begründet. Denn nur der Katholische König, der die elterliche Gewalt über den Infanten ausübte, konnte dessen Einwilligung zur Hochzeit mit Anna vermitteln. Karl aber, am 15. Januar 1515 für großjährig erklärt, hatte die Regentschaft in den Niederlanden von seiner Tante Margarete übernommen und war in das Fahrwasser einer franzosenfreundlichen und gegen Spanien gerichteten Politik geraten. Die beiden Prinzen waren Schlüsselgestalten der internationalen Intrigen, welche die einzelnen Höfe ausheckten, und der Winkelzüge, welche die Diplomaten, nicht selten nur Abenteurer der Diplomatie, unternahmen.

Ferdinand der Katholische war krank – böse Zungen in Spanien und in Burgund, in Italien und in Frankreich verbreiteten das Gerücht, seine junge Frau habe ihm einen geheimnisvollen Liebestrank verabreicht, damit er Nachkommen in die Welt setzen könne, doch der Trank sei ihm schlecht bekommen. Der König hatte am 2. Mai 1512 in Burgos ein Testament aufgesetzt und darin zwar die Rechte seines erstgeborenen Enkels anerkannt und ihn bei der Regierungsunfähigkeit Johannas zum Regenten bestellt, aber auch bestimmt, daß bis zur Ankunft Karls Ferdinand das Land verwalten sollte. In Burgund witterte man Verrat. Immer bedrohlicher schwanden die Körperkräfte König Ferdinands dahin. Und immer erholte der König sich doch wieder und nahm nach wie vor an fröhlichen Jagden teil. Nein, seinen Tod konnte man nicht verläßlich in Rechnung stellen.

Karl, jung, aufrichtig und unerfahren, ließ sich zu einem Vertrag mit König Franz I. von Frankreich überreden, dessen einige Bestimmungen Navarra betrafen und, versteckt zwar, doch unüberhörbar, drohende Töne gegen König Ferdinand enthielten. Eine Entfremdung des Großvaters vom Enkel tat sich auf. Und auch die Gefahr, daß gewisse Kreise Spaniens Karl, den künftigen Herrscher, als einen Fürsprecher französischer Interessen ansahen – in jenem Spanien, in welchem ein dunkler Haß gegen den Nachbarn im Norden mit der Selbstverständlichkeit einer unangefochtenen Überlieferung brannte. Und jene Abenteurer der Diplomatie, die an diesem oder jenem Hof durch Einflüsterungen, durch ein heimtückisch gemeines Gemisch von Halbwahrheiten und absichtsvoller Verdrehung der Tatsachen, einen zeitweiligen Einfluß erlangten, trachteten auch danach, zwischen den beiden Brüdern Karl und Ferdinand, die einander nicht kannten, Mißtrauen und Zwist zu entfachen. Aber ihre Wühlarbeit war doch nur das Ergebnis von Kurzsichtigkeit, denn sie mußte letztlich dem Ansehen Karls, des künftigen Herrschers von Spanien, von dem sie Gunst und Belohnung erwarteten, schaden. Es wurden immer wieder neue Fäden gedreht und dann zerrissen. Doch alle Intrige reichte nicht an die gerade sich entfaltende Persönlichkeit der Brüder heran, vermochte nicht ihrer beider natürlichen Anlagen und Begabungen nachteilig zu berühren. Wenn auch manch niederträchtige Intrigen gesponnen wurden, so doch unabhängig von ihrem Wollen, ihrer Einsicht und ihrer Gefühlswelt. Die beiden Großväter wachten trotz aller Unterschiedlichkeit persönlicher Interessen über ihre Enkel und deren Zukunft. Das geheiligte Prinzip der Primogenitur blieb unangetastet.

Der Kaiser war eifrig auf die brüderliche Eintracht zwischen Karl und Ferdinand bedacht. Ihm war die Familie, war das Familiengefühl, ihm war die Zusammengehörigkeit der Mitglieder seines Hauses ein hohes Gebot und ethischer Wert. Er ordnete an, daß Karl einige schöne Briefe schreibe an den Katholischen König, an seine Mutter und auch an den Bruder, den er mit »Erzherzog« anreden möge. Den König ließ der Kaiser durch seinen Gesandten wissen, er habe diesem aufgetragen, dem Infanten von dem Befinden seiner Geschwister zu berichten, ihm Grüße von ihnen auszurichten und ihn zu ermahnen, den König, die Königin und seinen Bruder zu lieben und zu achten. Es wurde beschlossen, einen Mann als Unterhändler nach Spanien zu entsenden, dessen guter Ruf als Gelehrter und Mann von Charakter ihm vorauseilte und der das verantwortungsschwere Amt des Erziehers von Karl ausübte. Es war dies der Niederländer Adrian Florensz Boeyens (er wird zum Bischof von Tortosa, zum Großinquisitor von Aragon und zum Kardinal ernannt und nach dem Tod Leos X. 1522 zu dessen Nachfolger gewählt werden: Papst Hadrian VI.). Er sollte das Einvernehmen zwischen den beiden Höfen befestigen. König Ferdinand war zu Beginn des Jahres 1516 schon vom nahen Tod gezeichnet. Angesichts der Ewigkeit, in die er, der erste Katholische König Spaniens, bald eingehen würde, verlangte es auch ihn nach endgültigen Entschlüssen. Ein Vertrag zwischen ihm und Karl kam zustande, in dem festgehalten wurde, daß der Prinz erst nach dem Hinscheiden des Königs in dessen Landen zu regieren beginnen sollte; der König werde den Infanten Ferdinand mit einer gut ausgerüsteten Flotte noch in diesem Frühling nach den Niederlanden senden, und Karl sollte mit derselben Flotte, jedoch ohne bewaffnete Begleitung, den König besuchen; Karl werde veranlassen, daß Don Ferdinand in seiner Abwesenheit seine Länder mit deren Zustimmung und mit dem Beistand seiner Tante Margarete regiere. Es war auch das Werk Adrians, daß der König jene Bestimmung seines Testaments von Burgos, mit welcher er Ferdinand in der Abwesenheit Karls zum Regenten von Spanien bestimmt hatte, nun abänderte. Und er erkannte zum zweiten Mal und in feierlicher Form das Erbfolgerecht Karls an.

Aber am Brüsseler Hof gewann wieder die französische Orientierung gegen Ferdinand den Katholischen an Einfluß, und der von Adrian ausgehandelte Vertrag fand keine gute Aufnahme. Man überlegte sogar, ob nicht Karl selbst nach Spanien reisen und, dem Beispiel seines Vaters folgend, sich als König huldigen lassen sollte. Auch andere abenteuerliche Pläne zog man in Erwägung, und in fieberhafter Geschäftigkeit flogen die Tage dahin. Da langte am 8. Februar 1516 die Nachricht in Brüssel ein, König Ferdinand II. der Katholische von Aragon sei am 23. Januar in Madrigalejo gestorben. Alle Prachtentfaltung, welche die Kirche bei der Trauerkundgebung nur zu bieten bereit war, wurde in der Kathedrale St. Gudula für das Seelenheil des verstorbenen Königs aufgeboten, und mit steifer Feierlichkeit, deren ernsten Glanz die kaum verhüllbare Freude doch durchbrach, proklamierte man »die Katholischen Könige Doña Juana und Don Carlos«. In Spanien selbst erkannte man diesen Akt als rechtmäßig an und drängte darauf, daß der neue König bald die offiziellen Huldigungen der Cortes entgegennehme.

Die anderen Höfe verharrten in lauernder Wartestellung. Die Signoria von Venedig rechnete mit Unruhen in Spanien und erwartete, daß der Kaiser, der gerade gegen die Republik rüstete, seinen Enkeln würde zu Hilfe eilen müssen. Franz I. von Frankreich hoffte, von Papst Leo X. mit dem Thron Neapels belehnt zu werden, und nur durch Maximilians kriegerisches Auftreten wurde dieser Belehnungsakt nicht durchgeführt. Kardinal Jiménez de Cisneros, Regent von Kastilien, mahnte Karl immer eindringlicher, sein Königreich endlich in Besitz zu nehmen. Dennoch vergingen anderthalb Jahre, ehe Karl die Herrschaft über das Land, das er nicht kannte, übernahm. Die christliche Welt war an einem Wendepunkt angelangt. Ihre Zukunft, so wähnte man, würde von der Eintracht oder dem Zwist der beiden Brüder bestimmt werden. Die andere Welt, die übermächtige und mohammedanische, zog man als mitbestimmenden Faktor nicht in Erwägung.

An dem Katholischen König hatte sich der Knabe Ferdinand im höfischen Leben und im Umgang mit den Granden und den Priestern orientiert, auf ihn war seine Gefühlswelt, da er eine Mutter nicht kannte und die Großmutter früh gestorben war, ausgerichtet. Er war, reizbar und überempfindlich an der Schwelle zum Mannwerden, krank geworden, als er die Nachricht vom Tod des Großvaters vernommen hatte. Doch man ließ ihm nicht Zeit noch Muße, sich der Trauer hinzugeben. Der achtzigjährige Kardinal Jiménez eilte zu ihm nach Guadalupe. Der vitale Greis war aus der Schule der Königin Isabella hervorgegangen. Streng, gebildet, überlegen, gewohnt, in größeren Perspektiven zu denken, hatte er so manche kniffligen diplomatischen Aufgaben gemeistert. Viele sahen in ihm eine Verkörperung jenes neuen Spanien, das mit allen seinen Fasern in der nun schon heroisierten Vergangenheit des Ringens um die Einheit wurzelte und zugleich gläubig sich dem Abenteuer einer aufdämmernden imperialen Größe hingab, welche durch die Würde eines Königs von Spanien mehrere Kontinente erfassen sollte. Jiménez war Ferdinand, war dem Herrscherprinzip, das der Person Ferdinands kraft seiner Geburt innewohnte, mit der gleichen Macht des Glaubens ergeben wie seiner Kirche. Von nun an wich er bis zu seinem baldigen Tod am 8. November 1517 nicht mehr von der Seite des Infanten.

Sein Ansehen war es, das in diesen Monaten der Ungewißheit, da Karl nicht und nicht kam, Spanien vor zerstörerischen Unruhen bewahrte. Seinem Ansehen wich sogar der Brüsseler Hof, indem er dem Kardi-

nal die Stellung eines Statthalters zuerkannte und Adrian nur den Titel eines Botschafters verlieh. Jiménez, der aus dem gemeinen Volk in das hohe Amt emporgestiegen war – kein vereinzeltes Phänomen, denn in allen Ländern begegnete man kraftvollen hochrangigen Priestern niedriger Geburt –, ließ manch aufmüpfige Granden seine Macht spüren, und das Volk brachte ihm Zuneigung und Verehrung entgegen.
Bald schon ergab sich die Frage, ob denn Karl noch zu Lebzeiten seiner Mutter den Königstitel führen dürfe. Man war sich darin in Brüssel ebenso wie in Madrid uneinig. Jiménez sprach sich gegen die Ansicht jener aus, die dem Prinzen nahelegten, sich König zu nennen, denn er fürchtete, manche Granden könnten daraus einen Rechtstitel zur Empörung ableiten. Die Entscheidung fiel außerhalb Spaniens. Kaiser Maximilian und Papst Leo X. entschieden, daß Karl der neue Katholische König sei: Am 1. April 1516 bestätigte ihm Leo X. den Königstitel.
Nun tat sich ein bedrohliches Mißverständnis zwischen den Spaniern und den Burgundern auf. Kardinal Jiménez drängte vergeblich darauf, daß Karl sich bald in sein Königreich begebe, und manche Herren in der Umgebung Ferdinands versuchten unentwegt, das Mißtrauen des Infanten gegen seinen unbekannten älteren Bruder anzufachen. Das versöhnliche Wort Karls, Ferdinand werde in ihm einen »wahren Freund und Vater« finden, verfehlte die gewünschte Wirkung, es wurde als Heuchelei ausgelegt. Die wahre Ursache des Mißverständnisses zwischen den beiden Höfen war die unterschiedliche Sicht der Dinge: In Brüssel erkannte man nicht die tieferen Triebkräfte auf der iberischen Halbinsel, und in Madrid begriff man nicht recht die auf Frankreich ausgerichtete Politik des altburgundischen Edelmannes und Ritters vom Goldenen Vlies Guillaume de Croy, Herr von Chièvres. Er war Karls Großkämmerer, Freund und Erzieher, und ausländische Diplomaten meinten, der junge Prinz stehe ganz in seinem Bann. Frankreich aber war ein Erzfeind Spaniens, ihre gegensätzlichen Interessen prallten in Navarra besonders heftig aufeinander, und selbst der Kaiser hatte einmal in einem Brief an Karl die Franzosen »die alten und natürlichen Feinde unseres Hauses Burgund« genannt. Erzherzogin Margarete neigte England zu, und tatsächlich: Heinrich VIII. erklärte sich bereit, Karl bei der Besitzergreifung Spaniens zu unterstützen. Aber in Brüssel blieb man taub und blind. Während in Spanien Jiménez mit schon übermensch-

lichem Eifer daran arbeitete, gegen die selbstsüchtigen Granden ein Bürgerheer aufzustellen, das Ferdinand schützen und Karl sein Erbe bewahren sollte, durchkreuzten einander in Brüssel die kleinlichen Absichten von Würdenträgern. Denn sie agierten bar aller Einsicht in die Zusammenhänge, die sich in den Herrscherwürden Spaniens, Italiens, Frankreichs und Deutschlands offenbarten und – flankiert von den Randstaaten Ungarn und Polen im Osten und England im Westen – eine organische Ganzheit ergaben. Kleinlich waren sie in ihren beschränkten Absichten und blind gegenüber dem politischen, wirtschaftlichen und ethischen Gewicht der einzelnen Länder.

Und es nahte die Zeit, da Kaiser Maximilian seiner in Wien eingegangenen Heiratsverpflichtung nachkommen mußte. Karl ließ seinen Großvater im Brief vom 5. März 1516 wissen, er habe Ferdinand einen Entwurf zukommen lassen, dieser enthalte eine Vollmacht zur Vollstreckung der Ehe mit Anna von Ungarn. So wurden Matthäus Kardinal Lang von Gurk, der Kanzler Serntein und die Sekretäre Renner und Banissis ermächtigt, im Namen des Prinzen die Ehe mit Anna durch »verba de praesenti« zu vollziehen. Am 24. März setzte sich Ferdinand in Madrid an das Schreibpult und unterzeichnete das in aller kanzleistilistischen Umständlichkeit erarbeitete Dokument. Er schrieb mit rührend ungelenken Zügen: »yo l'infante« (Ich der Infant). Die Vollmacht wurde notariell beglaubigt, als Zeugen wurden Francisco Jiménez de Cisneros, Adrian Florensz von Utrecht, Pedro Nuñez de Guzman und Alvaro Osorio, Bischof von Astorga, angeführt. Am 19. Mai bekräftigte Karl als Vormund die von seinem minderjährigen Bruder ausgestellte Urkunde, und so konnte Kaiser Maximilian am 12. Juli in Füssen seinen Ehevertrag mit Anna von Ungarn für null und nichtig erklären. In der Marienkapelle der Hofburg zu Wien wurde am 20. Juli die Ehe zwischen dem Infanten Ferdinand von Spanien und der Prinzessin Anna von Ungarn »per verba de praesenti«, durch das Wort der Anwesenden, mit aller gebotenen Feierlichkeit vollzogen.

Was für ein Mensch war der Infant – nach dem Tod des Großvaters und kurz vor der Begegnung mit dem Bruder nun am Wendepunkt seines jungen Lebens und mehr denn je ein unfreiwilliger Gegenstand abenteuerlicher, nicht selten auch alberner Ränke? Sein Lehrer Alvaro Osorio überlieferte der Nachwelt eine Beschreibung Ferdinands, und es ist nicht zu übersehen, in wie hohem Maß er sich von der Eingenommenheit des Erziehers für den Zögling leiten ließ. Doch deswe-

gen nur muß nicht alles, was er schrieb, falsch sein. Wenn man die viel zu grellen Farben ein klein wenig enttönt und die viel zu scharfen Linien auf das annehmbar normale Maß bringt, erhält man doch ein ungefähr zutreffendes Bild. Also zeichnete ihn Osorio so: Ein zarter, hübscher Knabe, der Körper ebenmäßig gebaut, langes blondes Haar kröne ein feines, schmales Gesicht, aus dem zwei große, schöne Augen blickten – sogleich gewinne er die Herzen aller, die ihm begegneten. Seine Lebhaftigkeit und seine Erfindungsgabe ließen einen Jüngling vermuten und nicht einen Jungen von zartem Alter. Sein wacher Intellekt und sein scharfes Gedächtnis befähigten ihn, anderen, Großen wie Geringen, überlegen zu sein, doch verleiteten sie ihn nicht, wie das bei Kindern oft zu beobachten sei, zu Leichtfertigkeit, im Gegenteil, zu diesen Eigenschaften gesellten sich auch noch Ernst und Würde, auch Geduld und Nachsicht und eine ausgeprägte Gerechtigkeitsliebe, so daß er nicht dulde, daß ihn andere Kinder beim Spiel angesichts seiner hohen Stellung gewinnen ließen. Durch sein Mienenspiel und seine Haltung sei er ein Abbild seines Großvaters, des Katholischen Königs. Sein besonderes Interesse gelte der Malerei und der Bildhauerkunst, dem Gießen von Metall und dem Abfeuern von Kanonen. Abgerundet wird dieses Idealbild eines Knaben mit den Eigenschaften Kühnheit, Mut und Gelassenheit, mit der er Schmerzen ertrage. Und immer wieder hebt Osorio hervor, Ferdinand habe schon als kleines Kind »scharfsinnig, verständig und witzig« zu reden gewußt, so daß »alle sich wunderten«.
Auch Edelleute aus den Niederlanden, die in verschiedenen Missionen nach Spanien gekommen waren, berichteten vom Infanten Gleiches. Auch sie schienen angetan zu sein von seiner Lebhaftigkeit, und einer fand, der Enkel ähnele eher seinem kaiserlichen Großvater als Philipp dem Schönen. Und alle erwähnten die Freude des Prinzen an der Artilleristenkunst. Sie alle rühmten sein schillerndes Temperament – es geriet in ihren Schilderungen in augenfälligen Gegensatz zum Erscheinungsbild Karls, der zu düsterem Ernst neigte, wortkarg war und, obwohl noch nicht einmal zwanzig Jahre alt, sich schon in eine Unnahbarkeit zurückzog, die nicht so sehr dem voll erlebten Bewußtsein der Würde entsprang, sondern eher als ein Grundelement seiner Wesensart wirkte. Ein Vergleich mußte, empfanden die Großen in der Umgebung Karls, zuungunsten des Königs ausfallen.
Man trug diese Erkenntnis Karl in einer Weise zu, daß der junge König glauben sollte, im Hofstaat des Infanten werde mißgünstig

über ihn gedacht und gesprochen. Man wollte nicht wahrhaben, daß die Granden, trotz aller persönlichen Selbstsucht, dem Infanten in stolzer Verehrung zugetan waren und das Volk ihm aufrichtige Hingebung entgegenbrachte. Denn Ferdinand war eben als ein Infant von Spanien geboren worden – die Großen der Königreiche hatten seine Geburt wild, freudetrunken und demutsvoll gefeiert –, er war von Spaniern erzogen und den Katholischen Königen Isabella und Ferdinand, derer man nun schon in heiliger Inbrunst gedachte, mit unbedingter Liebe umsorgt worden. Karl aber war ein Fürst aus der Ferne, ihnen allen unbekannt und nur kraft der Primogenitur und eines fremden Willens ihr König.

Eine mächtige Flotte von 40 Schiffen sammelte sich Anfang September 1517 vor Vlissingen an der niederländischen Küste, die Karl und seine Schwester Eleonore nach Spanien bringen sollte. Am 7. September, kurz vor dem Absegeln, sandte Karl eine lange Instruktion an Jiménez und trug ihm auf, die vertrauten Männer aus der Umgebung Ferdinands zu entfernen: Alvaro Osorio sollte in seine Diözese nach Astorga zurückgehen, Nuñez de Guzman in seine Komturei und auch Gonzalo de Guzman sollte aus dem Hofstaat des Infanten verbannt werden. Der Kardinal sollte Ferdinand behutsam darlegen, der König wünsche mit dieser Anordnung nur zu erreichen, daß der jüngere Bruder sich in seinen Lebensgewohnheiten Karl anpasse; die Liebe des Königs zu dem Infanten, solle Jiménez Ferdinand versichern, übertreffe sogar die eines Bruders. Auch an Ferdinand schrieb Karl, er schrieb ausführlich, und nicht zu übersehen ist sein Bemühen, die Neigung des unbekannten Bruders, den böse Absichten dem König zu entfremden trachteten, für sich zu gewinnen: »Schon in einem anderen Brief haben wir Euch gebeten . . ., Ihr möget es vermeiden, solchen Reden Gehör zu schenken, und Euch stets der Liebe erinnern, die ich zu Euch empfinde, und Ihr möget der Sorge gedenken, in der ich für Eure Erhöhung lebe, damit Ihr, wie ich wünsche, in der Welt den Rang erhaltet, den Ihr verdient.«

Es kann kein Zweifel darüber bestehen, daß Karl in aller Aufrichtigkeit zu seinem Bruder gesprochen hatte. Und Ferdinand – hätten die Dinge den von Karl vorgezeichneten Verlauf genommen – wäre auf die Wünsche Karls gewiß gerne und glücklich eingegangen, er hätte die ihm entgegengestreckte Hand freudig angenommen. Denn nicht klar formulierte und handfeste Interessengegensätze trennten sie voneinander, sondern die Ferne, die nicht zugelassen hatte, daß sie als

Kinder miteinander gespielt hätten und von Jugend auf unter den gleichen atmosphärischen Bedingungen groß geworden wären. Die Fremde war es gewesen, welche die Verschiedenheiten überstrahlende Kenntnis des einen vom andren vereitelt hatte – nur so hatten manche Träger abenteuerlich-politischer Motive die Unkenntnis der beiden voneinander zu Mißtrauen schüren können. Und nun, kurz vor der Begegnung der Brüder, tat sich ein unheilvolles Mißverständnis auf. Doch dies war nicht die Schuld des Kardinals. Der Postmeister in Spanien hatte das Paket mit den Briefen fünf Tage lang zurückgehalten, und als er es auslieferte, lag Jiménez in Aquilera krank darnieder. Adrian, nun schon Kardinal von Tortosa und auf Jiménez wegen dessen ungestörten Umgangs mit dem Infanten eifersüchtig, öffnete das Paket und übergab Ferdinand die Briefe. Also konnte Jiménez seinen Schützling auf den Entschluß des Königs in dessen Sinn gar nicht vorbereiten. Ferdinand fühlte sich schmerzlich getroffen. Seine Vertrauten aber, sonst für Intrigen so leicht zu haben, blickten nun, einer Entscheidung unfähig, ängstlich auf ihren Herrn.

Ferdinand eilte in Begleitung seines Erziehers Osorio zum greisen Kardinal, und Jiménez versuchte, den erregten Infanten mit klugen Argumenten zu beruhigen, er setzte ihm auseinander, er werde die Befehle des Königs im Interesse der brüderlichen Eintracht getreu befolgen. Zum ersten Mal befand sich nun Ferdinand – nicht mehr Kind und noch nicht vollwertiger Mann, doch im Bann schwellender Tatkraft – in einer Lage, in welcher er selbst zu entscheiden hatte. Mit wachsendem Trotzgefühl hörte er sich die Worte des Kardinals an und wähnte sich von ihm verraten. Mit dem Gehabe eines beleidigten Granden – wie er es wohl schon öfter hatte beobachten können – ging er davon. Als er in Aranda ankam, mußte er erkennen, mit welcher Kraft der Greis zu befehlen vermochte und welches Gewicht seine Befehle hatten: Aranda war von den Truppen der Jiménez ergebenen Hauptleute besetzt. Nun stellte Ferdinand eine Urkunde aus, darin er seinen Getreuen versprach, sie in seine Dienste zurückzuberufen, sobald er frei werde verfügen können, und bat sie, seinem Bruder zu berichten, wie man mit ihm verfahren war.

Währenddessen segelte die Flotte des Königs in Richtung Spanien. Die See war stürmisch, die Schiffe wurden auseinandergetrieben, das Königsschiff konnte nicht wie vorgesehen in Santander vor Anker gehen, sondern mußte an einem unwirtlichen Küstenabschnitt Asturiens anlegen. Am 19. September 1517 setzte König Karl I. den Fuß

auf spanische Erde. Im Brief vom 27. dankte er dem Kardinal und Regenten für die strenge und getreue Ausführung seiner Befehle und bat ihn, er möge, auf seine angegriffene Gesundheit bedacht und angesichts der Ungastlichkeit der gebirgigen Landschaft, zusammen mit dem Infanten bleiben, wo er sich gerade befinde.
Auf unwegsamen Gebirgspfaden führten die Gefolgsleute ihren König weiter ins Landesinnere, sie mieden die größeren Städte – wochenlang mußten Karl und Eleonore ohne angemessene Quartiere auskommen –, und sie mieden ein Zusammentreffen mit Jiménez. Schon kämpfte der Kardinal mit dem Tod, dem nur noch sein harter Wille trotzte, denn er wünschte nichts sehnlicher, als in das Antlitz seines jungen Königs zu blicken. Karl selbst empfand seinen Einzug in sein Königreich als würdelos und fürchtete, im Ausland könnte darüber ein schlechter Eindruck entstehen. Um einem solchen vorzubeugen, schrieb er am 12. Oktober seinem Schwager Ludwig II. von Ungarn und Böhmen, Ferdinand und Spaniens Granden wollten bei seiner Ankunft zu ihm eilen, doch er habe ihnen befohlen, angesichts der trostlosen Armut Asturiens die Reise zu unterlassen. Karls Gefolgsleute hatten allen Grund, dem sterbenden Greis auszuweichen, dessen Glaubensmacht und staatsmännischer Strenge sie nur ihre kleinliche Wühlarbeit entgegenstellen konnten. Sie bewogen den König dazu, daß er den Kardinal, dem er allem wahrnehmbaren Anschein nach den Thron Spaniens verdankte, mit einigen knappen Worten aus seinem Dienst entließ. Aber das Schicksal war dem Greis gnädig: Der königliche Brief traf nur noch einen Toten an.
Es dürfte der Wunsch Karls gewesen sein, auf Schloß Tordesillas Station zu machen und zusammen mit Eleonore seiner Mutter ehrfurchtsvoll entgegenzutreten. Johanna empfing sie in einem verdunkelten Raum und fragte verwundert und mißtrauisch, ob sie denn wirklich ihre Kinder seien, denn sie seien in der kurzen Zeit so groß geworden ...
Karl und seine Gefolgschaft begaben sich auf der Rückkehr von Tordesillas und auf dem Weg nach Valladolid, der Residenzstadt, in die der König seinen feierlichen Einzug halten sollte, nach Mojados. Hier begegneten sie einander am 12. November zum ersten Mal: Karl und Ferdinand, Söhne derselben Eltern und doch auch Söhne verschiedener Völker, erzogen zwar nach den hohen Maßstäben derselben höfischen Postulate und doch jeder in einer Umwelt verschiedener Verhaltensweisen und anderen geistigen Gepräges groß gewor-

den, einander fremd und doch gemeinsam Träger des gleichen anerzogenen Bewußtseins als Nachkommen von Herrschern und ausgestattet mit den gleichen Herrscheraufgaben. Und vielleicht hätten sie einander brüderlich umarmt, wenn nicht die steifen Formen einer Hofetikette, über deren Einhaltung streng gewacht wurde, ihre Begegnung geregelt hätte. Denn Ferdinand zog dem König und Bruder mit einem prächtigen Gefolge entgegen, mit einigen hundert Reitern und zwei Abteilungen Fußvolks, mit wehenden Fahnen, Hellebarden und Wurfspießen, in der Mitte hoher Würdenträger. Nahe genug beim König angelangt, stieg er, eine Geste von Demut und Ergebenheit, vom Pferd und ging zu Fuß auf den Bruder zu. Ferdinand bezeugte seine Ehrerbietung, und Karl hieß ihn wieder das Pferd besteigen. Erst dann begrüßte der Infant seine Schwester. Nun begaben sie sich zwischen die Mauern von Mojados. Die beiden Brüder wurden im selben Haus, Eleonore in einem anderen untergebracht. Es ist überliefert, daß Ferdinand, als der König sich die Hände wusch, aufstand und ihm ein Handtuch reichte.

Am 18. November fanden die Feierlichkeiten zum Einzug statt. An diesem Tag verlieh der König dem Infanten den Orden vom Goldenen Vlies. So zogen sie in die Hauptstadt Altkastiliens ein: Fünfhundert auserlesene Soldaten eröffneten den Zug, ihnen folgten Offiziere, Fürsten und Herren, die alle Großmeister eines Ordens waren; dann kamen die Ritter vom Goldenen Vlies und Fürsten, Herzöge, Grafen, Markgrafen und Barone, deren Zug schlossen die Trompeter des Infanten und der anderen Fürsten ab. Nun kam Ferdinand angeritten: in golddurchwirktem, mit Purpursamt umsäumtem Reiterkleid, auf dem Kopf eine Samtkappe, auf ihr saß ein mit wertvollen Edelsteinen und einer orientalischen Perle besetzter Ring. Ihm zur Rechten ritt Kardinal Adrian und zur Linken der Erzbischof von Saragossa. Es folgten die Herolde des Königs, und dann ohne Begleitung, einzeln, eine erhabene Gestalt, ritt Karl. In ehrfurchtsvollem Abstand folgten ihm: rechts der Gesandte des Papstes, links die Abgesandten des Kaisers und des Königs von England. Und dann die Flut der übrigen Würdenträger, von Soldaten und Bürgern, und sie alle strömten durch die Tore Valladolids.

Tage rauschender Feste brachen an. Mit würdevollem Ernst gab man sich der Begeisterung hin, man feierte auch mit farbenprächtigen Turnieren, welche sogar die weitgereisten Venezianer entzückten. Bei den verschiedenen Kampfspielen trat oft auch der Infant auf. Sooft er

in der Öffentlichkeit erschien, betonte er seinen Rang als Zweitgeborener.
Er tat dies am 7. Februar 1518 in aller gebotenen Form, gleichsam offiziell. An diesem Tag empfing Karl in Valladolid, dem Sitz des kastilischen und dann des spanischen Hofes, wo die Katholischen Könige Isabella und Ferdinand getraut worden waren, die Huldigung der Granden. Im Dom zu San Pablo warf sich Ferdinand als erster vor dem König in die Knie, er küßte seine Hand und sprach die Eidesformel. Dann folgten die Verhandlungen mit den Cortes, den seit dem Mittelalter wirkenden Körperschaften der Stände der Königreiche. Sie unterbreiteten Karl vielerlei Forderungen, sie verlangten auch, der Infant möge Kastilien nicht eher verlassen, als bis Karl vermählt sei und Nachkommen habe. Doch Karl wich ihnen aus: Er antwortete, ihm liege nur daran, seinen Bruder erhöht zu sehen. Denn es war beschlossene Sache, daß Ferdinand bald nach der Erhebung Karls auf den spanischen Thron das Land verlassen und sich nach Flandern begeben sollte. Kaiser Maximilian erschien es nicht ratsam, die beiden Brüder im selben Herrschaftsbereich zu belassen, zumal er mit Ferdinand auch noch weiterreichende Pläne hatte. Vielleicht besann er sich, besannen sich die Ratgeber Karls auch darauf, daß die Anwesenheit Ferdinands dem Ansehen des jungen Königs abträglich werden könnte – verehrten doch die Granden und das Volk den Infanten als den edelsten Sohn ihres Landes, als einen der Ihren.
Spanien vollzog in diesen Jahrzehnten – im letzten des 15. und in den ersten des angebrochenen 16. Jahrhunderts – eine machtvolle Hinwendung zur Welt, deren Grenzen über jene der christlichen hinaus sich erstreckten. Diese Welt – nun wußte man es schon – hatte die Gestalt einer Kugel, und große Flächen ihrer andren Hälfte waren bereits entdeckt. Viele der Spanier, die denkenden und die handelnden, erkannten diese Hinwendung zur Weltmacht, und die Erkenntnis ruft bald ein Sendungsbewußtsein hervor, gleichsam eine Symbiose aus kraftspendender Begeisterungsfähigkeit, missionarischem Eifer und nationalem Stolz. Dieser zeitweise ungeduldige Messianismus entfaltet die Hoffnung auf eine geeinte christliche Welt, auf eine sogar über Europa hinaus geltende Monarchia universalis, und eröffnet somit die universalistische Dimension einer neuen Geisteshaltung und Herrschaftsform. Kraft seiner Würde, die er in vollem Bewußtsein lebt und verkörpert, vermag »César Carlos« dieser Hoffnung Gestalt zu verleihen. Ferdinand entschwindet dem Gesichtskreis der

Spanier. Die Saat des Kaisers Maximilian geht auf: Die beiden habsburgischen Brüder herrschen bald über größere Bereiche der kugelrunden Erde als alle ihre christlichen Mitherrscher zusammen.
Bereits im Juni 1517 hatte Karl in Gent den Ständen zu verstehen gegeben, er würde ihnen – sollte er wichtiger Geschäfte wegen verhindert sein, in die Niederlande zurückzukehren – zu ihrem Trost seinen geliebten Bruder schicken. In Valladolid nun dachte Karl gewiß nicht daran, sich in absehbarer Zeit wieder nach dem Norden zu begeben, vielmehr bereitete er die Abreise Ferdinands dorthin vor. Der Hofstaat des Infanten wurde neu gestaltet, fortan bestand er fast ausschließlich aus flandrischen Edelleuten, nur einer der beiden Truchsessen durfte ein Spanier sein, und Ferdinand empfand tiefen Schmerz. In dieser Maßnahme Karls war die Absicht nicht zu verkennen, die spanischen Bindungen Ferdinands zu durchschneiden, aber auch eine andre, eine wohlmeinende Absicht, daß nämlich der Infant umgeben werde von Leuten aus dem Land, in welchem er sich künftig aufhalten wird; er sollte auch die Landessprache erlernen. Den Schmerz ob der unliebsamen Änderungen, den er seit dem Tod des Großvaters in stürmischer Abfolge erleiden mußte, ertrug der junge Prinz mit jener würdevollen Haltung, die ihm einst sein Erzieher Osorio bescheinigt hatte. Nur manchmal verfinsterte sich sein eher noch kindliches als männliches Gesicht, dann nämlich, wenn ihm das Volk jener Erde, die er bis dahin als seine Heimat kannte, Bezeugungen der Liebe entgegenbrachte und versuchte, ihn auf diese treuherzige Weise zum Bleiben zu bewegen.
Mitte März 1518 begaben sich die Geschwister Karl, Ferdinand und Eleonore und der gesamte Hof nach Aranda, um dort gemeinsam Ostern zu feiern. Am 19. April nahm Ferdinand Abschied von den Seinen. Karl gab ihm – eine Geste der Zuneigung eher denn der zeremoniellen Höflichkeit – auch noch außerhalb der Stadt das Geleit. Seite an Seite ritten sie eine halbe Meile über Aranda hinaus. Dann hielt Karl sein Pferd an. Ferdinand wollte vom Roß steigen und den Fuß auf den Boden setzen. Doch Karl hieß ihn im Sattel bleiben. Sie nahmen Abschied: Zu Pferde sitzend umarmten sie einander, und jeder empfahl den andren dem Schutze Gottes. Nur noch einige kurze Worte, dann schlug Ferdinand den Weg nach Santander an der Küste ein.
Kaum hatte Karl den Bruder aus den Augen verloren, da rief er den früheren Hofmeister des Infanten zu sich und sagte der Überlieferung

nach etwa folgendes: »Marques, mein Freund, begleitet meinen Bruder bis zu dem Schiff, empfehlt mich ihm und sagt ihm, daß er von mir oft Nachricht erhalten wird, und ich nur wünschte, oft mit ihm im Tiergarten von Brüssel zu sein und Rehe, Damhirsche und Kaninchen zu schießen. Sagt ihm, daß es mich freuen wird, wenn er mir oft schreibt.«

Empfand nun Karl, da der Bruder im Begriff stand, in das Land zu segeln, das er, Karl, bis dahin als seine Heimat kannte, Sehnsucht nach jenem Land? In diesen Tagen vollzog sich etwas menschlich Trauriges und zugleich zwangsläufig Folgerichtiges: Die beiden Brüder, Söhne derselben Eltern und verschiedener Völker, tauschten das Herz, indem sie die Heimat tauschten, doch sie tauschten nicht das Bewußtsein. Denn das schmerzende Heimweh nach der verlassenen und der zu verlassenden Heimat, das sie beide zweifellos empfanden, vermochte nicht ihr Bewußtsein auszufüllen oder es zu ändern – das Bewußtsein, eine angeborene und von einer höheren Autorität, Gott nämlich, verliehene Würde zu tragen und die aus dieser Würde sich ergebende Pflicht zu erfüllen: ein Berufungsbewußtsein, das ihr Denken und Fühlen steuerte. Vom Glauben der Menschen an die Würde, welche die beiden Brüder verkörperten, ging alle Macht aus. Dieser Glaube schuf Staatsstrukturen und die Bedingungen, welche das menschliche Zusammenleben regelten. Und so war es nur zu folgerichtig, wenn Karl die Würde eines Königs von Spanien empfing und Ferdinand bereit war, Würden, die an ihn herangetragen werden sollten, anzunehmen. Die große Frage blieb immer nur, ob und in welchem Maß der Würdenträger und die ihm Dienenden willens und imstande waren, die natürlichen Gegebenheiten des Landes, welches die Würde stellte, zu einer lebensfähigen Ganzheit zu gestalten.

Wahrhaftig, das Volk machte Ferdinand den Abschied nicht leicht. Noch war er nicht aufgebrochen, da erschien am Franziskustor von Valladolid die Aufschrift: »Weh dir, Kastilien, wenn du zuläßt, daß der Infant Ferdinand fortgeführt wird.« Und während man ihn in Richtung Santander fortführte, schickten sich die Bewohner der kleinen Hafenstadt an, ihren scheidenden Infanten feierlich zu empfangen: Sie schmückten die Straßen mit Reisig und Teppichen. Doch Ferdinand und sein Gefolge kamen nicht auf dem Landweg, sondern zu Wasser. Als die Bürger davon erfuhren, schickten sie Beobachtungsposten an die Küste. Sobald das Schiff mit der Standarte des Infanten in Sicht kam, feuerten die im Hafen vor Anker liegenden

Schiffe ihre Kanonen ab, die Verwaltungsbeamten und Repräsentanten der Gesellschaft bestiegen die Beiboote der Kriegsschiffe und alle verfügbaren Barken und segelten ihm entgegen. Nun geriet das Flaggschiff schon in seichtes Wasser, da sprangen die festlich gekleideten Hidalgos und andere Edelleute ins Wasser, wateten zum Schiff und trugen den Infanten auf den Händen an Land, und junge Mädchen in der Landestracht spielten auf ihren Tamburinen und geleiteten den Prinzen in seine Wohnung.
Drei Wochen flogen dahin, während derer Ferdinand in der Mitte seines flandrischen Hofstaates das Französische übte, es wurde ihm flandrische Kost gereicht, an den Nachmittagen ruderte man hinaus bis zur Mündung in die hohe See, man jagte und fischte. Endlich traf die vierhundert Mann starke Truppe ein, die Karl zum Schutz des Bruders bereitgestellt hatte, und am Pfingstsonntag fiel auch ein guter Wind ein, doch man stach noch nicht in See, denn man wollte den Feiertag fromm begehen. Am 27. Mai konnte endlich die aus fünf Schiffen und einer Barke bestehende Flotte unter Segel gehen. Der Wind blies stürmisch, und eilig entschwand dem suchenden Blick Ferdinands die Küste Asturiens. Er wird nie wieder spanisches Land betreten. Immer schwerer wogte der Atlantische Ozean, die Schiffe wurden vom Kurs abgetrieben. Endlich, am 6. Juni, erscholl vom Mastkorb der Ruf: »Land in Sicht!«, und man ging im Hafen von Kinsale an der Südküste Irlands vor Anker. Man war glücklich, der rauhen See entkommen zu sein. Ferdinand und sein Gefolge wurden freundlich aufgenommen und bewirtet. Am 10. Juni setzten die Seefahrer wieder die Segel, und bereits am 15. konnten sie die Signale eines flandrischen Lotsen empfangen. Ferdinand ging am 17. an Land und reiste sofort weiter nach Gent. Dort erwartete ihn seine Tante Margarete.

II. KAPITEL

Neuen Ufern entgegen

Eine Frage brannte im Herzen so mancher Herrscher, sie erregte Leidenschaften an den christlichen Höfen und sie spornte die Diplomaten an, in wortreicher Schlauheit und mit fiebernder Reiselust zu agieren: Wer sollte Maximilian in der Kaiserwürde nachfolgen? In seinem unsteten Pläneschmieden hatte der Kaiser Ludwig von Ungarn und Böhmen die Krone versprochen, mit ihr auch Heinrich VIII. von England geködert, um von ihm Geldzuschüsse zu erhalten, und er verhandelte sogar mit einigen Kurfürsten über diesen absonderlichen Plan. Doch bald schon griff Karl, dessen Willensstärke und Entschlußfähigkeit die Würde, die er als Katholischer König von Spanien trug, machtvoll heranreifen ließ, in den anlaufenden Wahlkampf ein, indem er als Bewerber für die Krone der römisch-deutschen Könige auftrat. Zwei Motive Karls lassen sich klar erkennen, in je einem Brief an den Großvater festgehalten, der schon den Sechzig näher stand als den Fünfzig und somit allen Anlaß bot, mit seinem Hinscheiden zu rechnen. Auch dem König von Spanien wie allen anderen Herrschern konnte die diplomatische Tätigkeit Franz' I. von Frankreich nicht verborgen bleiben, mit welcher er bald diesen, bald jenen Kurfürsten für seine Wahl zum Kaiser zu gewinnen suchte. Dies weckte in Karl Mißtrauen, und im November 1517, kurz nach der Verabschiedung Ferdinands, ließ er Maximilian Worte zukommen, welche nicht nur die augenblickliche Lage beschrieben, sondern auch ein andauerndes Spannungsfeld im europäischen Geschehen postulierten: »Es ist jedenfalls notwendig, daß der Kaiser sorgfältig darauf achtet, daß nach seinem Hinscheiden das Kaiserreich nicht in die Hände des Königs von Frankreich fällt, denn wenn das einträte, was Gott verhüten möge, würde dieser zu der Macht, die er jetzt schon innehat, so groß und stark in Deutschland und Italien sein, daß er dem Haus Österreich und dessen anderen Ländern und Besitztümern großen Schaden zufügen könnte.« Der andere Brief ist vom 14.

Februar 1518 datiert, und die Eindringlichkeit und die Ausdrucksgewalt der Schreibweise zeigt die Absicht Karls deutlich, auf den Großvater, dessen Sprunghaftigkeit er zu kennen schien, einzuwirken: »... Ich bitte Euch wiederholt, dieses Gut Eurer Nachkommenschaft und Linie zuzuführen, denn angesichts der großen Mühe, Arbeit und Anstrengung, der Ihr Euch unterzogen habt und noch täglich unterzieht, um mich groß zu machen, fühle ich mich veranlaßt, Euch zu sagen, daß ich Euch gern die Last der Anstrengungen erleichtern wollte, um Eure Gesundheit zu erhalten und Euer Leben zu verlängern. Meine Jugend soll Eurem Alter zu Hilfe kommen, damit Ihr noch Weiteres erreicht. Gemeinsam und mit Eurem Rat und Eurer Hilfe könnten wir Dinge ins Werk setzen, so groß und ruhmesvoll für unseren heiligen katholischen Glauben, daß unsere Seelen von unserem guten Engel aufs beste zum Throne des Paradieses geleitet würden.« Und Maximilian strengte sich auch an: Am 1. September 1518 berichtete der Abgesandte Karls vom Augsburger Reichstag an Margarete, daß fünf Kurfürsten für den Katholischen König gewonnen seien.

Sollte nicht auch Ferdinand als Bewerber für die römische Königskrone aufgestellt werden? Ja, man hatte davon gesprochen, doch wahrscheinlich nur vorübergehend und nur als über eine von mehreren Möglichkeiten. Der Kaiser erwog nicht einmal die Kandidatur seines jüngeren Enkels, denn er wollte dessen Zukunft anders gesichert sehen, als der Landesfürst von Österreich nämlich, in der unmittelbaren Nachbarschaft jenes Königreiches residierend, dessen Vereinigung mit Österreich er, Maximilian, schon seit Jahrzehnten als ein hohes politisches Ziel verfolgte – wahrscheinlich war eine Union Österreichs und Ungarns das einzige politische Ziel, das in seinen Vorstellungen dauerhaften Stellenwert einnahm.

Auch die ungarischen Stände und besonders das Haus Jagiello strebten eine dauerhafte Verbindung mit dem Haus Burgund – so nannten sich die Habsburger oft – an. Doch vermutlich schätzten sie dessen Macht zu hoch ein oder aber war es, genauer gesagt, kaum möglich, richtig abzuschätzen, ob und in welchem Ausmaß diese aus den Quellen verschiedener Länder sich speisende Macht einheitlich zum Tragen gebracht werden konnte, wenn sie durch eine Bedrohung gefordert würde. Denn darum ging es in der ungarischen Außenpolitik – um die Absicherung des Landes gegen die seit einem Jahrhundert drohende Macht aus dem Süden: die Türkengefahr. Es ging

darum, eine dauerhafte Rückendeckung in den Nachbarländern zu schaffen. Die nördliche Rückendeckung durch Polen und Litauen wähnten die Stände durch die Wahl Wladislaws zum König von Ungarn errichtet zu haben – die westliche Rückendeckung strebten sie durch die Verheiratung der Königskinder mit den habsburgischen Erbprinzen an, und nur zu verständlich war ihr Wunsch, der zukünftige Gemahl der Prinzessin Anna möge besonders machtvoll sein. Maximilian wußte um dieses immerwährende Anliegen des Königreichs, er wußte, daß die Türkengefahr die ungarische Außenpolitik bestimmte. Darum auch hatte er bei all den Verhandlungen, die um sein Thronerbrecht geführt wurden, immer wieder die Hilfe seiner Besitztümer zur Abwehr eines osmanischen Angriffs angeboten.
Maximilian war ein Diplomat mit glänzenden Gaben und ließ nichts unversucht, Ferdinand eine Krone zu verschaffen. Er hatte sich sogar mit dem Gedanken getragen, sein Stammland Österreich zum erblichen Königreich zu erheben und Ferdinand zu dessen erstem König zu machen, doch dieses Vorhaben war durch den Widerstand des Brüsseler Hofes vereitelt worden, als Maximilians Gesandter Andrea de Burgo dort im Januar 1516 den Plan vorgetragen hatte. Die Herren im Hofstaat Karls wollten alle Macht in den Händen ihres zukünftigen Herrschers vereint sehen. Maximilian hatte die zwingende Notwendigkeit erkannt, die Frage der Erbteilung zwischen seinen beiden Enkeln noch zu seinen Lebzeiten zu regeln, damit nicht nach seinem Tod ein unheilvoller Zwist im Hause Burgund ausbräche, wie er die wirkungsvolle Fortführung der Staatsgeschäfte in Spanien nach dem Tode Isabellas und dann Ferdinands gefährdet hatte. Aber eine Teilung der Herrschaftsrechte in den Erblanden verstieß gegen den Grundsatz der Herrschaftsform. Unbeirrt bestand Karl auf diesem Grundsatz und ließ im August 1517 in Österreich anfragen, ob es denn angebracht wäre, daß die Erblande ihm und zugleich dem Infanten Ferdinand jetzt schon die Huldigung leisteten.
Am 30. Dezember 1518 ließ Kaiser Maximilian seinen Letzten Willen niederschreiben. In ihm bestimmte er seine beiden Enkel zu den rechten natürlichen Erben seiner Lande und erkannte damit den alten Grundsatz wieder an. Er tat dies gewiß schweren Herzens, denn er wußte um die Bemühungen der Räte Karls, dem Älteren nicht nur die Krone Spaniens, sondern auch die Herrschaft über Österreich zu sichern. Er hielt sich gerade in Wels auf. Hier ereilte ihn am 12. Januar 1519 der Tod. Die Erbmasse zu einem geschlossenen Ganzen von

Besitztümern und Zivilisationsstand, von Verhaltensweisen und geistiger Autorität zu gestalten, blieb eine vorgegebene Aufgabe, die Karl zufiel – eine Aufgabe, die sein Großkanzler, der hochgebildete, charakterstarke Mercurino Gattinara, ein Mann von scharfem politischem Weitblick, für ihn als die Universalität der Kaiserwürde formulierte.

In diesen Monaten nach dem Tode Maximilians stand die gesamte christliche Welt im Bann der Wahl, die mit dem Einsatz höchster Werte, geistiger wie materieller, ausgefochten werden mußte. Die Welt war an einem Wendepunkt angelangt, und das Ergebnis der Kaiserwahl mochte ihr weiteres Geschick bestimmen. Doch nicht nur die christliche Welt blickte gespannt und voller Erwartung auf die Kurfürsten.

Auch die Hohe Pforte in Istanbul beobachtete lauernd und wachsam das europäische Kräftefeld: »Es gibt ein Diadem hohen Ansehens, das die Bewohner jenes Landes ›Krone‹ nennen«, berichtet der türkische Geschichtsschreiber Kemalpasazade, »die jener der auf den Thronen sitzenden Fürsten zu tragen pflegt, welcher kraft der Vielzahl seiner Untertanen, Parteigänger und Helfer aus der Schar seiner Zeitgenossen herausragt. Dieser die Krone tragende Fürst wird ›Kaiser‹ genannt, der Sinn dieses Ausdrucks ist: ›König der Könige und Sultan der Sultane.‹ Das Tragen der Krone und dieses höchsten Titels war das Privileg der Fürsten von Alaman (Deutschland), sie allein genossen dieses sonderbare Vorrecht, während die anderen dieser Ehre nicht teilhaftig sein konnten. Nun ist es schon lange her, daß jener Fürst von Alaman starb und der Herbst des Todes den Rosenhain seines Lebens welken ließ. Da er keinen direkten Nachkommen hatte, zerfiel sein Reich, das gezogene Schwert seiner Macht sank in die Scheide, und von den Herrschern, die Nachbarn jenes Landes sind, strebten der Bei von Isfania und der Bei von Frantsche (Spanien und Frankreich) mit aller Macht danach, die genannte Provinz zu erobern und sie ihrem Land zuzufügen: Beide sehnen sich nach dem Tragen der Krone und nach dem Kaisertum ...«

Nicht nur Franz I. von Frankreich und Karl I. von Spanien rangen um jenen »höchsten Titel« und die Kaiserkrone, sondern auch Heinrich VIII. von England. Dachte man auch an Ferdinand? Der Infant war im Volk beliebt und erfreute sich der Sympathie vieler einflußreicher Fürsten. Papst Lexo X., der eine spanisch-deutsche Übermacht in Italien befürchtete, unterstützte die Kandidatur des französischen

Königs, und dies weckte bei den deutschen Kurfürsten ein nationales Gefühl, das sie bewog, ihre Stimme Habsburg zu verpfänden. Ferdinand selbst unternahm nichts. Doch unter jenen Stimmen, die auch die Erzherzogin Margarete förderte, gab es nicht wenige, welche den Infanten bevorzugten. Karl aber, den schwierige Verhandlungen mit den Cortes in Spanien zurückhielten, gab in vollem Bewußtsein seiner Berufung seiner Tante eine scharfe Antwort – in ihr klang schon die Universalität einer Monarchie an, die in der Gedankenwelt Karls und vieler seiner mitstreitenden Zeitgenossen für immer ein zu verwirklichendes hohes Ziel bleibt:

»Folgten wir dem Vorschlag, den Ihr uns für unseren Bruder oder einen Dritten gemacht habt, so stünden wir ohne Reich, Ehre und Ansehen da, denn gerade das wünschen die Franzosen mehr als alles andere: Uns zu trennen, auseinander zu bringen und die Kraft und Macht unserer Häuser in Spanien, Österreich und Burgund zu zerteilen ... Bei dem Erfolg, den wir in unserem Namen errungen, und den großen Aufwendungen, die wir gemacht haben, denken wir nicht daran, die Chance der Wahl einem andren zu lassen als allein uns selbst ... Wir haben mehr denn jeder andre die Aussicht, die Wahl zu gewinnen und dann zusammen mit Don Ferdinand größere Dinge für das Reich und die Länder zum Heile aller zu tun, als Ferdinand allein es vermöchte.« Daraufhin erließ Margarete, betroffen, doch gehorchend, die Weisung an alle in Deutschland tätigen Diplomaten, man möge Ferdinand nicht mehr als Kandidaten in Betracht ziehen und auch nichts in die Öffentlichkeit tragen.

Und Ferdinand? Der Sechzehnjährige zeigte sich folgsam und einsichtsvoll, ja demütig, wie man sich der königlichen Würde göttlichen Ursprungs gegenüber nicht anders zu verhalten hat. Tat er dies aus Überzeugung? Aus Berechnung vielleicht? Verstellte er sich? Gewiß, seine Person war Gegenstand von Hoffnungen und Ränken, offenen und versteckten Interessen, doch sie war es unabhängig von seinem Willen, von seinem etwaigen Streben nach der römisch-deutschen Krone. Seine besondere Lage bürdete ihm Entscheidungen von großer Tragweite in einem Alter auf, in welchem sein Charakter noch nicht voll entfaltet sein konnte. Mitte Februar ließ er Karl in einem Brief wissen, er lege seine Sache in die Hand des Königs, den er immer als seinen Herrn, Vater und Bruder ansehen werde. Es ist mehr als nur wahrscheinlich, daß Ferdinand dabei einer fremden Einflußnahme folgte. Doch in einem Brief vom 21. März berichtete Marga-

rete dem König, sie habe den Infanten vom Entschluß Karls, die Kaiserkrone für sich zu gewinnen, informiert, und Ferdinand habe spontan und ohne Überlegung wörtlich erklärt: »Mein Platz ist dort, wo es der Wille des Königs ist« (Ma naissance a-t-il dit en propres termes est partout où le plasir du roy est), und Margarete meinte, Ferdinand habe mit der Weisheit eines Kanzlers geantwortet (répondu avec la sagesse d'un chancelier).
Karl selbst sandte seinem Bruder am 5. März einen freundlichen, ja liebevollen Brief, in dem er ihm versicherte, er würde nichts verlangen, was nicht auch Ferdinand wie ihm selbst zukomme; er wolle eine Teilung vornehmen, sobald die Wahl vorüber sei, und über das Rechtmäßige hinaus wie ein wahrer und guter Bruder sich erweisen. Ferdinand nahm dies zur Kenntnis und hielt sich dem Wahlkampf fern. Dieser kostete Karl etwa eine halbe Million Goldgulden, die zu einem überwiegenden Teil das Haus der Fugger, namentlich Jakob II. der Reiche, den Kaiser Maximilian I. zum Grafen von Kirchberg und Weissenhorn gemacht hatte, vorstreckte. So viel kosteten die Geschenke und die Gefälligkeiten, die Karl den Kurfürsten und ihren Räten hatte zuteil werden lassen.
Als König von Böhmen besaß Karls Schwager Ludwig II. die Kurwürde. Er selbst kam trotz der urkundlichen Zusage Maximilians aus dem Jahr 1515 nicht ernsthaft als Kandidat für die Kaiserwahl in Frage und entsandte an seiner Statt seinen Erzieher, dessen Obhut sein sterbender Vater ihn empfohlen hatte, nach Frankfurt am Main – Georg Markgraf von Brandenburg-Ansbach, genannt der Fromme.
Am 28. Juni 1519 wurde der Katholische König von Spanien einstimmig zum neuen Kaiser erwählt. Am 22. Oktober wiederholte sich das farbenprächtige, turbulente, devote, erhabene Schauspiel des fürstlichen Einzugs von Valladolid: Diesmal zog Karl, als römischer Kaiser der Fünfte dieses Namens, umflossen von der Aura unnahbarer Majestät, begleitet vom Erzbischof von Köln und vom Erzbischof von Mainz, zu Pferde in Aachen ein, nachdem vor den Toren der Stadt die Kurfürsten ihm, der zu Pferde blieb, aber das Haupt entblößte, die Hand geküßt hatten.
Am 23. Oktober wurde er im Münster Karls des Großen gesalbt und gekrönt: Die Reichskrone Ottos des Großen auf dem Haupt, um die Schultern der Krönungsornat, Zepter und Reichsapfel in den Händen, bestieg er den steinernen Krönungsstuhl. In diesem Augenblick ertönte Orgelmusik, Pauken wurden geschlagen und Trompeten ge-

blasen, man stimmte das große Te Deum an. Es folgte ein Krönungsmahl, am Abend ein Festbankett. Einige Tage später wurde die päpstliche Einwilligung zur Annahme des Titels »Erwählter römischer Kaiser« durch Karl bekanntgegeben. Nichts stand mehr einer Erbteilung im Hause Habsburg im Wege.
Sie war mit den Heiratsangelegenheiten Karls und Ferdinands aufs engste verknüpft, und diese waren trotz aller Vereinbarungen immer noch unklar. Die beiden Prinzessinnen Anna und Maria hielten sich mit ihrem Hofstaat in Innsbruck auf, und es mußte endlich geklärt werden, wer mit wem verheiratet werden sollte. Nur noch verzwickter wurde die Lage dadurch, daß Franz I. von Frankreich und auch Heinrich VIII. von England, geschlagene Bewerber um die Kaiserwürde, ihre Töchter dem soeben gewählten Kaiser vermählen wollten und die Regierung Ludwigs II. von Ungarn und Böhmen ebenfalls auf eine Entscheidung drang. In einer Darstellung des Großkanzlers Gattinara vom November 1519 an Sigismund von Herberstein, einen Diplomaten Ferdinands, zeichnete sich das internationale Spielfeld um den heiratsfähigen Karl so ab: »Ihr Deutsche sähet gern, daß unser Kaiser die Ungarin zur Frau nehme. Nun will aber der König von Frankreich, daß der Kaiser einem Vertrag entsprechend seine Tochter heirate. Und auch der König von England erbietet sich, seiner Tochter viel Geld mitzugeben, wie auch der König von Portugal. Nun Karl friedlich, ohne Blutvergießen so viele Königreiche in Besitz genommen hat, ist man noch nicht auf einen Krieg gefaßt. Darum muß man die Nachbarn in guter Hoffnung lassen, damit man unangefochten nach Deutschland gelange und dort festen Fuß fasse. Dann erst wird sich der Kaiser zur Heirat entschließen, denn jetzt würde sich Karl zwei von den drei zu seinem Gegner machen.«
In den österreichischen Landen selbst gärte es, in Wien wurden geradezu rebellische Töne laut, während im Süden Deutschlands Herzog Ulrich von Württemberg durch einen Angriff gegen die Reichsstadt Reutlingen den Schwäbischen Bund herausforderte, der sein Land eroberte und es gegen den Ersatz der Kriegskosten dem Kaiser übergab – eine breite Verbindung zwischen dem Elsaß und den Ostalpenländern, habsburgische Besitztümer, entstand dadurch (dreizehn Jahre später, 1532, als Österreich seine Kräfte schon für den Kampf gegen die Osmanen aufbieten muß, kehrt allerdings das alte Herrscherhaus in Württemberg zurück).
Karl konnte sich in den Heiratsangelegenheiten nicht zu einem klaren

Entschluß durchringen. Langwierige Verhandlungen setzten ein, viel und heftig wurde gefeilscht. Die niederländischen Räte Karls, »die uns Deutschen weder Ehre noch Gut gönnen«, und seine deutschen Bevollmächtigten waren einander in der Ausübung der Geschäfte fremd, verständnislos standen sie einander gegenüber, denn die Deutschen begriffen nicht recht die starre höfische Wesensart der Niederländer und der Spanier, und diese wandten sich ab von der ungezwungeneren Lebensweise der Deutschen und flüchteten in ein hoheitsvolles Gehabe.

Nach Deutschland waren auch Abgesandte Ludwigs II. gekommen und, durch die wiederholten Ausflüchte des Kaisers beunruhigt, forderten sie nun entschieden eine endgültige Regelung. So kam es am 7. November 1520 in Köln nach manch heftigem Zusammenstoß endlich zu einem Vertrag. Die Ungarn verzichteten auf die ursprüngliche Forderung, daß Anna dem Kaiser vermählt werde, und willigten in ihre Ehe mit Ferdinand ein, sofern er mit Österreich ausgestattet würde: »Was aber den Stand des Durchlauchtigsten Don Ferdinand betrifft«, hieß es dann im lateinisch und französisch abgefaßten Dokument Karls, »so bietet die kaiserliche und katholische Majestät besagtem Herrn Ferdinand für seine Stellung alles das an, was ihm von Rechts wegen zukommen mag, ohne etwas daran zu vermindern, vielmehr wird er es ihm aus brüderlicher Liebe, die er für ihn empfindet, vermehren. Und zu diesem Zweck begnügt er sich, ihm, wenn er sich für jetzt damit bescheiden will, die fünf niederösterreichischen Herzogtümer (quinque ducatus provinciarum Australium Inferiorum *bzw.* les cincq duchiez de la Basse Austrice) zu geben und ebenso alles, was ihm laut dem Testament König Ferdinands seligen Angedenkens im Königreich Neapel zukommt. Wenn aber Don Ferdinand und der Durchlauchtigste König von Ungarn es wünschen, wird Seine kaiserliche Majestät jene österreichischen Provinzen zu einem Königreich erheben und jenen Don Ferdinand zum König von Österreich machen (creabit). Zieht jedoch Don Ferdinand es vor, daß einige zu seinen Kommissären gewählt werden, die nachforschen sollten, was ihm von Rechts wegen zustehe, so wird Seine kaiserliche Majestät auch damit zufrieden sein, und sein Bruder solle nach deren Urteil und Untersuchung alles unversehrt und ungeschmälert erhalten, was ihm allenthalben gebühre.«

Karl ratifizierte die Abmachung am 17. November. Am 11. Dezember tauschte Prinzessin Anna in Innsbruck die Ringe mit den Bevollmächtigten Ferdinands und bekräftigte ihr Jawort, das sie fünf Jahre zuvor dem Großvater ihres Gemahls gegeben hatte. Man kam auch überein, daß die Bräute Anna und Maria im März nächsten Jahres ihren Gemahlen übergeben werden sollten. Am 26. Mai 1521 endlich wurde die Hochzeit Ferdinands und Annas gefeiert. Maria geleitete man im Sommer desselben Jahres – sie sollte erst gekrönt werden – nach Ungarn, und viel schöne Hoffnung knüpfte sich an das Kommen der wohl in strenger Tugend erzogenen jungen Königin.

Das kleinliche Feilschen, die niedrigen Ränke, manch eifersüchtiges und hochmütiges Aufbrausen, oft als hoheitliches Auftreten getarnt, all die jähen Töne, welche die lange sich hinziehenden Unterhandlungen begleiteten, kennzeichneten nur die Oberfläche des politischen Geschehens. Denn in Wirklichkeit versprach jedes Wort, jede Abmachung das Schicksal von Ländern und Völkern zu gestalten, ja, das Fortbestehen der christlichen Welt zu bestimmen, die gerade – im seefahrerischen wie im geistigen Sinn des Wortes – neuen Ufern entgegenstrebte.

So manche Fragen, welche die doppelte Machtstellung Karls – König von Spanien und römischer Kaiser – aufwarfen, harrten der prinzipiellen Beantwortung und der administrativen Durchführung: Wer sollte die Reichsgewalt in Abwesenheit des Kaisers ausüben? In welcher Form und in welchem Maß sollte das Erbe zwischen Karl einerseits und seinem Bruder Ferdinand und seiner Tante Margarete anderseits aufgeteilt werden? Auch mußte Karl nach Rom pilgern, um dort in der Kaiserwürde vom Papst bestätigt zu werden (allerdings geschieht dies erst zehn Jahre später) – welche Mittel sollten dazu bewilligt werden? Und es loderte eine neue, letzte Frage – nicht nur im bildlichen Verstand des Wortes, sondern bald schon auch in der zerstörerischen und zugleich reinigenden Wirklichkeit: Welche Antwort sollte man dem deutschen Augustinermönch Luther, seinen Freunden und Mitstreitern und seinem Anspruch auf die Erneuerung des religiösen Geistes geben?

Der Kaiser schrieb einen Reichstag nach Worms aus – reiste über Köln rheinaufwärts – und eröffnete ihn am 27. Januar 1521.

Dem jungen Herrscher schlug Begeisterung entgegen. Oder war es mehr unwissende Hoffnung? Und welche Sehnsüchte und Erwartungen fachten sie an? Überlieferte Legende und Mythos aus der Urzeit vielleicht, die sich in der nicht ganz klaren Vorstellung des Volkes eher in einer nebligen Irrationalität denn in genau umschreibbaren

Pflichten und Aufgaben offenbarten? Die Komplexität der Empfindungen, die Karl auf seiner Reise nach Worms begleiteten, läßt sich nicht mehr entwirren. Es dürften Empfindungen gewesen sein, welche mit einem Aufbruch immer einhergehen und nur unvollständig als seine Merkmale erfaßt werden können. Denn schon lebte man inmitten des Aufbruchs! Er war ein geistiger, ein religiöser, ein wirtschaftlicher, ein politischer. Man hatte sich aus dem Starrkrampf der mittelalterlichen Scholastik gelöst und befand sich nun auf dem Weg zu neuen Geistesformen und Lebensformen. Noch vermochte man ihre Inhalte nicht genau zu bestimmen, aber sie leuchteten schon als eine strenge Forderung. Es war wie die ewige und ewig gleiche Vorgangsweise des Menschen, gekennzeichnet von der Zweiheit seines Daseins: Der Mensch erkennt die gerade gelebte Wirklichkeit als schlecht und setzt ein neues, ein ideelles Ziel, das er dann zu verwirklichen sucht. Der Kampf um die Verwirklichung des Ideellen im Materiellen verleiht dem Leben Spannung und Sinn. Selten noch in der Geschichte der Menschen war ein Kampf darum, Postuliertes in die Wirklichkeit umzusetzen, so leidenschaftlich und so bestimmend auch für die nachkommenden Generationen wie der Aufbruch zu Beginn des 16. Jahrhunderts.

Doch nicht nur für die nachkommenden deutschen Generationen. Denn die Glaubensfrage – war sie wirklich eine Frage nur des Glaubens? – sprach alle Welt, auch die nicht deutsche an. Der Glaube konnte nicht abgegrenzt werden von den kirchlich-gesellschaftlichen Strukturen, die, zur Sinnlosigkeit erstarrt, beinahe schon menschenfeindlich waren, und so vermochte man nicht mehr an sie zu glauben. Die sinnlos gewordenen kirchlichen Strukturen hatten auch die staatlich-gesellschaftlichen geprägt, und nun wurden auch diese in Frage gestellt. In der gesamten christlichen Welt, in Europa also, in allen Staaten der monarchischen Gesellschafts- und Glaubensordnung wurde das feste Verhältnis zwischen der Zentralgewalt der Fürsten und den lokalen Machtbefugnissen und Machtbestrebungen der Stände ausgehöhlt. Man ging auf die Suche nach einer neuen Ordnung. Das Religiöse, das Politische und das Wirtschaftliche griffen untrennbar ineinander. Es konnte nicht gleichgültig sein für die übrige Welt und ohne Auswirkung auf sie bleiben, welches Ergebnis in Worms das Ringen des Kaisers und der Fürsten miteinander um eine »Regimentsordnung« und um neue Verwaltungseinrichtungen zeitigte.

Karl verstand, wie auch sein Bruder, nicht deutsch. Dies dürfte mit ein Grund dafür gewesen sein, daß ihn die Begeisterung, die ihm entgegenschlug, und die knisternde Spannung, welche die deutsche Welt erfaßt hatte, innerlich nicht berührte. Er, vor allem aber seine Räte dachten in dynastischen Dimensionen. Karl war – um es profan, für jene Begriffswelt profan, auszudrücken – ein Herrscher »von Berufs wegen« (das waren auch die anderen, denn nationale Dynastien in unserem Sinn gab es noch nicht: Die englischen Könige erhoben dynastische Ansprüche auf französische Lande, die ungarischen, böhmischen, polnischen Könige verkörperten schon seit Jahrhunderten mehrere Würden). Im Hofstaat des Kaisers dachte und handelte man nach den Regeln einer internationalen Politik, wie sie aus der Inter-, besser: Supranationalität seiner dynastischen Würde folgen mußten. Dieses Denken war zwangsläufig frei von nationalen Ambitionen, ja es mußte zeitweise gegen lokale nationale Interessen gerichtet sein. Aus dieser Denkungsart folgte auch ein anderes Merkmal: die kühle Rationalität. Man war bemüht, sie auf dem wirren Kräftefeld der Bestrebungen von Fürsten, Reichsständen, Städten, geistigen und religiösen Bewegungen als das übergeordnete Herrschaftsmittel anzuwenden.

Der Auftritt Luthers auf dem Reichstag zu Worms bestimmte die weitere Entwicklung der abendländischen Welt mit. Die Worte, die er dort gesprochen hat, sind ein prägender Bestandteil unseres Selbstverständnisses: »Wenn ich nicht durch Zeugnisse der Heiligen Schrift und klare Vernunftgründe überzeugt und überwunden werde, so bleibe ich durch die von mir angeführten Stellen der Heiligen Schrift überwunden, und mein Gewissen bleibt im Worte Gottes gefangen. Daher kann und will ich nicht widerrufen, da es weder sicher noch heilsam ist, wider das Gewissen zu handeln. Gott helfe mir, Amen!« Dies war der Ausdruck einer gelebten Gewissensentscheidung, menschliche Größe manifestierte sich in Luthers Worten, und sie wirkte sich aus auf das Denken der Massen. Einen Tag nach der Anhörung des Mönchs am 18. April ließ der Kaiser ein eigenhändig in französischer Sprache verfaßtes Schriftstück verlesen, und die Bekenntnismacht seiner Worte ist nicht zu verkennen, auch wenn sie außenpolitischen Zwecken dienten: Sie wurden gedruckt, in ganz Europa verbreitet und dem Papst vorgelegt. Also sprach Karl: »Ihr wißt, daß ich von den allerchristlichsten Kaisern der edlen deutschen Nation abstamme, von den Katholischen Königen von Spanien, den

Erzherzögen von Österreich, den Herzögen von Burgund, die alle bis zum Tode getreue Söhne der römischen Kirche gewesen sind. Verteidiger des katholischen Glaubens, der geheiligten Handlungen, Dekrete und Gewohnheiten des Gottesdienstes, die das alles nach ihrem Tode mir hinterlassen haben und nach deren Beispiel ich durch Gottes Gnade bisher gelebt habe. Deshalb bin ich entschlossen, festzuhalten an allem, was seit dem Konstanzer Konzil erreicht ist. Denn sicher ist es, daß ein einzelner Mönch mit seiner Meinung, die gegen die ganze Christenheit steht, irrt, da sonst die Christenheit tausend Jahre und mehr geirrt haben müßte. So bin ich entschlossen, in dieser Sache meine Königreiche und Herrschaften, meine Freunde, Leib, Blut, Leben und Seele einzusetzen. Denn es wäre eine Schande für mich und Euch, Ihr Glieder der edlen deutschen Nation, wenn in unserer Zeit durch unsere Nachlässigkeit auch nur der Anschein der Häresie oder eine Beeinträchtigung der christlichen Religion in den Herzen der Menschen Platz griffe. Nach der halsstarrigen Antwort, die Luther gestern in unser aller Anwesenheit gegeben hat, erkläre ich euch, daß ich bedauere, so lange gezögert zu haben, gegen ihn und seine falsche Lehre vorzugehen, und daß ich nicht gewillt bin, ihn noch einmal anzuhören. Die Zusage freien Geleits werde ich halten..., aber ich werde ihn, wie gesagt, in Zukunft wie einen notorischen Ketzer behandeln und ersuche euch als gute Christen, euch ebenso zu verhalten.«

Zwischendurch klang jenseits des Rheins Waffenlärm in die Beratungen der Stände hinein: Franz I. hatte ihn angefacht, indem er die kleinen Fürsten an der niederländischen Grenze aufzuwiegeln suchte, ohne selbst in Erscheinung zu treten. Doch die Erzherzogin Margarete erkannte die wahren Zusammenhänge zwischen den Friedensbeteuerungen des französischen Königs in Schreiben an die Kurfürsten und seinen aufrührerischen Absichten und sprach sie im Februar in Mons öffentlich aus. Diese Unruhen dürften auch die Reise Ferdinands nach Worms hinausgezögert haben. Tag für Tag warteten die Reichsstände vergeblich auf ihn. Endlich wurde sein Kommen gemeldet. Am 2. April ritten ihm der Kaiser, alle anwesenden Kurfürsten und Kardinäle und die Gesandten des Königs von Ungarn entgegen und geleiteten ihn mit feierlichem Pomp in die Stadt – zu seiner Rechten Karl, zur Linken in Vertretung Ludwigs II. der Propst Hieronymus Balbi.

Der andere Abgesandte des ungarischen Königs war der Jurist und

spätere Palatin des Landes Stephan Werböczi, der in seinem *Tripartitum* aus dem Jahr 1514 – nach der grausamen Niederwerfung eines Bauernaufstandes – die Rechte der Nobilität zusammenfaßte und gegen jene der Krone erweiterte, den rechtlosen Status der Bauernmassen, der Leibeigenen verewigte, und er setzte die Gesamtheit des Adels dem Staatsbegriff Nation gleich. Dieses sein Werk gilt für Jahrhunderte als die Verfassung des Königreichs. Er und Balbi sprachen flammende Worte über die osmanische Gefahr, in der Ungarn schwebte, und versuchten, das christliche Gewissen anzusprechen und hochzurütteln. Vergeblich. Die Antwort, die ihnen am 20. April zuteil wurde, enthielt viel Salbungsvolles, aber in ihrem Inhalt war sie entmutigend. Noch am selben Tag reisten die beiden ab.
Die »Glaubensfrage« konnte nicht entschieden werden. In ihrem Inhalt und in ihrer Auswirkung war sie über die Entscheidungsinstanz hinausgewachsen – über den Reichstag selbst und auch über die Autorität der kaiserlichen und päpstlichen Würde. Denn in ihrer geistigen, gesellschaftlichen, wirtschaftlichen, politischen und nationalen Vielschichtigkeit war sie eine Frage an die gesamte christliche Welt, an den europäischen Menschen. Sie rief nicht – wie frühere Auseinandersetzungen innerhalb der kirchlichen Hierarchie – bloß ein Schisma hervor, sondern sie schuf neue Kategorien des Denkens und des Verhaltens. Das Wormser Edikt vom 8. Mai, die Ächtung Luthers, war am allerwenigsten geeignet, die »Glaubensfrage« zu entscheiden. Luther zog sich auf die Wartburg zurück und gab sich jenem wundervollen Unterfangen hin, das mehr war als nur ein Akt des religiösen Streits: der Übersetzung der Bibel ins Deutsche. Es entsteht eine sprachliche Hochleistung, die auf die deutsche Sprache eine determinierende Wirkung ausübt: Die gesamte deutschsprachige Literatur, auch das Fortbestehen des Deutschen als vermittelndes Element zwischen den Siedlungsgebieten außerhalb Deutschlands und dem deutschen Ursprungsland, würde ohne seine Bibelübersetzung unvorstellbar geblieben sein. Religion und Sprache, Religion und Literatur, Religion und gesellschaftliche Entwicklung fügen sich glücklich ineinander als untrennbare Bestandselemente.
Indes trafen in Worms alarmierende Nachrichten aus Spanien ein, von dem Bürgerkrieg, der dort wütete. Mißtrauisch blickten die italienischen Fürsten und Städte nach dem Norden, wenn auf dem Reichstag die Stände über die Stärke des für den traditionellen Zug des Kaisers nach Rom zu stellenden Heeres verhandelten, denn sie

witterten Gefahr. Doch es waren Frankreich und sein König Franz, die sehr bald schon die ganze gespannte Aufmerksamkeit der kaiserlichen Räte und der Stände auf sich zogen. Die Erbteilung konnte nicht mehr aufgeschoben werden, die Lage erforderte klare Verhältnisse.
Die Heiratsangelegenheiten waren geregelt, und am 26. Mai kam endlich auch die »Regimentsordnung« zustande, ein Übereinkommen zwischen Karl und den Ständen über die Ausübung der zentralen Gewalt in Abwesenheit des Kaisers als des Repräsentanten der Gesamtheit des Reichs. Nun sollte dem Infanten sein österreichisches Erbteil überantwortet werden. Ferdinand ratifizierte am 23. April die im Vorjahr zwischen den Unterhändlern des »durchlauchtigsten Königs von Ungarn und Böhmen« und der »kaiserlichen Majestät« für den »Status des Herrn Ferdinand« getroffenen Vereinbarungen. Ferdinand erhielt die österreichischen Herzogtümer. Das war nicht viel. Es wurde nämlich von Krain die Windische Mark mit Möttling abgetrennt, Görz, Gradiska, Istrien und Triest fielen an Karl, denn Triest war der einzige Hafen im Adriatischen Meer, der dem Kaiser als Stützpunkt gegen Venedig dienen konnte. Also gingen in den Besitz Ferdinands über: Österreich unter und ob der Enns, die Steiermark, Kärnten und Krain – mit allen Schulden und Lasten, die Maximilian hinterlassen hatte. Nun erst feierte man die Hochzeit des Infanten mit der Prinzessin Anna. Ferdinand reiste am 30. April von Worms ab. Er eilte in Begleitung des Kardinalerzbischofs von Salzburg über Heidelberg nach Linz und zog dort am 26. Mai feierlich ein. Herzog Ludwig von Bayern, der Bischof Bernhard von Trient und Andrea da Burgo vertraten den Kaiser, Markgraf Georg von Brandenburg und Ambrus Sárkány König Ludwig II. Der Erzbischof von Salzburg vereinte Ferdinand und Anna vor dem Altar.
Nur einen Tag vor der Verlautbarung der »Regimentsordnung« und dem Einzug Ferdinands in Linz, am 25. Mai also, ließ der Kaiser den Ständen einen Vorschlag zukommen, der die Stellung Ferdinands stärken und die gemeinsame Macht der beiden Brüder festigen sollte. Der Vorschlag besaß auch über die Regelung der Geschäfte im Reich hinaus Gewicht für den Fortbestand der habsburgischen Macht: Der Kaiser ließ verkünden, daß er seinen Bruder zum Statthalter machen wolle. Dieser Vorschlag hatte weitreichende, internationale Bedeutung: Zwischen König Sigismund von Polen und dem letzten Hochmeister in Preußen, Albrecht von Brandenburg, kam im März und April 1521 in Thorn ein Friedensabkommen zustande, in dem unter

den Schiedsrichtern der Erzherzog Ferdinand genannt wurde für den Fall, daß der Kaiser verhindert wäre. Nun wurde Ferdinand auch im Ausland als kaiserlicher Statthalter anerkannt. Hier wirkte die Politik Maximilians weiter, der nach den Ehevereinbarungen zwischen seinen Enkeln und den jagiellonischen Königskindern auf dem Wiener Kongreß von 1515 den Deutschen Orden gegen Sigismund von Polen nicht mehr zu unterstützen versprochen hatte. Und es lag dem ungarischen Hof erst recht viel daran, daß der Schwager des Königs Titel, Ansehen und Macht besaß.

Dann trat Ferdinand vor seine neuen Untertanen, und ihre erste Begegnung war keine glückliche. Auf dem Landtag für Österreich unter und ob der Enns in Ybbs machten sie beide, die Stände und ihr junger Landesherr, eine bittere, enttäuschende Erfahrung: Sie verstanden einander nicht. Ferdinand verstand sie nicht, weil er nicht deutsch verstand. Doch nicht nur die Sprache trennte sie. Die Stände dachten und handelten, sie verhielten sich, wie die Überlieferung es bestimmte, sie sprachen in Erinnerung an die lockere, ja, gemütliche Art Maximilians, mit ihnen die Angelegenheiten zu regeln. Doch Ferdinand hatte andere Erinnerungen daran, wie die Stände dem Landesherrn entgegenzutreten hatten. In Spanien zum Herrscher erzogen, geehrt und geliebt, dann in den Schatten der Zweitgeburt gedrängt, war er erst drei Monate zuvor nach Flandern gekommen und befand sich erst seit einigen Wochen auf österreichischem Boden. Auf die Pflichten und Aufgaben eines Erzherzogs, die Rolle eines kaiserlichen Statthalters im Reich hatte man ihn nicht vorbereitet.

In der Würde eines Infanten von Spanien manifestierte sich auch ein tiefes nationales Bewußtsein, das mächtig angefacht wurde durch die Einigung der Königreiche Aragon und Kastilien und die beinahe übermenschliche gemeinsame Anstrengung der Reconquista, und dieses Bewußtsein wurde über die Gegensätze der Stände und der Städte und die Ränke der Granden hinaus durch die Rolle, die Spanien mit der Neugestaltung der Welt durch die überseeischen Entdeckungen zufiel, nur noch gestärkt. Nicht so in Ferdinands ererbten Landen, den fünf Herzogtümern. Diesen stellte sich keine gemeinsame Aufgabe – noch nicht –, die ein gemeinsames nationales Bewußtsein hervorgerufen hätte (das auf diese Zeit bezogene Eigenschaftswort »national« ist freilich in seinem Inhalt nicht mit dem Begriff des Nationalismus des 19. und schon gar nicht mit dem des 20. Jahrhunderts identisch). Die Kaiserwürde hatte hier das geistige und politische Verhalten der Landesstände noch nicht so bedingungslos durchdrungen, sie war noch nicht ein vom Volk in sein Bewußtsein aufgenommener Erlebnisinhalt, noch gab es das nicht: ein »Haus Österreich«, ein »Casa d'Austria«, ein »Maison d'Autriche« als einen übergeordneten einigenden Staatsbegriff, in den die Zusammengehörigkeit aller hätte projiziert werden können. Und so waren sie, Ferdinand und die Stände, einander fremd. Doch Ferdinand war lernbegierig und guten Willens.

Die Huldigung der Steiermark am 2. Juli 1521 in Graz ging reibungslos über die festliche Bühne. Aber die Krainer lehnten sich auf gegen die Abtrennung der Windischen Mark als einen Eingriff in alte Sonderrechte, sie befürchteten auch eine Minderung ihrer Wehrkraft gegen die Türken, von deren Kriegsmacht gespenstisch wundersame und furchterregende Nachrichten in die österreichischen Lande gelangten. Dennoch wollten die niederösterreichischen Stände auf dem Landtag vom 24. August die von Ferdinand verlangten zweitausend Knechte zu den früheren tausend Mann nicht bewilligen. Der Erzherzog sah seine Lage als unhaltbar an und beschloß, zum Zweck einer wirkungsvolleren Regelung der Erbteilung mit dem Kaiser noch einmal zusammenzutreffen.

In Spanien hatten die Granden die rebellische Bewegung der Comuneros, der Comunidades de Castilia, als diese nicht mehr nur die Städte, sondern auch schon ihre Besitztümer bedrohten, gerade unterdrückt. Ferdinand beeilte sich. Vorerst erließ er am 15. Oktober für die niederösterreichische Regierung eine Instruktion, errichtete eine eigene beratende Kammer, übergab die Geschäfte seiner jungen Gemahlin als seiner Stellvertreterin und ordnete ihr einen Hofrat bei. Dann brach er auf, zog über das Pustertal gen Westen und traf Mitte Dezember in Gent mit Karl zusammen.

Zwei mächtige Herren hatten im Hofstaat Karls lange um Einfluß gerungen. Wilhelm von Croy, Herzog von Chièvres, des Kaisers Oberstkämmerer, war die Verkörperung der altburgundischen Traditionen und der franzosenfreundlichen Politik gewesen. Der andre, der härtere und schlauere, der Piemontese Mercurino Gattinara, war der geistige Schöpfer jener universalen Reichsidee, zu deren erstem Träger in den kommenden Jahrzehnten Karl wird. Chièvres, allem Spanischen abgewandt, hatte darauf hingearbeitet, den Infanten von der Macht fernzuhalten und ihn mit einem unbedeutenden Teil des Erbes abzufertigen: »Fürchtet nicht den König von Frankreich oder

einen anderen Fürsten«, hatte er einst zu seinem Herrn gesagt, »sondern nur Euren Bruder«. Dieser höchst einflußreiche Mann war zwei Tage nach der Hochzeit Ferdinands in Worms gestorben. Ohne Rivalen stand nun Gattinara da, ohne einen nennenswerten Gegner Ferdinand. Sogar Papst Leo X. sah sich am Vorabend des Ringens um die Vorherrschaft in der christlichen Welt veranlaßt, offen Stellung zu beziehen: Am 28. Mai 1521 gingen der Kaiser und der Papst ein Kriegsbündnis gegen den Allerchristlichsten König von Frankreich ein. Mehr denn je war es ein Gebot der Stunde, die Angelegenheiten des Reiches unzweideutig und für alle Zukunft zu regeln.
Dies geschah mit den Brüsseler Verträgen. Es dürfte so gewesen sein, daß Karl – ehe er sich den weltumspannenden Aufgaben, die auf ihn nun zukamen, zuwandte – seine Beziehung zu seinem Bruder klar und verläßlich gestaltet wissen wollte. Ferdinand sollte sich nicht benachteiligt fühlen, zumal gerade der Erzherzog der Garant dafür sein mochte, daß der Einfluß des Kaisers im Reich in seiner Abwesenheit nicht abriß. Denn die Gedanken Karls weilten nicht mehr mit aller Bedingtheit bei den Wünschen und Vorstellungen der deutschen Fürsten und Städte – eine Welt, die dem Kaiser fremd war –, nicht einmal mehr bei Luther und dessen charaktervollem und herausforderndem Auftritt, beim ganzen Wormser Reichstag nicht und schon gar nicht bei den mahnenden, ungeduldigen und lästig leidenschaftlichen Reden der Abgesandten seines Schwagers Ludwig. Es war Frankreich, das den Blick des Kaisers auf sich zog, der einstige Mitbewerber um die Kaiserkrone: Franz I. Mit den Brüsseler Verträgen regelte er also das Verhältnis des Reiches zu Österreich.
Zwei von ihnen wurden vom 30. Januar 1522 datiert. Im ersten verlieh Karl seinem Bruder jene Gebiete der fünf österreichischen Herzogtümer, welche im Wormser Vertrag abgetrennt worden waren: Görz, Ortemburg, Pustertal, Karst, Istrien, Friaul und andere, die Kaiser Maximilian besessen hatte. Gegen Ferdinands Verzicht auf gewisse Rechte im Königreich Neapel erhöhte er die vom König Ferdinand dem Infanten vermachte Jahresrente von 50 000 auf 60 000 Dukaten. Im zweiten ernannte er den Erzherzog zu seinem Stellvertreter in allen deutschen Erblanden, die ihm zugefallen waren, und im Herzogtum Württemberg. Dann, am 7. Februar, schlossen sie einen dritten Vertrag, einen geheimen. In ihm übertrug Karl seinem Bruder die erbliche Landesherrschaft über die fünf österreichischen Herzogtümer, über Tirol und Württemberg und übergab ihm auf Lebenszeit

die Herrschaften Pfirt und Hagenau. Doch all dies sollte die übrige Welt erst später erfahren. Den Ständen von Tirol teilte Karl erst am 1. März mit, daß er Ferdinand zu seinem Statthalter dort und in den anderen oberösterreichischen Landen ernannt hatte. Den Brüsseler Vertrag vom 30. Januar brachte man den österreichischen Ständen erst am 16. März zur Kenntnis. Und am 28. März bestätigte der Kaiser die Freiheiten des Hauses Österreich dem Reich gegenüber, wie sie das Privilegium major Rudolfs IV. aus dem Jahr 1359 enthielt. Zwar waren sie Fälschungen aus der Kanzlei des Stifters, doch sie entsprachen mehr oder minder den wirklichen Kräfteverhältnissen und der Vorgangsweise der Zeit, sie wurden damals auch noch nicht als Falsifikate erkannt. Unteilbar wie alle Kurfürstentümer sollte der Besitzstand des Hauses Habsburg bleiben und beinahe aller Pflichten dem Reich gegenüber entledigt, damit dadurch ein Gegengewicht zur Gesamtheit der Kurfürstentümer entstand. Auch die Beschlüsse von Worms wurden erneuert: Am 22. März 1522 erklärte der Kaiser in Brüssel, für das beschlossene Regiment habe er seinen Bruder als Statthalter bestimmt. Da er nun nach Spanien ziehe, ermächtige er den Erzherzog Ferdinand, im Namen des Kaisers zu handeln und ihn zu vertreten. Nun hatte es Karl schon eilig: Am 23. März ließ er den Beschluß in einem Schreiben festhalten, darin wurde Ferdinand auch das Vorrecht eingeräumt, verdiente Personen in einen höheren Stand zu erheben; der Kurfürst von Mainz wurde angewiesen, Briefe, die Ferdinand kraft der kaiserlichen Vollmacht ausfertige, mit dem Siegel des Kaisers zu versehen. Eine wahrhaftig kaiserliche Machtfülle war es, die Ferdinand am Vorabend der Abreise Karls erhielt. Hinzu kam, gleichsam um sie abzurunden und noch mehr zu bekräftigen, das Testament Karls vom 22. Mai 1522. Zu diesem Zeitpunkt war Karl noch nicht verheiratet. Also bestimmte er seinen Bruder zum Universalerben und Nachfolger für den Fall, daß er ohne Erben stürbe. Das Haus Habsburg wurde dennoch zweigeteilt.

Wurde es das wirklich? Dem Zeitgenossen stellte sich die Frage nicht. Denn nur im Rückblick erkennt man, daß von diesem Monat Januar des Jahres 1522 an die beiden Linien, die spanisch-niederländische und die österreichische, jede von der anderen unabhängig sich weiter zu entwickeln begannen. Die Kräfte, die Karl und Ferdinand durch ihre Würden verkörperten, und die Entscheidungsinstanzen, welche diese Kräfte hervorbrachten, stellten verschiedenartige Rollen und Aufgaben. Doch die Rollen und Aufgaben kamen unabhängig von der Erbteilung auf die beiden Herrscher zu – die beiden »Linien« entstanden nur vordergründig durch die Erbteilung, in der historischen Wirklichkeit war die Auseinanderentwicklung im Hause Habsburg durch die Geschehnisse bedingt, welche die Länder zwangsläufig trafen und so die unterschiedlichen Entwicklungsrichtungen erst bestimmten. Die politische Integration Österreichs in den Donauraum nimmt erst später ihren Lauf, und Ferdinand ist erst dann gefordert, den unabwendbaren Integrierungsprozeß wahrzunehmen und zu vollziehen. Er nimmt ihn wahr und vollzieht ihn, er kann auch nicht anders, wenn er der Rolle, die seiner Würde innewohnt, treu bleiben will. Aber in jenem Januar 1522 und in den darauffolgenden kurzen Jahren mochte noch niemand die rasche Abfolge und das Ausmaß des notgedrungen einsetzenden Integrierungsprozesses erkennen. Denn der Anspruch des Hauses Habsburg, Karls oder Ferdinands, auf die Throne Ungarns und Böhmens (und somit die politische Integrierung Österreichs in den Donauraum) war zur Zeit der Brüsseler Erbteilung noch illusorisch. Das ungarische Herrscherpaar gab sich lebenslustig und unbeschwert, in den Augen mancher Würdenträger sogar enttäuschend leichtsinnig und verantwortungslos, Vergnügungen aller Art hin: Jagden, Rittertournieren, Tafelfreuden und Tanzveranstaltungen (besonders die Königin vergnügte sich gerne auf diese Art). Ludwig und Maria waren jung und gesund – warum sollten sie nicht bald reiche Nachkommenschaft haben? Auch die Lehre Luthers breitete sich am ungarischen Hof aus, ihr erster Verkünder dort war gerade Georg von Brandenburg. Warum sollte sie nicht, wie bei so manchen deutschen Fürsten, ein gegen die katholischen Habsburger gerichtetes religiöses Verhalten auch in Ungarn hervorrufen? (Dort wird später eine andere Spielart der Reformation, die calvinische, wirksam, sie bleibt für Jahrhunderte ein Ausdruck nationaler und antihabsburgischer Bestrebungen.)

Ja, im Rückblick erst erkennt man die scharfen Konturen der Geschichte, die in den Brüsseler Verträgen sichtbar wurden. Doch sie wurden nur sichtbar durch das Geschehen, welches erst später die Kräfteverhältnisse, die gesellschaftliche und die zivilisatorische Entwicklung im Donauraum neu bestimmt. Zu Beginn des Jahres 1522 erschien dem Kaiser und seinen Ratgebern der Donauraum, das heißt die Angelegenheiten der österreichischen Lande, Ungarns und Böhmens, erschien sogar das Reich selbst mit seinen vielfältigen politischen, geistigen und religiösen Widersprüchen als ein Schauplatz

zweiter Ordnung. Nicht dort sahen sie den Schwerpunkt der Aufgaben und Bestrebungen. Frankreich regte sich, auf Navarra in seinem Süden und auf die Niederlande in seinem Norden richtete sich der Blick Franz' I. und stieß überall auf die Machtfülle des Kaisers. Die Möglichkeit einer Entscheidung darüber, ob der römisch-deutsche Kaiser oder der französische König der erste Monarch der christlichen Welt werden sollte, schien im Norden Italiens zu liegen. Dort herrschte die höchste kirchliche Autorität, und von ihrem Wort mochte das Fortbestehen der tragenden Institutionen, so auch der kaiserlichen Universalwürde, abhängen. Wer über Italien herrschte, konnte auch über Europa herrschen.
Spanien war die führende christliche Macht der kugelförmigen Erde, die der Baske Juan Sebastián Elcano als erster umsegelte und von Karl den Wappenspruch »Primum circumdedesti me« verliehen erhielt – dieses Wort »Als erster hast du mich umkreist« offenbarte die universalistische Tendenz der spanischen Politik und ihren Anspruch auf die Vormachtstellung nicht nur in Europa, sondern auch in der übrigen Welt. Dieser Anspruch auf die Universalmonarchie, den Gattinara fomulierte und Karl verkörperte, lag in der Personalunion der spanischen königlichen und der römisch-deutschen kaiserlichen Würde begründet.
Ferdinand aber kehrte heim. Über Maastricht und Bonn eilte er nach Nürnberg, auf den Reichstag. In der alten und so ruhmreichen Stadt an der Pegnitz, deren Zünfte schon mehr als anderthalb Jahrhunderte zuvor für ihre Freiheiten den Aufstand geprobt hatten, empfingen am 13. Mai 1522 die Fürsten und die ungarischen Abgesandten den jungen Prinzen mit allen Ehren. Ferdinand war von guter und rascher Auffassung, von früher Jugend an redegewandt. Sein Verhalten muß einnehmend gewirkt haben, so daß die Anwesenden sich bewogen fühlten, über den großen Mangel des Erzherzogs hinwegzuschauen: über seine Unkenntnis des Deutschen. Auf den Reichstagen mußte der Kaiser, mußte der Statthalter nun Rede und Antwort stehen, und es mußte ein Dolmetscher die Fragen an Ferdinand und seine Antworten verdeutlichen. Das war gewiß ein großer Nachteil. Dennoch hinterließ der Neunzehnjährige, dessen Kommen man anfangs nicht gerade mit Begeisterung entgegengesehen hatte, einen noch nicht näher zu beschreibenden Eindruck, der aber so manchem Teilnehmer schemenhaft den Großvater in Erinnerung rief. Später gewinnt das Erscheinungsbild Ferdinands schärfere Konturen. Später rechnet man

schon damit, daß er – hat vielleicht Maximilian so gesprochen und gehandelt? – im Gesicht ein gewinnendes Lächeln trägt, welches aber nicht unbedingt Garant für einen erhofften Befehl oder eine erwartete Gnade ist. Auf dem Reichstag zu Nürnberg lehnte man es ab, gegen die reformatorischen Prediger vorzugehen, und hoffte, daß Ferdinand sich der Sache in diesem Sinn annehmen würde. Doch bald schon macht man im ganzen Land die Erfahrung, daß Ferdinand sich nicht so sehr religiöse Grundsätze, nicht die verheißungsvolle Erneuerung des Glaubens angelegen sein läßt, nicht einmal die starre Aufrechterhaltung der alten kirchlichen Institutionen und Formen – nein. Bald schon tritt er so vor die Welt, wie er seinem Charakter nach wirklich war: ein politischer Mensch von allerbesten Gaben. Bald schon verzichtet man darauf, Ferdinand, nachdem das Wormser Edikt die so leidenschaftlichen Erwartungen zunichte gemacht hat, zum Streiter für das Evangelium zu bekehren. Der Erzherzog bleibt treu dem Glauben, in dem er von den liebenden Großeltern, den Katholischen Königen, erzogen worden ist. Seine Gebete, leise in Spanisch vor sich hingemurmelt, bringen ihm die unvergeßlichen Jahre einer unbeschwerten, kurzen Kindheit in den Sinn – nein, er will und kann die spanischen Gebete nicht verdrängen, nicht vergessen. Aber nichts steht ihm ferner, als ein blinder Eiferer der oft krummen kurialen Politik zu sein, zumal er in Rom immer bloß eine politische Größe sieht, und in der Politik – bald erfahren es alle – kennt er keine Rücksicht. Darum auch bleibt er nie abgeneigt, mit den Protestanten zu verhandeln, ja, ihre Sache auch zu fördern, doch immer nur vorübergehend, immer nur bis zu dem Punkt und Maß, wo sie seinen Zielen und Vorstellungen entgegenkommt. Darf man diesen Charakterzug, der ihn während seiner ganzen Herrscherzeit unbeirrt lenkt – er wird ja bald, und dann bis zu seinem Tod, auch mit dem schlimmsten Feind seiner Würde, seiner Länder, seines Glaubens, dem Türken, hadern und sich versöhnen und wieder streiten müssen –, darf man diese charakterliche Eigenart Ferdinands, Menschen als Träger der verschiedensten Interessen in den Dienst seiner Ziele zu locken und zu zwingen, als Falschheit werten? Gewiß nicht. Denn Ferdinand durfte niemals die Ganzheit aus den Augen verlieren, die Ganzheit, die mehr war als die Gesamtzahl der addierten Länder, denn sie war die Pflicht, die Kräfte aller zu koordinieren und sie auf einer höheren als auf der Landesebene zusammenzufassen. Diese Pflicht war sein Herrscherschicksal, und sie entsprach seinem Charakter. Er durfte nicht Partei sein, sondern er mußte eine Gemeinsamkeit verkörpern, sobald er der Gekrönte und Gesalbte vieler Länder wurde. Die drei Herrscher, denen Österreich, Böhmen und Ungarn und das römisch-deutsche Reich und Spanien mit den überseeischen Besitztümern untertan waren – die beiden Brüder Karl und Ferdinand und ihr Schwager Ludwig –, gehörten derselben Generation an, alle drei waren sie im ersten Jahrzehnt des 16. Jahrhunderts geboren. Zur Zeit der Brüsseler Verträge war Karl zweiundzwanzig Jahre alt, Ferdinand neunzehn und Ludwig sechzehn, und augenfällig ist auch ein Gleichlauf in ihrem Werdegang. Keiner von ihnen war unter den Augen seiner Eltern groß geworden, und jeder war einer ausgereiften, starken Persönlichkeit überantwortet, die den ihr Anvertrauten beeinflußte, lenkte, ihm Ziele setzte, sein Weltbild und sein Verhalten prägte. Unbegreiflich bliebe die anfängliche Regierungszeit Karls, sähe man nicht in ihr Chièvres und Gattinara agieren. Für so manche Entscheidungen Ludwigs zeichneten der Primas Thomas Bakócz oder Markgraf Georg von Brandenburg verantwortlich. Und in Ferdinands Erinnerung blieb die noble Gestalt des greisen Jiménez lebendig. In Österreich nun, mit Aufgaben und einer Sprache konfrontiert, auf welche er nicht vorbereitet war – seit seinem dreizehnten Lebensjahr herausgerissen aus der gewohnten Umgebung und herumgestoßen in der Welt, dann nur noch von Fremden umgeben –, nun als verantwortlicher Landesherr also wandte er sich mit seiner ganzen jugendlichen Hingebung Männern zu, die es verstanden, sein Vertrauen mit wirklichen oder vorgetäuschten Diensten und freundschaftlicher Offenheit zu gewinnen. Vertrauensselig und arglos machte Ferdinand den aus Burgos gebürtigen Gabriel Salamanca, mit dem er auch noch spanisch sprechen konnte, zu seinem Sekretär und Schatzmeister.

Ein schlauer, ein gewiegter Finanzmann war dieser Salamanca – man munkelte, er sei vor einigen Jahren noch ein »verdorbener Kaufmann« gewesen. Auch große diplomatische Fähigkeiten besaß er. Er war mit Ferdinand nach Brüssel gezogen und hatte dort dem Erzherzog bei der Erbteilung »trefflich« gedient. Doch ebenso gewiegt und unermüdlich war er in der Mehrung der eigenen Finanzen. Im Februar 1522 ließ er sich mit dem Titel »Generalschatzmeister« die Leitung der Einkünfte in Tirol und Württemberg verleihen. Auch sonst war er nicht wählerisch, und er verstand es, alle Lehen, die an den Landesherrn fallen sollten, an sich zu reißen. So wurde er innerhalb kürzester Zeit der reichste Mann in Österreich. Ferdinand, der ihm seine Dankbarkeit bezeugen wollte, erhob ihn in den Freiherrnstand: Nicht mehr ein gewöhnlicher Gabriel Salamanca war der erzherzögliche Sekretär, sondern ein Freiherr zu Freienstein und Karlsbach. 1524 belehnte ihn Ferdinand sogar mit der Grafschaft Ortenburg.

Während er reich wurde, verarmte die seiner schatzmeisterlichen Obhut anvertraute Bevölkerung, da er durch eine geschickte Vereinheitlichung der Verwaltung mehr Einkommen aus den Gütern herauspreßte als seine Vorgänger. Doch sonderbar! – alles Geld wanderte in die Säcke Salamancas. Die Geldwirtschaft erlebte gerade eine Blütezeit, und überall stiegen die klugen Kaufherren in die höheren Stände empor. Sie liehen den Fürsten Geld und finanzierten die staatlichen Unternehmungen und die Feldzüge. Die Fürsten verschuldeten und wurden abhängig. So auch in Ungarn, so auch in Österreich. Im Februar 1524 schuldete Ferdinand seinem Schatzmeister bereits hundertachtzigtausend Golddukaten. Im Herzogtum Kärnten war Salamanca als oberster Erbkämmerer tätig, und die Kärntner haßten den habgierigen Spanier. Erst recht haßten ihn die Tiroler und nannten ihn »pecuniarum lupum rapacissimum, totius Germanie hostem immanissimum« – der Finanzen räuberischen Wolf, ganz Deutschlands schrecklichsten Feind. Von Tirol ging auch die Initiative der großen Bauernbewegung des Jahres 1525 aus, die sich bald ausweitete und noch im schicksalhaften Jahr 1526 andauerte. In ihrem sozialen und religiösen Inhalt war sie den Bauernaufständen in Deutschland wesensverwandt, auch jenem in Ungarn von 1514, den der hohe Adel mit ausgeklügelter Grausamkeit gerächt hatte. Aber nicht allein Salamanca fachte die Einbildungskraft des Volkes an: In ihr verschmolz der in Österreich reich gewordene Spanier mit dem fast allen Fürsten Europas Geld leihenden Kaufherrn Jakob Fugger zu einem an Shakespeares Shylock gemahnenden Typ des Kaufherrn, den man wie den Leibhaftigen zu hassen hatte. Von diesem schon abergläubischen Haß des Volkes gab das Verslein Kunde, das man auf dem zweiten Reichstag zu Nürnberg, 1524, auf dem Schloß lesen konnte, und das Verslein fand den Weg ins Ohr und ins Herz des Volkes, das des Schreibens unkundig war:

Wer den Salamanca finge
Und Jacob Fockern hinge,

Zcurbreche der grossen hansen list,
So wurde Ferdinandus grosser, dan er ist

– und zur gleichen Zeit schlich sich ins Ungarische ein neues Wort ein: »fukar«, eine Verballhornung des Namens Fugger, das heute noch »geizig« bedeutet. Die Gemeinsamkeit in der Entwicklung bekundete sich nicht bloß in der hohen Schaffenskraft dieser besonderen Epoche, der Renaissance, die das Leben der oberen Schichten in allen christlichen Ländern mit der gleichen Intensität durchglühte – nein. Auch das gemeine Volk empörte sich gleichzeitig, geleitet von den allgemeinen Empfindungen, welche in ihm ein frei gewordener Blick in das bis dahin streng verschlossene Umfeld, in die Fragen des praktizierten Glaubens, in das ein klein wenig sichtbarer gewordene Gebaren der Großen geweckt hatte. Es waren dies gelebte Gemeinsamkeiten, Inhalt einer Entwicklungsperiode.
Vornehm, geistreich, hochgebildet und zutiefst ehrgeizig war der andere Mann, dem Ferdinand bereitwillig sein Vertrauen schenkte: Bernhard von Cles, seit seinem neunundzwanzigsten Lebensjahr Bischof von Trient, den bereits Maximilian in wichtigen Stellungen verwendet hatte. In Worms, als die anderen Herren um die Geneigtheit des Kaisers gebuhlt und dem abseits stehenden Erzherzog nur herablassend die formale Reverenz erwiesen hatten, war Bernhard von Cles an Ferdinand herangetreten, weltmännisch, höflich, mit geschliffenen Manieren, einnehmend – hatte er vielleicht in Ferdinand schon damals den zukünftigen Herrscher in Österreich erkannt? Sofort hatte der Erzherzog dem Bischof sein argloses Herz und sein aufmerksames Ohr geliehen, und seit dem Sommer 1521 standen sie in ständigem Briefwechsel. Bischof Bernhard diente auch Ferdinands Gemahlin Anna als ständiger Berater, wenn der Gatte auf Reisen ging. Er war es auch, den Anna, wenn sie, wie so oft, im Wochenbett lag, immer wieder in rührenden Briefen bat, den Erzherzog zur baldigen Heimkehr zu bewegen. Im Juni 1522 ernannte ihn Ferdinand zum Präsidenten des Hofrates – eine politische Aufgabe, der sich der Bischof nur zu gern hingab. Doch auch eine ehrgeizige Sehnsucht nach Reichtum, Anerkennung und Machtfülle, eine Sehnsucht nach den Äußerlichkeiten seiner Rolle trieb ihn an – sie trieb ihn sogar in die Arme Salamancas, mit dem er ein gemeinsames Unternehmen einging, das ihm zwar Geld einbrachte, aber sein Ansehen im Volk nachhaltig schmälerte. Man konnte ihn nicht umgehen,

wenn man am Hof Ferdinands etwas erreichen wollte, und so bemühte sich alle Welt eifrig um seine Gunst. Sogar die Päpste, wenn sie einen Legaten oder einen Nuntius über die Alpen nach Deutschland schickten, versäumten es nicht, ihn dem Wohlwollen Bernhards zu empfehlen. Und Bernhard erwies sich auch als ein treuer Sohn der Kirche, allerdings nicht ohne Eigennutz: Er strebte nach der Kardinalswürde, die er aber erst 1530 erhält. Seit Maximilians Zeiten stand er mit allen bedeutenden politischen Persönlichkeiten in Deutschland und in Italien in Verbindung, in seinen Händen liefen Nachrichten aus aller Welt zusammen, und er bediente sich ihrer, um nicht nur in den anfallenden Angelegenheiten mitzureden. In seinem Agieren erinnert er an einen andren hochgestellten Priester, an jenen am Hof von Ferdinands Schwager Ludwig, den Primas von Ungarn. Von ihnen beiden war Bernhard von Cles der vornehmere, gebildetere, Thomas Bakócz der härtere, verschlagenere.

Und immer noch stand Ferdinand im Schatten der Zweitgeburt. Denn der geheime Vertrag von Brüssel erlegte ihm Zurückhaltung auf, die Verpflichtung, solange nicht als Landesherr in Deutschland aufzutreten, bis Karl in Rom vom Papst zum Kaiser gekrönt würde – eine beinahe schon demütigende Rolle. Er lebte und handelte im Bewußtsein, Herr über Deutschland zu sein, und durfte nicht als solcher in Erscheinung treten. Karl aber durfte nicht vor aller Welt zugeben, zumindest nicht bis zu seiner Krönung, daß er auf seine eigentliche Stellung im Reich zugunsten des Zweitgeborenen – und für das spanische Königreich! – verzichtet hätte. Die offene, von allen anerkannte, bestätigte Macht Ferdinands, sein Ansehen und das Gewicht seiner Entscheidungen gründeten sich nur auf die Erblande. Doch Ferdinand war tatenfroh, phantasievoll und begabt. Und so strebte er unermüdlich danach, aus dem Schatten herauszutreten in das Licht einer höheren und gewichtigeren Stellung, die seine Fähigkeiten mit aller Konsequenz forderten. Also entsandte er im November 1522 seinen Hofmeister Henri de Hemericourt zu Karl nach Spanien und ließ ihn dem Kaiser folgendes vortragen: Er möchte der Verpflichtung entbunden werden, bis zur Kaiserkrönung oder doch sechs Jahre lang den Titel seiner Herrschaft über Württemberg, die Vorlande und Tirol verschweigen zu müssen. Mehr noch: Er wünsche jetzt schon zum Römischen König gewählt zu werden, damit er im Reich mit größerem Gewicht auftreten und der Einmischung der Fürsten in die Reichsangelegenheiten begegnen könne. Er machte auch noch einen andren Vorschlag, der seinen Sinn für die Wirklichkeit aufzeigte, seine natürliche Hinwendung zum sachlich Möglichen, die sein Denken trotz aller noch waltenden jugendlichen Fahrigkeit im Wesen kennzeichnete. Möge doch Karl, ließ Ferdinand dem Bruder sagen, sich durch ein Reskript oder eine Bulle zum Kaiser erklären – wie dies Großvater Maximilian 1508 getan hatte, um die Kaiserwürde von der Zustimmung Roms unabhängig zu machen! Und er, Ferdinand, wäre, um sein Ziel zu erreichen, bereit – auf die Hälfte der zweihunderttausend Goldgulden, die der Kaiser ihm schuldete, zu verzichten!

Ja, Karl schuldete dem jüngeren Bruder sogar die Rente, die diesem aus dem Königreich Neapel zustand. Gläubiger Maximilians traten nun an Ferdinand heran und forderten von ihm die Begleichung alter Schulden. Auch Herzog Georg von Sachsen war einer der Gläubiger und drohte damit, sich mit seiner Klage an die befreundeten Fürsten zu wenden! Wie eine Schmach muß Ferdinand dies empfunden haben, zumal eine Veröffentlichung der Schulden – Herzog Georg war nicht der einzige Gläubiger, es gab auch noch viele andere, auch Namenlose mit ganz kleinen Beträgen – seine Stellung im Reich, die ohnehin nicht sehr stark war, noch mehr untergraben hätte. In seinem Dilemma ersann er eine Lösung, die er in der Instruktion für seinen Hofmeister vorschlug: Man solle dem Herzog Tafelgeschirr und Juwelen im Wert von fünfundzwanzigtausend Golddukaten anbieten und weitere fünfundzwanzigtausend durch die Verpachtung seiner Rente decken (... luy presenter pour les XXV^{m} fl. d'or vaissele et joyaulx et pour aultres XXV^{m} luy bailler rente a cinq pour cent...) – und es dürfte ihm kaum zum Trost gereicht haben, daß man (ein fast schon gespenstischer Gleichlauf der Dinge!) auch am Hof von Buda das königliche Tafelsilber verpfänden mußte, um die anfallenden Ausgaben des Hofbetriebes zu decken.

Endlich trafen die Beauftragten Karls, der im Brüsseler Vertrag die Schulden zu begleichen versprochen hatte, im Frühjahr 1523 in Innsbruck ein, doch sie vertrösteten die Gläubiger auf weitere vier Monate, und es gab einen entrüsteten Aufschrei und lautes Geschimpfe. Zu guter Letzt gab Ferdinand bekannt, er habe befohlen, die Forderungen zu überprüfen und ohne zu zögern alles auszuzahlen, was rechtens befunden wurde. Im spanischen Hofstaat Karls brachte man kaum Verständnis für die Lage Ferdinands auf. Oder wollte man gar nicht? Waren denn nicht die alten Diener des Infanten unter den rebellischen Comuneros zu suchen? Dennoch empfing Kaiser Karl den Hofmeister des Erzherzogs am 10. März 1523 gnädig. Weniger gnädig war die Antwort.

Man wolle doch in Brüssel, hieß es, den Deutschen nicht zur Kenntnis geben, daß der Kaiser nicht mehr Herr über die Erblande im Reich sei; es sei auch für sein Ansehen bei den Eidgenossen, vor allem bei den Venezianern förderlich, wenn die Vereinbarungen von Brüssel geheim blieben, weil man gegen Franz I. gemeinsam mit der Signoria vorzugehen plane; was aber die Schulden betreffe, meinte Karl achselzuckend, da möge man sich eben in Geduld fassen.

So war es ja: Die kaiserlichen Räte und auch Karl selbst sahen in Österreich, sahen im Reich nur einen Nebenschauplatz. Die augenblickliche Drehscheibe der internationalen Politik erblickten sie in Venedig, die Dogenrepublik wollten sie gegen Frankreich gewinnen, in ihren Plänen hatten auch England und der Papst ihre Rollen zugewiesen bekommen. Die Bestrebungen Ferdinands nach dem Süden, nach Görz und Gradiska etwa, nach Gebieten, die Maximilian gewonnen hatte, mußten die kaiserlichen Pläne stören, und man versuchte, die einander widersprechenden Interessen Venedigs und Ferdinands auszugleichen. Doch gerade diese Bemühungen offenbarten den Zwiespalt zwischen den beiden Brüdern, und sie boten der Signoria einen willkommenen Anlaß, die Entscheidung hinauszuzögern. Also bot man Ferdinand an, die von Venedig in acht Raten zu erwartenden zweihunderttausend Dukaten – das heißt die gesamte Schuld Karls – ihm zu überlassen, wenn der Vertrag mit dem Dogen zustande käme. Ferdinand gab endlich, gewiß nicht mit Begeisterung, am 19. Juni die Vollmacht dazu.

So kleinliche Geldangelegenheiten und die beschämende Finanzschuld aus der Vergangenheit, für die er nicht verantwortlich war, bestimmten zwangsläufig die ersten Schritte Ferdinands als Landesherr, und sie unterzogen seine aufrichtige Ergebenheit dem Bruder gegenüber einer schweren Prüfung. Doch am Ende aller seiner Überlegungen stand die Schlußfolgerung – er teilte sie seiner Tante Margarete mit –, es sei besser, sich an den Kaiser zu halten: Darum auch habe er den Vertrag mit Venedig freiwillig angenommen.

Und doch konnte sich kein fröhlich brüderliches, kein ruhig freundschaftliches Einverständnis zwischen Karl und Ferdinand entwickeln. Am allerwenigsten war ein Mangel an Wohlwollen der beiden dafür verantwortlich. Viel zu verschiedentlich, ja, nicht selten einander durchkreuzend waren schon zu beider frühen Regierungsjahren die politischen Ziele ihrer Länder (später werden die Differenzen noch viel ausgeprägter). Viel zu groß war auch die Entfernung, die sie trennte, sie machte einen raschen Austausch von Gedanken und Vorschlägen unmöglich – bewältigte doch der schnellste Kurier die Reise von Innsbruck oder Nürnberg nach Madrid oder Valladolid bestenfalls in einigen Wochen, und ein Gesandter, der vornehm und ruhig mit der Kutsche reiste, brauchte noch länger. Eine persönliche Kontaktnahme war beinahe ausgeschlossen, zumindest eine regelmäßige. Viel zu viele Beamte waren an beiden Höfen zwischengeschaltet, und viele unter ihnen waren Ferdinand, oft nur aus nichtigen Gründen, böse Gegner. So entstand am Kaiserhof ein falsches Bild vom Erzherzog und seiner Art zu herrschen. Der hochmütig auftretende Entsandte Karls auf dem Nürnberger Reichstag im Jahr 1524 tat alles, um das Ansehen des Erzherzogs zu schädigen, und Ferdinand tat alles, um dem Ansehen und den politischen Zielen des Kaisers, wie er sie begriff, dienlich zu sein. Sogar der kaiserliche Entsandte mußte dies, zutiefst beschämt, in seinem Bericht an Karl anerkennen. Welche Motive mochten den Erzherzog leiten, wenn er im Reich, im Umgang mit den Fürsten und den Ständen, auf den Reichstagen stets als ein erster Vorkämpfer der kaiserlichen Politik tätig wurde? War es die selbstsüchtige Einsicht, daß sein weiterer Werdegang von Karl abhing? Familiensinn vielleicht, in dem die Zugehörigkeit zum selben Herrscherhaus ihren Ausdruck fand? Anerzogenes Verhalten etwa, das über alles Trennende hinaus zur Treue zum Kaiser und Haupt des Hauses verpflichtete wie einen Ritter das gegebene Wort? Alle diese Motive zusammen und vielleicht noch einige mehr, die unter dem Schutt von Jahrhunderten nicht mehr erkennbar sind, mochten die Gedanken Ferdinands lenken, als er sie am 13. Juni 1524 seinem Gesandten an Karl in Form einer Instruktion anvertraute – nur ein Motiv war gewiß nicht darunter: die während gemeinsamer Jahre natürlich gewachsene Bruderliebe, denn es hatte nicht solche gemeinsamen Jahre gegeben. Die kurzen Wochen, die sie, Jünglinge schon, viel eher aus protokollarischen und amtlichen denn aus persönlichen Anlässen miteinander verleben durften, konnten eine Geschwisterliebe nicht heranreifen lassen. Viel inniger als die beiden Brüder kannten einander die beiden Schwägerinnen, einst Gespielinnen in Innsbruck: Anna und Maria.

Doch über alle Motive hinaus offenbart sich in dieser Instruktion

Ferdinands etwas anderes: das Wesen des Erzherzogs, der politische Mensch. Dieses Wort sei hier in seinem ureigensten Sinn verwendet, wie es die alten Griechen, von denen wir den Begriff bekamen, verstanden haben mögen: als Kunst. Kunst der Verwaltung der Polis, der Städte, die Staaten waren. Die Kunst auch, unter ganz bestimmten Umständen richtig zu handeln, richtig, das heißt zielführend und zugleich seinem Selbst treu. Allem dem verhaftet bleibend, das man als Wert ansieht, und zugleich im zu erreichenden Ziel eben jenen Wert erblickend – bestrebt, handfestes Ziel und ideellen Wert zu vereinen. Ja, Ferdinand war ein politischer Mensch. Mehr vielleicht als Karl, der seine beinahe schon überirdische Würde der »geheiligten kaiserlichen Majestät« (so seine Anrede) intensiv lebte, einer Wirklichkeit gleich. Ferdinands Fähigkeit, ein politischer Mensch zu sein, verhalf ihm dazu, Ahnherr der Donaumonarchie zu werden. Einundzwanzig Jahre war er alt, als er dem Kaiser folgendes darlegte:
Stets habe er nicht eher schlafen können, als bis er dem Willen des Kaisers genügt habe, dem er nach Gott alles verdanke und den er ehre, liebe und schätze. Darum möge sich Karl in Zukunft seiner, Ferdinands, Mithilfe freudiger, vertrauensvoller und häufiger bedienen und ihm nicht einen andren vorziehen wollen, denn es müßte sonst bei den gemeinsamen Dienern im Reich der Verdacht aufkommen, als hätte sich der Erzherzog dem Kaiser gegenüber etwas zuschulden kommen lassen. Karl solle Ferdinand ohne jeglichen Argwohn an seinen Geschäften teilhaben lassen, da in ihrer Durchführung niemand bereitwilliger, geschickter und schneller sein könne als er.
Die Statthalterschaft im Reich, die ihm der Kaiser überlassen habe, sei ein Amt ohne Macht und Ansehen und gereiche eher zur Schande als auch nur zum geringsten Vorteil: Seine Befugnisse seien geschmälert, er selbst sei von so manchen Fürsten und Beamten gekränkt und benachteiligt worden. Und dann schildert er ein Deutschland, in dem kleinliche lokale Eifersüchtelei herrsche und das politisch zerrissen sei.
All dies jedoch, beeilt sich Ferdinand zu erklären und schneidet damit ein Thema an, das dem Kaiser wichtiger als alles andere war, könnte ihn nicht daran hindern, an einem Feldzug gegen Frankreich teilzunehmen, zumal ihn die Türkengefahr nicht voll in Anspruch nehme. Es sei bezeichnend für die Denkungsart im Reich, daß die Stände eine Gesandtschaft zum Kaiser und zum König von Frankreich entsenden

wollten, um zwischen ihnen zu vermitteln. Und im gleichen Atemzug schildert er eine andere Gefahr, die sich ausbreite: die Luthersche Lehre, wie sie von Männern aus den niederen Schichten gepredigt werde, die im Volk, das nicht schreiben und lesen könne, ein bereites Ohr fänden, da sie ihre Irrlehre in der Sprache des Volkes verkündeten und so auf die große Masse der Ungebildeten mächtig wirkten. Welch ein Unglück wäre es, ruft Ferdinand aus, wenn die Annalen der Nachwelt überliefern müßten, der Kaiser, der allermächtigste Fürst, habe nicht seine Zeit von dieser aufrührerischen Sekte befreien können.

Aber die allgemeine Schilderung der Zustände, der Stimmung im Reich und seines Eifers für die Sache des Kaisers und den katholischen Glauben waren nur die Wohlwollen erheischende Einleitung zu dem, was des Erzherzogs sehnlichster Wunsch war: die römische Königskrone. Nein, es treibe ihn gewiß nicht Herrschsucht, wehrt sich Ferdinand gegen einen gar nicht ausgesprochenen Verdacht und gibt sofort – wie bezeichnend für ihn! – praktische Hinweise, wie man verfahren sollte. Die Hauptschwierigkeit sei, daß Karl selbst noch nicht die Kaiserkrone vom Papst empfangen habe. Dem aber sei so zu begegnen, wie man es (angeblich!) vor dem Tod Maximilians geplant habe: Damals sei man übereingekommen, Papst Leo X. würde binnen sechs Monaten in einem italienischen Ort in der Nähe Tirols die Krönung vollziehen, und nur durch den Tod Maximilians sei dieser Plan vereitelt worden. Ferdinand meint, außer dem Mainzer Kurfürsten seien auch die beiden anderen geistlichen Kurfürsten für seinen Vorschlag zu gewinnen. Er hoffe auch, durch seinen Eifer gegen die Lutheraner die päpstliche Zustimmung zu erwirken. Doch auch der Kaiser möge auf die geistlichen und weltlichen Kurfürsten einwirken, etwa durch die Vermittlung der Bischöfe von Straßburg und Augsburg oder durch die Entsendung von Bevollmächtigten, und Ferdinand gibt auch gleich an, was für Empfehlungsschreiben diese mitbekommen sollten.

Es folgen weitere praktische Überlegungen. Am besten wäre es, meint Ferdinand, die beiden ledigen Schwestern Eleonore und Katharina an deutsche Kurfürsten oder deren Söhne zu verheiraten, da ja die Stellung eines Fürsten der eines Königs gleichkomme. Das aber war ein Punkt, bei dem die Ansichten der Brüder einander widersprachen: Karl verfolgte auch durch die Heirat seiner Schwestern eine weltumspannende Politik – Eleonore wird Franz I. von Frankreich, Katharina

Johann III. von Portugal zur Frau gegeben werden. Ferdinand dürfte gemeint haben, sein Haus ließe sich durch die Heirat habsburgischer Prinzessinnen mit deutschen Fürsten schneller und wirkungsvoller ins Reich integrieren.
Der drei geistlichen Kurfürsten wähnte sich Ferdinand gewiß, und selbstredend auch der Stimme Böhmens, das heißt seines Schwagers, mit dem er im Oktober 1523 in Wiener Neustadt zusammengetroffen war. Die weiteren drei Kurfürsten, meinte er, könnte man schon gewinnen, wenn der Kaiser und der Papst sie überredeten. Er sah sich als die Schlüsselfigur im Reich an, seine Wahl zum Römischen König als die Gewähr für die deutsche Einheit, ja, auch die Erhaltung des katholischen Glaubens wollte ihm nur durch seine Wahl sichergestellt scheinen. Damit war das Reich abgehandelt, und Ferdinand wandte sich, phantasievoll und zuversichtlich, dem Süden zu.
Ja, er wandte sich Mailand zu, und zwar in einem Augenblick, da die Stadt und das Herzogtum Gegenstand heftiger Auseinandersetzungen zwischen dem Kaiser und dem König von Frankreich waren. Im Oktober 1521 hatten kaiserliche und päpstliche Truppen die Franzosen aus der Stadt vertrieben – nun, 1524, da man in Regensburg die Durchführung des Wormser Edikts beschloß und Bauernunruhen drohten, standen die Franzosen im Begriff, Mailand zurückzuerobern. Ferdinand schlug vor, Mailand mit der deutschen Königskrone zu vereinen und ihm die Verwaltung zu übertragen. Als Ausgleich für die Schulden, die er in Österreich und im Reich zu tragen habe, bat er den Kaiser, ihm die Grafschaft Burgund zu überlassen. Er bat auch, seine Herrschaft über Tirol, das Herzogtum Württemberg und die Vorlande noch vor Ablauf der sechsjährigen Frist verkünden zu dürfen.
Die Instruktion Ferdinands war umfassend und reich an eindrucksvollen Anregungen. Entsprang sie auch einer kühlen Kenntnis der Wirklichkeit? In vielen Punkten gewiß nicht. Sie erfaßte zwar beinahe das ganze Europa, aber sie beachtete nicht die Türkengefahr. Sie stellte den Kaiser als eine absolute Größe in Rechnung und ließ dessen schwierige Lage in Italien außer acht. Doch sie offenbarte mehr als alle bisherigen Äußerungen Ferdinands das Wesen des jungen Fürsten: seinen Tatendrang, sein Bewußtsein einer Berufung zum Landesherrn, seine Fähigkeit, Zusammenhänge zu erkennen, seine Bereitschaft auch, den Zusammenhängen Rechnung zu tragen. Zugleich offenbarte die Instruktion die ganze Fülle jugendlicher Phantasie, welche Ferdinand bewog, seine Hand, über alle Schranken sich hinwegsetzend, mit unbeschwer-

ter Zuversicht nach norditalienischen und burgundischen Gebieten und nach der deutschen Königskrone auszustrecken.

Auch in Rom trug sich während dieser ruhelosen Jahre einiges zu. Im Dezember 1521 war Papst Leo X. gestorben, jener Giovanni Medici, dessen ganze Liebe der wiederentdeckten Antike und dessen ganze Aufmerksamkeit der triumphalen Neugeburt der Künste gegolten hatte und der mühsam bestrebt gewesen war, zwischen den hadernden Fürsten der Christenheit seinem Italien die geistige Führungsrolle zu erhalten. Ihm folgte im Januar 1522 der Bischof von Tortosa und Großinquisitor von Aragon und Kastilien, jener Adrian von Utrecht, den Kaiser Maximilian einst zum Erzieher seines Enkels Karl bestimmt hatte. Auch Ferdinand hatte ein inniges, durch die Erinnerung an die Kindheit verklärtes Verhältnis zu Hadrian VI. Der Papst erteilte ihm im März 1523 die Vollmacht, den dritten Teil aller Einkünfte aus den Kirchengütern und Pfründen in Österreich zu einem Feldzug gegen die Türken zu verwenden, und erließ im Juli ein Breve, in dem er allen Teilnehmern am Feldzug Ferdinands einen vollkommenen Ablaß erteilte. Doch bald schon, im September 1523, verstarb er. Wieder kam ein Mediceer auf den Stuhl Petri: Klemens VII. Seine Aufmerksamkeit galt Ferdinand, den er als eine Stütze des katholischen Glaubens im Reich ansah, denn von dort gelangten immer schlimmere Nachrichten nach Rom. Zwischen dem Kaiser und dem König von Frankreich strebte Klemens VII., früher eher der kaiserlichen Partei zugeneigt, eine kühle Parteilosigkeit an, und es war wahrscheinlich diese Haltung des Papstes, die Ferdinand bewog, sich immer entschiedener, immer leidenschaftlicher für die Sache seines Bruders einzusetzen. Er wollte sogar selbst auf den italienischen Schauplatz eilen und dort an den Feldzügen teilnehmen.

Denn durch die kriegerischen Unternehmungen, die in schnellem Ablauf aufeinander folgten, spitzte sich die Lage unheilvoll zu. Die christliche Welt fieberte einem Kampf entgegen, der ihr Geschick – so wähnten wohl der römisch-deutsche Kaiser und der französische König – für alle Zukunft entscheiden würde. Frankreichs Lage war lebensgefährlich. Denn auch König Heinrich VIII. von England machte alte dynastische Ansprüche geltend und setzte, im Einvernehmen mit Karl, im Norden des Landes Truppen in Marsch. Der kaiserlichen Diplomatie war sogar gelungen, den ersten Würdenträger der französischen Krone, Herzog Karl von Bourbon, der mit seinem Monarchen in Streit lag, für ihre Ziele zu gewinnen. Zwar mußte

Bourbon fliehen, sein Auftreten hinterließ jedoch bittere Spuren. Doch auch die französische Diplomatie entfaltete eine hektische Tätigkeit, und es gelang ihr, im Dezember 1524 ein Bündnis mit Papst Klemens VII. und Venedig, das die auf Italien gerichteten Absichten Ferdinands mißtrauisch beobachtete, zustande zu bringen.

Nun ließ sich Ferdinand nicht mehr bremsen. Er, dessen Gesandten man am kaiserlichen Hof so oft geringschätzig begegnete, nahm neue Darlehen auf, organisierte Landsknechte zu Kampftruppen und schickte sie über die Alpen in die Lombardei. Langsam begann es in den Köpfen der kaiserlichen Ratgeber zu dämmern, daß der Erzherzog eine politische Größe darstellte, mit der man zu rechnen hatte.

Und dann verbreitete sich eine Nachricht, welche die christliche Welt erschütterte – und jene nichtchristliche Welt dort nebenan, auf dem Balkan und auf so manchen Inseln des Mittelländischen Meeres, welche günstige Aussichten witterte, aufhorchen ließ. Die Nachricht eilte zur späten Stunde des 26. Februar 1525 nach Innsbruck, und Ferdinand ließ sie noch am selben Abend, um zehn Uhr, dem Bischof von Trient melden. In Madrid traf die Nachricht erst am 10. März ein und löste Jubel und Dankgefühl aus. Sie besagte, daß die kaiserlichen Truppen am 25. Geburtstag des Kaisers, dem 24. Februar, bei Pavia unter der Führung des Spaniers Marchese di Pescara und des Tirolers Jörg von Frundsberg das französisch-schweizerische Heer vernichtet und den König von Frankreich, von Niklas Graf Salm verwundet, gefangengenommen hätten.

III. KAPITEL

Puffer zwischen zwei Welten

Solymannus I. wurde uff eben den Tag zu Constantinopel Kayser proclamirt, als Kayser Carolus V. zu Achen gekrönt..., welcher auch sein sonderbarer Antagonista fast in allen Kriegen gewesen...«, berichtet ein beachtliches Werk, das 1663 zur Erbauung eines breiteren Leserpublikums erschienen ist. Es führt den umständlichen Titel: »Türckische und Ungarische Chronica Oder Kurtze Historische Beschreibung aller deren / zwischen dem Hochlöblichsten Ertz-Hauß Oesterreich / auch andern Christlichen Potentaten eines Theils; Und dann / dem Erb- und Ertz-Feind der gantzen Christenheit / dem Türcken / andern Theils / vom Anfang biß hierfür geführter Kriege... «

Zwanzig Jahre vor der zweiten Belagerung Wiens durch die Osmanen, als der Nürnberger Kunsthändler Paul Fürst dieses Werk 1663 herausbrachte, begleitete schon überall in ganz Europa allgemeines und leidenschaftliches Interesse das Geschehen im Donauraum, und in dieser Chronik, deren Angaben nicht immer verläßlich sind, spiegelt sich die Anteilnahme der Gesellschaftsschichten wider, die des Lesens kundig waren – um dieses Interesse aufzuzeigen, sei aus dem Werk zitiert. Zur Zeit seines Erscheinens, anderthalb Jahrhunderte nach dem Regierungsantritt der beiden »Antagonisten«, Karls V. und Solimans des Prächtigen, gab es bereits ausführliche Literatur aller Art über die Auseinandersetzungen mit dem mächtigen Osmanenreich: diplomatische und militärische Berichte, Flugschriften in Hülle und Fülle, heroisierende Darstellungen und Grauen weckende Schauermärchen, es gab auch wissenschaftliche Abhandlungen darüber, wie denn die Christenheit, ihre Einigung für das große Ziel voraussetzend, jenen Erzfeind zurückdrängen könnte. Also mögen einige Zeilen aus dem Verslein, Einleitung zur »Chronica«, die Gefühle der Menschen und ihre Sicht der Lage in Deutschland und in den übrigen mitteleuropäischen Ländern veranschaulichen:

Türckische
und
Ungarische
Chronica
zufinden in Nürnberg
Bey Paulus Fürsten
Kunsthändlern.
1663.
Diß menge da nichts schafft
Es ligt an mut undt krafft

Türckische Und Ungarische CHRONICA,

Oder
Kurtze Historische
Beschreibung aller
deren / zwischen dem Hochlöblichsten
Ertz-Hauß Oesterreich / auch andern Christlichen Potentaten / eines Theils; Und dann / dem Erb- und Ertz-Feind der gantzen Christenheit / dem Türcken / anders Theils / vom Anfang biß hieher geführter Kriege /
So wol
In Ober- und Unter-Ungarn /
Als
Siebenbürgen /
Samt
Denen dabey vorgeloffenen Schlachten / Scharmützeln / Beläger- und Einnehmung der Städte / Vestungen und Schlösser;
Wie auch
Andern denck- und merckwürdigen Sachen / so sich hin und wider / in andern Ländern und Orthen dieser Zeit begeben /
Aus den Schrifften unterschiedlicher glaubwürdiger Authoren (deren Namen am Ende zufinden) zusammen getragen /
Neben Beyfügung
Vieler schöner Kupffer-Abrissen / bemeldter Vestungen und Türckischen Schlachten; wie auch deren Generaln, Obristen / Gesandten und andern hohen Officirern / so in dem Ungarischen und Türckischen / auch zum Theil Polnischen Kriegen / sich berühmt gemacht.

Nürnberg /
In Verlegung Paul Fürsten / Kunsthändlern /
Gedruckt daselbst bey Christoff Gerhard.
M. DC. LXIII.

Erklärung deß Kupfer-Titels.

WAnn der Türken wilder Sinn/
(Die/ wo Christus zuvorhin/
Da Er für Sein Volk gestritten/
Marter und den Tod erlitten/
Nunmehr unter ihre Macht/
Haben Land und Volk gebracht.)
Unserm Teutschen Reiche dräuet/
Und wie Feuerflammen häuet/
Ist der Hungarn tapffre Faust/
Die das freche Volk zerzaust/
Und der Ottomanner Pforten
Widersteht an allen Orten.
Auch das groß Ertz Fürsten Hauß
Leschet ihre Gluten aus/
Ihre Macht der Türken Peitschen/
Sind ein Vorgebürg der Teutschen.
Daß ihr Reich im Frieden lebt/
Uber seinen Feinden schwebt/
Die/ mit derer Lustvergnügen/
Unter dessen Füssen ligen.
Jener Völker Meng/ im Krieg/
Hat nicht mehr Gewinn am Sieg/
Als ein Hauffen leichter Mücken/
Die den Stachel Igel drücken/
Und/ mit Schaden/ nehmen waar/
Daß sie fallen/ in Gefahr.
Denn gleich wie der Löwe gehet/
Und mit tapffern Muht bestehet/
Seinen Feind/ in den er dringt/
Biß er ihn zu Boden bringt:
So der Unsern tapffre Sinnen/
Ihren Feinden/ abgewinnen/
Denen sie/ mit Freudigkeit/
Widersiehn behertzt/ im Streit.
Nun der GOtt/ der ihre Waffen
Läst der Christen Feinde straffen/
Gebe ferner Hertz und Muht/
Aufzusetzen Gut und Blut/
Und der Türken Macht zubrechen/
Uns nicht weiter Hohn zusprechen.

Wann der Türken wilder Sinn
(Die, wo Christus zuvorhin,
Da Er für Sein Volk gestritten,
Marter und den Tod erlitten,
Nunmehr unter ihre Macht
Haben Land und Volk gebracht.)
  Unserm Teutschen Reiche dräuet
  Und wie Feuerflammen häuet,
Ist der Hungarn tapffre Faust,
Die das freche Volk zerzaust
  Und der Ottomanen Pforten
  Widersteht an allen Orten...
...
  Nun der Gott, der ihre Waffen
  Läst der Christen Feinde straffen,
Gebe ferner Hertz und Muht,
Aufzusetzen Gut und Blut
  Und der Türken Macht zubrechen,
  Uns nicht weiter Hohn zusprechen.

Schon zweimal vor dem Ansturm der Osmanen hatte sich die Christenheit als kulturelle und zivilisatorische Existenzgemeinschaft – Europa also – des bedrohlichen Zugriffs außereuropäischer Staatsbildungen erwehren müssen. Zunächst im Jahr 732, als islamische Heere bis ins Herz des Frankenlandes vorgedrungen und in der hochrühmlichen Schlacht zwischen Tours und Poitiers von den Franken unter der Führung des Herzogs und Hausmeiers Karl Martell blutig besiegt worden waren. (Der Ansturm der Hunnen zwei Jahrhunderte zuvor hatte die Herausbildung christlicher Staatswesen nicht dauerhaft beeinträchtigt.) In Erinnerung an den Sieg der Franken über den Islam sprach man zum erstenmal von Europa als einer Einheit, von Europa zu einer Zeit, da es noch gar nicht vollendet war, seine endgültige Gestalt noch nicht angenommen hatte, denn erst gegen das Ende des 10. und zu Beginn des 11. Jahrhunderts, als die beiden Reiche Polen und Ungarn im Zeichen römischer und christlicher Daseinsformen entstehen, sich einfügen in die Entwicklungsgemeinschaft des Abendlandes und Europa abrunden, nimmt dieser Kontinent als geistige Einheit greifbare Gestalt an. Vielleicht aber hat jene Abwehrschlacht im 8. Jahrhun-

dert tatsächlich den ersten Anstoß zum Erwachen eines europäischen Bewußtseins gegeben.
Eine schicksalhafte Gefahr sei also von Europa abgewendet worden. Anders aber wertet die moslemisch-spanische Geschichtsschreibung die Schlacht und ihre Folgen. Sie gibt die Niederlage im Heiligen Krieg gegen die Ungläubigen ohne besondere Betroffenheit zu, und die Lehre, die sie daraus zieht, ist bemerkenswert. Denn die arabischen Führer, nüchtern auf die Wirklichkeit sich besinnend, erkannten nun, daß sie an die Grenzen ihres Aktionsradius, des militärischen Nachschubs und der verwaltungstechnischen Kapazität, gestoßen waren. Narbonne, heißt es, sei bis 759 »die letzte der moslemischen Eroberungen im Lande der Franken« gewesen. Siebenhundert Jahre vergehen, ehe die beiden Katholischen Könige Spaniens, ihre Völker im Glauben an Thron und Altar einend, die Reconquista zu Ende führen.
Etwa in der gleichen Zeitspanne, da ein Europa im Entstehen begriffen war, stießen die Jünger Mohammeds als Träger eines göttlichen Auftrags über die arabische Halbinsel hinaus. Sie eroberten und verleibten ihrem Reich, dessen Grenzen zunächst eher im Religiösen denn innerhalb eines geographischen Bereichs verlaufen waren, Persien ein. Sie nahmen sich Syrien, Palästina und Ägypten, sie unterjochten das nördliche Küstengebiet Afrikas als Operationsbasis gegen den Norden und landeten bald schon auf den Mittelmeerinseln, in Sizilien und Süditalien, bedrohten zeitweise sogar Rom, und schließlich landeten sie auf der Iberischen Halbinsel. Sie griffen das Oströmische Reich an und entrissen ihm Anatolien, einst ein griechisches und christliches Land. Beinahe will es scheinen, als ob eine moslemische Führung das gerade erst entstehende Europa mit einem weit ausholenden Zangengriff vom Osten und vom Süden einzufangen versucht hätte. Diesem Versuch stand die Erkenntnis, daß ihr Reich die Grenzen seiner Ausdehnung erreicht hatte, im Wege – und der organisierte Kampf der Christenheit im Spätmittelalter, der sich zum Ziel setzte, Christi Grab im Heiligen Land den Mohammedanern zu entreißen. Doch die gesamte nicht bloß religiös, sondern auch sozial und wirtschaftlich motivierte bewaffnete Pilgerfahrt Europas vermochte nicht, die arabischen Führungsinstanzen zu vernichten. Denn auch die Kreuzritter waren dort an die äußerste Grenze des europäischen Aktionsradius gestoßen.
Der nächste Ansturm kam in der Mitte des 13. Jahrhunderts, zur

Maria, Gemahlin Ludwigs II. von Ungarn und Böhmen, Schwester Ferdinands I. und Karls V.

Ludwig II., König von Ungarn und Böhmen

Anna, Gemahlin Ferdinands I., Schwester Ludwigs II. von Ungarn und Böhmen

Karl I. / V., König von Spanien, Kaiser des Heiligen Römischen Reiches Deutscher Nation, älterer Bruder Ferdinands I.

gleichen Zeit, da die letzten, erlahmenden Kreuzzüge über Europa hinweg ins Leere griffen. Er war wild, furchtbar und verbreitete solch tiefen Schrecken, wie ihn die christlichen Völker, allen blutigen Kriegen untereinander zum Trotz, bis dahin nicht erlebt hatten: der militärisch genial durchdachte und präzise ausgeführte Ansturm der Mongolen, auch Tataren genannt, deren asiatisches Reich elf Millionen Quadratkilometer maß, mehr, viel mehr als das ganze Europa. Die Nachricht vom Fall Kiews, der machtvollen, schönen und reichen Stadt in Südrußland, hatte zwar die wegen der Investitur zerstrittenen Fürsten der Christenheit aufgeschreckt, doch nicht dazu bewegen können, in einem gemeinsamen Abwehrkampf gegen jene aus der Hölle entsprungenen Unmenschen, ja Tiere, als welche man die Mongolen ansah, anzutreten. In seinem Brief vom 4. Januar 1242 an den westlichen Klerus beschreibt Felix, Abt des Schottenstiftes zu Wien, mit ergreifenden Worten der Ohnmacht das wilde Wüten der Höllenmenschen:

»... Sie töteten Herzog Heinrich von Polen guten Angedenkens samt seinen vierzigtausend Mannen an einem Tag, beinahe in einem Augenblick. Dann schlugen sie den ruhmreichen König Béla von Ungarn, drei Erzbischöfe, vier Bischöfe und fünfundsechzigtausend Mann in die Flucht. Zu Weihnachten (1241), als die Donau zufror, übersetzten sie mit großer Macht ans andere Ufer des Flusses und, die Erde verwüstend und jeden verfolgend rundherum, auch den Adligen keine Gnade erweisend, taten sie schamlos Entsetzlichkeiten. In den Kirchen schliefen sie mit den Frauen, Gott geweihte Orte machten sie, oh weh, zum Stall ihres Viehs... Ihr Toben von Gottes Zorn verursachte, daß vornehme Kleriker, das heißt Erzbischöfe, Bischöfe, Äbte, Priester und unzählige Mengen des Volkes vor den unbezwingbaren Fürsten der Barbaren flüchteten, weil sie nichts als den Tod zu erwarten hatten; Mönche, Nonnen, Predikatoren starben, elend niedergemetzelt, Märtyrer für Christi Namen, und wir glauben, daß sie Teilhaber an der ewigen Seligkeit geworden sind. Also bitten wir Euer Liebden, öffnet den Schoß Eurer Barmherzigkeit.«

Eine mongolische Armeegruppe hatte am 9. April 1241 bei Liegnitz die vereinten polnisch-deutschen Ritterverbände unter Herzog Heinrich II. von Schlesien mit einem Sturmangriff der leichten Reiterei vernichtet, auch Heinrich fand den Tod. Eine andere Gruppe stieß gegen Mähren vor, um den flüchtenden Böhmenkönig Wenzel zu verfolgen und sich mit der Armeegruppe, welche die Karpaten im

Nordosten bereits überschritten hatte, zu vereinen, sie erreichte am 17. März bei Pest die Donau. Die Armee, welche über die Karpaten gekommen war, schlug am 11. April auf der Ebene von Mohi am Fluß Sajó in der Nähe der Weinberge von Tokaj das ungarische Ritterheer vernichtend. So stand jetzt den Mongolen der Weg gen Westen offen, und kein Widerstand regte sich. Die Fürsten und das Volk in Deutschland und in Österreich blickten bangend dem Frühjahr entgegen: Werden die Tataren weitere reiche christliche Länder ausplündern, verwüsten, niederbrennen? Die Antwort auf die angstvolle Frage kam wie ein »deus ex machina«, ein unverdientes Geschenk des Himmels, sie kam aus Karakorum südlich vom Bajkalsee, der prunkvollen Hauptstadt des Großkhans Ögödei, und besagte, daß der Großkhan im Dezember 1241 gestorben sei. Der Oberbefehlshaber der mongolischen Westarmee, Batu Khan, räumte das Feld, er eilte, das Erbe anzutreten.

Doch ein unheilvoller Schatten fiel weiterhin auf die Christenheit und ihre politische Verwirklichung Europa. Nur neun Jahre nach dem mongolischen Sturm und inmitten einer mühseligen Aufbauarbeit richtete König Béla IV. von Ungarn am 11. November 1250 jenen Brief an Papst Innozenz IV., der nicht bloß von dokumentarischem Wert ist, sondern dessen Aussage auch immerwährende Gültigkeit für das Fortbestehen Europas besitzt. Hier einige Auszüge:

»Da die Pest der Tataren Ungarn zu einem großen Teil in eine Wüste verwandelt hat und es von ungläubigen Völkern ... wie ein Schafstall vom Zaun umgeben ist, müßte es vom Westen und vom Norden, von den Deutschen als einem Volk gleichen Glaubens einige Frucht der Hilfe empfangen, doch auch von dort müssen wir anstatt Frucht die Dornen der Zwistigkeit verspüren ... Uns mit den geistlichen Würdenträgern und Vornehmen unseres Landes beratend, hielten wir es für richtig, uns wegen der Tataren – die zu fürchten uns wie auch jene anderen Nationen, welche sie niedergeworfen, die Kriegserfahrung gelehrt hatte – zu dem Statthalter Christi und seinen Brüdern zu flüchten als zu dem einzigen und in der Bedrängtheit des Christentums letzten Hüter, *damit durch uns nicht auch an Euch und an den übrigen Christen jenes Schicksal sich erfüllt, wovor uns bangt.* Denn Tag für Tag erreichen uns Botschaften über die Tataren, die besagen, daß sie nicht nur gegen uns rüsten – gegen die sie die größte Rache brüten, da wir sogar nach einem so großen Schicksalsschlag uns weigern, ihnen zu huldigen, obwohl jede andere Nation, gegen wel-

che sie ihre Macht bezeugt haben, ihnen tributpflichtig geworden ist (das nördlich vom Schwarzen Meer gebildete westliche Tatarenreich, die Goldene Horde, unterwarf die weiten Gebiete bis zur Grenze Polens, zu den Karpaten und dem Balkangebirge seiner Herrschaft) –, sondern auch *gegen die gesamte Christenheit*; und wie wir durch viele glaubwürdige Gewißheit erfahren, sind sie fest entschlossen, bald *gegen ganz Europa ein unermeßliches Heer zu schicken* ...
... Als die Tataren in unserem Land gegen uns wüteten, ersuchten wir in dieser Sache die drei höchsten Höfe der gesamten Christenheit, den Euren nämlich, an welchen die Christen als den Herrn und Meister aller Höfe glauben und zu welchem sie sich bekennen, den Hof des Kaisers (Friedrich II., römisch-deutscher Kaiser, König von Sizilien), dem sogar uns selbst zu unterwerfen wir die Absicht hatten, wenn er uns zur Zeit der erwähnten Pest wirksame Hilfe und Unterstützung gewährt hätte; wir ersuchten auch den Hof der Franzosen (Ludwig IX., der Heilige), doch von allen diesen erhielten wir keinerlei Trost oder Hilfe, sondern nur Worte. ... Mit allem diesem und anderem wollen wir dem heiligen Oberhirten klar beweisen, daß wir in solch bedrängter Lage *von keinem christlichen Herrscher oder Volke Europas nützliche Hilfe erhielten* ...
... Nach vielen Beratungen sind wir übereingekommen, daß es sowohl uns als auch Europa sehr zum Heile gereichen wird, wenn wir die Donau mit Burgen befestigen (manche heute noch, meist als Ruinen, bestehenden Burgen, sind damals entstanden). *Denn die Donau ist das Wasser des Widerstandes.* ... Sollten die Tataren dieses Land einmal in Besitz nehmen, was fern sein möge, *dann stünde ihnen das Tor zu den anderen Ländern katholischen Glaubens offen*, ...
... Die Versammlung der Weisen wundert sich, daß Eure Heiligkeit unter diesen Umständen *das Fortgehen des Königs von Frankreich*, eines edlen Mitglieds der Kirche, *aus den Grenzen Europas unterstützt hat* (Ludwig IX. hatte von 1248 bis 1254 den sechsten Kreuzzug gegen Ägypten geführt und eine verheerende Niederlage erlitten). Noch mehr wundert sich die Versammlung der Weisen und hört nicht auf, sich zu wundern darüber, daß die apostolische Gnade so sehr für das Konstantinopeler Kaiserreich und die überseeischen Teile sorgt, obwohl ein Verlust dieser, was fern sein möge, *der Bevölkerung Europas nicht so viel Schaden zufügen würde wie das, wenn die Tataren allein unser Land in Besitz nähmen* ... «

In diesem Meisterstück der mittelalterlichen diplomatischen Korrespondenz wird die geopolitische Lage des Donauraums zum erstenmal aus der historischen Perspektive der gesamteuropäischen Entwicklung dargelegt. Die Donau als »das Wasser des Widerstandes« ist der Kerngedanke eines Verteidigungskonzepts: Europa – eine Gemeinschaft von größerer Entwicklungsfähigkeit und damals auf einer höheren, nämlich auf der feudalgesellschaftlichen Entwicklungsstufe – soll gegen den Zugriff weniger entwicklungsfähiger, mehr oder minder parasitäre Züge aufweisender, kurzlebiger Staatenbildungen verteidigt werden. Genauer: Die gemeinsame ungestörte Weiterentwicklung soll gewährleistet werden. Die wesentliche Voraussetzung dazu, das Konzept in eine wirksame Verteidigung umzusetzen, ist die europäische Einigung. Sie aber wird nicht verwirklicht. Man übersetze nur manche im Geiste mittelalterlicher Briefkunst geprägten Worte in eine Sprache von heute und sage anstatt »gesamte Christenheit« Europa, anstatt »andere Länder katholischen Glaubens« Westen – und man erkennt die ganze Tiefe und die zeitlose Gültigkeit des Briefes.

Mit welcher Schärfe tadelt Béla IV. den zwar gefällig spektakulären, doch gefährlich sinnlosen Kreuzzug Ludwigs IX. zu einer Zeit, da es die »gesamte Christenheit« zu verteidigen gilt! Wie zornig entschieden wendet er sich dagegen, daß der Heilige Stuhl die wirtschaftliche, militärische und geistig-religiöse Macht Europas zu einer Zeit, da die »anderen Länder katholischen Glaubens« vor den Tataren bangen, auf die Erhaltung außereuropäischer Gebiete verschwendet! Und wie bald, auf wie verhängnisvolle Weise er recht behält: Das 1204, nach dem vierten Kreuzzug, begründete Konstantinopeler »lateinische« Kaiserreich und die vorderasiatischen – im Brieftext: »überseeischen« – christlichen Staatsgründungen, das spätbyzantinische Reich in Kleinasien waren den ständigen Angriffen der Bulgaren, der Seldschuken und der Armenier ausgesetzt. In der zweiten Hälfte des 13. Jahrhunderts gehen sie trotz all der schweren Opfer für Europa verloren.

Rolle und Aufgabe des Donauraums waren nun erkannt, bestimmt und vorgeschrieben. Die Verteidigungslinie Europas verlief durch die beiden östlichen Randstaaten Polen und Ungarn. Der nächste Ansturm einer europafeindlichen Kräfteballung, der Vorstoß der Osmanen, zielt mit mathematischer Genauigkeit, welche die Richtigkeit der Erkenntnis des besorgten Königs dreihundert Jahre später unter Beweis stellt, auf »das Wasser des Widerstandes« ab.

Also zur gleichen Zeit, da Karl zum Kaiser gekrönt wurde, folgte Soliman, fünf Jahre älter als Karl, seinem Vater, dem Sultan Selim I., als Herrscher der Osmanen. Über weite Gebiete und viele Länder dreier Kontinente erstreckte sich dieses Reich: in Asien bis nach Persien, in Afrika entlang der Nordküste bis nach Algerien und in Europa auf der Balkanhalbinsel bis hinauf zum Donaustrom und bald auch bis zur Südgrenze Polens. So standen sie nun einander gegenüber: das spanische Weltreich im Westen und das osmanische im Osten. Jedes war eine Ballung von materiellen und geistigen Kräften, wie sie im Bewußtsein des europäischen Menschen bis dahin nur in der Gestalt des Römischen Reiches in Erscheinung getreten war – oder wurde er auch an das Weltreich Alexanders des Großen gemahnt? Dieses osmansiche kannte er allerdings kaum. Jedes der beiden Weltreiche war auch eine Ballung von menschlicher Substanz in machtvollem Einsatz. Wirkungsvoller als im Westen manifestierte sich im Osmanischen Weltreich die erzieherische und disziplinierende Gewalt der Glaubenslehre, die das Leben bis in seine sensibelsten Bereiche regelte.

Es wäre vermessen, schlimmer noch: verfehlt, anzunehmen, daß die Führung des Osmanischen Reiches – besonders im 16. Jahrhundert – Zufallseingebungen gefolgt wäre; daß sie nur Eroberungen im Sinn gehabt hätte, um möglichst viele und reiche Beute zu machen, wo immer sich dazu Gelegenheit bot; daß sie also bloß von Gelegenheit zu Gelegenheit Politik gemacht hätte ohne klare Vorstellung von Ziel und Durchführbarkeit. Dem war gewiß nicht so, wenn man auch in Europa manchmal dazu neigte, im Osmanischen Reich und seinen Aktivitäten eine unkontrollierte und auch nicht kontrollierbare Kräfteballung zu sehen, deren Stoßrichtungen unberechenbar blieben. Alles überlieferte Schrifttum, türkisches wie europäisches, und die Einordnung der einzelnen Ereignisse in das allgemeine Geschehen lassen annehmen, daß die Führung des Reiches – und es sei wieder betont: gerade im 16. Jahrhundert und besonders unter dem Sultan Soliman – in hohem Maße jene Postulate der Staatskunst verwirklichte, die zweieinhalb Jahrhunderte später der österreichische Staatskanzler Kaunitz in einem Maßstäbe setzenden Vortrag mit zwingender Klarheit formuliert:

»Die wahre Macht, Stärke und Glückseligkeit eines Staates gründet sich

A. auf ein wohleingerichtetes Finanzwesen;

B. auf ein wohlbestelltes Militär;
C. auf eine weise und vorsichtige Politik.
Diese drei Hauptstützen ... müssen unzertrennlich verbunden bleiben und eine die andere nicht nur niemals hemmen, sondern vielmehr wechselweise unterstützen.
Ohne Finanzen kann keine Kriegsmacht bestehen.
Ohne Kriegsmacht ist alle Politik unwirksam und kraftlos.
Ohne Politik verschafft auch die größte Kriegsmacht keine hinlängliche Sicherheit.«

Welches Bild bot denn das Solimanische Reich im Lichte dieser Postulate?

Etwa elf bis vierzehn Millionen Menschen waren dem Sultan untertan – Ungarn zählte zur gleichen Zeit etwa vier bis viereinhalb Millionen, und Heinrich VIII. herrschte über annähernd vier Millionen Engländer. Reich war der Sultanstaat, sehr reich. »Osmanen« nannte man die Mitglieder der herrschenden Klasse. Ihr konnte man nur angehören, wenn man drei Bedingungen erfüllte: absolute Treue zum Sultan, die Annahme des Islams und die Ausübung seiner Kulthandlungen, Kenntnis und Praxis jener Lebensführung, deren Merkmale eigene Gebräuche, Verhaltensweisen und die eigene Sprache, das »Osmanische« waren. Die Osmanen herrschten über die Untertanen.

Der Sultan besaß das Recht, aus allen Einnahmequellen Gewinne zu ziehen. Die Ackerbauern, die Handwerker und die Kaufleute erschlossen die Einnahmequellen und lieferten einen Teil ihrer Gewinne als Steuern ab. Sie taten das als Gegenleistung dafür, daß der Sultan sie gerecht regierte und schützte. Diese Steuern bildeten die feste finanzielle Grundlage des Imperiums. Hinzu kamen auch Einkünfte aus anderen Quellen, aus dem Transithandel etwa, aus dem Handel mit orientalischen Gewürzen, den die Venezianer und die Portugiesen betrieben: Sie lieferten die Waren durch das Herrschaftsgebiet des Sultans nach Europa. Und so warf der Transithandel hohe Gewinne für die Pforte ab. So auch der Tribut, den die Vasallenstaaten (heute würde man sie Satelliten nennen) zu entrichten hatten: die Fürstentümer Walachei und Moldau und das Khanat der Tataren am Schwarzen Meer, später auch noch andere. Als der Kampf um die Vorherrschaft in Europa mit der Gefangennahme Franz' I. von Frankreich, 1525, den ersten Höhepunkt erreichte, betrugen die staatlichen Einnahmen des Osmanischen Reiches jährlich etwa 9–12 Millionen Golddukaten – die jährlichen Einkünfte Spaniens klettern erst

in der zweiten Hälfte des Jahrhunderts, als alles Gold und Silber aus den südamerikanischen Provinzen ins Mutterland strömt, auf 9 Millionen Golddukaten; die Einnahmen der französischen Krone beliefen sich auf 5 Millionen, und Venedig, das als überaus reich galt, verzeichnete eine jährliche Einnahme von 4 Millionen Golddukaten.
Araber waren die ersten Krieger des Islam, Kämpfer des Heiligen Krieges zur Zeit der ersten großen Eroberungen. Unbezwingbare Begeisterung trug sie voran, sie waren beweglich und bescheiden, ihre Beute war reichlich, und nach getanem Kriegsdienst kehrten sie zurück zu ihrem Stamm und fielen nicht dem Staat zur Last. Doch eine Folge gerade der Eroberungen war es, daß die Entfernungen innerhalb des Reiches, auch über Meere hinweg, beinahe ins Unermeßliche wuchsen, und bald schon war auch die Kriegführung komplizierter, aufwendiger wurden die Aufstellung und die Erhaltung von Armeen, mannigfacher auch die Kampfformen. Fortan stellten nicht nur Araber die Krieger, sondern auch Söhne eroberter Völker in der Berberei, im nordwestlichen Iran, in Zentralasien und bald auch in vielen anderen Ländern. All dies machte eine straffere Organisation des Heerwesens notwendig. Eine Berufsarmee wurde geschaffen, gleichsam als das wichtigste und wirksamste Produkt der staatlichen Strukturen. Die zivile und die militärische Verwaltung wurden ineinander verwoben.
Nun waren schon die Türken das vorherrschende Volk. Ihr Osmanisches Reich war Ende des 12. Jahrhunderts begründet worden: Der aus Nordpersien ausgewanderte Stamm der Oguzischen Türken hatte die bereits durch die Seldschuken, dieses aus der mittelasiatischen Bucharei stammende Herrschergeschlecht, dem Islam gewonnene Bevölkerung Anatoliens seiner Herrschaft unterworfen. Osman, 1288–1326, nach dem das Reich den Namen führte, und sein Sohn hatten den straff organisierten Kriegerstaat weiter ausgedehnt. Im 16. Jahrhundert verkörperte der osmanische Staat den Einigungswillen der islamischen Völker.
Was war denn das »Geheimnis« der atemberaubenden Schlagkraft der türkischen Heere im 15. und 16. Jahrhundert? Gewiß nicht allein die schier unerschöpflichen finanziellen Quellen, auch nicht die strenge Zusammenfassung der Daseinsebenen, nicht nur die unauflösbaren Verwaltungsformen. Denn die Strenge und die Unauflösbarkeit waren nicht Ursache, sondern Ergebnis – das Ergebnis dessen, daß viele hohe Beamte der zivilen und der militärischen Verwaltung und hohe

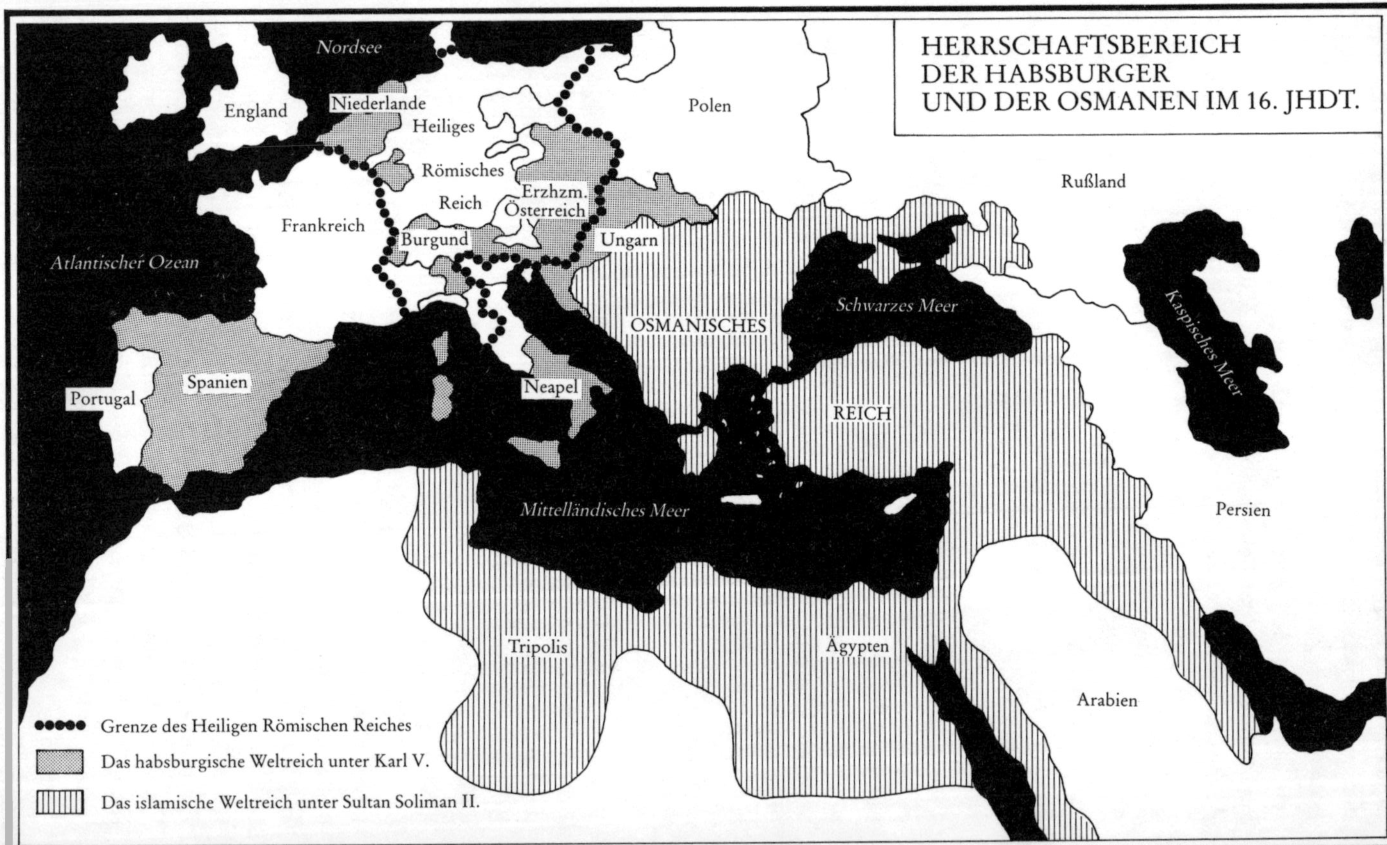
HERRSCHAFTSBEREICH
DER HABSBURGER
UND DER OSMANEN IM 16. JHDT.
Nordsee
England
Niederlande
Heiliges
Römisches
Reich
Polen
Rußland
Erzhzm.
Österreich
Frankreich
Burgund
Ungarn
Atlantischer Ozean
OSMANISCHES
REICH
Schwarzes Meer
Kaspisches Meer
Spanien
Portugal
Neapel
Mittelländisches Meer
Persien
Tripolis
Ägypten
Arabien
Grenze des Heiligen Römischen Reiches
Das habsburgische Weltreich unter Karl V.
Das islamische Weltreich unter Sultan Soliman II.

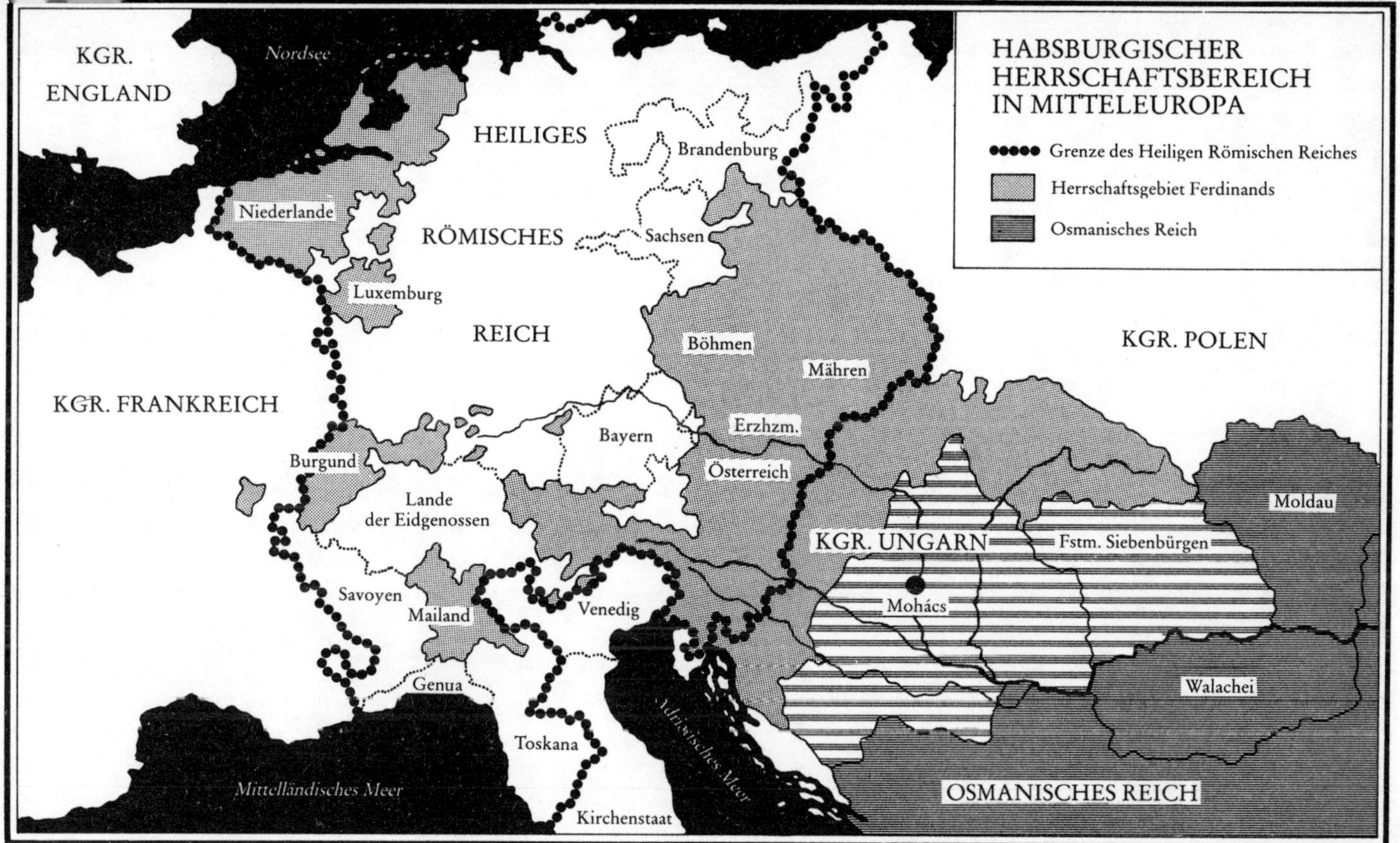
HABSBURGISCHER
HERRSCHAFTSBEREICH
IN MITTELEUROPA
Grenze des Heiligen Römischen Reiches
Herrschaftsgebiet Ferdinands
Osmanisches Reich
KGR. ENGLAND
Nordsee
HEILIGES
RÖMISCHES
REICH
Niederlande
Luxemburg
Brandenburg
Sachsen
Böhmen
Mähren
Erzhzm.
Österreich
Bayern
KGR. POLEN
KGR. FRANKREICH
Burgund
Lande der Eidgenossen
Savoyen
Mailand
Venedig
Genua
Toskana
Kirchenstaat
Mittelländisches Meer
Adriatisches Meer
KGR. UNGARN
Mohács
Fstm. Siebenbürgen
Moldau
Walachei
OSMANISCHES REICH

Heerführer Söhne unterjochter Völker waren, sie gehörten nicht der herrschenden Klasse an, »Untertanen« waren sie, und so verdankten sie ihre gesamte Existenz – die materielle wie die geistige und auch die physische – dem Sultan. Ihr Verhalten kann nur unvollkommen mit dem Begriff Treue gekennzeichnet werden – nicht Treue aus Überzeugung, auch nicht erzwungene Treue lenkte sie, sondern sie verkörperten eine Geistigkeit, in der sich Zweifel nicht regte.

Und so fand im osmanischen Staat niemals ständischer Widerstand statt, wie er die Wirksamkeit des Staates in allen christlichen Ländern so oft lähmte. Ein »ius resistendi«, ein Widerstandsrecht der Feudalherren gegen die zentrale Gewalt des Fürsten, wie es in Europa verschiedentlich, in »Chartas« und »Bullen«, verbrieft wurde, war im Staatswesen der Osmanen nicht zu denken. Auch Eigenmächtigkeiten von Heerführern – wie sie sich die europäischen Söldnertruppen oft, beispielsweise wenn der Sold nicht pünktlich und vollständig ausgezahlt wurde, und meistens unbestraft herausnahmen – lagen im Bereich des Undenkbaren. Doch die osmanischen Heere hatten auch weder Anlaß noch Gelegenheit, eigenmächtig zu handeln, weil die reibungslos Hand in Hand funktionierende zivile und militärische Verwaltung alles, was die Kampftruppe nur brauchte – Mannschaften, Ausrüstung, Nachschub, Geld – rechtzeitig und in ausreichender Menge herbeischaffte. (Wie wirkungsvoll die Organisation war, zeigt allein der erfolgreiche Marsch der Kampftruppe und des Trosses vom April bis August 1526 von Istanbul bis nach Belgrad über eine meistens unwegsame Strecke von 1000 km. Zum Vergleich: Die Entfernung von Warschau zu Moskau beträgt auch rund 1000 km.)

Die Wirksamkeit der Organisation wurde durch die Geistigkeit, deren vorherrschendes Merkmal die Unbedingtheit war, bis ins Unfaßbare – in einen für die europäische Begriffswelt unfaßbaren Bereich – gesteigert. Denn die Glaubenslehre, die das Dasein voll ausfüllte, disziplinierte nicht nur, sie begeisterte auch. Von ihrem Jünger verlangte sie nicht eine fromme Lebensführung wie die christliche Religion, sondern eine kämpferische, die ihren Lohn in einem genußreichen und lustvollen Paradies erhalten sollte.

Also ergibt sich die Frage – und sie ist von eminenter Bedeutung für das weitere Geschehen –, wie groß war die Kampfkraft, in welche die materielle, gesellschaftliche und geistige Macht des Osmanischen Reiches umgesetzt wurde? Läßt sich der Kampfwert der osmanischen Macht – dieser der Gesellschaft innewohnenden und naturgemäß

nach außen sich richtenden Spannkraft – messen und mit Zahlen ausdrücken? Die Frage ist nicht eindeutig zu beantworten, obwohl es der zeitgenössischen Quellen und der späteren Berichte viele gibt. Aber sie nennen unterschiedliche Angaben und widersprechen einander oft. Schätzungen, sehr gründliche und alles Erfaßbare mit einbeziehende Schätzungen, die auf Grund der zeitgenössischen Kriegsführung und der überaus schwierigen Logistik angestellt werden, ergeben, daß das Osmanische Reich in den zwanziger Jahren des 16. Jahrhunderts mit einer Armee von 300 000 Mann gegen Mitteleuropa vorstieß – in dieser Zahl enthalten sind die Elitetruppen, etwa 70 000 Mann, die nur für den gerade geführten Feldzug aufgestellten irregulären Truppen, der gesamte Troß samt Personal wie Kameltreiber, Pferdeführer, Diener und ähnliches. Die Zahl der Kampftruppe dürfte 150 000 Mann Reiterei, Infanterie und Artillerie betragen haben. Hinzu kamen die Pioniere, die schnell und mit großer Geschicklichkeit Brücken über die zu überquerenden Flüsse schlugen. Diese Streitmacht wurde bald nach der Wahl Solimans in Marsch gesetzt. (Zum Vergleich: In der wahrhaftig entscheidenden, hochberühmten Schlacht von Pavia am 24. Februar 1525, in der das französische Königreich die erste Runde im Kampf um die Vorherrschaft verlor, fochten unter König Franz I. von Frankreich 28 000 Mann, die anmarschierende kaiserliche Armee zählte 23 000, die zu entsetzende Garnison 6000, insgesamt waren es also 29 000 Mann, welche die französisch-schweizerische Armee vernichteten.)
Ursprünglich waren sie ein Reitervolk, die Türken. Doch innerhalb eines Jahrhunderts lernten sie Schiffe zu bauen, Seeleute auszubilden und Kampfflotten ins Meer stechen zu lassen. Im 16. Jahrhundert vermochten sie schon den qualitativen Unterschied zwischen dem seefahrerischen Können der führenden Mittelmeermacht Venedig und der zunächst schwerfälligen eigenen Schiffahrt durch hohe Produktivität auszugleichen. Im Gegensatz zu den anderen arabischen Staaten waren die osmanischen Sultane und ihre Minister durchaus fähig und bereit, nicht nur die Bedeutung der europäischen Technologie zu erkennen, sondern auch europäische Fachleute anzuheuern – trotz des Widerstandes jener Schicht, welche den hemmenden Glauben an das Unabänderliche verkörperte, den Konservativen zum Trotz, die alles Neue und sich Erneuernde heftig ablehnten. Die Osmanen besaßen die Mittel, europäische Techniker einzusetzen und moslemische heranbilden zu lassen. Bald schon hielten sie mit der sich

rasch entwickelnden europäischen Waffentechnik Schritt. So auch im Flottenbau. Denn der Flotte fiel bei den Eroberungen eine ebenso wichtige Rolle zu wie der Armee. Im Indischen Ozean kamen die türkischen Seeleute gegen die portugiesischen zwar kaum auf, aber auf dem Mittelmeer waren sie den christlichen bald schon ebenbürtig. (Ein Beispiel mag die ungeheure Produktivkraft der türkischen Werften veranschaulichen: In der so berühmten vierstündigen Schlacht von Lepanto am 7. Oktober 1571, in welcher die aus mehr als 200 Schiffen bestehende vereinte venezianische, spanische und päpstliche Flotte unter Don Juan d'Austria, dem unehelichen Sohn Karls V., einen legendären Sieg erfocht, verlor die türkische Flotte 117 Galeeren und mehrere Tausend der ausgebildeten Mannschaft – im nächsten Jahr befahren schon wieder gut 250 türkische Schiffe das Mittelländische Meer.)

Dieses also war das Instrument, dessen so spärliche Darstellung mit den wenigen angeführten Vergleichsbeispielen doch noch eine ungefähre Vorstellung von seiner Schlagkraft bietet – ein mächtiges Instrument, dessen sich die türkische Politik bediente, und es stellt sich die Frage, welche Ziele diese Politik verfolgte und welche Aufgaben sich ihr stellten. Doch die Fragestellung würde unbegreiflich und die Frage selbst müßte ohne Antwort bleiben, wenn man sie, wie dies oft geschah, nur auf Europa bezöge. Man bedenke nur: Es war ein Reich, dessen Grenzen sich über den Persischen Golf, den Indischen Ozean, das Rote Meer und das Mittelländische Meer hinaus erstreckten. Es war dies also ein Weltreich – und man ist geneigt, in ihm ein Gegenstück zum spanischen Weltreich zu sehen, dessen Grenzen über Europa hinweg, also ebenfalls außerhalb des Kernlandes, im westlichen Nordafrika und in Südamerika verliefen. Es ist nur zu klar, daß sich einem Reich von der Dimension des Osmanischen mannigfache Aufgaben stellten: in Persien, in Vorderasien, in Afrika. Und so waren die Aufgaben, welche die Politik und ihr anderes Instrument, die Diplomatie, zu lösen hatten, nicht primär auf Europa gerichtet. Europa, namentlich Mitteleuropa, in ihm der Donauraum, war für die Hohe Pforte – von kurzen, wenn auch schicksalsschweren Zeitabschnitten abgesehen – nur ein Nebenschauplatz. Wie er übrigens auch in den Gedanken der kaiserlichen Regierung nur einen niedrigen Stellenwert einnahm. Denn auch ihr stellten sich andere Aufgaben, größere, welche die weltumspannende Dimension des Reiches und der Kampf mit Frankreich in Europa formulierten und in welchen der

Donauraum nur eine drittrangige Rolle spielen konnte. All dies dringt besonders kräftig ins Bewußtsein ein, wenn man allein die geographischen Schwerpunkte der beiden Weltreiche auf der Landkarte ins Auge faßt. Doch ebenso einleuchtend ist, daß die türkischen Aktivitäten auf dem Balkan, von Buda und von Wien aus betrachtet, in den Überlegungen der dortigen Regierungen einen über alles hinaus bedeutenden politischen Stellenwert haben mußten. Und aus all dem folgt, daß die Unterschiedlichkeit der sich stellenden Aufgaben eine Entfremdung zwischen den politischen Instanzen des Donauraums und jenen in Madrid herbeiführen mußte. Später vertieft sie sich zwischen den Nachkommen der beiden Brüder Karl und Ferdinand, präziser: zwischen ihren Reichen, immer mehr.

Wie sah denn die Hohe Pforte die »Welt der Ungläubigen« nach der Wahl des spanischen Königs zum römischen Kaiser? Sie war sich der Bedeutung der Kaiserwahl durchaus bewußt. Das heißt, sie kannte den politischen Wert der Kaiserwürde – das zeigt auch der bereits zitierte Bericht des türkischen Geschichtsschreibers Kemalpasazade über das »Diadem hohen Ansehens«, das »Krone« genannt wird. Und sie erkannte, welche Folgen die Vereinigung der spanischen Königswürde mit der römisch-deutschen Kaiserwürde in der Person Karls heraufbeschwören mußte – war doch Karl außer über Spanien und Deutschland, »Alaman«, auch Herr über die Niederlande, über Sardinien, Neapel und Sizilien, über einige norditalienische Gebiete und über die südamerikanischen Kolonien. Und er war – auch dies entging der Aufmerksamkeit der Pforte nicht – verschwägert mit dem König von Ungarn und Böhmen, und der König von Polen mußte ihm freundschaftlich zugetan sein. Wenn man Europa von Istanbul aus besah, mußte man zu dem Schluß kommen, daß in ihm ein unheilvolles Ungleichgewicht entstanden war.

Das war eine realistische Erkenntnis, und einige europäische Herrscher, voran der französische und der englische, auch einige deutsche Fürsten, teilten sie ebenfalls. Darüber hinaus erschien der Hohen Pforte auch noch manch anderes bedrohlich, und das war nicht unbedingt rationell erfaßbar, doch auch das Irrationale kann Triebkraft und Anregung sein. Denn es mag angesichts der Tatsachen illusorisch gewirkt haben, daß Kaiser Karl V. in der fast endlosen Reihe seiner Titel auch den eines »Herzogs von Athen und Batras« führte, daß man ihn als einen »König von Jerusalem, der Balearen, der kanarischen und indianischen Inseln sowie des Festlandes jenseits des

Ozeans« ehrte, als einen »Herrn in Asien und Afrika«, ja, er nannte sich, ganz vorne in der Titelreihe, sogar »König von Ungarn und Böhmen«, obwohl es einen gesalbten und gekrönten König von Ungarn und Böhmen gab: seinen Schwager. All dies mag ein hehres und traditionsgebundenes, wenn auch wirklichkeitsfremdes Berufungsbewußtsein dargestellt haben. In den Augen der osmanischen Minister müssen so manche der Titel der feierliche Ausdruck eines Besitz- und Machtanspruchs gewesen sein und einen drohenden Anspruch auf Besitzungen und Vorrechte des Sultans angekündigt haben.
Die spanische Herrschaft über Neapel und Sizilien, dann die christlichen Angriffe auf die Barbaresken-Staaten westlich vom osmanischen Satellitenstaat Algerien und der spanische Besitz von Melilla, Mers-el-Kebir, Oran, Tlemcen und anderem – all das war eine Herausforderung und eine zu kalkulierende Bedrohung der osmanischen Positionen im östlichen Mittelmeer und auf dem Balkan. Und heiliger Zorn entbrannte in der ganzen islamischen Welt, als Berichte von der argen Verfolgung der moslemischen Mauren in Spanien dorthin gelangten. Die kaiserliche Macht, die ihre höchste Manifestation in einer zu errichtenden Monarchia universalis suchte, war groß und bedrohlich. Wie groß sie tatsächlich war, bis zu welchem Maß sie die staatliche Existenz Frankreichs und die Vorherrschaft der Osmanen im Mittelmeerraum zu bedrohen vermochte, läßt sich nicht errechnen. Aber Franz I. von Frankreich, der sie als Gefangener des Kaisers am eigenen Leib hatte erfahren müssen, und Sultan Soliman sahen sie als groß und bedrohlich an. Das Ungleichgewicht im europäischen und in dem über Europa hinausreichenden Kräftefeld ließ eine natürliche Interessengemeinschaft zwischen Paris und Istanbul entstehen. Nur durch ein französisch-türkisches Zusammenwirken könne das Gleichgewicht wieder hergestellt werden – diese gemeinsame Erkenntnis war die Grundlage der französisch-türkischen Bündnisse. Aus ihr entwickelt sich in den kommenden Jahrhunderten eine Bündnisstrategie, die, vom Osten und Westen gegen die Mitte gerichtet, bis zur Auflösung der Mitte das Geschick Europas prägend mitbestimmt.
Die Hohe Pforte war bestens informiert: über die Vorkommnisse an den einzelnen christlichen Höfen, über die Verhältnisse und die Vorgänge in den europäischen Ländern, über ihre Rolle und ihr Gewicht. Sie verfügte über ein weites und wirksames Spionagenetz, sie kaufte sich alles und jeden, der nur zu kaufen war. Sie spielte die einzelnen Regierungen, sobald ihr deren Interessengegensätze erkennbar ge-

worden waren, gegeneinander aus. Eine Grenze zwischen Diplomatie und Spionage ließ sich nicht ziehen, und so kam es, daß in Europa bald die Meinung vorherrschte, venezianische und französische Diplomaten seien die verläßlichsten Informanten der Hohen Pforte, jene beiden Regierungen, welche nach der Wahl Karls V. die kaiserliche Übermacht am meisten zu fürchten hatten.
Also bedienten sich die osmanischen Staatslenker bei ihren Entscheidungen der Informationen, die sie von ihren Botschaftern und den verschiedensten Agenten erhielten, und sie setzten ihre politischen Ziele und bestimmten ihre Strategie nach genauer Auswertung der Berichte. Augenfällig wird ihre abwägende politische Willensbildung, wenn man die unschwer erkennbare Angst der Hohen Pforte vor einem Zweifrontenkrieg bedenkt, die Angst davor nämlich, gleichzeitig in Asien, etwa gegen Persien, und in Europa in kriegerische Auseinandersetzungen hineingezogen zu werden. Die osmanische Diplomatie verstand es meisterhaft, solche für das Reich bedrohlichen Situationen zu vermeiden, und Istanbul beteuerte seine friedlichen Absichten in Europa, sobald es einen Waffengang in Asien erwägen mußte, und umgekehrt, es schlug milde Töne im Osten an, wenn es einen Feldzug im Westen zu gewärtigen hatte.
Wahrhaftig, man ist geneigt, die Feldzüge der osmanischen Heere in den vorangehenden anderthalb Jahrhunderten als »Blitzkriege« zu sehen, besonders dann, wenn man die Länge der Anmarschwege und ihre Unwegsamkeit, die Schwierigkeiten beim Transportieren von Gütern auf Kamelen, Pferden und Maultieren und die Menge des Nachschubs bedenkt, die für eine Armee von 100 000 bis 150 000 Mann notwendig war. Denn geradezu blitzartig hatten die Osmanen ihre Eroberungen durchgeführt: 1356 war Gallipoli gefallen, 1383–1386 Nisch und Sofia. Das weite Gebiet hatten sie unter dem Namen Rumelien dem Reich einverleibt. 1389 hatten sie auf dem Amselfeld die serbische Armee vernichtet, 1430 Saloniki genommen, ein Jahr später Janina in Albanien. Dann hatten sie 1453 die Stadt erobert, deren Fall eine Zäsur in der Geschichte Europas wie auch des Osmanischen Reiches war: Konstantinopel, das alte Byzanz, eine dem Feind hoffnungslos ausgelieferte Festung der Christenheit im Osten, seit langem schon dem Tod geweiht, die nur dank ihrer vorteilhaften strategischen Lage so lange sich hatte halten können. Nach dem Fall Konstantinopels, der in ganz Europa Entsetzen hervorgerufen hatte, beeilte sich Venedig, auf seine Handelsinteressen

bedacht, als erstes, sich mit der Pforte zu arrangieren. Istanbul bot sich als die geeignete Hauptstadt eines Reiches an, dessen Grenzen weiter in alle Himmelsrichtungen getragen wurden, als die zentrale Stätte der Verwaltung, des Handels und der Kriegsplanung in einem Imperium, das bald schon in west-östlicher Richtung vom Adriatischen zum Kaspischen Meer und in nord-südlicher von der Donau bis zum Nil reicht.

Denn bis zum Donaustrom waren sie schon vorgedrungen, bis zur Mündung der Save in die Donau, wo die machtvolle Festung stand, die man auf deutsch Griechisch-Weißenburg nannte, Nándorfejérvár auf ungarisch, und die aller Welt unter dem Namen Belgrad bekannt ist. Und gerade hier erlitten sie eine Niederlage, die nicht minder zur Zäsur in der europäischen wie der osmanischen Geschichte wurde wie die Eroberung Konstantinopels drei Jahre zuvor. Belgrad hatte einen hohen strategischen Wert, es war die südlichste Bastion Ungarns, das Tor zur Tiefebene und weiter, zu den angrenzenden Ländern. Das osmanische Heer stand unter dem Befehl seines Sultans Mehmed II., der Griechenland, Albanien, Serbien und Bosnien seinem Reich einverleibt hatte, und den Beinamen »Eroberer« erhielt (1473 erobert er Anatolien). Doch nun, im Sommer 1456, trat ihm János Hunyadi, Reichsverweser und Oberster Feldhauptmann Ungarns, Vater von König Matthias I. Corvinus, entgegen – mit einem Heer von Leibeigenen, deren Begeisterung der Franziskanermönch Johann Capistrano mit flammenden Worten zu Todesmut zu steigern wußte. Sie schlugen den Sultan, der seine Truppen, wie auch Hunyadi die seinen, persönlich anführte und verwundet wurde, in die Flucht. Das von Papst Calixtus III. angeordnete Mittagsgeläute erinnert seitdem an diesen Sieg des Kreuzes über den Halbmond am 22. Juli 1456. János Hunyadi starb am 6. August an der Pest. Die Bedeutung und die Folge des Sieges bestand darin, daß der Eroberungszug der Osmanen in Europa zum Stillstand gebracht war. Beinahe auf den Tag genau sieben Jahrzehnte braucht Istanbul, um wieder einen Vorstoß zu versuchen. Und dennoch befanden sich die beiden Mächte, an deren Grenzen sich das Osmanische Reich herangeschoben hatte, von nun an nur noch in der Defensive: Venedig, dessen Flotte auf dem Mittelländischen Meer noch lange unbesiegt kreuzt, und das Ungarn des Matthias I. Corvinus, das sich über den ganzen Donauraum erstreckt. Denn Sultan Selim I. dehnte seine Herrschaft auf Syrien, Ägypten und Mesopotamien aus, und so übertrafen seine wirtschaft-

lichen Machtquellen mehrfach jene Venedigs und Ungarns. Dieses war das Reich, das sein Sohn Soliman vorfand.
Und die Europäer? Waren sich die Regierenden, waren sich die Völker einer Bedrohung bewußt? Und wenn ja, wie stark war ihr Bewußtsein von der Bedrohung durchdrungen? Welche Impulse waren notwendig, um es in einen Abwehrwillen umzusetzen? Ein solches Bewußtsein – das liegt in der menschlichen Natur begründet – hing von der Unmittelbarkeit ab. Das heißt, die Völker im Donauraum und an den Küsten der Adria empfanden das Gefühl, bedroht zu sein, unvergleichlich intensiver als etwa die Bevölkerung im Innern des römisch-deutschen Reiches oder Frankreichs. Ein Ost-West-Gefälle des Gefahrenbewußtseins zeichnete sich ab. Darum reagierten die Völker, die mit den Türken keine unmittelbaren Berührungspunkte hatten, müde und ablehnend auf die immer wieder veröffentlichten, religiös-bombastisch abgefaßten Aufrufe, für die Abwehr der Türkengefahr Opfer zu bringen. Päpstliche Versprechungen über Nachlässe von Sündenschuld, wenn man nur für die Türkenabwehr einige Groschen spendete, verhallten ergebnislos, besonders in den ersten Jahrzehnten des 16. Jahrhunderts, als man im römisch-deutschen Reich den Wert und die Gültigkeit der käuflichen Ablässe immer heftiger anzuzweifeln begann.
Und doch, es gab ernst zu nehmende Anstrengungen und ehrliche Versuche, die osmanische Macht aus Europa zu verdrängen, so manche wurden vom Heiligen Stuhl unternommen. Schon saß der Türke im europäischen Kräftefeld fest – die Regierungen hatten es erkannt und gestalteten ihre Politik nach dieser Erkenntnis, jede nach eigenem Gutdünken und Interesse – daher waren die Anstrengungen und Versuche nur vereinzelt. So auch der Versuch von Papst Leo X. im Jahr 1517. In einem Memorandum an die europäischen Höfe entwarf er einen weit ausholenden Plan: Die Christenheit sollte einen gemeinsamen Angriffskrieg gegen das Osmanenreich organisieren – also müßten die europäischen Höfe wenigstens für die Dauer des Krieges ihren Hader begraben, die Meinungsverschiedenheiten zur Schlichtung dem Kardinalskollegium überantworten. Die größte Last des gemeinsamen Krieges sollten die beiden mächtigsten Fürsten tragen: der Kaiser und der König von Frankreich, doch auch alle anderen Fürsten sollten ihren Beitrag leisten. Die 800 000 Golddukaten, die zur Aufstellung und Erhaltung des Heeres notwendig seien, müßten die Fürsten selbst, der Adel, der Klerus und das Volk beisteuern. Und

das aufzustellende Heer? Frankreich und Italien sollten die schwere Reiterei von 4000 Mann stellen, Spanien, Italien und die Balkanländer die leichte Reiterei von 12000, und Böhmen, die Schweiz, Deutschland und Spanien eine Infanterie von 60000 Mann. Eine Flotte von 150 Schiffen sollten Venedig, Genua, Neapel, Frankreich, Spanien und Portugal ausrüsten. Als Angriffsziel wurde Konstantinopel genannt: zu erreichen entweder durch Ungarn, entlang der Donau, oder entlang der Ostküste der Adria, oder aber sollte das Heer auf Schiffen direkt von Italien nach Griechenland gebracht werden und dann durch Mazedonien gegen Konstantinopel marschieren. Währenddessen sollten Ungarn und Polen die anderen türkischen Provinzen angreifen.

Das also war, grob dargestellt, der Plan, den die Kanzlei von Papst Leo X. mit tiefer Sachkenntnis und großem Optimismus erarbeitet hatte. Und zwingend stellt sich die Frage, ob eine solche Streitmacht – hätten die europäischen Fürsten sie in schöner Einträchtigkeit überhaupt aufgestellt – denn ihr Ziel, die Einnahme Konstantinopels und die Verdrängung der Osmanen aus Europa, zu erreichen vermocht hätte? Wieder einmal bietet nur ein Vergleich eine einigermaßen annehmbare Antwort:

In der zweiten Hälfte des 15. Jahrhunderts war Ungarn unter Matthias I. Corvinus nicht nur ein Hort der Renaissancehochkultur, sondern auch eine eminente Militärmacht. Der König unterhielt eine stehende Armee von 30000 Mann – zu einer Zeit, da Schlachten, welche das Geschick von Ländern und Dynastien, wie etwa in England die »Kriege der Rosen« die Zukunft Yorks und Lancasters, entschieden, mit je einigen Tausend Mann auf beiden Seiten ausgefochten wurden. Er faßte die Husaren, die leicht und die schwer gepanzerte Reiterei, die zweierlei Infanterie, die starke Artillerie, die im Verhältnis zu anderen ähnlichen Waffengattungen große Donauflotte und die Pioniereinheiten in einer mustergültigen Ausbildungs- und Kampforganisation zusammen, so daß Ludwig XI. von Frankreich sie nachahmte. Ihm standen außer den wirtschaftlichen Machtquellen Ungarns auch jene Böhmens und einiger anderer Länder zur Verfügung. Ihn verpflichtete auch die ruhmesvolle Tradition seines Hauses – János Hunyadi nannte man den »Türkenbezwinger« – zur Weiterführung des Kampfes gegen den Halbmond. Sein Ansehen war unantastbar, seine Beliebtheit im Volk sprichwörtlich. Wäre Ungarn unter Matthias zu einem letzten Ringen um das Fortbestehen seines

Staatswesens gezwungen worden, dann hätte der König mit Bestimmtheit eine schlagkräftige Streitmacht von 100 000 bis 150 000 Mann aufbieten können. Dennoch beschränkte er sich darauf, die Südgrenze des Landes abzusichern, allerdings eine Grenze, die sich von der Nordadria bis zu den Ostkarpaten über 1000 km hinzog und deren Bevölkerung in ständiger Bedrohung durch türkische Raubzüge lebte. Denn Matthias hatte erkannt, daß seine Macht allein nicht ausreichte, einen Waffengang zur Vertreibung der Osmanen zu unternehmen. Und auf die Mitwirkung anderer Fürsten konnte er nicht rechnen.

Konnte denn Papst Leo X. darauf zählen? Das war die primäre Frage. Die Antwort auf die nächste, ob die aufzubietende Streitmacht ausgereicht hätte, erübrigt sich, weil eine solche nie aufgeboten wurde (ein Vergleich der Machtverhältnisse läßt jedoch die hypothetische Antwort zu, daß sie nicht hätte erfolgreich operieren können). Nein, Papst Leo X. rechnete vergeblich damit, daß sein Wort – wie einst der Aufruf Urbans II. zur Befreiung des Heiligen Grabes, das Signal zu den Kreuzzügen – die Christenheit zu einem einheitlichen Kampf vereinen würde. König Franz I. von Frankreich wartete fast ein Jahr mit der Antwort ab, und sie fiel ablehnend aus. Freilich, begeistert begrüßte er den päpstlichen Vorschlag, doch meinte er, Geld sei dem Volk nicht mehr zu entlocken, viel zu oft habe man es schon gerade im Zeichen der Türkengefahr getäuscht und betrogen. Eine einheitliche Armeeführung könne er sich nicht vorstellen, noch weniger eine aus vielen Völkerschaften zusammengewürfelte Streitmacht, denn diese wäre infolge der unvermeidlichen Zwistigkeiten aktionsunfähig. Es war klar, Franz I. wollte nicht mitmachen. Warum? Man darf vermuten, daß er seine Kräfte wegen der Gegensätze mit Kaiser Maximilian im Lande behalten wollte.

Die kaiserliche Antwort traf noch später in Rom ein und widersprach dem päpstlichen Plan völlig. Denn Maximilian schlug vor, im ersten Jahr des Feldzugs den König von Frankreich und den König von England zum Waffengang gar nicht erst einzuladen, damit sie ihre Kräfte in ihren Ländern sammeln konnten, und auch nicht gegen Konstantinopel zu marschieren, sondern zunächst die osmanischen Besitztümer in Afrika und Syrien zurückzuerobern. Erst im nächsten, dann im dritten und schließlich im vierten Jahr sollten die Türken aus den Besitzungen in Europa, dann aus Konstantinopel und endlich aus den asiatischen Provinzen vertrieben werden. Im zweiten, dritten, vierten Jahr? Diesen Vorschlag konnte man nicht einmal als eine aus Unkenntnis der Verhältnisse sich nährende Illusion werten, sondern nur als das, was es war: eine durchsichtige Finte. Denn Maximilian wußte wohl, daß man nicht einmal eine Söldnerarmee länger als einige Monate einsatzbereit halten konnte. Eine Koalition von der Größe, wie sie dem Papst und seinen Räten vorschwebte, ließ sich gewiß nicht über vier Jahre aufrechterhalten. Doch der Kaiser hätte gerne die afrikanischen Provinzen, auf die er Anspruch erhob, mit dem Segen und der Hilfe des Papstes zurückerobert.

Schon am Hofe des Kaisers hatte sich der frühere Bischof Adrian von Utrecht, Erzieher Karls, mit der bedrohlichen Lage des Donauraums auseinandergesetzt. Nun wandte er sich, als Hadrian VI. Nachfolger von Papst Leo X., mit aller Strenge seines Glaubens und der ganzen Macht seines Amtes jenem schwelenden Problem der Christenheit zu. Nur drei Tage nach Hadrians Inthronisation, am 1. September 1522, berichtete Stephan Brodarics, Ungarns Gesandter beim Heiligen Stuhl, hocherfreut nach Buda: »Von Gottes Gnaden haben wir einen Papst, einen besseren, zur Wahrung der Interessen Eurer Majestät geneigteren können wir uns gar nicht wünschen«. Hadrian VI. bot 100 000 Golddukaten zur Aufstellung einer Armee gegen das Osmanenreich, mit kraftvollen Worten rief er die europäischen Fürsten zur Rettung Ungarns auf: »... Genug Verwandtenblut ließet Ihr schon fließen«, schrieb er Sigismund von Polen, »bemüht Euch nun, Euch der Krone würdig zu erweisen«. Dann entsandte er je einen Legaten nach Deutschland und Ungarn, damit sie einen Feldzug gegen die Osmanen organisierten: Kardinal Thomas Vio war der eine, der andere Baron Anton Burgio, ein weltlicher Diplomat, Sizilianer und Sproß einer alten normannischen Familie, der Zeuge und Berichterstatter der kommenden Jahre werden sollte. Sie waren es, die das Zusammentreffen Ludwigs II. und Ferdinands im Sommer 1523 in Wiener Neustadt mit den Gesandten des Kaisers und des polnischen Königs zuwege brachten. Da wurde beschlossen, daß Ungarn, das Reich und der Vatikan eine Armee von 100 000 Mann aufbieten sollten, um im kommenden Frühling mit einem Angriffskrieg gegen die Türken zu beginnen.

Doch schon im September verstarb Hadrian VI. Ihm folgte ein Neffe Leos X., Giulio Medici, der sich Klemens VII. nannte. Sobald er auf dem Stuhl Petri saß, ließ er Ludwig II. seiner Anteilnahme und seines Wohlwollens versichern, wie dies, so schrieb er am 22. Januar 1524,

»die vor Gott erworbenen Verdienste der ungarischen Nation, ihr für den heiligen Glauben geopfertes Blut und ihre Dienste zugunsten des Heiligen Stuhles erfordern«. In der letzten Bemerkung flackerte eine althergebrachte Sorge der vatikanischen Politik.

Denn zwischen Rom und Ungarn bestand seit dessen Staatwerdung – gekennzeichnet durch die Krönung Stephans, wahrscheinlich am Weihnachtstag 1000, mit einer von Papst Silvester II. geschenkten Krone zum ersten christlichen König des Landes – eine tiefe und machtvolle Interessengemeinschaft. Sie war hervorgerufen worden durch das Streben der römisch-deutschen Kaiser nach der Vormacht – ein Streben, das sowohl die geistliche und weltliche Vorherrschaft des Papsttums als auch die staatliche Unabhängigkeit Ungarns immer wieder bedroht hatte. Als Stephan I. den Zugriff des Kaisers Konrad II. abwehren mußte, fand er Unterstützung beim Heiligen Stuhl. Im langen und erbitterten Machtkampf zwischen Papsttum und Kaisertum, dem Investiturstreit, standen die ungarischen Könige den Päpsten bei, und nach dem symbolträchtigen Canossagang Kaiser Heinrichs IV. im Jahr 1077 regte Laidslaus I., zwar ganz an der Seite des Papstes, doch eine Versöhnung zwischen Gregor VII. und dem Kaiser an. Der Kampf um die Krone Ungarns zwischen Kaiser Friedrich III. und Matthias I. Corvinus veranlaßte den König, seine Politik in entscheidendem Maß auf Italien auszurichten. Und so war es in jenen Jahrhunderten ein hohes politisches Gebot gewesen, zwischen der päpstlichen Universalherrschaft und dem kaiserlichen Anspruch auf sie ein Gleichgewicht zu bewahren. Doch nun, in den zwanziger Jahren des 16. Jahrhunderts, stand die kaiserliche Macht, abgestützt auf die kaum noch richtig einschätzbaren, doch schon legendären Machtquellen des spanischen Weltreichs, im Begriff, eben dieses europäische Gleichgewicht umzustürzen. Jeder Papst, aus welchem politischen Lager er auch gekommen sein mochte, mußte die Größe, die Macht und die Würde seines Amtes gegenüber der Größe, der Macht und der Würde der neu akzentuierten kaiserlichen Berufung behaupten. Dadurch bedingt war die päpstliche Politik: Ihre Sorge galt der Aufrechterhaltung des europäischen Gleichgewichts. Ungarn bot sich als eine durch die Tradition gegebene und, da es angesichts der Türkengefahr auf christliche Hilfe angewiesen war, verläßliche Stütze des Papsttums an.

Jene Sorge um das europäische Gleichgewicht hegte auch die osmanische Politik, ja, es scheint geradezu ein Axiom in ihren Entschlüssen gewesen zu sein, ein ausgewogenes europäisches Kräftefeld zu bewahren. Warum? Wie eine Selbstverständlichkeit ergibt sich die Antwort aus den Ereignissen der vorangehenden Jahrzehnte: Die Pforte wollte mit allen Mitteln einen Zweifrontenkrieg vermeiden, einen Krieg im Westen gegen die Christen und einen gleichzeitigen im Osten und Süden des Reiches. In der Zeit vor dem Regierungsantritt Solimans hatte sie von 1497 bis 1503 in Europa Kriege geführt: gegen Polen, dann gegen eine Koalition von Frankreich, Venedig und Ungarn; von 1504 bis 1517 im Osten: gegen Persien, gegen Aufständische im eigenen Reich und schließlich die großen Eroberungszüge gegen Syrien und Ägypten.

In dieser Zeitspanne geriet Ungarn unausweichlich zwischen die Mühlsteine der osmanischen und der habsburgischen Politik – jenes Ungarn, dessen Jagiellonenkönige mit den polnisch-litauischen Herrschern und den habsburgischen Kaisern verwandt waren, ein Ungarn, auf dessen Thron Habsburg seit langem schon Anspruch erhob, seit 1515, auf Grund des Ehevertrags, einen besonders augenfälligen, der jederzeit eingefordert werden konnte. Erhabene Worte manch christlicher Herrscher von einem großen Kreuzzug wider den Halbmond verstummten nie – Papst Leo X. hatte mit flammender Begeisterung solche Aufrufe ausgesprochen –, und sie gemahnten die Pforte an die Gefahr, die ihr durch einen gemeinsamen Waffengang der Ungläubigen drohen konnte. Und nun wollte es scheinen, daß der neue Kaiser, Karl V., kraft seiner Macht in der Lage sei, eine europäische Koalition zu schmieden gleichsam als Grundlage und Voraussetzung zu einem großen Feldzug, zu einem »heiligen Krieg« der Christen gegen die »Gläubigen«. Es mußte im eminenten Interesse der Pforte liegen, zu verhindern, daß Ungarn ein habsburgisches Königreich werde. Also bot sie ihm den Frieden an.

Den Frieden? Eher war das ein Frieden genannter Waffenstillstand in einem langen Krieg, der schon seit Menschengedenken geführt wurde. Solimans Vater, Sultan Selim I., hatte ihn mit den Ungarn geschlossen und zuletzt 1519 verlängert. Die Pforte muß Ungarn, seinem Gewicht als Verbündeter Habsburgs nach der Wahl Karls zum Kaiser am 28. Juni 1519 eine besondere Bedeutung beigemessen haben. Denn sobald Soliman nach dem Tod Selims am 21. September 1520 den Thron bestieg, ließ er durch einen Gesandten die ungarische Regierung wissen, er sei bereit, den bestehenden Waffenstillstand zu verlängern, ja, sogar einen dauerhaften Frieden zu schließen. Zwin-

Ankündigung von Kriegsvorbereitungen in Ungarn selbst nicht verborgen geblieben waren. Im Diwan, dem »Ministerrat«, dürfte auch die Frage gestellt worden sein, ob all das vielleicht den Anlauf zu einem schon so oft verkündeten Kreuzzug bedeutete? Also entschied man sich in Istanbul, nachdem der Aufstand in Syrien im Februar 1521 niedergeschlagen worden war, zu einem Waffengang. Doch nur weil der »wahnhafte und untugendhafte« Ungarnkönig den türkischen Gesandten zurückgehalten hatte? Gewiß nicht – wandte doch die Pforte selbst solche Mittel an, sie sperrte fremde Gesandte gerne ein, um einer Forderung Nachdruck zu verleihen. Nein. Kalkulierte Absicht hatte den Entschluß herbeigeführt. Mobilisiert wurden die Rumelien-Armee und die Söldnertruppen. Das Ziel blieb unbekannt, wiewohl man wußte, daß es gegen Ungarn ging.

Geradezu meisterhaft wurde der Zeitpunkt des Feldzuges gewählt. Die Armee brach am 18. Mai in Istanbul auf, doch erst Ende Juni, nachdem die Kolonnen bereits Nisch hinter sich gelassen hatten, nannte die oberste Heeresleitung die genauen Angriffsziele: die Festungen Sabatsch und Belgrad. Zu dieser Zeit konnte die ungarische Regierung von keiner Macht Hilfe erwarten, selbst dann nicht, wenn auch nur eine sich bereit gefunden hätte, wenigstens eine symbolische Geste zu setzen. Denn vom Januar bis März 1521 bannte der Wormser Reichstag die Kräfte der gesamten Christenheit. Am 28. Mai schloß Papst Leo X., da die französische Macht in Italien zugenommen hatte, mit dem Kaiser einen Offensivvertrag gegen Franz I. von Frankreich, und sofort liefen die Vorbereitungen zu einem Waffengang gegen den König an. Das Ergebnis war die Vertreibung der Franzosen aus Mailand im November durch die kaiserlich-päpstlichen Truppen. Der Machtkampf um die Vorherrschaft in Europa, das Ringen zwischen dem Kaiser und dem König von Frankreich trieb mit diesem kriegerischen Vorspiel auf einen Höhepunkt zu. Die See- und Handelsmacht Venedig wußte ihre Interessen mit denen der Pforte gemeinsam, sie wollte ihre führende Rolle im gewinnträchtigen Gewürzhandel auch unter dem neuen Sultan beibehalten und verhandelte darum in Istanbul in wahrlich freundschaftlicher Atmosphäre – die Pforte trachtete ja danach, Venedig durch günstige Handelsverträge zu neutralisieren. Und auch die venezianischen Räte dürften erkannt haben, daß es dem Interesse der Republik nicht zuträglich wäre, würde Habsburg Ungarn in seine unmittelbare Machtsphäre einbeziehen (in Buda machte man dem venezianischen Gesandten wegen des Verhaltens der Signoria schwere Vorwürfe). Polen schließlich mußte die Raubzüge tatarischer Horden abwehren, die seit dem Frühjahr im Land wüteten. Und die türkische Armee marschierte.

Der ungarische Widerstand brach zusammen. Genauer: Die staatlichen Strukturen, einst höchster Autorität entspringend und unantastbar, waren durch den persönlichen Machtzuwachs einzelner Bannerherren und Magnaten während der vorangehenden Jahrzehnte funktionsunfähig geworden. Das Anzweifeln bestehender Lenkungsinstanzen war kein spezifisch ungarisches Phänomen, sondern ein von Land zu Land sich variierendes Merkmal der europäischen Entwicklung, eine grelle Begleiterscheinung des geistigen und religiösen Aufbruchs, der so manch althergebrachte Bande in den etablierten christlichen Staatswesen gelockert und zerrissen hatte. Die Autorität der Krone in Ungarn und Böhmen war ausgehöhlt und wohl auch die persönliche Autorität des fünfzehnjährigen Königs. Seine Befehle – von Beratern erarbeitet, die andere Herren um der Macht willen bekämpften – wurden nicht oder nur zögernd und unkoordiniert befolgt. Der greise Kardinal Thomas Bakócz, der ihn gekrönt und verheiratet hatte, war am 16. Juni 1521 gestorben. Ludwig ließ die märchenhafte Hinterlassenschaft des Kirchenfürsten beschlagnahmen und nahm Kredite auf, um die Kriegsvorbereitungen zu finanzieren. Denn gleichzeitig baten ihn auch die Fürstentümer Moldau und Walachei und Siebenbürgen um Hilfe und Schutz, auch die Kroaten fühlten sich bedroht. Der venezianische Botschafter berichtete beinahe wöchentlich an seine Regierung, in seinen kühlen und präzisen Darstellungen spiegelt sich die ganze Verzweiflung der königlichen Räte, die Ludwig II. sogar veranlaßte, am 29. Juni die Signoria in einem persönlichen Brief um Unterstützung zu bitten: Sie möge mit ihrer ganzen Autorität den Heiligen Vater, den Kaiser und den König von Frankreich veranlassen, die Kampftruppen, mit denen sie einander bekämpfen, gegen den Türken einzusetzen – angesichts der europäischen Lage ein geradezu einfältiger Vorschlag.

Und doch stellte das Land eine Armee von fast 60 000 Mann auf die Beine – ein trauriges Ergebnis, wenn man sich an die Kriegsmacht des Matthias I. Corvinus erinnerte, doch das Heerwesen des Königs war von den Magnaten wegen der Besteuerung ihrer Güter außer Kraft gesetzt worden (genau dies versprechend hatte sie auch Maximilian I. gelockt!), und man hatte die alte, nun schon unzeitgemäße und wenig wirkungsvolle Wehrform der adligen »Insurrektion« wiedereingeführt. Und selbst diese Armee war dreigeteilt, weil die überlegene türkische Taktik das Angriffsziel nicht erkennen ließ: Türkische Truppen schlugen entlang der weitgezogenen Grenze bald hier, bald dort zu, raubten und plünderten, nahmen, scheinbar planlos, kleinere Burgen ein. Schließlich standen sie vor Belgrad, der Festung, bei der sie genau 65 Jahre zuvor geschlagen worden waren. Die Festung war umzingelt. Auf der Donau und der Save wachte die türkische Flotille. Die Verteidiger hatten keine Hoffnung auf Entsatz, doch sie waren bereit, bis zum Äußersten auszuharren, ohne hoffen zu dürfen, daß ihr Ausharren die Türken zur Umkehr bewegen würde. Zwei Monate lang hielten sie der Belagerung stand. In vielen Grenzfesten, die (in wörtlichem Sinn) an der Grenze zweier Welten standen, glühte oft, öfter, als man zu denken wagte, ein kraftvolles religiöses Bewußtsein, das viele Tausend Mann – und nicht selten Frau! – zu einfachen Heldentaten befähigte. Nach zwei Monaten Belagerung lief der Befehlshaber der Festung zum Feind über und verriet ihm die schwachen Punkte der Befestigungsanlagen. Ein Leutnant – sein Name, ein gewöhnlicher, in der Geschichtsschreibung nie mehr wiederkehrender Name, sei hier, stellvertretend auch für Tausende namenloser Seinesgleichen aus den zusammengewürfelten Völkerschaften der Grenzregionen, festgehalten: Balázs Oláh –, dieser Leutnant Oláh also lehnte zunächst jede Aufforderung zur Übergabe der Festung ab. Erst als seine Mannschaft nur noch aus 72 Verwundeten bestand, ließ er die Tore öffnen. Im nächsten Jahr, 1522, erscheint in Nürnberg ein reich kolorierter Holzschnitt vom Fall des Schlosses »kriechisch weisenburgk«, der die Belagerung der Festung darstellt und sie in einem mitgedruckten Text mit erregender Ausführlichkeit beschreibt – eines der zahlreichen bunten Druckwerke, welche die Kunde von der Türkengefahr, von den Kämpfen mit den absonderlich gekleideten Heiden in die Völker der Christenheit tragen, Ergriffenheit und Schauer wecken, die Neugier nähren.

Offen stand das Tor des Königreichs, frei war der Weg durch die Tiefebene und entlang der Donau bis hinauf zur Residenzstadt Buda, und mit Windeseile verbreiteten sich böse Nachrichten von der Absicht der Hohen Pforte, ganz Ungarn zu unterwerfen. Die Nachricht eilte nach Wien und Nürnberg, wo bald die Großen des Reichs tagen sollten, und auch sonst nach allen Städten, in welchen die Mächtigen der Christenheit regierten. Indes, die Pforte ließ die Armee anhalten. Sie tat dies aus zwei wohldurchdachten Gründen, aus einem militärischen und aus einem noch wichtigeren, einem politischen Grund.

Den militärischen Grund lieferte die Erkenntnis, welche einst die arabischen Führer nach der verlorenen Schlacht von 732 bei Poitiers gewonnen hatten, daß sie nämlich an die Grenze ihres Aktionsradius, des militärischen Nachschubs und der verwaltungstechnischen Kapazität gestoßen waren – die gleiche Erkenntnis, welche schließlich auch die Kreuzritter nach manch erfolglosen Kreuzzügen und bitteren Erfahrungen hatten gewinnen müssen. Neueste Berechnungen ergeben, daß eine Besetzung Ungarns durch die türkische Armee – erkämpft durch wahrscheinlich verlustreiche Schlachten – dem Staatsapparat, vor allem wegen der überlangen Nachschubwege, viel zu teuer zu stehen gekommen wäre, ja, das eroberte Land hätte nicht einmal die Besatzungsarmee und deren zivile Verwaltung erhalten können.

Aus dieser militärischen Überlegung wird auch die politische ersichtlich, welche die Pforte veranlaßte, die Armee an der Donau anzuhalten. Denn war durch weitere militärische Aktionen kein Gewinn zu erzielen, kein politischer nämlich, dann sollte jeder weitere Aufwand vermieden werden, zumal das militärische Potential des Reiches anderswo dringend eingesetzt werden sollte. Mit der Einnahme einiger kleinerer Burgen und schließlich der größten und wichtigsten Festung, Belgrad, hatte aber die Pforte ihre Macht gegenüber der ungarischen Regierung bezeugt – und mehr hatte sie gar nicht angestrebt. Und zwar deswegen nicht, weil sie Ungarn lediglich neutralisieren, mit ihm den »vorteilhaften Frieden« weiter pflegen, das heißt, es als Puffer zum habsburgischen Imperium erhalten wollte. Sie nahm an – ein Ergebnis rationalen politischen Denkens –, daß die königliche Regierung zwei zwingende Gründe erkannt haben müsse, um die ihr von der Pforte zugedachte Pufferstellung im europäischen Kräftefeld auch einzunehmen: das Ausbleiben jeglicher ausländischer Hilfe (worüber die Pforte genauestens informiert war) und die offenkundig gewordene türkische Übermacht, welche die Aussicht der Ungarn auf einen militärischen Erfolg zumindest zweifelhaft erscheinen lassen mußte. Dann wandte sich die Pforte anderen, dringenderen Aufgaben zu.

Gleichsam mit der Hand greifbar vor Anatoliens Küste lag, geheimnisvoll schillernd im blauen Wasser und herausfordernd, Rhodos, das die Ritter des Johanniterordens seit 1309 zu einer beinahe uneinnehmbaren Festung ausgebaut hatten. Die strategische Bedeutung der Insel war augenscheinlich, im ganzen östlichen Mittelmeerraum besaß

sie eine überragende Schlüsselposition. Bereits im Jahr 1520 hatte die Pforte die Eroberung der Inselfestung beschlossen und den Waffengang nur wegen der ungarischen Angelegenheit verschoben. Während nun der Nürnberger Holzschnitt wie auch andere Druckwerke, etwa das Titelblatt einer Zeitung mit der Schlagzeile: »Ain Ermanung wider Die Türcken« – »Im jar MDXXII« in den christlichen Ländern dem staunenden und erschaudernden Leser die Schreckenstaten der Türken in Ungarn grausam vor Augen führten, im Sommer 1522 also, begann die türkische Flotte mit der Belagerung der Insel Rhodos. Ein halbes Jahr lang leisteten die Johanniterritter heldenhaft und hoffnungslos Widerstand, auf sich gestellt und von den Christen im Stich gelassen. Dann, am Vorabend des Weihnachtsfestes, dem 23. Dezember, mußte der Großmeister Philippe Villier de l'Isle-Adam die Kapitulationsbedingungen annehmen und die östlichste Festung der Christenheit dem Feind überantworten.
Inzwischen herrschte an der ungarisch-türkischen Grenze – dem einzigen festländischen Berührungspunkt zwischen dem Osmanenreich und Europa, wo der Pforte ein organisiertes abendländisches Staatswesen entgegentrat – weiterhin nicht Friede, sondern hinterhältiges Ringen um kleine Vorteile. Die lokalen türkischen Truppenkommandanten unternahmen begrenzte Raubzüge, überfielen hier ein Dorf, dort ein Schlößchen, machten Beute: Kinder und Vieh – der Alltag jener Jahre. Nur dem vermögenden und hochmütigen Bannerherrn Jânos Zápolya war Erfolg beschieden. Zur gleichen Zeit, da die Johanniterritter die letzten aussichtslosen Kämpfe austrugen, drang Zápolya in die Walachei ein, verjagte den Bei Mehmed, der die Provinz im Vorjahr erobert hatte, und setzte den von den Walachen gewählten Wojwoden Radul ein. Zäh und wortreich plätscherten die Verhandlungen mit den Ständen des römisch-deutschen Reichs dahin. Im Januar und Februar 1522 berichtete der venezianische Botschafter an seine Regierung, der Kaiser habe versprochen, jene Armee von 25 000 Mann, die ihm der Reichstag zu seinem Zug nach Rom bewilligt hatte, unter dem Oberbefehl des Erzherzogs Ferdinand nach Ungarn zu entsenden, ja, sie sogar in eigener Person anzuführen. Doch auf dem Reichstag zu Nürnberg wurde lediglich die Aufstellung einer Truppe von 3000 Mann Fußvolk beschlossen. Man bildete unter dem Vorsitz des Herzogs Ludwig von Bayern eine Kommission, die in Wien mit den Königen von Ungarn und Polen und den böhmischen und ungarischen Ständevertretern den Plan eines Türkenfeldzuges erarbeiten sollte.

Anfang Juni traf die Reichskommission in Wien ein. Ludwig II. schickte die Vornehmsten seiner Länder dorthin, sie wurden vom Primas, dem Palatin, dem ungarischen und dem böhmischen Obersthofmeister angeführt. Man einigte sich darauf, daß die 3000 Infanteristen in die kroatischen Grenzfesten entsandt werden sollten, vorausgesetzt, daß die tschechischen Stände ein gleich großes Kontingent aufböten. Über weitere Hilfstruppen sollte auf dem Reichstag verhandelt werden. Dieser trat im September 1522 wieder in Nürnberg zusammen. Hier wurde am Vorabend der Kapitulation der Johanniter auf Rhodos, am 22. Dezember, der ungarischen Delegation, die beredt auf die Universalität der Gefahr hingewiesen hatte, die Antwort erteilt: Da es dem Reich unter den obwaltenden Umständen nicht möglich sei, eine Armee von 25 000 Mann auszurüsten, biete es die Aufstellung eines Truppenkontingents von 4000 Infanteristen an. Dieses sollte bis zum 25. Mai 1523 in Ödenburg eintreffen und dann ein halbes Jahr lang in den Grenzfestungen Kroatiens und Ungarns Dienst tun. Über einen großen Feldzug werde man aber weiterhin verhandeln.
Während man verhandelte, drangen die Türken von Tal zu Tal, von Schloß zu Schloß weiter vor, sie nahmen ganz Serbien und Bosnien. Sie wandten ein Mittel an, das man mit einem Terminus aus der neueren Kriegsgeschichte als »verbrannte Erde« bezeichnen möchte. Denn sie verwüsteten das Umfeld der Burgen, verschleppten die noch verbliebene Bevölkerung, Kinder, Frauen, Greise, ließen die Felder unbebaut wuchern, und bald standen die kleinen Festungen mit ihren wenigen Verteidigern von der Umwelt abgeschnitten da: dahinkümmernde Inseln inmitten einer verwüsteten Landschaft. Nur Jajce, die einstige Hauptstadt Bosniens und nun die südlichste Befestigung Ungarns, vermochte erfolgreich Widerstand zu leisten. Ein Verwegener aus ihrer Mannschaft hatte sich durch die türkischen Linien durchgeschlichen, sich bis nach Buda durchgeschlagen und berichtete an einem der letzten Märztage des Jahres 1525 dem königlichen Rat von der verhängnisvollen Lage der Festung: »Seit dem Verderb Jerusalems«, sagte er, »haben Menschen nicht so viel gelitten wie wir. Mütter in ihrer Verzweiflung werfen ihre Kinder in die Wellen des Flusses Vrbas, weil sie deren Hungerqualen nicht mehr mit ansehen können.« Nun seien die Paschas von Bosnien und der Hercegovina im Anmarsch, um die Festung mit geeinten Kräften einzunehmen, und sie werde fallen, wenn nicht sofort Hilfe komme. Der Vortrag machte

tiefen Eindruck auf die königlichen Räte, und es wurde beschlossen, eine Streitmacht von 10 000 Mann zur Befreiung von Jajce zu entsenden. Da betrat einer der schillerndsten Kondottieri die Szene.

Er hieß Graf Christoph Frangepán und verkörperte den anderen Typus des Renaissancemenschen, nicht den Schriftgelehrten und Kunstsinnigen, sondern jenen, der seiner Verwegenheit, Gewissenlosigkeit, seiner Ruhmsucht wegen bewundert wurde – ein Typus, der zu jener Zeit, da der Mensch die kugelförmige Erde und ihre glitzernden Schätze, den eigenen Körper und dessen Schönheit freudig entdeckte und mit unbezwinglicher Neugier nach allem bis dahin Verbotenen griff, vor den Augen einer gaffenden Welt sich voll entfaltete, der um eines handfesten Zweckes willen bald das Lager, bald den Glauben zu wechseln sich nicht scheute und als Anführer von Söldnertruppen auf den Schlachtfeldern ebenso anzutreffen war wie als der geheime Vertraute von Fürsten in den verschlossenen Ratsstuben. Ein solcher Kondottiere war Christoph Frangepán. Von früher Jugend an, seit 1490, hatte er unter der kaiserlichen Fahne gedient. Im Krieg gegen Venedig, 1509, war ihm bereits eine Armee unterstellt worden, zwei Jahre später hatte er Gradiska gegen die Venezianer heldenhaft verteidigt. 1514 hatte er in Friaul viele Festungen und Städte eingenommen und das Heer der Republik in offener Feldschlacht geschlagen – doch am 5. Juni war er verwundet und gefangengenommen worden. Man brachte ihn nach Venedig und hielt ihn dort, wo man einen unangenehmen Menschen ohne besondere Mühe verschwinden lassen konnte, in ehrenvoller Gefangenschaft, wie sie einem geachteten Gegner gebührte. Kaiser Maximilian, der französische und der ungarische Hof intervenierten um seinetwillen, doch die Signoria war nicht dazu zu bewegen, ihren gefürchteten Feind ohne gewisse Bedingungen freizulassen – die Bedingung aber, er solle schwören, nie wieder gegen Venedig zu kämpfen, lehnte Graf Christoph (auch Kondottieri bewiesen manchmal Charaktergröße) entschieden ab. Also brachte man ihn nach Mailand – und hier, zu Beginn des Jahres 1519, brach er aus. Er kehrte unter die kaiserliche Fahne zurück. Doch schon am Anfang 1522 bot er seine Dienste König Ludwig II. an. Man betraute ihn mit der Verteidigung der kroatischen Grenzbefestigungen. Hier erreichte ihn ein geheimes Angebot Franz' I. von Frankreich.

Von der Gewinnträchtigkeit des Auftrags und von dem Weltruhm, der ihm zu winken schien, gelockt und geblendet, ging er auf die französischen Vorschläge ein. Es wurde vereinbart, daß er Anfang 1525 von Kroatien aus in die Steiermark und Kärnten vorrücken, seine Streitmacht mit der des Paschas von Bosnien vereinen und den Krieg gegen Österreich eröffnen sollte. Doch der italienische Agent, der die Verhandlungen mit dem Pascha vermittelte, war ein Vertrauter Ferdinands. Der Erzherzog ließ Frangepán gefangennehmen und nach Innsbruck bringen. Diesmal währte die Gefangenschaft des Grafen Christoph nur einige Wochen. Er schwor, von nun an nur noch gegen die Türken zu kämpfen, und sofort öffnete sich das Tor seines Gefängnisses. Er eilte nach Buda, wo er Ende März eintraf, und nahm mit Begeisterung den Oberbefehl über das Heer an, das Jajce entsetzen sollte. Sogleich wurde ein Kontingent von tausend Mann Fußvolk und zweihundert Reitern aufgeboten, die Komitate und die Bannerherren von Pannonien wurden aufgefordert, ihre Truppen dem Grafen Christoph zu unterstellen. Auch Erzherzog Ferdinand entsandte 1500 Reiter.

Frangepán brach am 18. April in Buda auf, marschierte ohne Eile, damit die einzelnen Truppen sich ihm anschließen konnten, gen Süden und setzte am 7. Juni mit 4000 Mann Fußvolk und 2000 Reitern über die Save über. Da brach der Pascha von Bosnien die Belagerung von Jajce ab und warf seine 16000 Mann gegen Frangepáns Heer. Doch Graf Christoph nahm die Schlacht nicht an, um nicht die Entsetzung von Jajce aufs Spiel zu setzen. Er wich aus und führte seine Streitmacht in andauerndem Gewaltmarsch über unwegsame Pfade weiter. Am 15. Juni zog er, ohne auch nur einen Mann oder einen Wagen voll Nachschubsgut verloren zu haben, in die Festung ein. Nachdem er die Besatzung mit Geld, Munition und Nahrungsmitteln versorgt hatte, kehrte er um. Unter blutigen Nachhutsgefechten schlug er sich nach Kroatien durch und – wie bezeichnend für den ironischen Sinn dieses tollkühnen Haudegens! – berichtete am 24. Juni von seinem Erfolg – der Signoria. Jajce war gerettet. Für lange Jahre blieb es ein leuchtendes Symbol des ungebrochenen Widerstandswillens. Doch nicht sosehr der militärische Wert des spektakulären Unterfangens war von hoher Bedeutung, sondern sein moralischer Effekt: Es stellte das Vertrauen des Auslands in Ungarns Widerstandskraft wieder her.

Doch welche Rückendeckung erhielt die Widerstandskraft Ungarns vom Ausland? Der wirtschaftliche Niedergang des Landes war in ganz Europa, besonders durch die Berichte des päpstlichen und der

venezianischen Gesandten, allgemein bekannt, er hatte mannigfache Ursachen, von denen der Autoritätsverlust der Krone durch das Anwachsen der politischen und wirtschaftlichen Macht der Magnaten nur die eine war. Aber gegen die zentrale Fürstengewalt wurde auch in allen anderen Ländern machtvoll angekämpft, in Spanien etwa empörten sich die Comuneros, im Reich brandeten die Bauernaufstände, und so manch ein Reichsfürst brachte den Bauern und der Glaubensreform Luthers mehr Verständnis entgegen als der kaiserlichen Gewalt. In Österreich mußte Ferdinand sogar rebellische Wiener Bürger hinrichten lassen, um die Ruhe wiederherzustellen. In besonders grellem Licht wurde in Ungarn ein Zerfall der staatlichen Strukturen deswegen sichtbar, weil sich der Staat in dieser Epoche des allgemeinen geistigen und religiösen Aufbruchs im Gegensatz zu allen anderen Gemeinwesen des Abendlandes einem immer klarer zu erkennenden Angriff auf seine Gesamtheit ausgesetzt sah – einem Angriff auf sein kulturelles, zivilisatorisches und religiöses Bewußtsein, auf seine Wesenheit als ein Mitvolk der Christenheit mit allen diese Entwicklung bedingenden Attributen, und der Angriff drohte gerade seine in der gemeinsamen abendländischen Entwicklung begründete Identität zu vernichten. Bei der Entscheidung über einen etwaigen Friedensschluß mit der Pforte, welche die Regierenden in Buda bald treffen müssen, ging es daher nicht darum bloß, ob das Land nach einem Waffengang einen Sieg davontrug oder eine Niederlage erlitt, eine Stadt verlor oder gewann, wie es die kaiserlichen Räte oder das Kardinalskollegium oder die Signoria zu bedenken hatten. Es ging nicht um ein Mailand oder ein Pavia oder ein Gradiska, nein, es ging um das Ganze. Darum die Frage nach der Rückendeckung durch das Ausland, welche die Gesandten Ludwigs II. an die Reichstage und an die europäischen Fürsten immer eindringlicher stellten.
Denn die Hohe Pforte machte auch keinen Hehl aus ihren Ungarn betreffenden Absichten, wie dies der venezianische Gesandte in Istanbul an seine Regierung berichtete. Ihre dringendste politische Aufgabe in Europa sah die Pforte darin, eine weitere Festigung der kaiserlichen Übermacht – und sie wußte sich darin mit manch europäischen Höfen einig – zu verhindern. Zuallererst in Ungarn, das ja kraft der verwandtschaftlichen Beziehungen seines Königs zum Kaiser und zum Erzherzog und seiner geographischen Lage wegen ein Vorfeld der habsburgischen Machterweiterung sein mußte. Die Politik der Pforte zielte in den ersten zwanziger Jahren darauf ab, Ungarn

dem Vorfeld eines habsburgischen Machtzuwachses zu entziehen – entweder durch einen »vorteilhaften Frieden« oder, wenn ein solcher nicht zu gewinnen war, mit Waffengewalt. Allerdings mußte sie nach 1521, nach der Eroberung Belgrads, auf einen neuerlichen Waffengang, selbst wenn sie einen solchen geplant hätte, zunächst verzichten, weil ihr diplomatisches und militärisches Potential in hohem Maß im rebellierenden Syrien und Ägypten und in sonstigen außereuropäischen Regionen ihres Reiches gebunden war, zumal sie wegen des lukrativen Gewürzhandels Schwierigkeiten mit den Portugiesen bekommen hatte. Erst im Herbst 1525, nachdem mit Persien Friede geschlossen worden war, nachdem Großwesir Ibrahim, ein Günstling Solimans, die osmanische Herrschaft über Ägypten gefestigt hatte und nach Istanbul zurückgekehrt war, konnte die Pforte wieder ihre ganze Aufmerksamkeit Europa widmen.

Und während die Pforte ihre Auseinandersetzungen in Syrien und Ägypten und mit den Portugiesen austragen mußte, wurde der europäische Schauplatz für sie immer schwieriger, ernster, immer drohender: Zwar ließ sich der Ausgang des Kampfes zwischen Karl V. und Franz I. noch nicht voraussehen, aber eine Zunahme der kaiserlichen Macht zeichnete sich doch schon ab. Dies muß der Pforte so bedrohlich erschienen sein, daß sie sogar inmitten der Kämpfe in Syrien und Ägypten an der europäischen Front handeln zu müssen glaubte: Im Februar 1524 traf in Buda ein zweiter osmanischer Gesandter ein. Und damit stellte sich den Regierenden eine Frage, auf die sie keine Antwort wußten. Denn auch dieser Gesandte brachte ein Friedensangebot. Um so dringlicher, eiliger, um so verzweifelter wurde ihre Suche nach einer anderen Antwort: nach der Rückendeckung durch das Ausland. Doch war sie zu gewinnen? Genauer: Ließen sich die beiden Rückendeckungen, die nördliche und die westliche, welche die Stände durch die Wahl Wladislaws II. zum König und durch die Vermählung der Königskinder Anna und Ludwig mit Ferdinand und Maria erworben zu haben wähnten, denn auch abfordern?

Die Lage glich jener von 1521, als Belgrad fiel. Der engste, sozusagen natürlichste Verbündete Ungarns war Ludwigs Onkel, König Sigismund von Polen. Doch Polen mußte seit 1521 in andauernden Kämpfen die Angriffe der Tataren abwehren, und alle Welt wußte schon, daß es die Pforte war, die den Tatarensturm heimlich lenkte. Hinzu kamen die Schwierigkeiten Sigismunds mit dem Deutschen Ritterorden und den Russen, und diese Schwierigkeiten, welche nach dem

Tod Kaiser Maximilians wieder aufgeflammt waren, ließen den König erkennen, daß es nicht im Interesse Polens lag, wenn die habsburgische Hausmacht auf Ungarn ausgedehnt würde. Also kam er zu dem Schluß, daß er den Frieden für sein Land in Istanbul zu suchen hatte. Im Sommer 1525 schickte er einen Gesandten zur Pforte und regte einen ähnlichen Schritt in Buda an. Gleichzeitig erinnerte er Papst Klemens VII. daran, daß dessen Vorgänger des öfteren versprochen hätten, die Christenheit zu einen und einen großen Feldzug gegen den Türken zu organisieren; daß er und sein »Durchlauchtigster Neffe«, auf das päpstliche Wort vertrauend, großen Schaden erlitten hätten. Das war gewiß ein bitterer, aber auch mutiger, zugleich ein richtiger Schritt, zu dem sich Sigismund gezwungen gesehen hatte, und die Bestätigung dafür erhielt er gerade aus Rom, vom ungarischen Gesandten beim Heiligen Stuhl Stephan Brodarics, der dem König versicherte, in den diplomatischen Kreisen habe jedermann Verständnis für sein Handeln und niemand würde sich wundern, wenn der König von Ungarn seinem Beispiel folgte.

Auch Venedig pflegte schon seit langem gute Beziehungen zur Pforte. Die Signoria hatte erkannt, daß sie ihr eminentes Interesse, den Vorsprung im Gewürzhandel gegenüber den Portugiesen, nur mit osmanischer Hilfe wahren konnte. Und da der Schauplatz des Kampfes zwischen dem Kaiser und dem König von Frankreich Italien war, mußte jede Verschiebung des Gleichgewichts, das heißt eine kaiserliche Übermacht auf der Halbinsel, Venedig unmittelbar treffen. Nein, die Signoria konnte keinen Vorteil darin erblicken, wenn in die kaiserliche Einflußsphäre auch noch Ungarn unmittelbar einbezogen würde.

Um dieses Gleichgewicht war auch, seit jeher und immer noch, der Heilige Stuhl bemüht. Darum verbündete er sich einmal mit Karl V., ein andermal mit Franz I., jeweils gegen den anderen, je nach dem, ob gerade dieser oder jener ein Übergewicht errungen hatte. Sein Streben nach Gleichgewicht wurde auch noch dadurch motiviert, daß die Päpste, bis auf Hadrian VI., Italiener waren, und die wundervolle Renaissance mit ihrer ganzen Schaffenskraft, welche die Völker Europas, deren beste Köpfe zu neuen Geistesebenen führte, von Italien ausgegangen war. Und so war auch ein neues Italiengefühl (das Attribut »national« sei wegen seiner Mißverständlichkeit gemieden), war ein frisches Bewußtsein der italienischen Identität geboren worden. Der Feldherr auf Petri Stuhl, Julius II., hatte im ersten Jahrzehnt des

Jahrhunderts noch die Franzosen als die wahren Feinde der päpstlichen Herrschaft, der höchsten Verkörperung italienischer Bestrebungen, erachtet und gegen sie eine venezianisch-habsburgisch-aragonische Koalition gebildet. Die Medici-Päpste Leo X. und Klemens VII. fühlten sich der schönen Tradition ihres Hauses als Schirmherren des italienischen Kunstwillens verpflichtet, auch sie suchten die spanischen, französischen, kaiserlich-habsburgischen Einflußnahmen abzuwehren. Ein weiteres Motiv der päpstlichen Politik lieferte zweifellos die Angst vor den Türken, der Wille auch, deren Angriffe auf das römisch-katholische Europa zurückzuschlagen. Schon aus diesem Grund lag in vornehmem Interesse des Vatikans, Ungarn sowohl von der kaiserlichen Gewalt als auch von den osmanischen Machtbestrebungen frei und weiterhin als eine »Bastion der Christenheit«, als solche auch als eine gegebene Stütze des Heiligen Stuhles zu erhalten. Die Päpste waren es, die im ersten Viertel des Jahrhunderts die meisten finanziellen Opfer für die »Türkenhilfen« brachten; Leo X. hatte ja sogar den Entwurf eines grandiosen Feldzugs präsentiert, und Hadrian VI. hatte 1523, als in Rom die Kunde von einem möglichen Einvernehmen Ungarns mit der Hohen Pforte sich verbreitet hatte, verzweifelt versucht, dies zu verhindern, denn in Rom hegte man die berechtigte Angst vor einer türkischen Invasion Italiens. Die Vorbedingung einer erfolgreichen Abwehr wäre allerdings die Einigkeit der christlichen Fürsten gewesen, wie sie die päpstlichen Legate immer wieder angemahnt und die ungarischen Gesandten stets gefordert hatten.

Doch der Kaiser und König von Spanien und der König von Frankreich rangen miteinander um die Vormacht, und ganz Europa, bald auch das Osmanenreich, sollten Teilhaber an diesem Ringen werden, dessen ideelle wie machtpolitische Motive tief in die mittelalterliche Entwicklung hinabreichten. Also hatte Karl V. bereits 1521 seinem Schwager empfohlen, mit den Türken einen Waffenstillstand auszuhandeln. Ferdinand, der ja selbst mit seinem Bruder um die Anerkennung seiner Rechte als kaiserlicher Statthalter im Reich ringen mußte, half zwar seinem Schwager durch die Entsendung von Truppen in die kroatischen Grenzfestungen (er hegte auch die Absicht, den Titel eines Königs von Bosnien anzunehmen), doch auf den Reichstagen konnte er nicht mehr tun, als immer wieder ein gutes Wort für Ungarn einzulegen. Von einer Hilfe aus dem Reich hielt er aber nicht viel: Im Mai 1523 schrieb er Ludwig II., sie beide seien verloren, denn

es sei unmöglich, einem so mächtigen Feind wie dem Türken Widerstand zu leisten, und die Reichshilfe habe keinen Wert.
Das war das Europabild jener Jahre, und bald schon erklimmen die beiden, ganze Welten erfassenden Reiche, das spanische und das osmanische, den Höhepunkt ihrer Macht und erreichen ihre größte Ausdehnung. Die Machtquellen der spanischen Weltmacht lagen in hohem Maß außerhalb Europas, jene der osmanischen in entscheidendem Maß. Der Reichtum der spanischen Kolonien war kaum einzuschätzen, denn er war kein einheitlich und organisiert verwalteter, sondern ein stets sich ändernder, wachsender, ein Ergebnis der immer strengeren, rücksichtsloseren Ausbeutung. Und ebenso unabschätzbar blieb das Machtpotential des Osmanenreichs, das sich aus den weitverzweigten vorderasiatischen und afrikanischen Quellen speiste. Doch die spanisch-deutsche königlich-kaiserliche Gewalt war ein unabdingbarer geographischer, zivilisatorischer, kultureller, religiöser und politischer Bestandteil Europas, ihre Herrschaftsformen und Daseinsebenen wurzelten tief und waren ein mitbestimmender Faktor in der Entwicklungsgeschichte, die in der Geschichte des Römischen Reiches begonnen hatte. Das Ringen um die Vormacht in Europa war ein Kampf zwischen gleichgearteten Herrschaftsformen, welche auf die selben Werte zurückgriffen, diese zur Begründung ihres Führungsanspruchs heranziehend – Werte, welche die Verhaltensweisen, die Wirtschaftsstrukturen, die Gesetzgebung und die Rechtsprechung, das philosophische, religiöse und belletristische Schrifttum, den architektonischen und bildenden Kunstwillen gleichermaßen prägten. Diese Werte entsprangen einer geistigen Verhaltensweise: dem freien Zweifeln am Bestehenden, die allein die Entwicklung gewährleistet.
Hingegen waren die osmanische Herrschaftsform und ihre Daseinsebenen aus dem asiatischen Hinterland den Europäern entwicklungsgeschichtlich fremd, in jener Gegenwart auch feindlich: Gerade das ist es, was die Völker, welche unter die osmanische Herrschaft geraten, als besonders schmerzvoll, als tötend empfinden. Die Geistigkeit des Osmanenreichs bleibt unbeweglich, weil sie den Zweifel – den Zweifel des Individuums – als schöpferischen Stimulus nicht kennt oder nicht zuläßt. Das wirkt entwicklungshemmend. Europa bot zur Zeit der größten Kraftentfaltung des Osmanenreichs ein Bild heilloser Zerrissenheit. Doch seine Zerrissenheit war nicht das Merkmal noch der Vorbote des Untergangs, sondern ein Ausdruck des Zweifels als

schöpferisches Prinzip, das die Entwicklung bedingte. In den kommenden Jahrhunderten verharrt die osmanische Geistigkeit in der Ablehnung des anregenden Zweifelns, und so erstarren auch ihre Herrschaftsform und ihre Daseinsebenen, während Europa von der Kultur- und Zivilisationsstufe der Renaissance aus weiterer Entwicklung entgegenschreitet. (Als Atatürk in unserem Jahrhundert endlich den heroischen Versuch unternimmt, das Kernland des zusammengeschrumpften Osmanenreichs, die Türkei, aus der Erstarrung herauszureißen und sie der kulturellen Ebene des Abendlandes anzugleichen, ist der entwicklungsgeschichtliche Unterschied zwischen dem »Okzident« und dem »Orient« schon geradezu katastrophal. Und als die meisten der europäischen Völker, welche einst die Osmanenherrschaft oder auch nur das andauernde Bedrohtsein durch sie erlitten haben, nun unter die ebenfalls erstarrende, jeglichen Zweifel als staatsfeindliche Bedrohung verpönende Herrschaft der sowjetischen Geistigkeit geraten, bietet Europa wieder ein ähnliches Bild der Zerrissenheit. Indessen empfinden die Satellitenvölker den entwicklungsgeschichtlichen Unterschied zwischen ihrer abendländischen Identität und der sowjetischen Herrschaftsform und deren Daseinsebenen ebenfalls als schmerzvoll, als tötend.)
Also suchte die Hohe Pforte von ihrer unantastbaren Machtposition aus die europäischen Mächte gegeneinander auszuspielen, manche zu neutralisieren und alle gegen die kaiserliche Gewalt, die sie als das gefährlichste Machtzentrum erkannt hatte, zu gruppieren. Es war ihr bereits gelungen, Polen zum Frieden zu veranlassen, es militärisch zu neutralisieren, und mehr wollte sie nicht, denn es konnte ihr nichts daran liegen, in Mitteleuropas nordöstliche Gebiete, wo sie keine politischen Ziele hatte, einzudringen. Ihre politischen Ziele lagen anderswo. Aber durch die Neutralisierung Polens hatte sie Ungarn seiner nördlichen Rückendeckung beraubt. Den größten Erfolg ihrer Diplomatie mochte die Pforte in der freundschaftlichen Beziehung zu Venedig sehen, dem geneigten Handelspartner, der auf der italienischen Halbinsel eine geachtete Macht war und dem Kaiser wie auch dem Erzherzog ein Gegner sein mußte. Und bald schon entsteht ein Einvernehmen zwischen Istanbul und Paris, welches, zu axiomatischer Bündnisstrategie ausartend, das europäische Kräftefeld der kommenden Jahrhunderte mitzeichnet.
Vor diesem Hintergrund der Zersplitterung des Abendlandes unterbreitete der türkische Gesandte den Verantwortlichen in Buda sein

Angebot, und es stellt sich die Frage, was wohl das Angebot enthielt? Auf Grund mittelbarer Hinweise in der diplomatischen Korrespondenz und in Kenntnis der Ereignisse, auch auf Grund eines vor kurzem entdeckten Berichtes eines kaiserlichen Gesandten, läßt sich das Angebot der Pforte, das folgenschwerste in der Geschichte Europas, erfassen. Man vergegenwärtige sich nur die unerschütterliche Machtposition des Osmanischen Reiches in der Mitte der zwanziger Jahre: Es konnte gelassen gen Westen blicken, denn ein allgemeiner Angriff seitens der miteinander hadernden christlichen Mächte drohte ihm nicht. Es hielt den östlichen Mittelmeerraum unter seiner Kontrolle, und seine Truppen standen sprungbereit an der langen südlichen Grenze Ungarns. Was also mochte es von Ungarn wollen? Einen jährlichen Tribut vielleicht? Gewiß nicht, oder nicht nur, denn ihm war die mißliche wirtschaftliche Lage des Landes hinlänglich bekannt, und die 10 000 oder 20 000 Gulden, die es vielleicht den Ständen hätte abpressen können, hätten nicht einmal einen Bruchteil der Stationierungskosten der Truppen gedeckt. Einen formellen Friedensvertrag etwa? Doch wozu? Ungarn hätte höchstens an einem Vertrag Interesse haben können, um vor weiteren türkischen Angriffen sicher zu sein, nicht aber die Pforte – hatte sie doch ihre Übermacht im Jahr 1521 durch die Einnahme Belgrads auf eine so aufsehenerregende Weise bewiesen, daß die gedruckten Berichte der Zeitungen und die Stiche und noch mehr die Mundpropaganda im Abendland die angsterfüllte Achtung vor der Macht der Heiden manchesmal zu Panik steigerten: Sogar Ferdinand hatte in dem erwähnten Brief an seinen Schwager davon gesprochen, sie seien beide verloren, so hoffnungslos sei ein Widerstand wider die Türken. Nein, einen Friedensvertrag mit Ungarn, nur um das Land zu neutralisieren, konnte die Pforte nicht anstreben – das Land war durch die osmanische Machtdemonstration und bar aller Aussicht auf ausländische Hilfe ja ohnehin paralysiert. Oder dachte sie doch an einen vertraglich verbrieften Frieden? An einen »vorteilhaften«? Doch welchen Vorteil wollte sie von Ungarn für den ihm gnädig gewährten Frieden erhalten?

Die Verhandlungen wurden unter größter Geheimhaltung geführt. Selbstverständlich wußte man im Ausland von dem Eintreffen eines osmanischen Gesandten in Buda, der neue päpstliche Legat in Deutschland, Lorenzo Kardinal Campeggio, hatte davon nach Rom berichtet. Wahrscheinlich hatte er auch etwas vom Inhalt der Unterredungen erfahren, denn ganz geheim konnten sie nicht geführt werden. Fest steht jedenfalls, daß dem Erzherzog Ferdinand von Rom aus zumindest Andeutungen zugetragen wurden, denn umgehend warnte er Ludwig mit ungewöhnlich scharfen Worten davor, mit den Türken einen Friedensvertrag abzuschließen. Doch gewiß nicht bloß die Möglichkeit eines einfachen Friedensvertrages veranlaßte Ferdinand dazu, seinen Schwager eindringlich an den engen Verwandtschaftsgrad, der sie verbinde, zu erinnern und ihm vorzuhalten, der König handle sich »seinen und seines Landes Verderb« ein, sollte er auf die Bedingungen eingehen, welche ihm, dem Erzherzog, genannt worden seien. Welcher Art mochten die Bedingungen sein?

Die schnelle, übersteigerte Reaktion Ferdinands läßt darauf schließen, daß eine Annahme des osmanischen Angebots durch Ungarn nicht nur das Königreich allein getroffen hätte, sondern auch Österreich, ja sogar die gesamte habsburgische Machtstellung. Also muß die Pforte mehr als nur die blütenreichen Bedingungen eines allgemeinen Friedensvertrages aus der Zeit des Sultans Selim vorgeschlagen haben, an dem ihr übrigens gar nicht mehr viel liegen konnte. Und tatsächlich: Der königliche Rat lehnte den Frieden mit der Pforte ab. Er lehnte ihn ab, obwohl ihm Sigismund von Polen mit mächtigem Wort ebenso zum Friedensschluß riet wie sein Gesandter in Rom, Stephan Brodarics, ein aufrichtiger Mann und großer Diplomat, der den europäischen Schauplatz überblickte und wußte (und von seinem Wissen immer wieder mahnend nach Buda berichtete), daß die ungarische wie auch die päpstliche Hoffnung auf eine Einigung der christlichen Fürsten eine Chimäre sei und Ungarn von ihnen nichts zu erwarten habe. Wenn also der königliche Rat das Friedensangebot der Pforte in verantwortungsvoller Kenntnis der katastrophalen Lage des Landes (da es nun gewiß war, daß auch Polen nicht helfen konnte) und allen gewichtigen Mahnungen aus dem Ausland zum Trotz – doch bestimmt nicht auf das ängstlich nervöse Wort Ferdinands hin – fahren ließ, so muß das osmanische Angebot eine Forderung enthalten haben, welche das Land nicht zu erfüllen bereit sein konnte. Welches war die Forderung, und warum wollte man sie nicht erfüllen?

Durch das Abtasten aller erkennbaren Umstände läßt sich eine eindeutige Antwort auf die schicksalsschweren Fragen formulieren. Und die Antwort läßt sich durch einen Vorgang, in dem wieder der ruhelose Kondottiere Christoph Frangepán eine Rolle spielte, zwar mittelbar nur, aber doch belegen. Denn Anfang Oktober 1525 traf in

Buda eine Delegation aus Jajce ein, die dem königlichen Rat vortrug, die Festung könne sich nur dann weiter halten, wenn sie sofort Hilfe bekomme. Zur Unterstützung der Stadt war ein Teil der königlichen Einkünfte aus Siebenbürgen vorgesehen, die aber noch nicht eingetrieben waren. Der päpstliche Nuntius und der Erzbischof von Gran schossen einige tausend Dukaten vor, und so konnte man die Versorgung von Jajce mit Lebensmitteln sicherstellen. Gleichzeitig erreichte eine viel bedrohlichere Botschaft die Residenzstadt. Einige kroatische Herren, die sich für die Trennung des Landes von Ungarn aussprachen und deren Wortführer Christoph Frangepán war, ließen dem königlichen Rat ausrichten: Sollten sie nicht unverzüglich Hilfe erhalten, so würden sie ein günstiges Angebot des Sultans annehmen, welches die Pforte ihnen – unter der Bedingung des freien Durchzugs durch Kroatien! – gemacht hätte. Anfang Dezember ließen die gesamten Stände des Landes verkünden, sie würden das osmanische Angebot annehmen, wenn ihnen nicht umgehend Hilfe gewährt würde. Ludwig II. konnte nichts anderes tun, als die Herren zu Geduld und zum Durchhalten zu mahnen. Da luden die kroatischen Herren die Gesandten der Pforte zu der für den 25. Januar 1526 vorgesehenen Versammlung in Körös ein, um mit ihnen einig zu werden. Dort erschien jedoch kein osmanischer Gesandter. Das war selbstverständlich. Denn erstens konnte die Pforte nicht mit irgendwelchen rebellierenden Herren über eine Frage von größter Tragweite verhandeln wollen, sondern nur mit dem König (das Königreich Kroatien war seit 1091 ein Land der Stephanskrone, mit Ungarn in Personalunion verbunden) – und, zweitens, gerade das, den freien Durchzug nämlich, muß das osmanische Angebot als Forderung und Friedensbedingung enthalten haben, über die ein Gesandter in Buda ja ohnehin verhandelte. Doch nicht das Durchmarschrecht durch Kroatien wollte die Pforte erwirken – konnte doch ihr durch politische Ziele motivierter militärischer Vorstoß nur Österreich, dem Vorland des habsburgisch-kaiserlichen Machtgebietes gelten, nicht jedoch Italien, etwa Venedig. Aber der Durchmarsch durch Kroatien hätte nur eine gegen Italien gerichtete militärische Operation einleiten können. Nein, die Pforte muß den freien Durchmarsch durch die ungarische Tiefebene, die Donau als Nachschub-Wasserweg für ihre Flotte nützend, gefordert haben, denn nur auf diese Weise konnte sie hoffen, daß sie ihr politisches Ziel, das Zurückdrängen der habsburgischen Vormacht, mit militärischen Mitteln erreichen würde. (Nun wandten sich die kroatischen Herren mit der Bitte an Ferdinand, der Erzherzog möge ihr Land unter seinen Schutz nehmen. Ferdinand nahm das Angebot an und verkündete in den ersten Monaten des Jahres 1526 dem Papst die Absicht, die Verteidigung Kroatiens auf sich zu nehmen.)

Das vertraglich verbriefte Durchmarschrecht durch das Land gegen den östlichsten und auf dem Festland nur durch Ungarn angreifbaren habsburgischen Besitz, Österreich, war es, das der König und seine Räte trotz düsterster Zukunftsaussichten als unannehmbar ablehnten. In der Tat, dieses Verlangen der Pforte muß ihnen auf Grund realpolitischer und zugleich ethischer Überlegungen, die untrennbar ineinander verwoben waren, als ein nicht zumutbares Ansinnen erschienen sein. Zwangsläufig ergab sich die Frage, ob denn der einzuhandelnde Friede es wert war, das Land osmanischen Heeren für den Durchmarsch freizugeben? Schließlich war Ungarn zu diesem Zeitpunkt, in seiner Wirtschaft und seinen staatlichen Strukturen zwar angeschlagen, aber nach wie vor ein selbständiges Königreich von hoher christlicher Tradition, wehrfähig, auf dessen Territorium, abgesehen von einzelnen Festungen, kein einziger fremder Soldat stand – und ein freiwillig an den Sultan erteiltes Durchmarschrecht mochte es jeglicher, wenn auch noch so unzureichender, nur symbolischer Unterstützung durch das Abendland berauben. Ja, das Königreich – von jeher eine »Bastion der Christenheit«, worauf seine Gesandten auf den Reichstagen und bei den europäischen Höfen so oft sich beriefen – mußte durch eine Annahme des osmanischen Angebots Gefahr laufen, sich aus der Gemeinschaft der christlich-abendländischen Völker auszuschließen, gleichsam sich selbst zu ächten. Diese Überlegung, deren ethische Gewichtung heute gewiß nur schwer nachempfunden werden kann, entsprang dem Bewußtsein der nicht anzweifelbaren Zugehörigkeit zu einer Entwicklungsgemeinschaft, die man christliches Abendland lieber denn Europa nannte. Nur noch gesteigert wurde dieses Bewußtsein durch den allgemeinen Abscheu und Haß gegen den Islam, den man zwar im ganzen Abendland, oft freilich nur rhetorisch, empfand, doch keineswegs so intensiv, wie, genährt aus der täglichen Erfahrung, in den Ländern, welche mit der osmanischen Macht in unmittelbare Berührung geraten waren. Weiters: Ungarn hätte sich durch die Annahme des Angebots gewissermaßen zum Verbündeten des Sultans gemacht, und die erbitterte feindliche Haltung der habsburgischen Brüder Karl und Ferdinand,

Schwäger des Königs, die ein ungarisch-osmanisches Zusammenwirken als tödliche Bedrohung ansehen mußten, wäre ihm dann gewiß gewesen – ein unlösbares Dilemma, das aus Ungarns Lage als Pufferstaat unbarmherzig folgte: Verband es sich mit der Pforte, so handelte es sich die Feindschaft des Abendlandes ein, lehnte es aber den Frieden mit der Pforte ab, dann sah es einem schrecklichen Kampf mit einem übermächtigen Feind entgegen. Es lehnte den Frieden ab. Es mußte ihn ablehnen. Viel zu drückend mochte für den König und seine Räte, für den hohen Klerus und die Bannerherren, für das Volk selbst die Vorstellung sein, zusehen zu müssen, wie fremde – Abscheu erregende, nicht bloß staatsrechtlich fremde – Heere durch ihr Land marschierten. Und, auch das müssen sich die Herren gefragt haben: Welche Gewähr bot denn die Pforte, daß die fremden Heere je wieder abziehen würden?
Mit Windeseile hatte sich die Kunde von der verheerenden Niederlage Franz' I. von Frankreich bei Pavia und von seiner Gefangenschaft in Madrid verbreitet. Nur auf eine Weise konnte die Hohe Pforte diesen militärischen und hochpolitischen Vorgang werten und deuten: Der Kampf um die Vorherrschaft sei entschieden, durch seinen Sieg über den einzigen potentiellen Gegner sei Karl Herr des Abendlandes geworden. Die beiden, voneinander zwar unabhängig, aber beinahe gleichzeitig sich ergebenden Umstände – die Ablehnung des osmanischen Angebots durch Ungarn und das Erringen der kaiserlichen Vormachtstellung – zwangen den Sultan und seine Wesire zu einer raschen Entscheidung: Im Herbst 1525 verschoben sie die Beilegung des Haders mit den Portugiesen wegen des Gewürzhandels und beschlossen den Feldzug gegen Ungarn, und zwar zum nächstmöglichen Zeitpunkt, also im Frühjahr 1526.
Von nun an trafen in Buda beinahe täglich Nachrichten von den türkischen Kriegsvorbereitungen ein. Bald schon wußte man im ganzen christlichen Abendland um den bevorstehenden Türkenkrieg. Doch in ebendiesem Abendland des Jahres 1525 wütete der Bauernkrieg mit solch haßerfüllter Heftigkeit, daß seine Flammen wortgetreu zum Himmel loderten: in Schwaben, Elsaß, Tirol, Franken, Thüringen. Der Schwäbische Bund vernichtete das Heer der württembergischen Bauern, Philipp von Hessen und Georg von Sachsen warfen die thüringischen Bauern nieder, den schriftgelehrten Bauernanführer Thomas Münzer ließ man hinrichten. Und Herzog Anton von Lothringen richtete unter den elsässischen Bauern ein Blutbad an, das in seiner Grausamkeit nicht jenem von 1514 in Ungarn nachstand.

Es loderten auch die geistigen Flammen der großen Diskussion um den Glauben und die Formen seiner Ausübung: Huldrych Zwingli erließ seine Kirchenordnung für Zürich, mit der er die Messe abschaffte, und Martin Luther donnerte in seiner neuesten Streitschrift mit heißem Atem gegen Erasmus von Rotterdam, den großen, stillen, den seines Geistes einzig würdigen Mann, dessen Wort wahre Macht war und der Luther ebenso wie dem Papst entgegentrat.
Indes setzte eine fieberhafte, ja erschrockene diplomatische Tätigkeit ein. Denn nicht nur im fernen Istanbul wertete man Karls Sieg, der ein totaler zu sein schien, über Franz I. und dessen Gefangenschaft als einen gefahrbringenden Umsturz des europäischen Gleichgewichts, nein: Auch in manchen europäischen Hauptstädten kam man zu derselben Schlußfolgerung. Heinrich VIII. von England, der zwar aus dynastischer Tradition der englischen Könige Anspruch auf französische Lande erhob, und sein Lordkanzler, Thomas Kardinal Wolsey, der auf eine ausgleichende Rolle Englands auf dem Kontinent (allerdings die Macht des Landes überschätzend) hinarbeitete, konnten eine Vernichtung der französischen Machtstellung und deren logische Folge, die kaiserliche Vormacht nämlich, doch nicht hinnehmen. Noch war Franz I. der Gefangene Karls, als Wolsey England heimlich aus dem Bund mit dem Kaiser löste: Er schloß mit Frankreich im August einen Waffenstillstand und am 6. September in Moore einen Separatfrieden. Auch Papst Klemens VII. und sein Kardinalskollegium fühlten bei Frankreich und einigen italienischen Fürsten vor und versuchten in geheimen Verhandlungen mit Mailand, Venedig und Ferrara eine Koalition zur Vertreibung des kaiserlichen Heeres zu bilden. All diese Entscheidungen – die osmanische, die englische, die italienische – fielen während des einen Jahres, da der König von Frankreich sich in der kaiserlichen Gewalt befand und es den Anschein hatte, daß Karl V. beschieden sei, als der Herrscher einer Monarchia universalis der absolute Herr des Abendlandes zu werden. Es war, in zukunftsprägendem Sinn des Wortes, ein Schicksalsjahr Europas.
Im Mittelpunkt all der wechselvollen Abfolge von Ereignissen und Nachrichten, Gerüchten und Forderungen erscheint die Gestalt Karls nicht ohne eine gewisse Tragik: Denn er brach nicht in Freude aus, als er am 10. März im Kreise seiner Räte den Bericht von seinem unverhofften Sieg entgegennahm – nein, er saß regungslos da, als hätte ihn die stolze Nachricht wie ein böser Schlag getroffen, wortlos zog er

sich in sein Schlafgemach zurück und kniete vor einem Marienbild nieder. Er verbot allen öffentlichen Jubel, da Christen besiegt worden seien, und ordnete Bittgottesdienste an. Sein Blick war auf das hohe, doch nicht einer wunschvollen Illusion entbehrende Ziel gerichtet: die Einheit des Abendlandes, ein Ziel, das nur durch einen ritterlichen Frieden, den er anstreben wollte, zu verwirklichen sei. Dennoch ließ er Forderungen, deren Maßlosigkeit nicht erkennend, an Louise von Savoyen, die Mutter Franz' I. und Regentin von Frankreich während seiner Abwesenheit, herantragen, welche sie nicht annehmen konnte. Und während Karl Entscheidungen, auf die seine Ratgeber immer heftiger drängten, zaudernd auswich, gelangte ein verzweifelter Brief Ferdinands nach dem anderen zu ihm. Der Erzherzog hatte die Größe der Türkengefahr nun schon erkannt, die Nachrichten von den Kriegsvorbereitungen des Sultans klangen immer bedrohlicher, und in Deutschland loderten die Flammen des Glaubenskrieges. Ferdinand berichtete, Hilfe heischend, dem kaiserlichen Bruder.
In Madrid wurde der Friede mit Frankreich nur zögernd vorbereitet. Franz I. wollte den demütigenden Bedingungen, die auf ihn zukommen würden, auf abenteuerliche Weise entgegenwirken: Es gelang ihm, von der Gefangenschaft aus zwei verwegene Männer anzuheuern, die seinen verzweifelten Hilferuf und seinen Rubinring an den Sultan heranbringen sollten. Der eine wurde mit seinen Begleitern unterwegs in Bosnien ermordet, der andere, Giovanni Frangipani, konnte sich durchkämpfen und traf im Dezember 1525 in Istanbul ein. Man nahm seine Mitteilung zur Kenntnis.
Sultan Soliman ließ dem gefangenen König eine Antwort zukommen: »Du, der du Franzose bist, König des Landes Frankreich, du hast an meine Pforte, das Asyl der Herrscher, deinen treuen Boten Frangipani geschickt. Du hast Uns wissen lassen, daß der Feind dein Land besetzt hat und daß du dich zur Zeit in Gefangenschaft befindest. Du hast um Hilfe zwecks deiner Befreiung gebeten. Alles, was du sagst, ist an der Schwelle meines Thrones, der Schutzstätte der Welt, besprochen worden, und meine kaiserliche Weisheit hat es bis in die Einzelheit erfaßt... Es ist nichts Unerhörtes, daß Fürsten geschlagen und gefangengenommen werden. Fasse Mut und laß dich nicht niederdrücken, Unsere ruhmreichen Ahnen, Gott möge ihr Grab erleuchten, haben nie aufgehört, Krieg zu führen, um den Feind zurückzuschlagen und Länder zu erobern. Wir selbst sind auf ihren Spuren weitergegangen... Tag und Nacht ist unser Pferd gesattelt

und unser Säbel gegürtet.« Es war dies keine klare Antwort, keine Zusage, das konnte sie auch nicht sein, denn auf die Entscheidungen der Pforte hatte der Hilferuf Franz' I. keinen Einfluß mehr: Der Feldzug gegen Ungarn war bereits beschlossene Sache. Doch von nun an bedachte die osmanische Geschichtsschreibung Franz I. stets mit freundlichen Worten. Dschelalzade Mustafa, ein hervorragender Geschichtsschreiber im 16. Jahrhundert, der über vieles aus eigenem Wissen berichtete, nannte ihn später einen »alten, aufrichtigen Getreuen und Freund des Hofes der Glückseligkeit«. Als der König im Verlauf seiner kriegerischen Auseinandersetzungen mit dem Kaiser wieder einmal einen Gesandten an die Pforte schickte, meinte Dschelalzade: »Frantschisko, König des Wilajets Frantsche, *der sehr wohl wußte, daß die Beendigung des Krieges mit dem König von Ispania,* dem Karlo genannten verfluchten Unreinen, *vom Schwertziehen der Krieger des Glaubens abhing* – bat durch an den hohen Hof des welterobernden und glückvoll planenden Padischahs geschickte Gesandte nun schon nicht zum ersten Mal mit demütiger Stimme um Hilfe«. Die gegen die habsburgische Übermacht gerichtete Bündnisstrategie Frankreichs und des Osmanenreichs, die aus dem Kampf um die Vormacht in Europa in diesem grausamen Kriegsjahr 1525 herauskeimte und in den kommenden Jahrhunderten zu einem außenpolitischen Axiom »West und Ost gegen die Mitte«, Wien nämlich, ausartet, erhielt durch die Worte des osmanischen Geschichtsschreibers seine erste schriftliche Begründung.

Am 14. Januar 1526 mußte Franz I. die harten Friedensbedingungen von Madrid annehmen, er mußte auf Flandern, Artois und Burgund verzichten. Sobald er, wieder frei, auf seinem Geburtsschloß Cognac eintraf, erklärte er den Friedensvertrag, da erpreßt, für null und nichtig. Der Vatikan und einige italienische Fürsten fanden nun in ihm einen hohen Verbündeten. In der Heiligen Liga von Cognac vereinten sich am 22. Mai Franz I., Papst Klemens VII., Francesco II. Sforza von Mailand, Venedig und Florenz. Weiter ging der Krieg um die Vormacht.

Mit einer prunkvollen Militärparade brach Sultan Soliman am 23. April 1526 in Istanbul gen Norden auf.

IV. KAPITEL

Die Schlacht

Sie war eine der wenigen von den unzähligen in der Geschichte des Abendlandes, die sogar mit so gewichtigen Attributen wie »folgenschwer« und »entscheidend« nur unvollkommen gekennzeichnet werden kann. Denn ihre Auswirkung betraf alle Länder des Donauraums und seine staatsschaffenden Völker unmittelbar, und mittelbar prägte sie die weitere Entwicklung des gesamten Europa mit. Sie zeichnete das politische Kräftefeld neu. Sie schuf eine Situation, deren geopolitische, staatsrechtliche, religiöse, kulturhistorische, bevölkerungs- und zivilisationsgeschichtliche und menschliche Komponenten in die folgenden Jahrhunderte, auch noch in das unsere, bedingend hinüberreichen.

Schriftliche Berichte sachkundiger Augenzeugen von der Schlacht wurden nicht überliefert. Ihr Ablauf konnte später nur auf Grund einzelner Teilbeschreibungen und mehr oder minder glaubwürdiger Schilderungen, von welchen manche aber nur auf Hörensagen beruhten, rekonstruiert werden. Einige Militärhistoriker lieferten Darstellungen, welche dem tatsächlichen Verlauf der Schlacht wohl am nächsten kommen. Deren ganzes historisches Umfeld aber läßt die Erkenntnis zu: Ihrem Zustandekommen und ihrem Ausgang, dessen Folgen die Welt des Donauraums veränderten, haftete das Merkmal der Zwangsläufigkeit an.

Denn kein Zweifel daran konnte bestehen, daß die nochmalige Ablehnung ihres Angebots – die erste hatte die Pforte 1521 mit der Eroberung der Festung Belgrad, die eine überragende Schlüsselposition innehatte, beantwortet – sie wieder zu einem Waffengang veranlassen würde. Ungarn aber hatte auch das zweite, besonders dieses unzumutbare Angebot abgelehnt, ablehnen müssen, um nicht die Unabhängigkeit des Landes preiszugeben. Die Pforte hatte mit ihren beiden Angeboten politische Ziele erreichen wollen: das Heraushalten Ungarns aus dem habsburgischen Machtbereich, beim zweitenmal

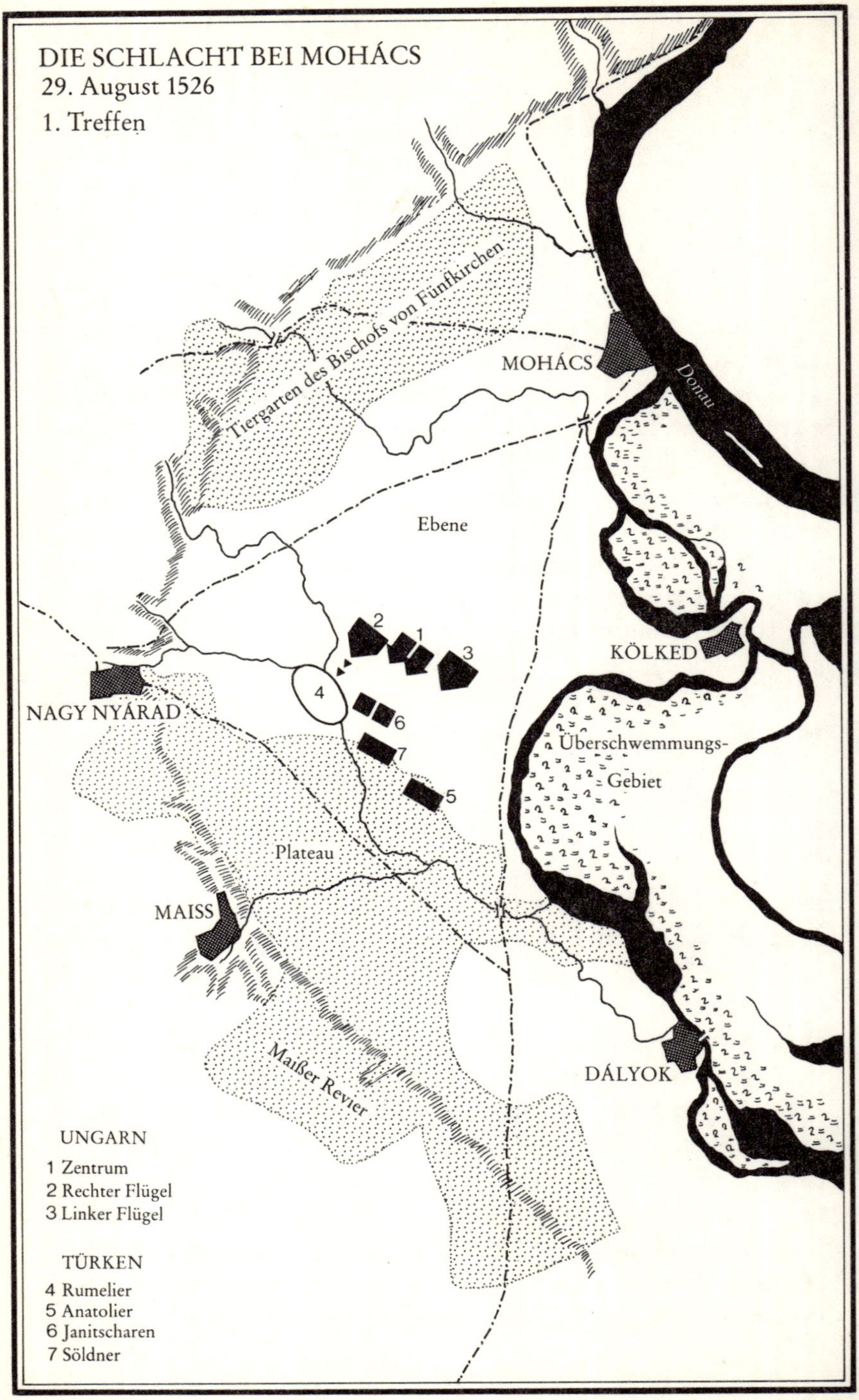

DIE SCHLACHT BEI MOHÁCS
29. August 1526
1. Treffen
Tiergarten des Bischofs von Fünfkirchen
MOHÁCS
Donau
Ebene
KÖLKED
NAGY NYÁRAD
Überschwemmungs-
Gebiet
Plateau
MAISS
DÁLYOK
Maißer Revier
UNGARN
1 Zentrum
2 Rechter Flügel
3 Linker Flügel
TÜRKEN
4 Rumelier
5 Anatolier
6 Janitscharen
7 Söldner

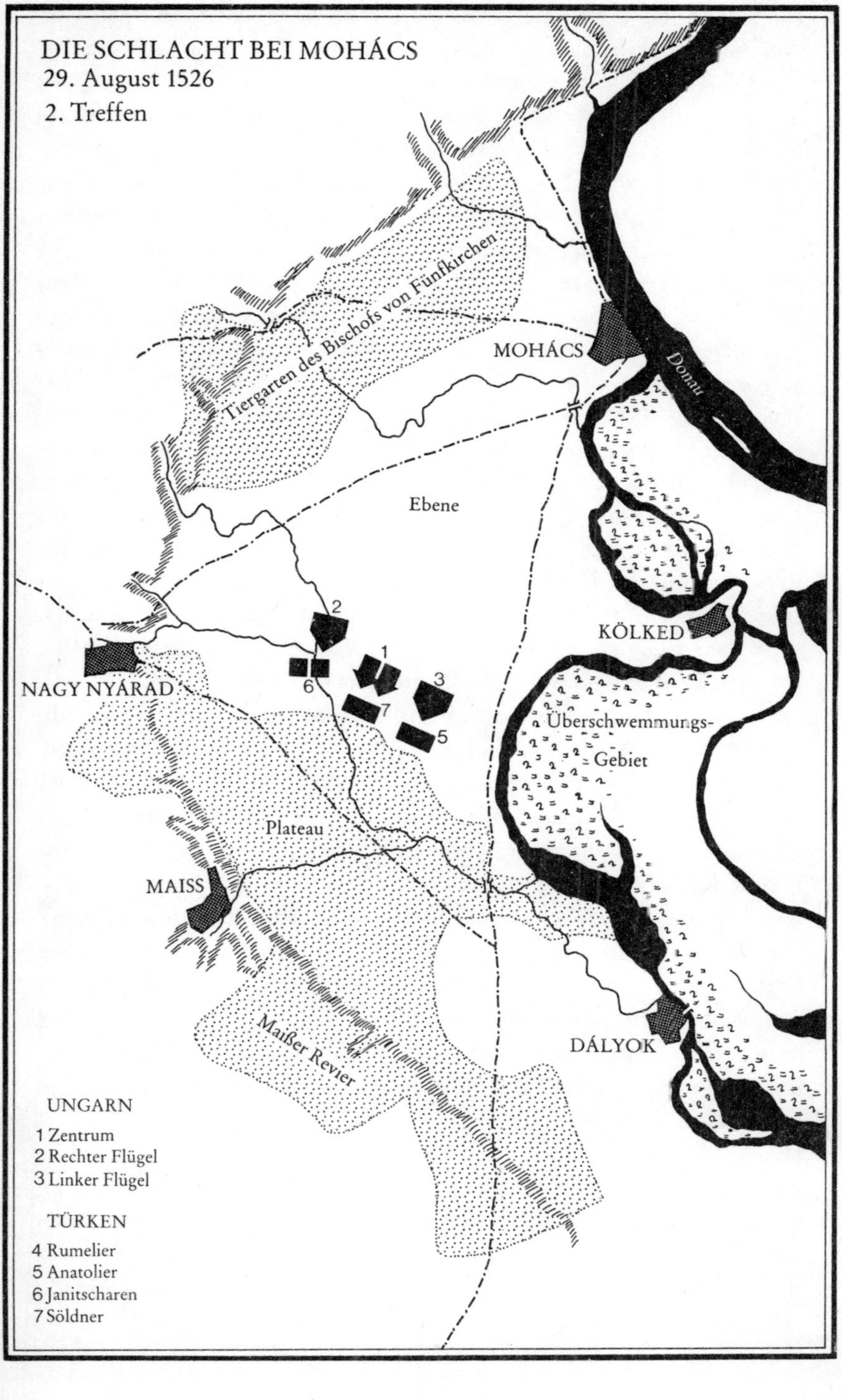
DIE SCHLACHT BEI MOHÁCS
29. August 1526
2. Treffen
Tiergarten des Bischofs von Fünfkirchen
MOHÁCS
Donau
Ebene
KÖLKED
NAGY NYÁRAD
Überschwemmungs-
Gebiet
Plateau
MAISS
DÁLYOK
Maißer Revier
UNGARN
1 Zentrum
2 Rechter Flügel
3 Linker Flügel
TÜRKEN
4 Rumelier
5 Anatolier
6 Janitscharen
7 Söldner

auch noch das Durchmarschrecht. Dieses politische Ziel mußte sie nun mit anderen als diplomatischen Mitteln, nämlich mit militärischen, erreichen. Doch sie konnte nicht Ungarn besetzen wollen: die militär- und verwaltungstechnischen Aufgaben einer Besetzung des Landes, da es außerhalb ihres Wirkungsbereichs lag, erschien der Pforte als unlösbar. Das politische Ziel ihres Feldzuges konnte nur eines sein: die ungarische Regierung zur Annahme ihrer Bedingungen zu zwingen. Also stellte sie dem Heer die Aufgabe, den ungarischen militärischen Widerstand auszuschalten oder zumindest in solchem Maß zu schwächen, daß die Regierung, um das Fortbestehen der staatlichen Strukturen zu gewährleisten, die osmanischen Bedingungen annehmen mußte. Aber es lag auch in eminentem Interesse der Pforte (eine trotz ihrer Paradoxie unumstößliche Erkenntnis!), die ungarischen staatlichen Strukturen, nachdem sie sich diese gefügig gemacht haben würde, weiter aufrechtzuerhalten, damit die ungarischen Regierungsstellen, mit den osmanischen militärischen zusammenarbeitend, einen reibungslosen Durchmarsch der Heere bewerkstelligten und das Land – das höchste politische Ziel der Pforte – als eine »Bastion des Islams« gegen den habsburgischen Machtbereich verwalteten. Doch der Ausgang der Schlacht hatte nicht nur für Ungarn, sondern auch für die Pforte katastrophale Folgen.

»Am 11. Tag, einem Montag, des Monats Redscheb im Jahr 932«, am 23. April 1526 also, berichtet aus Istanbul der schon öfter zitierte Dscheladzade, »an jenem glücklichen Tag, als der Aufbruch des Schahs des glückvollen Sternes, des Padischahs, der mit dem heiligen Feldzug sich rühmen konnte, beschlossen war, erhob Ibrahim Pascha, Haupt der Wesire und der hervorragendste unter den Emiren, Großwesir des mächtigen Schahs und Wesir von Rumelien, zusammen mit den sich nach dem Sieg sehnenden und den heiligen Krieg gewohnten Glaubenskriegern, die Fahne von Rumelien und zog mit den Säulen des Staates, den hohen Würdenträgern, und allen Vornehmen des hohen Hofes hinaus auf die Wiese... und bewirtete dort das Heer. Dann kehrte er in die Stadt zurück und erschien am Morgen beim hohen Hof.

Dieser Morgen war wie ein Abbild des Tages der Auferstehung: Die Menschen waren aufgestanden, die Plätze der Stadt wurden von Menschenmengen bedeckt und in den Straßen drängten sich Reit- und Lasttiere...

In Zweierreihen standen links und rechts 12 000 giaurenvernichtende

und windschnelle Janitscharen, welche die Eigenart von Löwen hatten und wie die Wölfe anzugreifen pflegten. Hinter ihnen standen in Reihen: gepanzerte, wolkenschnelle, Bogen, Pfeile, Lanzen und Helme tragende, feindjagende... Löwen und Tiger, das heißt Spahis... und bildeten Bataillone und Divisionen.
Die Wesire, Emire und alle Säulen und Vornehmen des siegreichen Hofes, die goldene Gürtel, goldene Schwerter, mit Edelsteinen belegte Handschare und Federbüsche tragenden... Helden, auf Pferden sitzend, welche wie Zypressen hoch gewachsen und mit goldenen Satteln geziert waren, warteten auf gesonderten Plätzen auf das Huldigen. In weiße Hemden gekleidete und weiße Mützen, Pfeil und Bogen tragende, schön gewachsene 300 Solak (Leibwächter des Sultans) warteten auf die Ankunft des Glückseligen... Es wehten die welterobernden Fahnen, die den Sieg verkündenden Flaggen und sieben golddurchwirkte, bis zum Himmel reichende Pferdeschwänze. Als die die Erde erhellende Sonne an der Spitze des östlichen Horizonts hervorschien – da trat der Schah der Welt, der Schatten Gottes, der Sultan von Rum, Arabien und Adsem, der Salomo seines Zeitalters wie die Sonne des vierten Himmels durch das Tor der Glückseligkeit. Nun erscholl der brüllende Ruf der Tschaus, ihr »Allah akbar« tönte bis zum Himmel, das kaiserliche Orchester begann zu spielen, die Fahnen wurden entrollt, die Pferdeschwänze in Bewegung gesetzt, und als die Tüfenktschi (Musketiere) ihre Musketen abfeuerten, erbebte die Erde. Die Straßen der Stadt Istanbul waren voll mit Unmengen von Menschen, so daß man nicht einmal atmen konnte. Dank der farbigen Lanzen in den Händen der voll bewaffneten Krieger war die Stadt wie ein Wald, wegen der roten, rosa und grünen Fahnen glich sie einem Blumengarten... Während der engelhafte, erobernde... Padischah mit außerordentlichem Pomp und Würde dahinschritt, hauchte alles Volk Gebete für das Fortbestehen des Reiches und des Sultanats.«
Die außerordentliche und gewiß atemberaubende Prunkentfaltung wie auch der Umstand, daß Sultan Soliman persönlich ins Feld zog (nach Ägypten hatte er zum Beispiel Ibrahim Pascha entsandt), zeigten an, daß die Pforte dem anlaufenden Feldzug besondere Bedeutung beimaß. Nur noch unterstrichen wurde sie durch die gleichfalls außerordentlich hohe Zahl der Mannschaften, die den schweren, monatelangen Marsch auf dem Balkan antraten. Die Mannschaftszahl der Kampftruppen darf mit 150 000 angenommen werden, 70 000 von

ihnen waren die »giaurenvernichtenden, feindjagenden, windschnellen« Krieger: die Elitetruppen. Hinzu kamen die Mannschaften des Trosses, zu denen nicht nur die Verwaltungsbeamten zählten, sondern auch die verschiedenen Diener und Leibwächter im Lager des Sultans und der einzelnen Heerführer, dann die Kameltreiber, Träger, Pferdeführer und ähnliches Völkchen. Insgesamt wurden etwa 300 000 Mann in Marsch gesetzt (zum Vergleich: Fast dreihundert Jahre später tritt Napoleon mit 600 000 Mann der Grande Armée den Marsch nach Rußland an).

Am 3. Mai lagerten der Hof und die Mannschaften im Gefolge des Sultans bereits in und um Adrianopel. Vier Tage lang dauerte die Ruhe, während derer die Marschkolonnen aufgestellt wurden. Es wurde Diwan, also Staatsrat, abgehalten, man bestimmte die weitere Marschroute, und am 8. wurden die Janitscharen vorausgeschickt. Die Truppenkontingente des Sultans trafen am 19. Mai in Philippopel ein. Hier stießen die Truppen aus Anatolien, die sich in Biga versammelt und bei Gallipoli über die Meerenge übergesetzt hatten, am 21. zu Soliman. Nun war schon eine solche Menschenmenge beisammen, daß die Marschkolonnen auf tagelange Entfernungen voneinander auseinandergezogen werden mußten. Die schwierigste Strecke, den Marsch durch das Balkangebirge, bewältigte das Heer auf verschiedenen Wegen. Soliman erreichte am 29. Mai Sofia und blieb bis zum 4. Juni dort. Der ebenfalls schon zitierte Kemalpaszade berichtet von »schrecklicher Hitze, als ob Luft und Wasser gekocht hätten«, »die Mühsal des Marsches war wie eine der Höllenqualen«.

In Sofia wurde das Heer mit Lebensmitteln versorgt. Auch dies, wie der ganze vorzüglich organisierte Marsch, ging bei Wahrung härtester Disziplin vonstatten. Die an der Marschroute liegenden Dörfer wurden geschont, für erworbenes Lebensmittel wurde bezahlt. Wenn ein Krieger einem Bauern etwas mit Gewalt entwendete, mußte er die grausame Strafe von tausend Hieben erleiden, die dem Tod gleichkam.

Der Großwesir, Ibrahim Pascha, wurde mit dem Befehl vorausgeschickt, das Übersetzen des Heeres über die Save zu organisieren. Soliman selbst traf am 9. Juni in Nisch ein, und einige Tage später war die Brücke über die Save fertiggestellt. Der Sultan beauftragte den Großwesir, mit seiner Armee, der weitere 150 Kanonen und 2000 Janitscharen beigegeben wurden, über die Save überzusetzen und Peterwardein (Pétervárad) unter Beschuß zu nehmen. Ibrahim er-

reichte am 30. Juni Belgrad, wo der Sultan am 9. Juli eintraf. Diese Angaben sind im überlieferten Tagebuch des Sultans Soliman enthalten. Aus ihnen wird ersichtlich, daß der Sultan und sein Gefolge die beinahe 1000 km lange Strecke von Istanbul bis Belgrad in 77 Tagen zurückgelegt haben, die zwanzig Ruhetage inbegriffen (zum Vergleich: Napoleon setzte am 24. Juni 1812 über den Njemen über und erreichte am 6. September Borodino, wo am 7. die erste große Schlacht ausgetragen wurde, das heißt, er bewältigte die etwa 900 km lange Strecke in 75 Tagen.)
Bereits am 9. Juni, in Nisch, hatte eine der markantesten Gestalten in der osmanischen Hierarchie dem Sultan über die Lage und die Vorbereitungen des Feindes berichtet. Es war dies der Bei Bali, ein hervorragender Soldat und Organisator, dem auch der Nachrichtendienst unterstand. Er sprach Soliman vom Schrecken, den die Berichte vom Anmarsch des türkischen Heeres »am als ein Hort des Unglücks dienenden Hof« von Buda hervorgerufen hätten. »Schließlich beschlossen die Bösen«, so schildert Kemalpaszade die Berichterstattung von Bali, »einen allgemeinen Aufstand zu organisieren und ihre unglückliche Lage den Kleinen und den Großen der christlichen Nationen, die ihnen zu Hilfe sein könnten, bekannt zu geben und besonders die Säulen des Unglaubens, den tschechischen und den polnischen König, um Hilfe anzugehen, während sie selbst mit allen Kräften Krieger aufstellten und die notwendige Kriegsausrüstung herbeischafften« (der osmanische Geschichtsschreiber verkennt manchmal die Beziehungen, wie auch in diesem Bericht, da er außer acht läßt, daß der tschechische König zugleich der ungarische war, doch er meint, auch in Böhmen wurde um Hilfe nachgesucht).
Der Bei Bali beschrieb die Lage Ungarns genau. Allerdings wußte alle Welt spätestens seit 1522 darum, daß das Land kaum noch zu verteidigen war. Die ungarischen Gesandten hatten auf dem Reichstag zu Nürnberg mit Nachdruck darauf hingewiesen, daß nach dem Fall Belgrads ein Jahr zuvor eine Verteidigung mit Aussicht auf Erfolg nicht zu organisieren sei. Stephan Brodarics, der zu den Vertretern der internationalen Diplomatie, deren Fäden in Rom zusammenliefen, gute Beziehungen pflegte, schrieb darüber: »... Dem Feind ist der Weg nach Ungarn frei geworden, so daß man ihn, sooft er nur über die Save übersetzen und in Ungarn eindringen wollte, daran nicht hindern konnte.« Auch der venezianische Gesandte an der Hohen Pforte, Marco Minio, berichtete im Jahr 1522 an die Signoria,

nach dem Fall Belgrads sei den Osmanen der Weg frei »in die ganze christliche Welt«. Und der päpstliche Gesandte in Buda, Antonio Burgio, der schon seit Jahren verzweifelt nach Lösungen suchte, berichtete am 18. Januar 1526 nach Rom: »Dieses Land ist unfähig, sich selbst zu verteidigen, und der Willkür des Feindes ausgeliefert... Woher könnte man Hilfe erwarten? Deutschland ist der Schauplatz von Wirren... Polen hat mit dem Türken Frieden geschlossen. Ich habe zwar wenig Erfahrung in kriegerischen Dingen, doch auch die wenige reicht aus, zu erkennen, daß, wenn der Sultan mit einer starken Armee kommt, auf die Rettung des Landes keine Hoffnung besteht.« Jedoch erkannte man außer in Rom nirgends – oder wollte man nicht erkennen? – die Universalität der Türkengefahr.

Papst Klemens VII. erhielt den Bericht Burgios im Februar und befahl sofort die Vertreter der fremden Mächte zu sich. Mit eindringlichen Worten trug er ihnen auf, ihre Souveräne aufzurufen, sie sollten ohne Verzug Hilfe nach Ungarn entsenden, und erklärte, er selbst wolle alles in seiner Macht Stehende unternehmen. Burgio trug die päpstliche Antwort in den ersten Märztagen dem königlichen Rat vor und beschwor die Herren, ein wohlwollender und impulsiver Mann, ihre Kräfte zur Verteidigung des Landes zu vereinen. Zwar dürfte den Herren die Hoffnung auf die Einigkeit des Christentums höchstens als eine selbstrügerische Illusion erschienen sein, aber sie waren zutiefst, manche sogar zu Tränen gerührt und sagten Dank für die väterliche Fürsorge des Papstes und die Bemühungen des Nuntius. Indes, einer besonderen Ermahnung zur Verteidigung bedurfte es nicht. Von den türkischen Kriegsvorbereitungen war der königliche Rat seit Herbst 1525 bestens informiert, und zwar aus zwei Quellen: aus diplomatischen und aus Berichten des eigenen, gut funktionierenden Nachrichtendienstes.

Erzherzog Ferdinand entfaltete in den vorschreitenden zwanziger Jahren eine rege diplomatische Tätigkeit. Neben der nie versiegenden Korrespondenz mit dem Kaiser über die deutschen Angelegenheiten, in der aber auch die Türkengefahr alsbald ein Hauptthema wurde, unterhielt er Beziehungen zu italienischen und südslawischen Regierungen und bediente sich auch gerne, ganz im Stil der Zeit, ergebener Geheimnisträger, um Nachrichten aus aller Welt einzuholen. Sein politisches Temperament und seine Phantasie, die zweifellos vom Großvater ererbten Begabungen des Diplomaten wie auch sein nun schon hell erwachtes Interesse am östlichen und südöstlichen Umfeld

seines Erzherzogtums – da das Reich nur beschränkt das Ziel seines Tatendranges sein konnte – spornten ihn an. Mit nie erlahmender Anteilnahme verfolgte er die Ereignisse auf dem Balkan und in Ungarn, spann manche Fäden und entwickelte manch abenteuerliche Pläne (auch hierin ähnelte er dem Großvater). Er war dem Kaiser stets ein loyaler Bruder. Dem König von Ungarn war er ein loyaler Schwager. Immer wieder stellte er seine Hilfsbereitschaft unter Beweis, nur reichte seine Macht nicht aus, dem Bedrängten wirkungsvolle Hilfe zufließen zu lassen. Aber Nachrichten ließ er ihm zukommen. In Ragusa, der geschichtsträchtigen und lange geschickt zwischen Ost und West manövrierenden Stadtrepublik (auch sie muß sich im schicksalsschweren Jahr 1526 der osmanischen Übermacht beugen), schwirrten Gerüchte, Nachrichten, Informationen, Gegeninformationen und Desinformationen von Doppel- und Tripelagenten durch die Straßen. Die Stadt war ein Zentrum der west-östlichen Spionage, ihr Umland, Dalmatien, unter venezianischer Verwaltung. In Ragusa nun (das heutige Dubrovnik) wurden unzählige Nachrichten über die türkischen Kriegsvorbereitungen und die Pläne der Pforte gehandelt. Die Stadtregierung wertete sie aus und reichte die verläßlich erscheinenden Nachrichten nach Wien weiter. Und Ferdinand übersandte sie sofort nach Buda.
An der Spitze des ungarischen Nachrichtendienstes stand ein Mann, dessen schillernde Wesensart ihn ebenfalls als einen Typus des Zeitalters auswies und dem in der herannahenden Schlacht eine tragisch-heldenhafte Rolle zufällt. Er hatte die militärische Laufbahn eingeschlagen. Schon kannte man ihn aus verschiedenen Feldzügen als einen mutigen und phantasievollen Heerführer, als er sich verlobte. Das Mädchen starb kurz vor der Eheschließung. Er verlobte sich wieder, doch bald darauf verschied auch seine zweite Verlobte. Im Dahinsterben der beiden Geliebten wollte er Gottes Fügung erkennen, verzichtete auf den Dienst in der Armee und trat dem Orden des hl. Franziskus bei. Nach dem Fall Belgrads ernannte ihn der König 1522, dem lauten Verlangen des mittleren Adels nachgebend, zum Erzbischof von Kalocsa und Obersten Feldhauptmann der südlichen Militärbezirke. Lange zögerte er, um nicht seinen Eid zu brechen, und nahm die beiden Posten nur auf den ausdrücklichen Befehl des Papstes an. Doch dann gab er sich den neuen Aufgaben mit der ganzen Macht seines starken Charakters und verzweigte Zusammenhänge erkennenden Denkvermögens voll hin. Er war eine jener weni-

gen Gestalten seiner Epoche, welche die beiden scheinbar so widersprüchlichen Berufungen – jene des Oberhirten und jene des Heerführers – in vollendeter Harmonie zu vereinen wußte, in einer Harmonie, welche von der Zeit bedingt wurde, indem sie dem Oberhirten und dem Heerführer die gleiche Aufgabe stellte: die Verteidigung des christlichen Glaubens. Und so wies er die türkischen Truppen der Grenzregion bei ihren unzähligen Raubzügen immer wieder blutig zurück, oft unternahm er selbst Überfälle auf türkisch besetzte Gebiete, machte Gefangene und schickte sie nach Buda. Er war es gewesen, der mit dem Bei Bali geheime Verhandlungen geführt hatte, deren Gegenstand die osmanische Forderung nach freiem Durchmarsch durch Ungarn gewesen sein dürfte. Die Türken fürchteten und achteten ihn für seinen persönlichen Mut. Sie nannten ihn, so wird er auch in der osmanischen Geschichtsschreibung angeführt: Tomor Pauli. Er hieß Paul Tomori.

Auch dieses Mal, wie schon fünf Jahre zuvor, ehe Belgrad unter Feuer genommen worden war, arbeitete die türkische Diplomatie mit Erfolg darauf hin, daß Ungarn isoliert blieb. Und während die königliche Regierung, auch Ludwig II. persönlich, mit christlicher Wortgewalt und selbstredend vergebens in alle Welt Hilferufe hinaussandte, verfolgten auch die Wesire die bewährte, überlegene Taktik: Der königliche Rat vermochte – trotz aller zugetragenen Berichte – bis Juli die Stoßrichtung des osmanischen Heeres nicht zu erkennen. Beinahe bis zum letzten Augenblick wußte man in Buda nicht, ob nur das südliche Ungarn oder auch Siebenbürgen und Kroatien das Angriffsziel waren. Erst als das Gros des osmanischen Heeres im Raum Belgrad eintraf, erging Mitte Juli an den siebenbürgischen und den kroatischen Befehlshaber die Aufforderung, sich mit ihren Truppen nach Ungarn zu begeben.

Auch die Frage des Oberbefehls mußte endlich geklärt werden, eine lästige Frage, die sich dem Rat schon seit Monaten immer zwingender stellte und auf die er keine Antwort wußte. Und zwar deswegen nicht, weil niemand sich bereit fand, die Verantwortung zu übernehmen, die er ja nicht nur Ungarn, sondern wohl auch der gesamten Christenheit gegenüber zu tragen haben würde. Man hatte zuerst dem hochberühmten kaiserlichen General Niklas Graf zu Salm den Oberbefehl angeboten, doch er hatte unter dem Vorwand seines hohen Alters, er zählte 67 Jahre, abgelehnt (drei Jahre später verteidigt er Wien). Auch einige ungarische Heerführer lehnten die Aufforderung

des Königs ab. Als Ludwig II. selbst schon im Lager war, erst dann sprach sich die Mehrheit der Herren für Paul Tomori aus. Der Erzbischof flehte seinen König an, ihm eine Aufgabe, der er nicht gewachsen sei, nicht zu übertragen. Schließlich beugte er sich.
Er nahm den Oberbefehl in voller Kenntnis der Umstände an, nämlich in Kenntnis dessen, daß Ungarn den Krieg nicht gewinnen konnte. Im übrigen war sich der königliche Rat, der ja das internationale Kräftefeld in allen Einzelheiten – vom Frieden Polens und den Handelsverträgen Venedigs mit der Pforte über den die Christenheit erschütternden Glaubenskampf bis zum ganz Europa überschattenden Ringen Karls V. und Franz' I. – genauestens kannte, voll der Aussichtslosigkeit bewußt, mit der das Land dem Krieg entgegensah. Ferdinand warnte den Hof zu Buda immer wieder davor, vom Reich eine wirkungsvolle Hilfe zu erhoffen. Sein Gesandter, Sigismund Herberstein, arbeitete mit der gleichen erbitterten Anstrengung wie Antonio Burgio. Und auch einige hohe Herren in der Umgebung des Königs sahen die Lage ungetrübt von verklärender Hoffnung. Es muß die letzte, aufzehrende Verzweiflung gewesen sein, die sie bewog, etwas zu unternehmen, was sie kurz zuvor noch als unzumutbar von sich gewiesen hatten. Sie erbaten von der Pforte den Frieden.
In ihren Berichten sprechen die ausländischen Gesandten, der kaiserliche, der päpstliche, der venezianische, einhellig von der Kurzsichtigkeit, der Selbstsucht, ja auch der Intrigiersucht jener zahlreichen Herren, die auf den Landtagen agierten, die äußeren Gefilde des Hofes bevölkerten, und zeichnen vom Ungarn jener Jahre ein Bild des Untergangs. Wenn sie den mittleren und kleineren Adel meinten – und vor allem dieser begegnete ihnen überall –, dürften ihre Schilderungen die Wirklichkeit aufgezeigt haben, sie war hervorgerufen durch den allgemeinen Verfall alter Autoritätsbegriffe, wie er auch im übrigen Europa die öffentliche Moral durchdrang, und durch den Informationsnotstand dieses mittleren Adels, dem aber das Recht zustand, in öffentlichen Angelegenheiten mitzureden. Denn trotz tausendfach schwirrender Gerüchte erhielt das »Volk«, der Kleinadel also, in seinen abgelegenen Landhäusern keine verläßlichen Nachrichten, sogar auch in Buda, wo er sich manchmal zu den Landtagen versammelte, nur in äußersten Fällen. Die Kunde von einem türkischen Überfall auf ein Dorf an der Save etwa gelangte erst nach Wochen oder Monaten nach Pannonien oder in die Gebiete an der nördlichen Theiß, und es würde die Vorstellung von der damaligen

Nachrichtenvermittlung ad absurdum führen, wollte man von einem kleinen Landadligen verlangen, er hätte die Konsequenzen und sogar die internationalen Zusammenhänge anhand einer solchen Kunde erkennen müssen, selbst wenn die Nachricht, die ihn erreichte, die Wahrheit enthielt. Nein – der ungarische Kleinadlige auf dem Land war genauso lückenhaft oder falsch informiert wie sein Standesgenosse in Mecklenburg oder in der Provence oder in Aragonien. Seine Stellungnahme wurde durch die persönliche Sorge um sein engeres Umfeld motiviert. Und die ausländischen Gesandten, die beinahe täglich frische Informationen erhielten und die internationale Lage überblicken konnten – doch auch sie nicht lückenlos! –, mußten in den durch persönliches Interesse geprägten Reaktionen der vorlauten Adligen, noch dazu vor dem grellen Hintergrund der heranbrechenden Gefahr, kleinliche Selbstsucht erkennen. Um dieses Verhalten des mittleren Adels wußten auch die Herren, die am Hof Verantwortung trugen. So auch Tomori. Darum streckte er über geheime Kanäle Friedensfühler aus.
Seit 1524 wurde der osmanische Gesandte Behram in Buda zurückgehalten. In den ersten Märztagen 1526 ließ ihn Tomori zu sich kommen und eröffnete ihm, Behram könne seine Freiheit wiedererlangen, wenn er sich diese Gnade verdiente. Er diktierte ihm einen Brief, den der Türke dem Sultan überbringen solle, denn der König wage es zur Zeit nicht, einen ungarischen Gesandten zur Pforte zu schicken. Im Brief hieß es, König Ludwig biete dem Sultan den Frieden oder zumindest einen Waffenstillstand an. Noch als Oberster Feldhauptmann der südlichen Militärbezirke hatte Tomori in Kenntnis der Kräfteverhältnisse auf dem Weg über den Bischof von Bosnien den König zu einem Friedensschluß mit der Pforte gedrängt. In den ersten Augusttagen 1526 nun konnte er dem König von der Ablehnung des Friedensangebots berichten. Die Ablehnung war zu erwarten gewesen, und das Angebot nur ein letzter Versuch. Denn es erreichte den Sultan zu einer Zeit, als die Unsummen verschlingende Mobilmachung von 300 000 Mann bereits vollzogen war und diese sich auf dem Marsch, sogar schon knapp vor der ungarischen Grenze befanden. Selbst wenn die Pforte nicht mit dem sicheren Sieg gerechnet hätte – sie hätte das marschierende Heer nur unter dem Druck äußerst ungünstiger militärischer oder politischer Umstände angehalten und zurückdirigiert. Zudem muß das Friedensangebot die Pforte in ihrer Siegeszuversicht nur noch bestärkt haben: Sie veröffentlichte es, da-

mit führte sie ihren Soldaten vor Augen, wie sehr sich der ungläubige König vor ihnen fürchtete.

Inzwischen war die Mobilmachung auch in Ungarn angelaufen. Am 2. Juni hatte König Ludwig II. einigen verantwortlichen Herren und den ausländischen Gesandten verkündet, die Nachrichten vom Herannahen des osmanischen Heeres verdichteten sich, er wolle selbst ins Feld ziehen und sei bereit, sogar sein Leben zu opfern. Etwa zu dieser Zeit traf aus Rom – allerdings nun schon viel zu spät – die Genehmigung ein, die Schätze der Kirche zur Verteidigung des Landes zu verwenden. Antonio Burgio, der herzensgute Nuntius, dessen Eifer keine Grenzen kannte, hatte die Genehmigung erwirkt. Am 17. Juni wurde beschlossen, die Hälfte von allem Gold und Silber zur Prägung von Münzen freizugeben. Am 2. Juli sollten sich die Truppenkontingente bei Tolna an der Donau, etwa 130 km südlich von Buda, sammeln.

Nun endlich schien das ganze Land von Begeisterung und Entschlossenheit ergriffen zu sein. Zumindest will Burgio wahrgenommen haben, daß der Kraftaufwand für die Verteidigung zugenommen habe. Allerdings ging die Volkserhebung, zeitgemäß Insurrektion zu nennen, mit der gleichen Schlamperei und Unorganisiertheit vor sich, wie sie bei den Feudalherren europaweit üblich war (Söldnertruppen waren disziplinierter, allerdings mußten sie auch pünktlich bezahlt werden). Am 24. Juni berichtete Burgio nach Rom: »Hier werkt jeder mit größter Anstrengung an der Verteidigung des Landes, doch alle Arbeit stößt auf große Schwierigkeiten und geht nur langsam vonstatten, weil es an Geld mangelt... Nur das eine tröstet mich, daß jung und alt von den Magyaren, jeder, mit dem ich spreche (das »Volk« also, eine nicht zu verachtende Informationsquelle Burgios), zum Krieg entschlossen ist, sie ziehen mutig aus, um das Land zu verteidigen, und wenn zum entschlossenen Willen auch noch die nötige Ausrüstung beizusteuern wäre, könnte ich wirklich hoffen, daß wir (sic!) siegen werden.«

Währenddessen hatte der Großwesir, Ibrahim Pascha, damit begonnen, den Befehl des Sultans vom 19. Juni auszuführen: Er umzingelte Peterwardein und begann mit der Belagerung der Festung. Der Nachrichtendienst des Beis Bali hatte ihm gemeldet, die Festung werde von 1000 Mann verteidigt und weitere 2000 lauerten unter dem Befehl des »verfluchten Priesters«, Tomori, in der Umgebung. Die Kugeln von 150 Kanonen und das ganze Artilleriefeuer der Donauflotte prasselten Tag und Nacht auf die Festung nieder. Am 17. Juli stieß auch die Anatolien-Armee zu Ibrahims 2000 Janitscharen. Tomori, der mit seiner winzigen Streitmacht die Festung nicht hätte entsetzen können, zog in nördlicher Richtung ab, um sich dem Heer des Königs anzuschließen. Die Verteidiger hatten mehrere Anstürme zurückgeschlagen, doch am 28. Juli gelang es den Türken, eine Mine unter einem Turm zur Explosion zu bringen. Sofort ordnete Ibrahim den allgemeinen Sturm gegen die Bresche an, und die zusammengeschrumpfte Streitmacht der Verteidiger konnte die vielfache Übermacht nicht mehr abwehren. Nur noch 90 Mann kämpften, eingeschlossen in einen Turm, weiter. Da bot ihnen der Großwesir den freien Abzug an, und sie gaben auf. An diesem 28. Juli traf auch Sultan Soliman im Lager des Großwesirs ein und wurde Zeuge, wie die Festung fiel.

Acht Tage zuvor war König Ludwig II. in Buda aufgebrochen. Das königliche Heer zählte 4000 Mann. Es marschierte langsam, damit die zu erwartenden Kontingente sich ihm anschließen konnten, entlang der Donau in südlicher Richtung. Die Nachricht vom Fall Peterwardeins erreichte das königliche Lager am 4. August und rief Trauer und Bestürzung hervor. In aller Hast entsandte man Kuriere in die Komitate Ungarns und in die Länder der Stephanskrone, um die Stände zum letzten Aufgebot aufzurufen. Tatsächlich, am 6. August trafen im königlichen Lager viele Bannerherren und Bischöfe mit ihren Truppen ein, unter ihnen auch Georg Zápolya, der Bruder Johanns, des mächtigen Wojwoden von Siebenbürgen.

Indes, der Großwesir dürfte von den Vorbereitungen der Ungarn einiges erfahren haben, denn es scheint, er wollte einem Zusammentreffen der Truppeneinheiten aus Kroatien und Siebenbürgen mit dem Heer des Königs zuvorkommen: Mit ungewöhnlicher Eile warf er seine Armee gegen die kleine Festung Neusatz (Ujlak), begann am 1. August mit der Belagerung, die, wie auch jene von Peterwardein, zu einer wüsten Materialschlacht wurde, und nahm Neusatz am 8. ein. Er ruhte nicht, sondern marschierte gleich weiter. Die Armee erreichte am 14. August Esseg (Eszék) an der Drau, wahrscheinlich traf dort zur gleichen Zeit auch die Flotte ein. Nun konnten die Krieger ruhen, denn die Pioniere waren an der Reihe: Bis zum 19. August schlugen sie – eine ungewöhnliche Leistung – eine Brücke über die Drau. Dann begann der Marsch. Die gesamte Armee, Krieger und Troß samt Lasttieren, zog Tag und Nacht über die Brücke und führte die Operation innerhalb von zwei Tagen, vom 21. bis 23. August, aus:

Sie war am Morgen des 23. am anderen Ufer angelangt. Knapp 50 km nördlich von Esseg liegt Mohács.
Die Nachricht, daß die türkische Armee zum anderen Ufer der Drau übergesetzt hatte, dürfte im königlichen Lager, nun schon einige Kilometer nördlich von Mohács, in der Nacht vom 23. auf den 24. eingetroffen sein. Damit stellte sich dem König und seinen Ratgebern wie auch den Befehlshabern der beiden Armeen, der kroatischen und der siebenbürgischen, die sich auf dem Marsch ins königliche Lager befanden, eine Frage von wahrhaft schicksalsschwerer Tragweite und drückender Verantwortung. Sie mußte unverzüglich beantwortet werden. Die Herren suchten nach der Antwort auf einer sogleich einberufenen Lagebesprechung: Nüchternes Überlegen und aufflakkernde Leidenschaftlichkeit, hervorgerufen durch die kaum noch ertragbare Verantwortung, die auf dem Gewissen aller lastete, kennzeichneten jene nächtlichen Stunden. Die Frage war: Sollte das königliche Heer die Schlacht annehmen? Wenn ja, wo und mit welcher Aussicht konnte es dies tun? Wenn nicht, sollte es sich zurückziehen? Doch bis wohin? Genauer: Wie groß durfte der Raum sein, der durch den Rückzug dem Feind preisgegeben werden mußte? Das war die Frage der Stunde. Doch welche Antwort auch immer gefunden sein würde, sie konnte – und das war die Tragik der Stunde – nicht auch eine Antwort für die Zukunft sein. Die Frage der Stunde mußte beantwortet werden. Die Antwort für die Zukunft konnte nicht gegeben werden.
Beide Konzeptionen, die des Rückzugs und die der Annahme der Schlacht, wurden mit überzeugenden Argumenten vorgetragen und leidenschaftlich verteidigt, und der Rückblickende von heute kann es nicht wagen, die eine gutzuheißen und die andere zu verwerfen, gleichsam aus einer Entfernung von viereinhalb Jahrhunderten ein Urteil zu fällen, weil niemand die aus den mannigfachen Umständen sich verdichtende Atmosphäre nachzuerleben und so die drückende Gewissensangst des Königs und seiner Heerführer nachzuempfinden vermag. Wer könnte denn etwa die Empfindungsvarianten eines Franz von Frankreich im Augenblick seiner Gefangennahme und später, in einsamen Stunden der Gefangenschaft, erfühlen, die mit Wörtern wie Gedemütigtsein, Zorn, Rache nur angedeutet, aber nicht vermittelt werden können? Wer könnte Karl die Betroffenheit nachempfinden, die ihn bewogen hat, nach dem Empfang der Nachricht von seinem unverhofften Sieg über den Rivalen allen öffentlichen

Jubel auszuschlagen? Nein, jedem späten Chronisten bleibt nur übrig, das Geschehene auf Grund von vorhandenen, mehr oder minder verläßlichen Überlieferungen und auf Grund logischer Überlegungen, die in Kenntnis des Geschehenen angestellt werden können, so wirklichkeitsnah wie irgend möglich nachzuzeichnen und mit gutem Gewissen die Motive der Handelnden zu erahnen.

Die nächtliche Beratung dürfte so verlaufen sein: Der König und einige Herren plädierten dafür, die Schlacht nicht anzunehmen, weil keine Aussicht auf Erfolg bestehe, sondern sich zurückzuziehen, und wenn es sein müsse, sogar bis nach Posonium, das heißt Preßburg. Andere Herren, vor allem die Heerführer, an der Spitze Tomori, meinten, es würden sich später keine so günstigen Bedingungen mehr zu einer Schlacht ergeben wie jetzt, da das königliche Heer insofern die Initiative besäße, als es Zeit und Ort der Schlacht bestimmen könne, und so bestünde eine gewisse Wahrscheinlichkeit, daß man sich nicht mit dem gesamten türkischen Heer zu messen haben würde, sondern nur mit einigen Einheiten, bedürfe es doch vieler Tage, ein so großes Heer in Schlachtordnung aufzustellen. Und im königlichen Lager sei die Kampfmoral ausgezeichnet. Das waren die Ausgangspositionen.

Für die königliche Konzeption sprach die Annahme, daß bei einem Ausweichen die kleine Streitmacht intakt blieb und später durch weitere Kontingente verstärkt werden konnte. Etwa mit den 4000 bis 5000 Mann aus Kroatien. Gegen sie sprach die Gewißheit, daß die auf die Verfolgung des Feindes trainierte türkische leichte Reiterei das sich zurückziehende Heer einholen, immer wieder angreifen und sogar aufreiben würde. Außerdem müssen Tomori und seine Mitstreiter der königlichen Konzeption auch noch das durchaus logische Argument entgegengehalten haben, daß das nachziehende türkische Heer das Land in viel schrecklicherem Maß verwüsten werde, als es getan haben würde, hätte man ihm gegen einen Friedensvertrag das Durchmarschrecht eingeräumt.

Gegen die Konzeption, die Schlacht unverzüglich anzunehmen, sprach zweifellos das große Ungleichgewicht im Kräfteverhältnis der beiden Heere, denn man konnte ja nicht mit aller Gewißheit darauf rechnen, daß das königliche Heer das sich zur Schlachtordnung entwickelnde türkische überraschen und nur gegen dessen einige Einheiten würde antreten müssen. Auch noch ein anderes wichtiges Moment beeinflußte den Entscheidungsprozeß: Johann Zápolya hatte dem König die dringende Bitte zukommen lassen, eine Schlacht so lange zu vermeiden, bis er sich ihm mit seiner siebenbürgischen Streitmacht angeschlossen hätte. Doch Zápolya scheint den genauen Standort des königlichen Heeres und der König den Zápolyas nicht gekannt zu haben. Neueste Berechnungen ergaben, daß Zápolya in keinem Fall seine Streitmacht rechtzeitig mit dem königlichen Heer hätte vereinen können, denn er war von ihm viel zu weit entfernt: Sie konnten nicht zusammentreffen, wenn der König in den nächsten Tagen die Schlacht anordnete – und wenn er blieb, mußte er das tun! –, und noch weniger dann, wenn das Heer den Rückzug antrat, weil dann die Entfernung zwischen den beiden Heeren, wobei Zápolya auch noch die Donau hätte überqueren müssen, nur noch größer wurde.

Und so war das Ergebnis der nächtlichen Beratung: Man entschloß sich zur Schlacht, weil man nicht anders konnte. Es bestand die nicht ganz unberechtigte Hoffnung, mit dem königlichen Heer, in dem die zornige und zugleich begeisternde Entschlossenheit zu einem selbstaufopfernden Kampf ein nicht zu unterschätzendes Rüstzeug war, zumindest einen unentschiedenen Schlachtausgang zu erzwingen.

Damit war die Frage der Stunde beantwortet. Die Antwort auf die zwingend sich ergebende Frage: Wie sollte es weitergehen?, konnte aber nicht gegeben werden. Selbst wenn das königliche Heer den osmanischen Ansturm abwehren konnte – was würde danach kommen? Zwei Gewißheiten, die sich aus der Erfahrung der letzten Jahre herauskristallisierten, taten sich auf: die Gewißheit, daß die Pforte ihre auf Ungarn gerichteten Ziele weiter verfolgen, und die andere Gewißheit, daß das Abendland keinen Kreuzzug gegen den Halbmond organisieren würde. Es waltete also in jener nächtlichen Stunde das Schicksal. Denn die Zukunft des Landes und mit ihm des Donauraums hing – schon sehr, sehr lange vor diesen Augusttagen des Jahres 1526 – nicht mehr davon ab, ob das königliche Heer in der kommenden Schlacht siegte oder nicht. Ein Sieg, bestenfalls ein Unentschieden, konnte den weiteren osmanischen Ansturm höchstens hinauszögern – der Niedergang gab den Weg ins Landesinnere sofort frei. Die Zwangsläufigkeit nahm ihren Lauf.

Und so trug es sich zu. Die Mannschaftszahl des königlichen Heeres läßt sich nicht mehr feststellen, viel zu widersprüchlich sind die überlieferten Angaben. Stephan Brodarics war aus Rom zurückgekehrt und wurde Zeuge so mancher Beratungen, seine Deskriptionen sind zwar gefühlvoll, entbehren aber der militärischen Sachkenntnis, auch aus Mangel an Kenntnissen der vorangegangenen Ereignisse und der ferneren Umstände sind sie nur bedingt verläßlich. Er gibt die Zahl der angetretenen Krieger mit 25 000 an. Verläßlicher erscheinen die Angaben des Großwesirs, nach welchen am 2. September »20 000 Mann Fußvolk und 4000 Magyaren in Rüstung« begraben wurden, inbegriffen jene 2000, die in Gefangenschaft geraten und sofort nach der Schlacht im Feld enthauptet worden waren. Demnach hätte das ganze Heer, bis auf tausend Geflüchtete, gefallen sein müssen. Das erscheint unwahrscheinlich. Es wurden bei der damaligen Kriegführung niemals ganze Heere vernichtet. Der Sekretär des Sultans notierte am Tag der Schlacht, man schätze die Zahl der Giauren auf 50 000 + 4000 Mann, Fußvolk und Reiter. Diese Zahlen erscheinen wiederum auch dann zu hoch gegriffen, wenn man bedenkt, daß in den letzten Tagen dank der allgemeinen Mobilmachung – nach altem Brauch war im ganzen Land das »blutige Schwert« zum Zeichen höchster Gefahr umhergetragen worden – laufend aus Leibeigenen bestehende kleinere Einheiten im königlichen Lager eintrafen. Das ungarische Heer zählte bestimmt mehr als 25 000 und weniger als 55 000 Mann Fußvolk, Reiter und Artilleristen. Wie dem auch gewesen sein mag, drückend war das Mißverhältnis zwischen den beiden Heeren auf jeden Fall.

Um dieses Mißverhältnis einigermaßen auszugleichen, mußte die Heeresleitung, an der Spitze Erzbischof und Oberster Feldhauptmann Tomori, Momente ins Treffen führen, welche beim Feind durch gezielte Anwendung Überraschung und Verwirrung auslösten oder durch persönliche Qualitäten die fehlende Quantität ausglichen. Eines dieser Momente war ein moralisches: die unbestreitbar vorhandene Bereitschaft der Krieger, zu kämpfen bis zum letzten Atemzug. Es gab zumindest eine Waffengattung, bei welcher die Ungarn sich überlegen fühlen durften: ihre zwar langsam, dann aber unwiderstehlich in Schwung kommende, alles niedertrampelnde und von den Türken gefürchtete schwere Reiterei. Ein weiteres Moment mußte die Wahl des Feldes sein, das so beschaffen sein sollte, daß es dem angreifenden Feind natürliche Hindernisse in den Weg stellte.

In seiner »Descriptio cladis Mohács« beschreibt Brodarics das Schlachtfeld, und zwar als Augenzeuge (während seine Darstellung der Kampfhandlungen oft nur auf Hörensagen beruht, auf Mitteilungen, die ihm in der Hitze der Schlacht oder später bruchstückweise zugetragen wurden). »...Eine große, breite Ebene lag hier«, schreibt er, »weder von Wäldern, Sträuchen noch von Flüssen oder Hügeln unterbrochen. Nur links, zwischen diesem Ort und der Donau, erstreckte sich morastiges und lehmiges Wasser mit dichtem Schilf, in dem später viele den Tod fanden. Uns gegenüber lag ein im Halbkreis weit sich dahin dehnender Hügel, dahinter war das Lager des türkischen Kaisers. Am unteren Hang des Hügels lag ein kleines Dorf mit einer Kirche..., dort stellte der Feind die Kanonen auf...« Es scheint, daß gerade dieser »lang sich dahin dehnende Hang« als ein natürliches Hindernis für den Feind ausgesucht wurde, zumal der Hang nach starkem Regen rutschig und für das Fußvolk wie die Reiterei beinahe unpassierbar war – und vor der Schlacht hatte es einige Tage lang ausgiebig geregnet: Das geht aus dem Tagebuch des Sultans hervor. Eine »große, breite Ebene« wiederum war geradezu das ideale Feld für die schwere Reiterei (wie im Zweiten Weltkrieg des 20. Jahrhunderts die großen Panzerschlachten auf breiten Ebenen ausgetragen wurden). Es ließen sich noch viele Einzelheiten des Terrains, die auf Grund neuester Berechnungen und modernster Untersuchungen herausgearbeitet wurden, anführen: Sie alle lassen den Schluß zu, daß die Anführer des königlichen Heeres das Feld in der Nähe der Stadt Mohács vorteilhaft gewählt haben – so »vorteilhaft«, wie sich das Umland ihnen mit all seinen vielfältigen Gegebenheiten bot. Es bestand also die Hoffnung, vielleicht auch die Wahrscheinlichkeit – und darauf müssen die Heerführer, voran Tomori, ihre Berechnungen gegründet haben –, daß die übermächtige türkische Armee nicht in voller Schlachtordnung das Feld erreichen würde, so daß das königliche Heer die voneinander getrennt anrückenden türkischen Einheiten einzeln angreifen, zurückdrängen oder sogar vernichten konnte.

In der Tat: Es schien, daß die ersten Bewegungen des türkischen Heeres, einer langsam sich dahinwälzenden Masse, die Annahmen der königlichen Heerführer voll bestätigten. Dscheladsade berichtet, es sei am Abend des 28. August bekannt gegeben worden, daß am nächsten Tag eine Schlacht stattfinden werde, die Lager seien beleuchtet worden, die Priester hätten anfeuernde Reden gehalten und die Orchester beigeisternde Musik gespielt. Um 5 Uhr am Morgen des 29. setzte sich das Heer in Bewegung. Der Anmarsch bis zum Schlachtfeld – das heißt in der Richtung, in welcher die türkische Heeresleitung das königliche Lager wußte – ging in mehreren Etappen vor sich. Die einzelnen Armeekorps, die verschiedentlich, je nach Entfernung, 6 bis 14 km zurücklegen mußten, marschierten unregelmäßig, blieben hie und da stehen, damit die Reihen immer wieder von neuem in Marschordnung gebracht werden konnten. Es war also, wie Tomori angenommen hatte: Das türkische Heer marschierte nicht in Schlachtordnung an. Im Tagebuch des Sultans findet sich die Eintragung: »...Das ganze siegreiche Heer... traf, langsam marschierend, stehen bleibend, dann wieder marschierend, vor Ikindi (14 Uhr) auf dem Feld von Mohács ein.« Es brauchte also etwa neun Stunden zum Anmarsch bis zum Schlachtfeld, einige Einheiten sogar noch mehr, denn nicht alle kamen gleichzeitig an. Im Tagebuch Solimans ist auch davon die Rede, daß »Mann und Tier«, als sie am Hang ankamen, »müde« waren. Es muß also ein anstrengender Marsch gewesen sein – wahrscheinlich deswegen, weil das Terrain durch den vorangegangenen Regen aufgeweicht und sumpfig war.

Und oben am Hang eingetroffen, erlebten die osmanischen Heerführer eine böse Überraschung. Sie blickten hinab und über das breite Feld hinweg und sahen das ungarische Heer in Schlachtordnung auf sie warten. Sie mußten ihre Armeen also ebenfalls, und zwar schnell, in Schlachtordnung aufstellen, den Hang hinabstürmen und den Feind auf offenem Feld angreifen. Doch der Hang war durch die Wassermassen so weich geworden, rutschig und lehmig, daß ein Sturm hinab für Mann und Tier unmöglich schien. Stürmten sie dennoch, dann kamen sie am Fuß des Hangs in Unordnung an und mußten von neuem aufgestellt werden – ein nicht zu verantwortender Zeitverlust. Man hielt einen Kriegsrat ab. Es wurde erwogen, die Schlacht zu verschieben. Der Bei Bali wurde mit einer Reiterabteilung zur Beobachtung der rechten Flanke des königlichen Heeres ausgesandt. Nach dem Kriegsrat stieg die Rumelien-Armee hinab und begann damit, ein Lager aufzuschlagen. Man stellte auch die Kanonen auf (es dürften jene gewesen sein, von welchen Brodarics spricht), doch wegen der Nähe des Feindes mußten sie – das Terrain war uneben – in Mulden plaziert werden, so daß sie zunächst (berichtet das Tagebuch des Sultans), als man sie dann abfeuerte, »keinen Schaden anrichteten«, weil die Geschosse über die Köpfe des Feindes hinwegflogen. Auf dem Schlachtfeld angekommen, lagerte also das osmanische Heer.

Und nicht einmal das gesamte osmanische Heer war dort angekommen! Denn die Armee-Einheit, die im Gefolge des Sultans mar-

schierte, war zurückgeblieben – das geht aus dem Tagebuch Solimans eindeutig hervor. Das bedeutete, daß nur etwa zwei Drittel des Heeres auf dem Schlachtfeld sich befanden, und auch diese waren ermüdet und damit beschäftigt, ein Lager aufzuschlagen. Allerdings betrug die Zahl dieser zwei Drittel – bei einer geschätzten Gesamtzahl der Kampftruppen von 150 000 – immer noch 100 000. Aber das türkische Heer lagerte, und das bedeutete, daß die Heeresleitung die Schlacht – auch das ist dem Solimanschen Tagebuch zu entnehmen – verschoben hatte, wahrscheinlich auf den nächsten Tag.
Das ungarische Heer hatte die Schlachtordnung am frühen Morgen des 29. August, nach Sonnenaufgang, eingenommen. Kurz danach ritt der König in Begleitung des Palatins die Reihen ab. Der Palatin sprach einige aufmunternde Worte: »Ihr seht«, sagte er, »seine Majestät der König ist unter uns und bereit, für Christi Glauben, das Vaterland, für Eure Frauen und Kinder mit uns zu sterben...« Auch der König ließ hie und da, ganz im Geiste der Zeit, ähnliche Worte fallen. Inzwischen trabten bald hier, bald dort, türkische Vorreiter über das Feld hinweg und kreuzten ihre Klingen mit ungarischen leichten Reitern, die sie jagten: übermütiges Vorgeplänkel. Dann aber erblickten die Heerführer die Rumelien-Armee am Hang, wie sie ihr Lager aufschlug. Daraus folgerten sie, daß die Schlacht an ebendiesem Tag nicht mehr stattfinden werde.
Der König hatte sein Lager inmitten einer Reiterabteilung hinter der zweiten Schlachtreihe, umgeben vom Erzbischof von Esztergom, den Bischöfen von Zagreb, Várad (Wardein), Pécs (Fünfkirchen), Nyitra (Neutra), Györ (Raab), Szerém und Bosnien, vom Palatin und anderen weltlichen Herren. Als man sich vergewissert hatte, daß das osmanische Heer nicht angreifen würde, riet man dem König, den Schlachtbefehl zurückzunehmen und den Obersten Feldhauptmann Tomori, der sich in der Mitte der ersten Schlachtreihe aufhielt, zur Beratung zurückzubeordern. Der König folgte dem Rat und sandte einen Reiter mit dem Befehl zu Tomori. Daraufhin trabte Tomori zum König. Auch dieses Hin und Her bleibt ein nie mehr aufzuklärender Punkt in der Geschichte jener Schlacht. Denn der Bote mußte durch die in Schlachtordnung stehenden Einheiten nach vorne reiten, den Obersten Feldhauptmann finden, ihm den königlichen Befehl ausrichten, und dann mußte Tomori zum Lager des Königs zurückreiten. Wieviel Zeit wurde damit vertan? Es war gewiß eine verlorene Zeit, die sich später, im Ablauf der Kampfhandlungen, während

deren jede Minute zur Überraschung und Verwirrung des Feindes beitragen sollte, für das königliche Heer ungünstig auswirken mußte. Also trabte Tomori zurück ins königliche Lager. Hier setzte er dem König und den anderen Herren auseinander – und man dürfte heftig diskutiert haben –, man solle den günstigen Augenblick zum Angriff – da das osmanische Heer seine Schlachtordnung noch nicht eingenommen habe und nicht vollzählig zugegen sei – auf keinen Fall ungenützt lassen. Dies war die logische Schlußfolgerung von allem, was dieser Schlacht vorangegangen war: Die zahlenmäßige Übermacht des türkischen Heeres konnte nur dann pariert werden, wenn es nicht in voller Schlachtordnung und nicht vollzählig gegen das angreifende königliche Heer antrat. Wartete aber das ungarische Heer weitere vierundzwanzig Stunden ab, dann hatte es gegen die in voller Schlachtordnung antretende dreifache türkische Übermacht nicht die mindeste Chance – dann mußte gerade jene Lage entstehen, welche der königliche Rat um jeden Preis hatte vermeiden wollen: die – diplomatische oder militärische – Preisgabe des Landes. Sofort angreifen! – riet Tomori, und dieser Rat war gewiß eine »Flucht nach vorne«. Aber es bot sich den Herren keine andere Wahl. Nur so durften sie hoffen, die osmanische Walze wenigstens zum Stehen zu bringen und dadurch Zeit zu gewinnen. (Zeit – wozu? In jenen drückenden Minuten fragte niemand danach.) Hinzu kam auch noch ein psychologisches Moment. Seit Stunden schon warteten die Krieger auf den Angriffsbefehl, ihre innere Bereitschaft zum Kampf war aufs höchste angefacht – ein Verschieben des Kampfes mußte diese Bereitschaft zumindest mindern. Aber die ganze Schlachtordnung der Ungarn war auf einen einzigen verzweifelten, mörderischen Ansturm ausgerichtet – durften sie sich doch auf einen langen, aufreibenden Kampf – einer gegen drei, 80 Kanonen gegen 300 – nicht einlassen. Sie mußten eine Materialschlacht – wobei auch der Mensch als »Material« gelten mußte –, wie sie vor Peterwardein, vor Neusatz stattgefunden hatte, auf jeden Fall vermeiden. Sie mußten, wollten sie eine Chance zum Überleben bekommen, buchstäblich den Todesritt wagen. Die Zwangsläufigkeit hatte ihren Lauf genommen, und sie waren wortgetreu zum »Siegen oder Sterben« verdammt.

Also beschlossen sie den Todesritt, weil sie vernünftigerweise nicht anders konnten. Die überlieferten Berichte – die türkischen wie die ungarischen – sind bruchstückhaft und widersprüchlich, so daß die Lücken in den Beschreibungen der Ereignisse von diesem Augenblick an mehr denn je nur noch mit Hilfe der auf Logik gestützten Vorstellungskraft einigermaßen geschlossen werden können. Als der Angriff beschlossen wurde, trugen der König und die Herren nicht mehr ihre Rüstung, denn sie hatten sie in der Annahme, die Schlacht werde verschoben, abgelegt. Nun mußten sie sich wieder in Rüstung werfen, und das war eine schwierige und zeitraubende Tätigkeit, die nicht einmal ohne fremde Hilfe ausgeführt werden konnte. Die vorangegangene Suche nach Tomori, die Diskussion darüber, ob man angreifen solle, das Anlegen der Rüstung und der Rückritt des Erzbischofs zu seiner Armee-Einheit in der ersten Linie summierten sich zu einem Zeitverlust, der nicht mehr wettgemacht werden konnte.

Es war der Tag der Enthauptung Johannes', ein Mittwoch. Als der Angriff losbrach, war die Rumelien-Armee auf dem Feld damit beschäftigt, das Lager aufzuschlagen, und die Armee des Sultans war hinter dem Hang in Anmarsch. Die 80 Kanonen der ungarischen Artillerie begannen aus allen Rohren zu feuern, gleichzeitig stürmte die rechte Flanke in vollem Trab, an der Spitze Tomori, voran gegen das Gros der Rumelien-Armee. Den Reitern folgte das Fußvolk, sein Angriffsziel waren die Janitscharen und die Artillerie der Rumelien-Armee an der rechten Flanke.

Die Reiterattacke brachte genau den Erfolg, den Tomori errechnet hatte: die überraschte Rumelien-Armee, deren Führer mit einem Angriff der Ungarn nicht mehr gerechnet hatten, ließ alles – Zelte, Kamele, Maultiere, den gesamten Troß – stehen und liegen und wich in Panik zurück. »Da die Rumelien-Armee zerstreut war«, heißt es im Tagebuch Solimans, »konnte sie keinen Widerstand leisten, ein Teil lief dem Padischah entgegen.« Nun dürfte es so gewesen sein, daß Tomori, als er den Feind fliehen sah und die Verfolgung aufzunehmen gedachte, einen Boten zum König in der zweiten Linie zurücksandte und ihn aufforderte, seine Armee-Einheit in die Schlacht zu führen, denn »der Sieg ist unser«. Als jedoch der König mit seinen Kriegern in Schlachtordnung auf dem Feld erschien, begann die vorhin noch siegreiche rechte Flanke des Erzbischofs zu weichen. Was war geschehen?

In seiner Deskription spricht Brodarics davon, daß möglicherweise »die Kanonen des Feindes« die angreifenden Ungarn erschreckt haben könnten. Doch dies trifft bestimmt nicht zu, weil die Kugeln – das geht ja aus der bereits zitierten Eintragung im Tagebuch des Sultans hervor – über die Köpfe der Angreifer hinwegflogen und ihnen keinen Schaden anrichteten – davon ganz zu schweigen, wie unwahrscheinlich es ist, daß kampferprobte Krieger vom Kanonendonner »erschreckt« worden sein könnten (auch diese Bemerkung zeigt, daß Brodarics von militärischen Dingen sehr wenig verstand). Es muß so gewesen sein, daß der skizzierte Zeitverlust – eine Stunde, zwei, drei Stunden? – sich nun verhängnisvoll auswirkte. Denn inzwischen war die Anatolien-Armee unter der Führung des Sultans eingetroffen, ehe Tomori mit seiner Einheit die Rumelien-Armee hätte aufreiben können. Die ungarische linke Flanke hatte in die Schlacht noch gar nicht eingegriffen, weil sie die Anatolien-Armee, die ihr Angriffsziel war, bis dahin nicht gesichtet hatte. Nun aber war diese da und griff an. Die erdrückende Übermacht des Feindes konnte wegen des verhängnisvollen Zeitverlustes nicht mehr ausgeglichen werden. Die Attacke der rechten Flanke hatte also doch keinen wahren Sieg erbracht. Damit aber war die Schlacht entschieden.

Es begann ein erbarmungsloses Gemetzel, von dem keine zusammenhängende Beschreibung überliefert wurde. Es ist wahrscheinlich, daß Tomori, als er die Armee des Sultans angreifen sah und sich der unabwendbaren Niederlage bewußt wurde, seine Krieger – manche hatten sich zur Plünderung hinreißen lassen – noch einmal zum Sturm sammelte. Dabei muß er gefallen sein. Hatte er den Heldentod gesucht? Er war 49 Jahre alt, gläubiger Christ und Oberhirte, und er war Soldat, ausgestattet mit mannhaften Charaktereigenschaften. Es scheint wahrscheinlich, daß er die Niederlage nicht überleben wollte. Allerdings war auch die Chance, diese Begegnung mit den Heiden zu überleben, äußerst gering. Also lieferte er ihnen einen verzweifelten letzten Todeskampf. Die Türken, die bei aller pflichtschuldigen Verachtung der Giauren den Mut auch beim Feind hoch schätzten, kannten ihn aus früheren Kämpfen und fürchteten und achteten ihn. Ihre aufrichtige Hochachtung klingt trotz allem übertreibenden Wortreichtums an: »Am schlauesten und tapfersten unter den Bösen war der Großwesir des unglückseligen Königs: Tomor Pauli, der im Land ein berühmter Heerführer und im Feld ein zweiter Isfendiar (legendärer persischer Held) war« – schreibt Kemalpaszade in seinem »Mohács-Name« (Lied von Mohács) –. »Er war wie der harte Stahl: Je mehr Schläge er erhielt, um so härter wurde er. Hätte man ihn wie einen tollen Hund erschlagen, er wäre vielleicht auch dann noch auferstanden. Wenn er vorwärtsstürmte wie der strömende Nil und brüllte wie der wütende Elefant, da wären ihm sogar Tiger und Löwen ausgewichen ...«

Nun griff auch die linke Flanke der Ungarn, die Tomori zurückgehalten hatte, an und lieferte der anmarschierenden Anatolien-Armee des Sultans eine mörderische Attacke – die türkischen Quellen sprechen von »lang andauernden Kämpfen« und davon, daß der Sieg nur »nach einigen Angriffen und Rückschlägen« errungen werden konnte, und immer, wenn osmanische Geschichtsschreiber mit nüchterner Aufrichtigkeit und ohne die übliche sprachliche Ornamentik berichten, sprechen sie von Ereignissen, welche für das Reich ernste Konsequenzen hatten oder hätten haben können. Doch selbstverständlich vermochte auch die linke Flanke nicht, die Übermacht – die an diesem Frontabschnitt und zu diesem Zeitpunkt ein Verhältnis von eins zu acht oder eins zu zehn aufgewiesen haben muß – zurückzudrängen, geschweige denn zu besiegen. Sie mußte untergehen. Die Reiter griffen an, wichen zurück, formierten sich von neuem und griffen wieder an, solange sie sich noch bewegen konnten. Der Rest floh. Am längsten harrte das Fußvolk aus. Es bestand aus disziplinierten Berufssoldaten, Söldnern, die wußten, daß sie auf Gnade nicht hoffen durften, und die gaben ihr Leben teuer her.
Mit voller Wucht griff auch die Armee-Einheit des Königs in die Kämpfe ein. Im »Lied von Mohács« liest man über den »unglückseligen« Ludwig II. dies: »Der böse König hatte seine teufelsartigen und übelgeratenen halsstarrigen Nichtsnutze von Kopf bis Fuß in Stahl gesteckt und erschien nun mit ihnen auf dem Schlachtfeld, dessen aufsteigende Staubwolke Ost und West bedeckte. Er hielt die welterobernde Fahne des erleuchteten Padischahs im Auge, stürmte direkt gegen die Mitte des unbesiegbaren Heeres und, das Niederprasseln der Kanonen- und Musketenkugeln mißachtend, lenkte er unerschrocken den Angriff seiner einem Fluß gleich strömenden Reiterei. Mit deren ganzer Masse griff er die Janitscharen an, die unter den Kriegern des Glaubens die tapfersten sind...«
Die Armee-Einheit des Königs dürfte sich geteilt haben – das geht aus anderen türkischen Berichten hervor – und beiden Flanken zu Hilfe geeilt sein. Ludwig selbst befand sich aber inmitten der linken Flanke, wo er verwundet wurde: »Auf einmal verlor der böse und unglückselige König seine Kampf- und Widerstandskraft. Als die welterobernde Fahne des glückseligen Padischahs sichtbar wurde wie die aufgehende Sonne – da wurde jener Übelmeinende in Staunen versetzt (der König und seine Umgebung dürften also mitten im Kampf erkannt haben, daß die Anatolien-Armee des Sultans eingetroffen war

und in den Kampf eingegriffen hatte), er erblaßte wie der Mond und verlor ganz den Kopf. An zwei Stellen verwundet, wurde ihm die Welt zu eng, vor seinen Augen verwandelte sich der helle Tag in dunkle Nacht, und der angenehme Rosenhain der Welt wurde ihm dornenvoll. Er konnte seinen Platz nicht weiter behaupten, in seiner mißlichen Lage flüchtete er von dem ihm gefahrvollen Feld. Aber die große Armee der Niederträchtigen an der linken Flanke, welche die anatolische Armee angegriffen hatte, kämpfte mit unerschrockener Tapferkeit weiter... Auf den allerhöchsten Befehl des mächtigen Sultans wandten sich die tapferen Janitscharen mit den Musketen gegen den wie der Tiger wütenden Feind und schickten in einer Minute nicht Hunderte, sondern mehrere Tausend zur Hölle...«

Die unmittelbare Umgebung des Königs rettete ihn aus dem Schlachtgetümmel und floh mit ihm in das von Brodarics beschriebene Sumpfgebiet, wohl in der Annahme, etwaigen Verfolgern dort ausweichen zu können: »Der bösartige und unglückselige König lief vom Kampffeld davon, verwundet, besiegt, ausgeplündert, zugrunde gerichtet, seiner Würde beraubt und von seiner Umgebung allein gelassen. Seine Seele wurde von Feuer und Schande gemartert, er selbst sprang mit seinem Pferd und seinen Waffen ins Wasser und mehrte die Zahl jener, die gefallen oder ertrunken waren... Aug und Herz des plündernden Heeres wurden satt von Gold und Silber.«

Die ungarische Armee wurde vernichtet. Gefallen waren: der König, 28 Bannerherren und Magnaten, sieben Erzbischöfe und Bischöfe, 500 Adlige, viele Tausend Reiter und Infanteristen. Zweitausend fielen lebend in die Hände der Türken und wurden geköpft. Der außergewöhnlich hohe Anteil des Hochadels und des hohen Klerus an den Gefallenen läßt nur den einen Schluß zu: Mögen sie, so vielen ihrer Standesgenossen im übrigen Abendland gleich, auf das eigene Wohl nur bedacht gewesen sein, mögen sie kurzsichtig, machthungrig, leichtsinnig bis zur Verantwortungslosigkeit gewesen sein – bei jenem Todesritt am frühen Nachmittag des 29. August 1526, der die politische, zivilisatorische und menschliche Landkarte Mitteleuropas neu zeichnet, ritten sie an der Spitze dem Tod entgegen.

Der im Pariser Exil lebende tschechische Schriftsteller Milan Kundera schreibt in seinem Aufsatz »Die Tragödie Mitteleuropas – Über den Verlust der europäischen Identität« unter anderem folgendes:

»Kurz bevor im November 1956 sein Büro von Artilleriegeschossen eingeebnet wurde, sandte der Direktor der ungarischen Nachrichtenagentur ein verzweifeltes Telex an die ganze Welt, in dem er den Beginn des russischen Angriffs auf Budapest berichtete. Sein Fernschreiben endete mit diesen Worten: ›Nun werden wir sterben – für Ungarn und für Europa‹.
Was hatte dieser Satz zu besagen? Sicherlich bedeutete er einmal, daß die russichen Panzer Ungarn bedrohten und damit auch ganz Europa. Doch inwieweit befand sich auch Europa in Gefahr? Beabsichtigten etwa die russischen Panzer über die ungarische Grenze weiter nach Westen vorzustoßen? Nein, das nicht. Doch der Direktor der ungarischen Nachrichtenagentur meinte, die Russen attackierten Europa, indem sie Ungarn attackierten. Er war bereit zu sterben, damit Ungarn Ungarn blieb – und europäisch.
Aber selbst wenn der tiefere Sinn des Satzes an Klarheit gewinnt, wird er uns weiterhin verwirren. Denn sowohl in Frankreich als auch in Amerika ist jedermann an die Auffassung gewohnt, daß damals während der Invasion weder Ungarn noch Europa auf dem Spiel stand, sondern lediglich ein politisches Regime. Man hätte niemals behauptet, daß Ungarn als solches bedroht worden war; und weit weniger hätte man verstanden, wie sich ein Ungar angesichts seines eigenen Todes an Europa wenden kann. Wenn etwa ein Solschenizyn die kommunistische Unterdrückung anklagt, beruft er sich dann vielleicht auf Europa als einen fundamentalen Wert, dem man sein Leben opfert?
Nein. »Für sein Vaterland und *für Europa sterben« – das ist ein Satz, der weder in Moskau noch in Leningrad gedacht werden könnte. Und es ist genau der Satz, der in Budapest oder Warschau gedacht werden kann.*
... Dieses Europa ist ein Wert, so groß, daß der Direktor der ungarischen Nachrichtenagentur bereit war, dafür zu sterben. Hinter dem Eisernen Vorhang kam ihm nicht der Verdacht, die Zeiten hätten sich geändert und Europa selbst würde von den Europäern nicht mehr als Wert empfunden. Es kam ihm nicht der Gedanke, der Satz, den er per Telex über die Grenzen seines flachen Landes sandte, könnte altmodisch klingen – könnte nicht verstanden werden.«
Soweit Milan Kundera. Aus seinen in ihrer Schlichtheit ergreifend wahren Worten leuchtet ein Glaube, und ein Verhalten tut sich auf aus der Tiefe der Jahrhunderte. Glaube und Verhalten reichen weit in

die ungarische und die polnische Geschichte hinab und prägen die Geistigkeit der beiden Nationen. Der Glaube besagt, daß das christliche Abendland, gewöhnlich Europa genannt, eine historisch gewachsene Gemeinschaft sei und sie, die beiden Nationen, Europas Geist und Antlitz mitgestaltend, ihm unabdingbar angehörten. Das Verhalten ist durch den Glauben bestimmt, daß ihre Länder mit »Europa« als der höchsten menschlichen und nationalen Daseinsebene identisch seien. Und sie – nur sie allein – hätten das eigene Land und z u g l e i c h *das Abendland gegen raumfremde und europafeindliche Gegner viele Jahrhunderte hindurch in selbstmörderischem Ringen verteidigt – eine Erfahrung, die sie aber mit den anderen Völkern nicht teilen könnten. Nur im Licht dieser Entwicklungsgeschichte wird der Aufstand der Magyaren im Herbst 1956 begreifbar, die mit den primitivsten Mitteln die hochgerüstete Rote Armee so lange aufzuhalten hofften, bis »Europa«, Ungarns Kampf als den eigenen um den Fortbestand seiner Werte erkennend, dem Land zu Hilfe eilen würde. Die Irrationalität solchen Verhaltens wurde durch die Irrationalität des Glaubens an die europäische Entwicklungsgemeinschaft gestärkt (die Irrationalität ist jeglichen Glaubens qualitativer und quantitativer Bestandteil). Dieses glaubenvolle Verhalten reicht hinab in dunkle Jahrhunderte: bis in die Abwehrkämpfe gegen die Tataren 1241, gegen die Osmanen 1526... Und so weiter.)*

V. KAPITEL

Das Erbe

Am späten Abend des 30. August traf in Buda ein Bote ein, ein Überlebender aus der Schlacht. Er war 24 Stunden lang unterwegs gewesen. Er wußte nicht mehr anzugeben, auf welchen Wegen er geritten war. Verwirrt, verwundet, erschüttert, in Erinnerung an das Entsetzliche innerlich immer noch erstarrt, platzte er hinein in die Abendrunde der Königin. Die Schlacht sei verloren, das Heer vernichtet, der König verschwunden, der Türke in Anmarsch.

Es war Maria, die mitten in der ausbrechenden Panik kühl und selbstbeherrscht die ersten Anordnungen traf. Die greifbaren Schätze wurden sofort verpackt, verschifft, es wurde eine Eskorte von 50 Reitern bereitgestellt, und man ritt noch in derselben Nacht los. Jene Bürger, die in Begleitung Marias nach Buda gekommen waren, erfuhren als erste die böse Nachricht und begannen ebenfalls, Hab und Gut zu verpacken, sie flohen. Als der Morgen anbrach, wußte die ganze Stadt um die schreckliche Kunde.

Maria traf am 31. August in Komorn an der Donau ein. Hier stieß Ulrich Zetritz, der liebste Kämmerer Ludwigs, zu ihr. Er berichtete: Der König sei zusammen mit ihm und István Aczél aus dem Schlachtgetümmel glücklich entkommen, sie hätten einen kleinen Nebenfluß der Donau erreicht, der König habe ihn überqueren wollen, doch sein verwundetes Pferd sei umgefallen und habe den vom Kampf erschöpften König in der schweren Rüstung im Wasser ertränkt. István Aczél habe erkannt, in welcher Gefahr sein König schwebte, und sei ihm nachgesprungen, doch selbst in den Fluten umgekommen. Maria wollte noch nicht glauben, daß Ludwig tot sei, denn es hatten sie auch Gerüchte erreicht, die besagten, Ludwig habe den Bach Csele lebend überquert. Dennoch setzte sie die Reise in Richtung Preßburg fort. Es war eine Reise aus dem Ungewissen in das Ungewisse, eine verlustreiche Reise auch, denn manche mit Möbeln beladene Schiffe gingen in der Donau unter. Doch Maria zeigte gerade jetzt, da die Ungewißheit viele ihrer Begleiter verwirrte, überlegene Selbstbeherrschung. Ihre ersten Anordnungen zielten darauf ab, den königlichen Besitz, namentlich einzelne Burgen, unbeschädigt zu erhalten. Sie traf am 3. September in Preßburg ein. Hier erwartete sie eine österreichische Abordnung: Niklas Graf Salm und einige Bewaffnete.

Ferdinand war Mitte Mai in das kurpfälzische Speyer am Rhein geeilt, um am Reichstag teilzunehmen, der am 25. Juni mit einer kaiserlichen Proposition eröffnet wurde. Unermüdlich rief der Erzherzog die Stände immer wieder dazu auf, zur Rettung nicht nur des Königs von Ungarn, sondern auch der gesamten Christenheit eine Türkenhilfe zu organisieren. Und Tag für Tag eilten dringende Gerüchte, das eine schlimmer als das andere, nach Speyer, und alle besagten, die Osmanen seien in Ungarn eingefallen und hätten schon die Grenzgebiete verwüstet. Doch die von den Ständen gebotene Türkenhilfe war so gering, daß niemand ernsthaft daran denken konnte, mit ihr einen so übermächtigen Feind abzuschrecken, geschweige denn gegen ihn erfolgreich zu operieren. In seinem Eifer, König Ludwig doch noch zu Hilfe zu kommen, beschloß der Erzherzog, in den Ländern, welche ihm als dem Landesherrn gehuldigt hatten, eine Türkenhilfe zu organisieren. Er beeilte sich, den Reichstag zu schließen, und war im Begriff, sich nach Tirol, nach Ober- und Niederösterreich zu begeben. Da erreichte ihn ein Brief des Kaisers vom 27. Juli.

Beinahe schon flehentlich beschwor Karl den Bruder, alle Kräfte zu sammeln und nach Italien zu eilen, wo der Kampf mit dem König von Frankreich wogte. Er zählte viele Gründe auf, die ihn gehindert hätten, persönlich zu kommen, wie er vorgehabt habe. Ja, Karl war fern, er blieb auch den Belangen des Reiches fern, das er nicht regierte. Seine Instruktionen zielten darauf ab, die Luthersche Ketzerei zu bekämpfen, den Aufruhr, der hie und da wütete, niederzuringen und auf ein Konzil hinzuarbeiten, das alles regeln solle. Doch das Reich war ein stets sich ändernder Organismus, der seinen Fürsten und Ständen Tausende Lebensfragen stellte, und die Stände, mitten im geistigen Aufbruch und dem bewaffneten Aufruhr der Massen, erheischten andere Antworten. Dies war in Speyer klar geworden.

Karl weilte in jenen Augusttagen des Jahres 1526 in Granada, während seine Heere in der Lombardei auf die Angriffe der Liga gefaßt sein mußten. Den Hilferuf des Bruders nahm Ferdinand wie ein Gebot an, eine oberste Pflicht. Doch ein ebenso hohes Gebot war ihm die Pflicht, seiner bedrängten Schwester beizustehen. Dieses Gebot,

diese Pflicht im Bewußtsein Ferdinands erhielt die höchste Antriebskraft in einer Symbiose: in seinem burgundischen Haus, dessen Macht, Wohlfahrt und Berufung zu verteidigen es nun galt. Die Symbiose stärkte den Herrscherwillen des Erzherzogs. Am 27. August ging der Reichstag zu Ende. Am 28. brach Ferdinand in Richtung Tirol auf. Vorher hatte er seine Tante Margarete in den Niederlanden gebeten, Geld zu beschaffen. Am 6. September war er nur noch eine Stunde von Innsbruck entfernt, als ihn bei Zirl zwei Nachrichten ereilten. Die eine kam von der Erzherzogin Margarete, die aber anstatt Geld nur gute Worte bot. Die andere kam aus Ungarn und sprach vom Verderb des königlichen Heeres. Vom Tode Ludwigs wußte Ferdinand zu dieser Stunde noch nichts.
Zum beschwörenden Ruf des Bruders, Ferdinand möge nach Italien eilen und von ihrer beider Fürstenhaus die Bedrohung durch die Heilige Liga von Cognac abzuwehren helfen, gesellte sich nun der erschütternde Hilferuf Marias, die den Bruder anflehte, sie und ihren verschollenen Gemahl in der letzten Gefahr nicht zu verlassen. In dieser einen endlosen Stunde des 5. September 1526, da Ferdinand das Begehren seiner beiden Geschwister abwägen mußte, tat sich die Kardinalfrage seiner ganzen künftigen Herrschaft in greller Deutlichkeit auf, eine Frage, die im Laufe der kommenden Jahrzehnte niemals endgültig würde beantwortet werden können, aber eine Frage auch, die mit aller Hartnäckigkeit ihrer Unlösbarkeit immer wieder Entscheidungen forderte, welche zwangsläufig nur halbe Entscheidungen sein konnten. In Zirl bei Innsbruck stellte sich dem Dreiundzwanzigjährigen zunächst die menschlich persönliche Frage: Wem solle er zu Hilfe eilen – dem Bruder im Westen oder der Schwester im Osten? In der vereinfachten Fragestellung aber war auch die künftige Rolle Österreichs enthalten, wie sie sich sehr bald schon abzeichnet: Selbst, wie einst Ungarn, Puffer zwischen zweien Welten sein zu müssen, ausgestattet mit allen hehren und bösen Attributen einer solchen Zwangslage, die mit der Aufgabe einer »Bastion der Christenheit«, wenn sich dann der politische Schwerpunkt des Donauraums von Buda nach Wien verlagert, nur wohlklingend, aber inhaltlich höchst unvollkommen umschrieben werden kann.
Die Entscheidung, die Ferdinand traf, zeigt den politischen Menschen, als welcher er vor die Welt getreten war: Gebot und Pflicht mit dem gegebenen Interesse harmonisch zu vereinen strebend. Noch wußte er vom näheren Schicksal Ludwigs nichts. Er mußte anneh-

men, daß der König sich auf der Flucht befand, und seine Fluchtrichtung konnte vernünftigerweise nur Mähren und, weiter, Böhmen sein. In Innsbruck angekommen, begriff er, daß sich die Beratungen der Stände über die Türkenhilfe in die Länge ziehen würden. Geld hatte er nicht, doch nur so konnte er dem Bruder im gemeinsamen Kampf beistehen, daß er eine Söldnertruppe anheuerte und sie nach Italien schickte. Danach würde er sich ganz den ungarischen Angelegenheiten widmen können. Also nahm er alle seine Ringe, seinen ganzen persönlichen Schmuck, übergab sie dem kaiserlichen Feldhauptmann Jörg von Frundsberg, dem »Vater der deutschen Landsknechte« und einem der Sieger von Pavia, und schickte ihn samt dem Schatz und der Bürgschaft einiger hoher Tiroler Herren zum Haus Fugger in Augsburg, mit dem Auftrag, die Schätze zu verpfänden. Frundsberg selbst verpfändete einige seiner Güter und warb insgesamt 12 000 Landsknechte, eine Reitertruppe, einige Artilleristen an. Mit dieser Streitmachte eilte er zu Karl von Bourbon, dem Verbündeten des Kaisers.

Dann wandte sich Ferdinand Ungarn zu. Selbstverständlich konnte er in Innsbruck das Ausmaß der Katastrophe noch nicht ermessen – dazu fehlte ihm die einschlägige Information. Er muß gemeint haben, eine größere Schlacht sei unglücklicherweise verloren worden. Doch nur höchst selten entschied eine einzige Schlacht auch das Schicksal eines Landes oder auch nur einer Dynastie. War denn nicht Franz I. nach der wahrhaftig entscheidenden Schlacht von Pavia und nach dem alle Einzelheiten regelnden Friedensschluß von Madrid nach Frankreich zurückgekehrt – und führte er nicht den alten Kampf gegen den Kaiser weiter? Ferdinand vermutete, Ludwig sei aus der Schlacht davongelaufen, und befürchtete, sein Schwager würde durch sein Verhalten die Achtung seiner ungarischen Untertanen verscherzen. Am 7. September ließ er einen Brief an Ludwig niederschreiben: Er versicherte den Schwager seines Mitgefühls ob des unglücklichen Schlachtausgangs und riet ihm, den Mut doch nicht zu verlieren; der König möge die Festungen und Burgen besetzt halten, bis vom Ausland Hilfe komme, und er möge von den Mährern und den Tschechen selbst Hilfe anfordern; doch die magyarischen Herren in seiner Umgebung dürfe er ja nicht fühlen lassen, daß er, aus ihrem Kreise fliehend, nur sich selbst retten wolle. Er, Ferdinand, arbeite unermüdlich, so auch in Tirol, daran, Hilfstruppen aufzubieten, und der König dürfe gewiß sein, daß er im Angesicht des gemeinsamen Fein-

des der Christenheit und des römischen Glaubens nicht allein gelassen würde. Und um seinen Worten allgemeine Wirkung zu verschaffen, richtete Ferdinand ähnlich lautende Briefe an einige Große von Ungarn – den Erzbischof von Gran, den Banus von Kroatien, sogar an Johann Zápolya, den Wojwoden von Siebenbürgen –, und er rief sie in pathetischen Redewendungen auf, dem König beizustehen.
Was hätte er anderes tun können? Vielleicht hätte er die kleine Streitmacht von 12 000 Mann nach Ungarn dirigiert, wäre ihm die schicksalsschwere Kunde früher, vor Karls Hilferuf zugegangen. Dennoch wollte Ferdinand auch in Ungarn, auch am Hof seines Schwagers und seiner Schwester präsent sein, und wenn es anders nicht möglich war, dann eben mit guten Worten, die nur dazu bestimmt sein konnten – und dies zeigt seine diplomatisch-psychologische Fertigkeit –, das Königspaar und die Großen des Landes in ihrem sinkenden Mut aufzufangen, ihnen zuzurufen, daß sie nicht vergessen worden seien. All das geschah, wie gesagt, am 7. September.
Am 8. September tat der Erzherzog noch ein Weiteres, und dies zeigt, daß er es nicht nur bei klingenden Worten bewenden lassen wollte. Er richtete an die Feldhauptleute von Böhmen und von Mähren die Aufforderung, die Stände ihrer Länder zu sofortiger und vollständiger Hilfeleistung an den König aufzurufen. Dann setzte er sich an das Schreibpult und schrieb eigenhändig einen Brief in Französisch an Maria: Da die Tugend sich nur unter Schicksalsschlägen zeige, möge sie ruhiges Herz bewahren, sie möge überzeugt sein, er werde nie aufhören, ihr in brüderlicher Liebe zugetan zu sein; sobald er von den Tiroler Ständen Geld- und Waffenhilfe erhalte, also hoffentlich in drei, vier Tagen, werde er in Richtung Österreich aufbrechen, unterwegs nicht schlafen, sondern sich beeilen, um mit ihr so bald wie nur möglich zusammenzutreffen, denn er glaube, gemeinsam werden sie mit Gottes Hilfe alles wieder in Ordnung bringen.
Man wollte nur noch die Petschaften auf den Briefen an die Feldhauptleute anbringen, als ein Bericht des niederösterreichischen Rates vom 3. September eintraf. Man gab die Niederlage des ungarischen Königs bekannt und teilte mit, daß zur Unterstützung der Königin der Großmeister des Ordens des hl. Georg und Niklas Graf Salm entsandt worden seien. Dies geschah in den Morgenstunden. Gegen Mittag verbreitete sich das Gerücht, daß König Ludwig in der Schlacht gefallen sei. Vielleicht hatten die Boten des niederösterreichischen Rates das Gerücht mitgebracht, vielleicht aber wußte man in

den Landstrichen, die an Ungarn angrenzten, schon Genaues, und es war durchgesickert bis nach Innsbruck. Das Gerücht hielt sich hartnäckig.

Ferdinand sah sich mit einer neuen, bis dahin nicht gedachten, nicht zu denken gewesenen Lage konfrontiert. Denn war der König von Ungarn und Böhmen tot, dann ergab sich urplötzlich eine Frage von allergrößter Tragweite: die Frage der Nachfolge. Und die Frage stellte sich gewiß nicht nur dem Erzherzog, sondern – da alle Welt binnen kürzester Zeit die Nachricht erhalten würde – auch jedem in Ungarn und im Ausland, der, ob zu Recht oder nicht, Anspruch auf die Throne der beiden Königreiche erhob. Dies wurde Ferdinand blitzartig klar. Und sobald er sich der Frage bewußt war, wußte er auch die Antwort, und die Antwort konnte nicht anders lauten als: Anna – Gemahlin des Erzherzogs und Schwester des verstorbenen Königs, die rechtmäßige Erbin. Auch die sonstigen, die vertraglichen Ansprüche seines Hauses auf die beiden Throne dürften Ferdinand bekannt gewesen sein. Und da er ein zutiefst politischer Mensch war – einer, der nach den Zusammenhängen suchte, ursächliche Zusammenhänge herstellte und ihrer sich bediente –, reagierte er auch politisch: Er ging ohne Zeitverzug daran, seine und seiner Gemahlin rechtmäßige Erbansprüche anzumelden.

Nein, er war kein machtgieriger Mensch im landläufigen Sinn dieses Attributs, wenn er auch die Macht, die ihm zufiel, gerne gebrauchte. Doch nicht wie einer, der sie mit List und Tücke endlich ergattert haben würde: Denn die Fürstenmacht sah er nicht als anzustrebendes Ziel an, sondern als angeborene Gnade. Und er war ein tief fühlender Mensch. Er liebte seine Gemahlin innig (sie werden miteinander 15 Kinder haben), und er war seinen Geschwistern zugetan. Das Schicksal Marias bewegte ihn, und er tut alles, um der verwitweten Königin eine angemessene Stellung zu sichern (Maria wird Nachfolgerin ihrer Tante Margarete als Statthalterin der Niederlande). Es lastete auf ihm auch die Verantwortung, die er seiner Gemahlin, seiner Schwester, seinem kaiserlichen Bruder, seinen Landen gegenüber zu tragen hatte. Mitgefühl, Verantwortungsgefühl, auch – gewiß – die Hoffnung und die Aussicht, eine Herrscherwürde, nach welcher er sich schon seit langem sehnte und die ihm gebührte wie niemandem sonst, endlich entgegenzunehmen – all diese Überlegungen und Gefühlskomponenten erfüllten in den Nachmittagsstunden des 8. September voll sein Bewußtsein, als er handelte, wie er in der gegebenen Lage und seinem

Medaille aus dem Jahr 1537: »Kaesar Carolus · Kaeserin Isabel · Kunig Ferdinand I. · Kunigin Anna M D XXXVII«

Franz I., König von Frankreich

Soliman II., Sultan des Osmanischen Reiches

Des Türckischē Kay
sers Heerzug/wie er von Constantinopel
Mit aller rüstung/zů Roß vnd Füß/zů wasser vnd
Land ꝛc. gen Kriechischē Weyssenburg kum
men/vnd fürter/Für die königlichen stat
Ofen yn Vngern/ vnnd Wien yn
Osterreich gezogē/die belegert
vñ gestürmt ꝛc. mit an-
gehenckter erman-
ung/der grau
samen ty-
ran-
ney des Türcken/wyder Christliche Nation ꝛc.

Karolus Suldan

Zeitgenössisches Titelblatt mit Holzschnitt – Kaiser Karl und Sultan Soliman, im Hintergrund die Festung von Belgrad

Charakter nach nicht anders hätte handeln können. Er ließ dem niederösterreichischen Rat folgende Instruktionen zukommen:
Er lobte ihn ob der bisherigen weisen Anordnungen und versprach, Geld zu beschaffen und so bald wie möglich persönlich nach Wien zu kommen. Er zweifle nicht, daß der Rat nun schon verläßliche Nachrichten über die Schlacht von Mohács und besonders darüber besitze, ob der König tatsächlich gefallen oder am Leben sei. Denn sei der König gestorben – was er, Ferdinand, nicht denken möchte –, dann müsse man ernsthafte Überlegungen anstellen, damit des Königs Länder und Provinzen an rechtmäßige »Hände« kämen. Man müsse also verhindern, daß Fremde, denen die Länder und Provinzen weder dem göttlichen noch dem natürlichen Recht nach zustünden, sich diese aneigneten; vielmehr müßten er, Ferdinand, und seine Gemahlin als natürliche Erben die Länder und Provinzen in Besitz nehmen. Damit unter den obwaltenden chaotischen Umständen von seiner Seite nicht gleich anfangs etwas versäumt, sondern, im Gegenteil, alles getan werde, um nicht die genannten Länder und Provinzen ohne Trost und Hilfe zu lassen, befehle er, den Großmeister des Ordens des hl. Georg und den Grafen Salm, die man beide anderswo geeigneter verwenden könne, zurückzubeordern und an ihrer Stelle zwei andere vernünftige Räte zur Königin zu schicken, die ihr Trost zusprächen und sie der Parteinahme und der Liebe des Erzherzogs versicherten, stets bei ihr blieben, ihr mit Rat und Hilfe beistünden, dem Rat in Wien getreu über alles berichteten, die Königin von den Schritten Ferdinands, die er der Erbrechte wegen unternähme, informierten und ihr eröffneten: Wenn sie sich bemühte, die Länder und Provinzen in die Hände Ferdinands gelangen zu lassen, werde er ihr nicht nur das Witwenrecht sichern, sondern ihr auch Beweise der brüderlichen Liebe und Hilfe liefern.
Fieberhaft arbeitete Ferdinand weiter: Er trug dem niederösterreichischen Rat auf, den Grafen Christoph Frangepán und den Feldhauptmann Nikolaus Jurischitsch zu den kroatischen Grafen und Adligen, dann zum Banus und zu den Ständen Kroatiens den Bischof von Laibach zu entsenden, und zwar mit Instruktionen, die der Rat auf die beigeschlossenen und von Ferdinand unterschriebenen leeren Blätter übertragen solle. Zu den vornehmen ungarischen klerikalen und weltlichen Herren aber solle er seine angesehensten Gesandten schicken – so auch zum Wojwoden von Siebenbürgen, Johann Zápolya, obwohl dieser kaum Ferdinands Partei ergreifen würde: »Item zu

dem Weyda in Sibenburgen, unangesehen das Er mit unser parthey sein mag«. Alle Herren und Institutionen sollten aufgefordert werden, den Erzherzog und seine Gemahlin als die rechtmäßigen und natürlichen Erben von König Ludwig II. anzuerkennen und als treue und gehorsame Untertanen sich ihnen anzuschließen. Sie mögen gewiß sein, daß Ferdinand den Wunsch hege, mit der Kriegsmacht, die er zusätzlich zu der eigenen auf das Versprechen der Fürsten des römischen Reiches hin aufzubieten hoffe, nicht nur die bereits verlorenen Gebiete Ungarns zurückzugewinnen, sondern auch die gesamte ungarische Nation von den entsetzlichen Grausamkeiten des Türken zu befreien. Ferdinand gab der Instruktion an den Rat 20 große und 118 kleine unterfertigte, leere Blätter bei.

Dann trug er dem Rat auch noch folgendes auf: Dieser möge Sorge tragen dafür, daß die größeren Burgen und Städte in Ungarn sofort besetzt würden und deren Hauptleute dem Erzherzog und seiner Gemahlin gegenüber den Huldigungseid leisteten – und damit dies reibungslos vonstatten gehe, möge der Rat die ungarischen Herren und Städte im Namen Ferdinands versichern, der Erzherzog werde sie nicht nur in ihren alten Freiheiten und Gebräuchen belassen und erhalten, sondern er werde ihnen auch noch weitere Gunstbezeugungen erweisen, ja sogar die Parteinahme des mächtigen römischen Kaisers und des ganzen römischen Reiches für sie gewinnen. (Hatte denn nicht vor genau sechsunddreißig Jahren, 1490, nach dem Tode Matthias' I. Corvinus, Ferdinands Großvater Maximilian, damals deutscher König, fast Wort für Wort ein Gleiches versprochen, um in den Besitz der Stephanskrone zu gelangen?) Ferdinand tat nun sogar noch mehr: Er ermächtigte den niederösterreichischen Rat, jenen Herren, welche Partei für Ferdinand ergriffen, Honorare von vierzig-, fünfzigtausend oder noch mehr Gulden, Herrschaften und Ämter zuzusichern: »... Zu erlangung unnseres willens ... den sonndern personen die unnser parthey zumachen sein, bisz vierzigk funffczigk oder mer tausent gulden ... zuuereren (zu verehren) versprechen, auch etlichen herschaften ... und Embter zuuerlassen, vertrosten und zusagen lasset«.

O ja, Ferdinand sparte nicht mit großzügigen Versprechungen, die er nicht würde einlösen können, und er mußte wissen, daß seine Zusagen, zumindest in der Stunde, da er sie gab, leere Worte waren. Und dennoch darf man nicht das listenreiche Taktieren Maximilians und Ferdinands Streben nach dem Erbe Ludwigs unter dem gleichen politischen, historischen und auch menschlichen Aspekt beurteilen. Denn die Lage Ungarns war 1526 eine ganz andere als 1490. Das heißt: Obwohl Ferdinand um den zweifelhaften Wert der »Türkenhilfen« aus dem Reich sehr wohl wußte – er selbst hatte ja Ludwig davor gewarnt, auf die Reichshilfe zu hoffen –, durfte er nun annehmen, daß die Katastrophe von Mohács, der Verderb des königlichen Heeres und der Tod des Königs – also die blitzartig zur unmittelbaren Gefahr gewordene, bis dahin nur am weiten Horizont aufscheinende Bedrohung des Reiches durch die Osmanen! – die Reichsstände doch beeindrucken würden. Er durfte annehmen, daß dieses aus den Tatsachen sich ergebende traurige Argument auch auf Karl seine Wirkung nicht verfehlen würde. Maximilian hatte seinen Anspruch auf die Stephanskrone vor den Reichsfürsten und den Ständen nur mit seinem persönlichen, auf einem angezweifelten Vertrag beruhenden Erbrecht mehr oder minder gewichtig begründen können, und die Fürsten und Stände hatten diesem Anspruch, da er die Belange des Reiches nicht im mindesten berührte, keine allgemeine Geltung zuerkennen können. Ferdinand hingegen konnte auch auf seine Gemahlin als die nicht nur rechtmäßige, sondern auch *natürliche* Erbin hinweisen: in den Augen vieler Reichsfürsten ein unanfechtbarer Anspruch, also auch wert, unterstützt zu werden. Und so durfte Ferdinand mit Recht hoffen, es würde ihm auf weite Sicht möglich sein, nicht nur die österreichischen Lande, sondern auch das Reich oder zumindest manche Reichsfürsten hinter sich zu scharen – besonders dann, wenn er ihnen mit dem ganzen Gewicht eines Königs von Ungarn und eines Königs und Kurfürsten von Böhmen entgegenträte.

In besonderen Briefen wandte sich Ferdinand an seinen alten Getreuen, den Grafen Christoph Frangepán, auch an zwei weitere hohe Gefolgsleute, die bei den tschechischen, slowakischen und manchen magyarischen Herren in hohem Ansehen standen. Er adressierte diese Briefe zusammen mit jenen, die für die Obersten Feldhauptleute von Böhmen und Mähren bestimmt waren, an den niederösterreichischen Rat und trug ihm auf, die beiden letzten Schreiben durch neue, den Umständen entsprechende zu ersetzen, wenn die Nachricht vom Tode des Königs bestätigt werden sollte. All dies geschah, wie gesagt, am langen Nachmittag des 8. September.

Als die Nacht über Innsbruck hereinbrach, wagten sich zwei Bedienstete bis ans Schlafgemach Ferdinands vor. Der Erzherzog war noch wach. Sie meldeten ihm, daß aus Wien ein Kurier mit wichtigen

Nachrichten angeritten sei. Und so erfuhr Ferdinand, Infant von Spanien und Erzherzog von Österreich, irgendwann in der Nacht vom 8. auf den 9. September 1526, daß sein Schwager Ludwig, dieses Namens der Zweite König von Ungarn und Böhmen, elf Tage zuvor in der Schlacht mit den Osmanen den Heldentod gestorben war.
Nun sollten die Maßnahmen, die für diesen Fall vorgesehen waren, in die Tat umgesetzt werden. Welche Gedanken Ferdinand in diesen nächtlichen Stunden bewegten – das bleibt der Vorstellungskraft überlassen. Doch man darf annehmen, daß es abwägende Gedanken waren, die menschliche und staatspraktische Komponenten zu einem Gesamtbild zu gestalten suchten. Das junge Licht des 9. September traf ihn am Schreibpult an. Er diktierte und schrieb an diesem frühen Morgen einige Briefe. Er war unermüdlich und er schonte sich nicht. Er legte eine Eigenschaft zutage, die später als ein besonderes Charakteristikum so mancher Mitglieder seines Hauses gepriesen wird: unerschöpflichen Fleiß. Dieser Monat September war ein schicksalsträchtiger Zeitabschnitt in seinem Leben. Auch im Leben des Donauraums.
Zunächst wollte er seine verwitwete Schwester trösten. Dann mußte er die alten Verträge zwischen Friedrich III. und Matthias I. Corvinus, zwischen Maximilian I. und Wladislaw II. heranziehen. Dann mußte er sein Erbrecht gegenüber zwei möglichen Rivalen sichern: dem König von Polen und dem Wojwoden von Siebenbürgen – er konnte nicht wissen, doch er durfte in Kenntnis der Vergangenheit vermuten, daß er nicht der einzige Thronprätendent sein würde.
Am Vormittag des 9. September schickte er einige Getreue mit einem eigenhändigen Brief zu Maria, wo immer man sie auffinden würde. Demutvoll empfahl er sich seiner Schwester und sprach von der Trauer, die er ob des zu betrauernden Todes seines Schwagers empfinde. Dies sei Gottes Fügung gewesen, und Maria als beherzte Frau von guter Urteilskraft müsse eine starke Seele bewahren, da der Verewigte wie ein edler Fürst seine Tage beendet habe. Er sei für Gott und den Glauben gestorben, und so dürfe man gewiß sein, daß seine Seele an einen sicheren, ruhmesvollen und ewigen Ort gelangt sei. Sein Ruf, sein Name und seine Ehre würden immer gerühmt werden und unsterblich in Erinnerung aller bleiben. Die Königin möge überzeugt sein, daß sie in Ferdinand nicht nur einen guten und demütigen Bruder antreffen werde, sondern auch einen Gemahl und Vater, der bereit sei, ihr mit seinem Blut und seinem Vermögen zu Hilfe zu sein.

All dies möge sie auch von den Getreuen erfahren, die er gerade deswegen zu ihr schicke, damit diese sie in allem unterstützten. Und da es dem Allmächtigen gefallen habe, König Ludwig zu sich zu rufen, müßten Ungarn und Böhmen, wie es Maria wissen werde, von Rechts und der Gerechtigkeit wegen und kraft der Verträge an das Haus Österreich fallen. Der Kaiser habe seine Rechte an ihn, Ferdinand, übertragen, und er, der Erzherzog, zweifle nicht, daß der Königin auch das Recht bekannt sei, welches in bezug auf jene Königreiche seiner Gemahlin zustehe. Daher flehe er Maria an, sie möge ihm behilflich sein und raten, wie er jenes Recht geltend machen könnte, denn er befürchte, König Sigismund von Polen oder der »Weyda«, Johann Zápolya, könnten sich einmischen, doch von ihnen habe die Königin viel weniger Hilfe zu erwarten als von ihrem Bruder.

Endlich schlossen die Tiroler Stände ihre Beratungen ab. Sie waren bereit, eine Streitmacht von 5000 Mann Fußvolk aufzubieten und sie vier Monate lang zu bezahlen, und bezeichnend war die Erklärung, mit welcher sie dem Erzherzog ihren Beschluß bekanntgaben: Ferdinand möge zwar frei darüber entscheiden, wohin er die aufgestellte Armee entsenden wolle, doch sie warnten ihn davor, gleichzeitig gegen die Venezianer (die Feinde des Kaisers) und die Osmanen vorzugehen, denn wider die halbe Christenheit und den Halbmond könne er allein nicht bestehen.

Auch den Reichsständen ließ Ferdinand über den traurigen Ausgang der Schlacht von Mohács berichten und forderte sie auf, alles, aber auch wirklich alles, was in ihrer Macht stehe, aufzubieten. Denn sollte der Türke auch Ferdinands Lande angreifen, dann erst würden die Reichsstände die Gefahr, die ihnen drohte, in ihrem vollen Ausmaß erkennen. Schnell noch erledigte der Erzherzog einige weitere Post, traf Anordnungen und brach dann, müde nach der fieberhaften Tätigkeit der letzten vier Tage und Nächte, doch auch angespannt, auf nach Linz. Man schrieb den 10. September. An diesem selben Tag hielt Sultan Soliman seinen Einzug in Buda.

Kaum hatte Ferdinand Innsbruck verlassen, da ereilten ihn gleich drei Briefe von Maria. Zwei hatte die Königin eigenhändig geschrieben: den einen noch in Buda am Tag der Schlacht, den zweiten am 6. September, der dritte war von der Hand des Sekretärs. Im ersten sprach sie von der Gefahr, in der das Land schwebte. In den beiden anderen Briefen gab sie dem Bruder den Tod des Königs bekannt, gemahnte ihn an die geschwisterliche Liebe und Pflicht und drang in ihn, sogleich in die österreichisch-ungarischen Grenzgebiete zu eilen, ja, sie bot ihm gerade das an, worum Ferdinand sie gebeten hatte: ihre Hilfe beim Erlangen der beiden verwaisten Throne.

Noch am selben Tag antwortete ihr Ferdinand von Kufstein aus, und seine Vorgangsweise war methodisch und präzise: »Madame«, schrieb er, »iay reccu trois de vos letres . . .« (ich habe drei Ihrer Briefe erhalten). Auf den ersten, meinte er, erübrige sich, da Gott die Umstände gänzlich verändert habe (puis quil a plu a dieu de despuis ladite letre auoir tant changie les afaires), jegliche Antwort. Was die beiden andren Briefe betreffe, so habe er seine Bestürzung und Trauer bereits von Innsbruck aus bezeugt. Da dem verewigten König auf dieser Erde nicht mehr zu helfen sei, bitte er Maria, sich nicht zu grämen, sondern ihre Gesundheit zu schonen. Sie möge, der Eingebung der Vernunft folgend, Gott um die Gnade anflehen, in den Angelegenheiten, die ihrer harren, mutig voranschreiten zu können. Im übrigen wolle er, Ferdinand, sie, wie er es bereits von Innsbruck aus getan, nochmals seiner Hilfe und Obhut versichern, er habe sich ja auch schon auf den Weg zu ihr gemacht. Für das Angebot der Königin, ihm nach bestem Wissen zu helfen und zu raten, danke er demütig, um so mehr, als er ihres Rates und Wohlwollens unbedingt bedürfe. Er werde sich in Linz, wohin er sich nun begebe, nur einige Tage lang aufhalten, sich dort über die tschechischen und ungarischen Angelegenheiten informieren und dementsprechend seinen weiteren Aufenthalt verlängern oder abkürzen. Damit er sich ein richtiges Bild machen könne, bitte er Maria, einige ihrer Getreuen zu ihm zu schicken, die ihm raten könnten, was er unternehmen solle, auf daß er und seine Gemahlin auf Grund des Erbrechts in den Besitz Ungarns und Böhmens gelangten. Damit seine Bemühungen erfolgreich würden, möchte er manche von den früheren Ratgebern des Königs und einige Gutgesinnte aus beiden Ländern zu sich bitten – doch welche Personen es sein sollten, möge Maria entscheiden. Noch am Nachmittag des 10. September übergab er den Brief dem wartenden Kurier.

Am Morgen des 11. September machte sich Ferdinand wieder auf den Weg und traf am 15. in Linz ein. Angespannt und ratlos, doch unbeirrt zielbewußt ging er auch hier an die Arbeit. Die Mühen der letzten Monate – der Reichstag zu Speyer, dann die beschwerliche Reise nach Innsbruck und von dort über Kufstein nach Linz, die wahrlich schicksalsträchtigen Nachrichten, die er geistig wie manuell

zu verarbeiten hatte – scheinen seine Kräfte nur noch angefacht zu haben. In den kommenden Tagen bedurfte er ihrer mehr denn je. Denn kaum war er angekommen, da erfuhr er, daß die tschechischen Herren auf ihrer Versammlung am 6. Oktober den neuen König wählen wollten. Sofort nahm Ferdinand mit einigen hohen Herren Fühlung, und eine unruhige und erregte Unterredung folgte der anderen. Um nicht Geringeres ging es als darum, seinen Anspruch auf die Krone des hl. Wenzel zu umreißen, zu begründen und auf unanfechtbare Weise zu formulieren. Worin bestand denn Ferdinands Anspruch, den er nun geltend machte, auf das Land, welches einst als das erste weltliche Reichsglied in den Kreis der sieben Kurfürsten eingetreten war? Die Antwort, nach welcher Ferdinand und seine tschechischen Ratgeber fieberhaft suchten, mußte zwei einander widersprechende Inhalte zu einem vereinen, und dieser übergeordnete Inhalt mußte den Widerspruch in einer höheren Synthese auflösen: den Widerspruch zwischen dem Recht der Nation auf die freie Königswahl und dem Erbrecht des Erzherzogs.
Die Zusammenfassung von Wahl und Erbrecht war allerdings vom Stauffenkaiser Friedrich II. initiiert worden. Nachdem er, König von Sizilien, 1211 von den deutschen Fürsten, auch von Ottokar I. von Böhmen, zum deutschen König gewählt worden war, bestätigte er am 26. September 1212, als er nach Deutschland kam, die Erhebung Böhmens zum Königreich und hielt in seinem Diplom fest: »Wir gewähren ihm (Ottokar Přsemysl) und seinen Nachfolgern für immer die königliche Herrschaft und wollen, daß, wer immer von ihnen zum König erwählt sein wird, er zu Uns und unseren Nachfolgern komme, um die Regalien (Hoheitsrechte) in gebührender Weise zu empfangen...« Dann hieß es ausdrücklich: »Wir gewähren auch ihm und *seinen Erben* das Recht, die Bischöfe ihres Reichs zu investieren« (Investiturrecht). Damit waren sowohl die Wahl als auch die Erbfolge vorausgesetzt und bestimmt. Als dann Rudolf von Habsburg, seit dem 1. Oktober 1273 römischer (deutscher) König, in der Schlacht bei Dürnkrut auf dem Marchfeld am 26. August 1278 in Bündnis mit König Ladislaus IV. von Ungarn Ottokar II. besiegte, schloß er mit dem Sohn des gefallenen Böhmenkönigs einen Vertrag, in dem bestimmt wurde, daß nach dem Aussterben des ottokarischen Stammes das Haus Habsburg die Krone Böhmens erben sollte. Eine Regelung der Thronfolge aber, welche den wirklichen Vorgang und das geltende Recht bestätigte, stammte von jenem Herrscher, der im 14.

Jahrhundert die böhmische Königswürde und die römische Kaiserwürde in seiner Person vereinte: von Kaiser Karl IV. aus dem Hause der Luxemburger. Er bestätigte das Privileg des Wahlrechts und bestimmte, »daß die Wahl eines Königs von Böhmen in dem Fall, wenn vom böhmisch-königlichen Stamm und Samen weder männlicher noch weiblicher Sproß mehr übrig sein wird, den Prälaten, Herzögen, Baronen, Edlen und der Gemeinschaft des Reichs und der zugehörigen Lande für immer zustehe...« Dem zweitgeborenen Sohn Karls IV., Sigismund von Luxemburg, war als erstem beschieden, alle Würden, die Mitteleuropa – ein noch nicht genau bestimmbares, doch schon in der Entwicklung wesentliche Gemeinsamkeiten aufweisendes Konglomerat von Reichen – nur herzugeben vermochte, als König von Ungarn, von Böhmen, lombardischer König und römischer Kaiser zu tragen. Sein politischer Einfluß reichte hinüber nach Polen, wo seine Schwägerin regierte, und tief hinein nach Italien. Sigismund starb am 9. Dezember 1437 ohne männlichen Erben. In seinem Testament und auch mündlich auf dem Sterbebett empfahl er den böhmischen Ständen, seinen Schwiegersohn, Albrecht von Habsburg, zum König zu wählen. Somit war die Voraussetzung einer habsburgischen Erbfolge in Böhmen seit Jahrhunderten gegeben. Sie wurde vom Schwiegervater Ferdinands, König Wladislaw II., indirekt noch einmal bestätigt. Als er seinen Sohn Ludwig noch zu Lebzeiten zum König krönen ließ, stellte er einen Revers aus, in dem er Ludwig »einen rechten Erben des Königreichs Böhmen« nannte. In einer letztwilligen Verfügung sagte er ausdrücklich, daß »die Stände Ludwig aus freiem Willen zum König angenommen« hätten, und erklärte dann: »Wenn König Ludwig ohne Erben sterben sollte, so werde kraft der Rechte, Auffassungen und Privilegien des Königreichs unsere Tochter, Prinzessin Anna, eine rechte Erbin des Königreichs Böhmen verbleiben«. Gerade dieser Fall war eingetreten. Nun ging es darum, das verbriefte Erbrecht auch noch durch Wahl bestätigen zu lassen. Ferdinand machte sein Recht geltend.

Denn der Oberstburggraf Zdenk Löw von Rosenberg hatte in Übereinstimmung mit den übrigen höchsten Beamten der Krone am 19. September ein Einberufungsschreiben an die drei Stände des Königsreichs – Herren, Ritter und Städte – gerichtet und sie zum 6. Oktober zur Wahl eines neuen Königs nach Prag eingeladen. Ferdinand stellte eine glänzende Gesandtschaft zusammen, die ihn vertreten sollte. Sie brach am 25. September nach Prag auf.

Eine Woche zuvor, am 18., gab der Erzherzog in einem ausführlichen Brief seiner Tante Margarete bekannt, daß der Türke mit 200 000 Bewaffneten seinen »seligen Schwager«, den König von Ungarn, angegriffen habe, der dem Feind mit 40 000 Mann entgegengetreten sei; der Türke habe die Schlacht gewonnen, die königliche Artillerie erobert; der König selbst sei gestorben – nach manchen Aussagen kämpfend in der Schlacht, nach andren in einem Morast ertrunken. Dann sprach Ferdinand etwas pathetisch, doch zielbewußt von der Gefahr, die nicht nur dem Haus Österreich, sondern ganz Deutschland und dem Rest der Christenheit drohe. Also bat er die Erzherzogin um Geld, damit nicht auch ihm das gleiche Schicksal wie dem König von Ungarn widerfahre. Er übergab das Schreiben dem Kurier. Dann zog er sich zurück und bereitete sich darauf vor, dem Haupt seines Hauses und mächtigsten Führer der Christenheit, dem Kaiser, die Lage aus seiner Sicht auseinanderzusetzen. Dieser Brief ist vom 22. September datiert.

Er markiert einen Wendepunkt in der Geschichte des Donauraums und des Hauses Habsburg. In ihm wurden – verschwommen noch und dennoch schon erkennbar – jene Aufgaben umrissen, welche auf den Erzherzog zukamen – auf ihn und mit ihm auch auf die österreichischen Lande, die tatsächliche Machtbasis Ferdinands. In diesem Brief nannte der Erzherzog auch Ziele, die sich aus den veränderten Kräfteverhältnissen im Donauraum ergaben und zwangsläufig andere sein mußten, als welche der Kaiser von einer ganz andren Machtbasis aus setzen mochte. Dieser Brief war der geistige Auftakt zu einer Auseinanderentwicklung im Hause Habsburg, die zur Herausbildung einer spanischen und einer österreichischen Linie führt. Der Kaiserwürde wird – wenn sie vom März 1558 an in der Person Ferdinands mit der ungarischen und der böhmischen Königswürde und der österreichischen Erzherzogswürde vereint wird – die Aufgabe aufgebürdet, die »Bastion der Christenheit« gegen die wesensfremde Gefahr aus dem Südosten zu sein. Diese Aufgabe, bis 1526 von Ungarn wahrgenommen, wird – wenn die Entscheidungsinstanzen des Donauraums nach Wien verlegt und seine staatlichen Strukturen von Wien aus bestimmt werden – zur ideellen Grundlage der in der Herrscherwürde der Nachfolger Ferdinands sich manifestierenden gemeinsamen Staatlichkeit der Völker.

Mit dem ihm angeborenen sicheren politischen Instinkt, der Fähigkeit, sich den Gegebenheiten anzupassen, wandte sich Ferdinand nach der Katastrophe von Mohács dem Donauraum zu. Der lenkende Gedanke seiner Bestrebungen war, manchmal über Umwege, von nun an darauf ausgerichtet, Ungarn für sich zu gewinnen. Das sind also die Gedanken, welche Ferdinand dem Bruder, dem er stets ergeben war, von Linz aus zukommen ließ:

Die Macht des burgundischen Hauses sei in höchstem Maß bedroht, weil auf sein rechtmäßiges Erbe andere Anspruch erhöben, so König Sigismund von Polen auf Böhmen, und der »Weyda«, Johann Zápolya, auf Ungarn. Es gebe auch noch andere Aspiranten (Kurfürst Joachim von Brandenburg im Namen seines Sohnes, Herzog Georg von Sachsen, Ludwig von Bayern), und wenn sie ihr Ziel nicht erreichten, würden sie sich mit dem Türken gegen die Länder Ferdinands und das Reich verbünden.

Er werde sich bemühen, seine Länder gegen die Osmanen zu verteidigen, doch seine Macht sei zu gering, Geld habe er nicht, und auch seine Hoffnung, daß die Stände die in Speyer zugesagte Hilfe tatsächlich aufböten, sei sehr gering. Darum sei er sogar bereit, mit dem Türken einen Waffenstillstand einzugehen, doch nicht ohne den äußersten Zwang und den klaren Befehl des Kaisers. Karl möge ihm also die größtmögliche Hilfe zuteil werden lassen, damit nicht alles endgültig verlorengehe. Der Türke werde Ungarn nicht räumen, sondern dort überwintern und vielleicht noch in diesem Jahr die österreichischen Lande angreifen. Ferdinand vertraue nur in Gott und den Kaiser. Seine eigene Macht sei, gestärkt sogar mit dem Aufgebot der Stände, im Verhältnis zur osmanischen Macht gleich Null.

Er gebe bekannt, daß er Jörg von Frundsberg mit den Landsknechten nach Italien entsandt habe, jedoch nicht im eigenen Namen, denn er könnte schwerlich »gegen Venedig, den Türken und die ganze Christenheit kämpfen«. Er bitte den Kaiser, sich angesichts der Türkengefahr mit dem König von Frankreich auszusöhnen und zu erlauben, daß er die Niederlande um Hilfe gegen die Osmanen und die andren Thronanwärter angehe. Der Kaiser möge in dieser Sache der Erzherzogin Margarete und den niederländischen Ständen schreiben.

Ferdinands Sicht der Dinge war nun eindeutig durch das Geschehen im Donauraum, namentlich in Ungarn, geprägt, in das er nicht lenkend eingreifen konnte. Er erkannte, daß seine Lande sich in der gleichen Lage befanden wie einen Monat zuvor Ungarn. Er erkannte die Gefahr in einem Ausmaß, wie kein anderer Regierender sie zu erkennen vermochte, und er sah auch die Notwendigkeiten, die sich aus dieser Erkenntnis ergaben. Und die gleiche Lage zwang ihn, auf die gleiche Weise zu reagieren und die gleichen Konsequenzen zu ziehen: Manche Anregungen in diesem seinem Brief an Karl sind nicht nur dem Sinn, sondern oft auch der Wortfügung nach gleichlautend mit jenen, welche die ungarische Diplomatie in den vergangenen Jahren an die westlichen Höfe, vor allem an den Vatikan und die Reichsstände, herangetragen hatte. Niemand kannte sie besser als Ferdinand. Niemand wußte Genaueres um die mangelnde Bereitschaft der Reichsfürsten und der Stände, ja der »gesamten Christenheit«, gemeinsam der ihnen immer noch fernen Gefahr entgegenzutreten. Wenn manche seiner Anregungen – etwa die Bitte, Karl V. und Franz I. möchten sich aussöhnen und mit geeinter Kraft den Türken bekämpfen – dennoch ins Irrationale abirren, dann deswegen, weil die ins Auge springende rohe Wirklichkeit seinen Blick trübte – wie sie noch kurz zuvor den Blick der ungarischen Regierung getrübt und ihr »Lösungen« vorgegaukelt hatte, welche aus dem inneren Zwang, zu hoffen, und nicht aus den realen Machtverhältnissen abgeleitet worden waren. Die königliche Regierung in Buda hatte nicht voraussehen können, daß ihr mühsam aufgebautes politisches Hinterland – die Rückendeckung aus dem Norden und dem Westen – sich im Augenblick der höchsten Gefahr in hadernde Blöcke verflüchtigen würde. Ferdinand mußte sein politisches Hinterland, da die Wirklichkeit keine andere Wahl zuließ, auf das Reich und auf die kaiserliche Macht abstützen. Seine angstvolle Bitte an Karl zeigt aber, wie gering er den tatsächlichen, in der Stärke einer aufzubietenden Streitmacht und von Kanonen ausdrückbaren Wert seines politischen Hinterlandes schätzte. Und so hegte er, wie erst vor kurzem noch sein »seliger Schwager«, bloß viel hoffnungsvolles Vertrauen in Gott und den Kaiser.

Dennoch zeichnet dieser Brief Ferdinands – der eminente politische Sinn des Dreiundzwanzigjährigen überrascht! – die kommende Entwicklung vor. In vollem Bewußtsein dessen, daß seine Rivalen zu erbitterten Feinden werden könnten, wenn er ihnen bei der Integrierung des Donauraums in sein Machtgefüge zuvorkäme, spricht er klar die Annahme aus, daß diese dann mit der Pforte Bündnisse eingehen würden. Seine Annahme bestätigt sich bereits in den nächsten Monaten. Sie erweitert sich in den kommenden Jahrhunderten, wenn die französische Außenpolitik in Bekämpfung der kaiserlichen Vormachtstellung (deren tatsächliche Macht oft grob überschätzend) das

Osmanenreich immer wieder gegen die Mitte heranführt, zu einer axiomatischen Bündnisstrategie: Paris (West) und Istanbul (Ost) gegen Wien (Mitte). Aufgeschreckt durch die unüberwindbare Macht der Osmanen, doch auch fasziniert von ihr, erkennt Ferdinand, daß sein politisches Dasein durch jene unberechenbare Macht mitbestimmt wird: Je nach dem, ob und in welchem Maß ihm vom westlichen Ausland Hilfe zugesichert und zuteil wird, führt er Friedensgespräche mit der Pforte oder rüstet gegen sie. Und ebendiese unheimliche Macht, die sich in Ungarn lange über die Lebenszeit Ferdinands hinaus etabliert, liefert den Anstoß dazu, daß die beiden Brüder sich in der europäischen Politik voneinander trennen: Ferdinand wird als Fürst des Donauraums zum Wortführer des Friedens in Europa und zugleich des gemeinsamen Kampfes gegen die Osmanen – ein politisches Postulat, das seit jeher und bis 1526 die ungarische Diplomatie, von der päpstlichen unterstützt, am lautstärksten vertreten hat. Die Eheerbschaft, die Ferdinand nun antritt, ist die inhaltsträchtigste, die je ein Habsburger wahrgenommen hat: Sie bürdet dem jungen Fürsten eine Rolle und eine Haltung auf, die er nicht mehr von sich und seinem Haus wenden kann, und zwingt seine Nachfolger, Manifestanten der staatlichen Gemeinsamkeit im Donauraum zu bleiben. Und gerade diese Rolle Ferdinands wird zu einem zersetzenden Faktor in der Politik Karls: Durch ihn verteilt sich die Macht des Kaisers zwischen mehreren großen Zielen.

Es vergingen fast zwei Monate, ehe Ferdinand von Karl eine Antwort erhielt. In dieser Zeit aber trug sich so manches zu.

Mit einer wohltönenden Ansprache über die Gefahr, die der Christenheit von den Türken drohe, eröffnete der Oberstburggraf Löw von Rosenberg am 6. Oktober die Prager Versammlung. Doch erst am 8. fanden sich sämtliche Stände auf dem Hradschin ein. Sie wurden feierlich ermahnt, allen inneren Zwist, allen Haß und Neid abzulegen und in wahrer Liebe und Eintracht nur dafür zu sorgen, was das allgemeine Wohl des Landes erfordere. Dann trat der Gesandte der verwitweten Königin Maria, Markgraf Kasimir von Brandenburg, in den Saal, berichtete vom Tod des Königs und dem Vordringen der Türken bis nach Buda und bat die Stände, die Witwe nicht zu verlassen, vielmehr zu bestätigen, was ihr in dem Königreich gerechterweise gehöre – gemeint war ihre Mitgift. Die Stände bewilligten die Rückgabe und erklärten, sie wollten nicht gegen die zwischen Kaiser Maximilian und dem von ihnen so geliebten König Wladislaw getroffenen Vereinbarungen handeln. Erst dann traten die Gesandten Ferdinands auf.

Wortreich trugen sie alle Argumente vor, welche für die Erbrechte und Vorzüge des Erzherzogs sprachen. Sie erinnerten daran, daß in den Königreichen, Fürstentümern und Herrschaften des Verstorbenen keine näheren Blutsverwandten und Erben vorhanden seien als der Erzherzog und seine Gemahlin – also hoffe der Erzherzog, »billig vor andern Zutritt zu diesem löblichen Königreich zu haben«. Es folgten verzwickte Verhandlungen, nicht sosehr politischen, vielmehr finanziellen Inhalts, auch solche, welche die zukünftigen Pflichten des neuen Königs betrafen, denn der Befürchtung, Ferdinand könnte nach einem etwaigen Ableben Karls dessen Erbe in Spanien antreten und Böhmen verlassen, mußte widersprochen werden. Letztlich war aber gerade die internationale Stellung Ferdinands ausschlaggebend, seine – und das hoben die Gesandten auch gebührend hervor – in das »heilige Reich«, dessen ein »Lehen und Mitglied« Böhmen sei, in die Niederlande und nach Spanien reichenden Verbindungen. Am 22. Oktober wurde Erzherzog Ferdinand auf der Prager Burg zum König von Böhmen gewählt, zum Ersten dieses Namens.

Im anerkannten Besitz der böhmischen Krone konnte nun Ferdinand mit um so größerem Gewicht seinen Anspruch auf die Stephanskrone anmelden. Doch sie war nicht in seinem Besitz, auch nicht im Besitz Marias. Der so oft schon in Erscheinung getretene »Weyda«, Johann Zápolya, wurde mit ihr Ende November in Stuhlweißenburg zum König von Ungarn gekrönt – erwählt von jener Partei der Magnaten und Stände, welche die Zeit gekommen sah, endlich jedem fremdländischen Einfluß auf die Geschicke des Landes entgegenzutreten. Allerdings war eine ungarische Königswahl zu diesem Zeitpunkt, da das Land dem osmanischen Weltreich wehrlos ausgeliefert dalag, keine ausschließlich ungarische Angelegenheit mehr. Denn die Hohe Pforte setzt ihre Europa-Politik bald von Ungarn aus fort.

Doch nun trat Maria auf den Plan, charakterfest und klug wie ihre Tante Margarete, entschlußfreudig und tatkräftig wie jene andre Königin, die ihr in dieser Würde fast zweieinhalb Jahrhunderte später nachfolgt und auch ihren Namen trägt: Maria Theresia. Vielleicht waren diese drei Habsburgerinnen die besten Vertreterinnen ihres Geschlechts. Sie flößten nicht nur den Zeitgenossen Achtung ein, sondern verdienen, daß auch spätere Generationen sich vor ihnen verneigen. Alle drei agierten sie mutig und einsichtig, jede an einem

Wendepunkt der Geschichte: Margarete, als sie die Eintracht zwischen dem Kaiser und dem König von Spanien zu wahren hatte, Maria, als sie die Krone Ungarns für ihren Bruder erwerben wollte, Maria Theresia, als sie das ererbte Staatsgefüge gegen den Ansturm Europas behaupten mußte. Um die Gestalt der einundzwanzig Jahre alten verwitweten Königin Maria wehte ein Hauch der Erhabenheit, welche die Trauer ihr verlieh, und sie wußte die Ergriffenheit ihrer Getreuen in ritterliche Haltung und bindendes Versprechen umzuwandeln. Ihr zur Seite stand der Palatin, Stephan Báthory, vor dessen scharfem Blick so manch stolzer Magnat das Auge niederschlug. Der Palatin des Königreichs, der zweite Mann nach dem König, war von der Notwendigkeit überzeugt, das Land noch stärker, gerade jetzt noch stärker, in die Gemeinschaft der christlichen Völker einzubinden.

Die Frage bei der Erwerbung der Stephanskrone für Ferdinand war die gleiche, welche Ferdinands Weg nach Böhmen geebnet hatte: das verbriefte und natürliche Erbrecht und dessen Bestätigung durch die Wahl. Doch das war nur die formale Grundlage der Thronfolge. Von viel größerer Tragweite war die Erkenntnis – oder bloß Hoffnung? – des Palatins und der andren Herren, daß Ferdinand, ein Mitglied des mächtigsten Herrscherhauses, in der Lage sein würde (wie er es ja auch versprochen hatte), Ungarn mit der ganzen Macht seiner Länder und Provinzen und wohl auch mit der Unterstützung des Kaisers von den Türken zu befreien. Denn die Türkengefahr konnte nun auch schon im Reich kein bloßes Gerede mehr sein, konnte nicht mehr nur Gegenstand frommer Worte sein, sondern sie mußte als handfeste Bedrohung erkannt werden, unmittelbar gegen die deutschen Lande gerichtet und dazu angetan, die Reichsstände zu größeren Anstrengungen zu veranlassen. Zumindest meinten das die Herren in Preßburg.

Indes, das war eine etwas vereinfachte Sicht der Dinge. Denn das politische Hinterland Ferdinands – das Reich also, dann die kaiserliche Interessenlage darin, gepaart mit der spanischen königlichen Machtposition – war nicht so eindeutig, wie man es in Preßburg in der Verwirrung unmittelbar nach der noch immer unfaßbaren Katastrophe gesehen haben mochte. Wie mögen denn die Mächtigen Europas die Ausschaltung der ungarischen Staatsgewalt durch die Hohe Pforte beurteilt haben? Als Franz I. aus der Madrider Gefangenschaft Giovanni Frangepani mit einer Bittschrift nach Istanbul geschickt hatte, trachtete er nach einer Schwächung der habsburgischen Macht – doch ein endgültiger Verderb des ungarischen Königreichs konnte nicht in seinem Interesse liegen, hatte er doch diesem, dann Böhmen und Polen die Rolle eines östlichen Gegengewichts zur kaiserlichen Gewalt der Mitte zugedacht und dieses Ziel durch seine Diplomatie immer wieder auch zu erreichen gesucht.

Und Karl V.? Seine Gedankenwelt war von hohen ritterlichen Idealen geprägt, seine Gefühlswelt beherrscht von einem tiefen Familiensinn, und sein politischer Instinkt war hellwach. Es darf kein Zweifel darüber bestehen, daß er um seinen verstorbenen Schwager ehrlich trauerte und seiner verwitweten Schwester aufrichtiges Mitgefühl entgegenbrachte. Doch zugleich erkannte er auch, ohne die Erkenntnis klar auszusprechen (wenn auch an seinem Hof über die günstigen Aspekte der Lage nach der Schlacht von Mohács laut nachgedacht wurde), daß die Macht seines Hauses mit dem Erwerb der beiden Königreiche durch seinen jüngeren Bruder und verläßlichsten Getreuen in einem Maß gemehrt würde wie durch keinen andren habsburgischen Machtzuwachs durch Heirat je zuvor. Denn der abendländische Kulturkreis bestand aus dem Konglomerat der katholischen Länder, und Ungarn nahm 10 Prozent seiner Flächenausdehnung ein, die Magyaren stellten, ohne die Bewohner der Nebenländer der Stephanskrone, runde 5 Prozent der Gesamtbevölkerung Europas. Also hätte Karl nur zu gern gesehen, wenn Ferdinand Ungarn und Böhmen erhielt und somit von Karls verworrenen italienischen Besitzpositionen abgelenkt würde. Der Kaiser hätte auch Ferdinand gern unterstützt, sofern nicht dadurch seine Militärmacht auf dem französisch-italienischen Schauplatz geschwächt würde. Eine unbekannte Größe blieb bei diesem Gedankengang allerdings die Hohe Pforte, deren Verhalten und zukünftige Schritte weder Karl noch irgendein andrer Herrscher abzuwägen vermochte.

Und das Reich? Fast alle Reichsstände waren bereit, gegen die Macht der Osmanen sogar unter Opfern anzukämpfen. Doch das »Reich« war kein einheitlich regierter Staatskörper, und die meisten seiner Fürsten und Stände konnten nicht ihr Interesse darin erblicken, wenn die Macht Ferdinands – die sie nicht von der Karls gesondert sahen und die in ihren Augen also eine habsburgische Hausmacht darstellte – durch den Erwerb Ungarns und Böhmens in eine erdrückende Übermacht umschlug. Ja, sie hätten gern gesehen, wenn die ungarische Staatsgewalt auferstünde. Doch scharf unterschieden sie zwischen der gegen die Pforte gerichteten Politik Ferdinands und seinem persönlichen Kampf gegen den am 10. November in Stuhlweißenburg zum König gekrönten Johann I. Zápolya. Sie waren bereit, Türkenhilfe zu leisten. Aber sie waren nicht unbedingt bereit, Ferdinand in seinem Kampf um die Stephanskrone zu unterstützen.

Ferdinand war während dieser Wochen nicht untätig. Sobald er von den Bestrebungen des Johann Zápolya erfahren hatte, versuchte er, seinen Rivalen auf dem internationalen Feld zu isolieren: Er wandte sich an König Sigismund von Polen, den Onkel seiner Gemahlin, und klagte darüber, wie unerträglich es für die Könige der christlichen Gemeinschaft sei, für jene vor allem, die Kinder hätten, wenn sie befürchten müßten, daß die Untertanen, sobald ein König stürbe, danach trachteten, den gesetzmäßigen Erben aus der Thronfolge auszuschließen. Er bat Sigismund um Hilfe zum Erlangen des Throns von Ungarn. König Sigismund antwortete am 1. November auf seine vorsichtige Art: Er wolle Ferdinand in seinem Bestreben nicht hindern, doch Hilfe biete er nur dann, wenn Ferdinand Ungarn nicht mit Krieg erobere, sondern die Herzen der Magnaten gewänne, so daß sie ihn aus Zuneigung und nicht aus Furcht zum König wählten. Der Erzherzog erhielt diesen Brief am 17. November, als Johann Zápolya bereits zum König gekrönt war.

Auch seine engsten Berater rieten ihm, mit einem Feldzug in Ungarn so lange zuzuwarten, bis er zum König von Böhmen gekrönt würde – dies geschieht am 24. Februar 1527 – und erst dann, mit aller Macht seiner Besitztümer, solle er den Feldzug eröffnen. Doch auch dann noch sei größte Vorsicht geboten, denn, meinten die Räte, der Wojwode hätte es nicht gewagt, sich zum Abenteuer einer Wahl zum König, die für ihn ungebührlich sei, hinreißen zu lassen, handelte er nicht in Einvernehmen mit irgendwelchen andren Mächten, vielleicht sogar mit den Osmanen. Das war gewiß ein weiser Rat. Denn in der Person des Johann Zápolya mußten sich nun alle jene Kräfte manifestieren, welche gegen Habsburg gerichtet waren: die Republik Venedig, zeitweise auch der Vatikan, Franz I. von Frankreich, so manche deutschen Fürsten und die Hohe Pforte. Und so war die Wahl eines Königs von Ungarn zum Politikum internationaler Ordnung geworden – die doppelte Königswahl macht das Land – neben Italien – zum Tummelplatz all der Kräfte, welche die europäischen politischen Ambitionen lenkten.

Im Herbst 1526, nach einem halben Jahr nur, war die gegen den

Kaiser geschmiedete Heilige Liga von Cognac im Auflösen begriffen: Der Papst sah sich gezwungen, eine Annäherung an Karl V. zu unternehmen, Franz I. blieb untätig, als er erkennen mußte, daß man Mailand mit seiner Hilfe nicht für ihn, sondern für den Herzog Francesco II. Sforza zurückgewinnen wollte. Der italienische Schauplatz war etwas ruhiger geworden. Der Brief Ferdinands vom 22. September hatte Karl in Granada erreicht. Am 30. November antwortete der Kaiser dem Bruder, zu einem Zeitpunkt also, da es den Anschein haben konnte, daß seine Vormacht in Italien sich zu festigen begann. Er meinte über seine Kräfte frei verfügen zu können, und diese Annahme dürfte Karl dazu veranlaßt haben, ermutigende und großzügige Versprechungen zu machen. (Bei allen Überlegungen, die man heute anstellt, da die gedankenschnelle Nachrichtenübermittlung gleichsam zum sechsten Sinn des Menschen geworden ist, muß man sich immer wieder und besonders beim Auswerten von Berichten von großer Tragweite daran erinnern, wie unzulänglich der Informationsfluß im 16. Jahrhundert noch war: Karl vermerkt ausdrücklich, daß ihm der Kurier den Brief Ferdinands, datiert vom 22. September in Linz, am 13. November in Granada überreicht habe – also nach 53 Tagen!) Als Karl seine Antwort gab, konnte er von der Wahl Ferdinands zum König von Böhmen nicht wissen. Darum versprach er alles, damit Ferdinand seine Erbschaft antreten könne.

Gerne wollte er persönlich und mit der größtmöglichen Streitmacht nach Österreich ziehen, ließ Karl Ferdinand wissen, um der Christenheit den Dienst zu erweisen, den er ihr besonders jetzt schulde, und alle seine Kräfte aufbieten und nichts schonen, was von ihm abhänge. Es werde in der Hilfe, die er nur zu leisten vermöge, keinen Mangel geben. Es gebe nichts, was er nicht zur Hilfeleistung an den Bruder unternehmen würde. Zwar habe er seine letzten Goldstücke nach Italien geschickt, dennoch schicke er Ferdinand 100 000 Dukaten, und was er in Zukunft schicken werde, brauche man nicht zu verrechnen, sondern man würde tun wie Brüder. Nun folgte die nüchterne Warnung: Ferdinand möge sich bis dahin in keinerlei Kämpfe mit dem Türken einlassen, sondern Verteidigungspositionen einnehmen und nur dann einen Waffenstillstand schließen, wenn ihm große Gefahr drohte. Und wieder ein gewichtiger Hinweis: Auch wenn er, Karl, sich nicht mit König Franz aussöhnen könne, so werde er doch Ferdinand mit Soldaten, Artillerie und Geld aushelfen – Ferdinand möge diese um sich sammeln und mit dem Türken nur in letzter Not Frieden schließen.

War das nicht ein großartiger Brief, ein höchstes Wort vom Bruder, dem Kaiser und ersten Herrscher der Welt? Mußte er nicht Ferdinand dazu verleiten, alle Ratschläge der Vorsichtigen in den Wind zu schlagen und zu dem Feldzug zu rüsten, der ihm die Herrschaft über Ungarn einbringen würde? Der Brief Karls lieferte ein politisch begeisterndes Motiv. Ein anderes, ein rührend emotionelles, ergänzte das erste zu einem festen Entschluß. Anna, zum zweitenmal schwanger, hatte ihre heiteren Kinderjahre in der hellen Burg zu Buda verlebt, als anmutiges kleines Mädchen im prächtigen Burggarten gespielt und war unzählige Male durch die prunkvolle Marmorhalle des Matthias Corvinus gelaufen, jene in aller Welt gerühmte »aulea marmorea«, die auf den meisten zeitgenössischen Darstellungen herausragt. Was für ein Mensch war Anna? Viele Jahre später, nach ihrem Tod schon, berichtet der venezianische Gesandte: Sie war »von überaus großer Schönheit und liebte so sehr den König und er sie, daß sie durch sechsundzwanzig Jahre, die sie miteinander lebten, das Beispiel einer wahrhaften Ehe boten«. Vielleicht war es sie, die Ferdinand den Traum eingeflößt hatte, jenes herrliche Renaissancebauwerk hoch über der Donau zu seiner Residenz zu machen und von dort aus über die drei Reiche Ungarn, Böhmen und Österreich zu herrschen. (In der Tat: Bis zum Unglücksjahr 1542 unternimmt Ferdinand viele Feldzüge, um diesen Traum zu verwirklichen. Ihren ersten Sohn aber, Maximilian, später der zweite Kaiser dieses Namens, bringt Anna am 31. Juli 1527 in Wien zur Welt.)
Ferdinand, stets politisch denkend, rüstete nicht nur zu einem militärischen, sondern auch zu einem diplomatischen Feldzug. Er wollte Johann I. Zápolya, den »Usurpator« und Gegenkönig, auf dem internationalen Kräftefeld einengen und bis zur Bedeutungslosigkeit isolieren. Um diese Absicht auszuführen, ringt er sich sogar zu einer ersten friedlichen Fühlungnahme mit der Hohen Pforte durch. Doch zunächst mußte er zum König von Ungarn gewählt werden.

In der prachtvollen Marmorhalle der königlichen Burg zu Buda lustwandelte Sultan Soliman am 19. September. Er war vom Schlachtfeld nach Buda geritten, nachdem die 30–35 000 ungarischen und türkischen Gefallenen und die Geköpften am 2. September begraben worden waren. Es war eine schreckliche Arbeit gewesen – die Massengräber auszuheben, in ihnen die Leichen zu verstauen (noch wochenlang wehte der Verwesungsgeruch über das weite Feld) –, doch Soliman

hatte vergebens auf die Meldung gewartet, daß der Leichnam des Königs gefunden worden wäre. »Der Kampf dauerte bis zum Abend und war so heftig, wie ihn die Welt noch kaum gesehen hat«, heißt es im schriftlichen Bericht des Sultans, doch nein, den König hatte man nicht mehr gesehen. Plündernd, mordend, alles verwüstend waren dann die türkischen Scharen ausgeschwärmt. Der Sultan hatte in der Stadt Mohács übernachtet, sie dann niederbrennen lassen. Er war am 3. September in Richtung Buda aufgebrochen und dort am 10. eingezogen. Am nächsten Tag hatte er die Stadt besichtigt, die fremde Stadt, die unreine und doch faszinierende. Am 13. hatten die Pioniere mit der Errichtung einer Brücke zwischen Buda und Pest begonnen, und am selben Tag hatte Soliman Pest in Brand setzen lassen.
In Buda selbst, im königlichen Garten, in dem Blüten und Früchte des Herbstes prunkten (so Kemalpasazade), hatte Soliman zwei Feste zur Feier seines Sieges gegeben. Dann ließ er alle Schätze der königlichen Burg einschiffen, damit sie nach Istanbul geliefert würden: »Aus dem wunderschönen Palast des bösen Königs ließ er (der Sultan) die hochwertige Beute als Zeichen seines Sieges zusammentragen. Was immer in der Schatzkammer und dem Waffenarsenal – das mit Waffen und allerlei Kriegsgerät vollgestopft war – vorgefunden wurde, ließ er mit größter Sorgfalt auf die Schiffe verladen und schickte es nach Belgrad, von wo es auf dem Rücken des mächtigen Stromes in die Residenz des Landes der Gläubigen geliefert wurde ...«
Am 19. September war die Brücke fertig, und sogleich begann man mit dem Übersetzen. Noch am selben Tag spazierte Soliman ein letztes Mal durch den königlichen Garten und die Prunkräume der Burg, gleichsam zum Abschied. Hier, in jenem prächtigen Zeugnis des lebensfrohen Bauwillens der Renaissance, in der Marmorhalle und in der Bibliothek des Matthias Corvinus, deren Ruhm man auch in Istanbul kannte, war Soliman zum ersten Mal der unheimlichen und unbegreiflichen Welt der Ungläubigen begegnet, ihrer Art zu leben und zu glauben, ihrem Wissen um die Geheimnisse der Welt und den kunstvoll geschmückten Bänden, welche das Wissen verschlossen hielten. Mit widerwilligem Bewundern prüfte er jedes Stück der Bibliotheca Corviniana. Und er vergißt sie nicht.
Er blieb vor den Büsten Ludwigs und Marias stehen und meinte zu seiner Umgebung, er bedauere den traurigen Tod des jungen Königs, der im Kreis ungeschickter Ratgeber die Schlacht voreilig befohlen habe. Er, Soliman, »sei nicht gekommen, um Ludwig des Landes zu

berauben, sondern nur die ihm angetane Schmach zu rächen; wäre Ludwig am Leben geblieben, dann hätte er, Soliman, sich mit einer gewissen Summe Tributs begnügt und Ludwig das Land zurückgegeben, weil dieser es nicht aus eigener, sondern aus der Schuld andrer verloren habe. Er ließ diese Äußerung«, heißt es im Tagebuch des Sultans, »der verwitweten Königin zur Kenntnis geben.«

Wehmütige Worte aus dem Mund eines strahlenden Siegers, doch politisch nicht minder begründete Worte. Denn hier, angesichts der Büsten Ludwigs und Marias, dürfte dem Sultan das ganze Ausmaß des Mißgeschicks klar geworden sein, das ihm der aufsehenerregende, teure Feldzug und der überwältigende Sieg drei Wochen zuvor eingebracht hatte. Erst jetzt dürfte er es in seiner ganzen Tragweite begriffen haben: Nach dem Tod des Königs mußte der habsburgisch-jagiellonische Erbfolgevertrag, der zuletzt 1515 durch die Doppelhochzeit bekräftigt worden war und um dessen Bedeutung die osmanische Diplomatie stets gewußt hatte, nun automatisch in Kraft treten. Als dann Soliman, schon in Istanbul, die Nachricht auch noch von der Wahl Ferdinands zum König von Böhmen und – für die Pforte von größerer Bedeutung – zum König von Ungarn erhält, muß ihm das Mißgeschick geradezu als eine politische Katastrophe erschienen sein. Den nüchternen Worten des Tagebuchs (»die angetane Schmach« war eine übliche diplomatische Phrase) darf man durchaus Glauben schenken: Soliman war tatsächlich nicht gekommen, um Ungarn zu erobern, und schon gar nicht, um das Land zu besetzen – nach knapp einmonatigem Aufenthalt räumte er es ja! –, sondern lediglich, um die königliche Regierung zur Annahme seiner Bedingungen zu zwingen, nachdem sie sein Angebot zum Frieden um den Preis des Durchmarschrechts abgelehnt hatte. Die Bedingungen waren darauf ausgerichtet, Ungarn dem Wirkungsfeld des habsburgischen Machtbereichs zu entziehen oder, genauer, zu verhindern, daß das Land ein Kräftefeld der habsburgischen Weltpolitik werde und weiterhin eine »Bastion der Christenheit« gegen den Islam bleibe (in der Absicht, die habsburgische Macht zurückzudrängen, begegneten einander die osmanischen und die französischen Interessen) – gerade im Gegenteil: Ungarn sollte ein Schutzwall des Islams gegen Habsburg werden. Die Hohe Pforte befand sich in einer verteidigungspolitischen Zwangslage (und dadurch Ungarn im geradezu tragischen Status eines Puffers): Ihr Sitz, das religiöse, geistige und politische Zentrum des Reichs, Istanbul, konnte ohne ein weites und gut abgesi-

chertes Hinterland seine Funktion nicht ausüben und auch nicht wirkungsvoll verteidigt werden (das Schicksal der Stadt, als sie noch Konstantinopel geheißen hatte, war der Beweis dafür). Das Hinterland war nun die Balkanhalbinsel. Doch hier prallten die ungarischen, dann die ungarisch-habsburgischen und die osmanischen Interessen unausgleichbar aufeinander. Ein ebenso unversöhnlicher Interessengegensatz bestand im östlichen Mittelmeerraum: Die Pforte mußte seine Inseln besetzt halten, um ihre nahöstlichen Positionen verteidigen zu können – doch daraus folgte eine zwangsläufige Konfrontation mit den christlichen Mächten des Mittelländischen Meeres.
Die politische Katastrophe des großen Sieges von Mohács bestand also darin, daß gerade das eintrat, was Soliman mit dem Feldzug hatte verhindern wollen: Durch den Tod Ludwigs und die Wahl Ferdinands zum König von Ungarn wurde das Land in den habsburgischen Machtbereich einbezogen.
Solimans kurze Botschaft des Bedauerns an Königin Maria verhallte unbemerkt. Und doch enthielt sie einen gewichtigen Hinweis für die Zukunft, einen Hinweis auf die osmanische Rechtsauffassung, welche die Pforte von nun an in Ungarn bedingungslos geltend macht. Ferdinand stößt bei seinen vielen diplomatischen Unternehmungen in den kommenden Jahrzehnten immer wieder auf die harte Rechtsposition, welche die Pforte einnimmt, und auch König Johann wird zur Marionette dieser Rechtsauffassung, hinter der die ganze Macht des Osmanischen Weltreichs steht. Denn Soliman äußerte mit unumstößlicher Selbstverständlichkeit, er hätte König Ludwig, wäre dieser am Leben geblieben, das Land »zurückgegeben«. Ja, der Sultan erachtete Ungarn seit dem 29. August 1526 als sein rechtmäßiges Eigentum, da er es erobert hätte (wie auch andere eroberte Länder und Provinzen auf den drei Kontinenten »Eigentum« des Padischahs waren). Und so nahm er das Recht in Anspruch, Ludwig das Land »zurückzugeben« oder es wem immer – so etwa später dem König Johann – zu »schenken«. Nach der Rechtsauffassung der Pforte war also Ungarn *jure gladii*, mit dem Recht des Schwertes, ihr Eigentum geworden – eine Rechtsauffassung, die Ferdinand und seine ungarische Regierung selbstverständlich niemals anerkennen können.
Doch war König Ludwig tatsächlich tot? Bis kurz vor der Wahl Ferdinands zum König von Böhmen gab es keinen stichhaltigen Beweis dafür, wenn man auch seinen Tod auf Grund des Berichts von Ulrich Zetritz als gewiß annehmen mußte. Noch war seine Leiche

nicht gefunden worden – auch der Sultan hatte vergeblich nach ihr suchen lassen –, doch schon waren in Prag die Vorbereitungen zur Königswahl angelaufen. Es konnte nur einen Beweis für seinen Tod geben: den Leichnam. Auch Maria mußte die Gewißheit haben, ob sie tatsächlich die Königinwitwe war. Aber man hatte nichts unternehmen können, solange das türkische Heer in Ungarn lagerte. Am 19. September war Soliman in Buda aufgebrochen, nachdem er auch diese Stadt in Brand hatte setzen lassen, und in zwei Marschkolonnen geteilt war das türkische Heer abgezogen. Mitte Oktober endlich entsandte Königin Maria Ulrich Zetritz und den Feldhauptmann von Raab nach Mohács, damit sie nach dem Leichnam des Königs suchten. Von seiner Mission legte der Feldhauptmann in einem Bericht an Stephan Brodarics Rechenschaft ab:

»Euer Hochwürden möge überzeugt sein, daß alles, was Zetritz seinerzeit (am 31. August zu Maria) vom Tod des Königs gesagt hat, die reine Wahrheit ist. Denn kaum näherten wir uns jenem Ort und waren dort noch gar nicht angelangt, da zeigte schon Zetritz mit dem Finger auf den Ort. Wir eilten dorthin und erblickten im Morast einen Pferdekadaver. Zetritz glaubte, daß auch der Leichnam der königlichen Majestät dort sein müsse, und sprang, des Sumpfes ungeachtet, in den Morast und suchte nach dem königlichen Leichnam und dessen Begleitern. Doch dort fand er nicht sie, sondern nur die Waffen des Königs. Wir gingen einige Schritte weiter und trafen auf einen leblosen Körper, den wir als den Leichnam des Hofmeisters Trpka seiner Majestät wiedererkannten. Wir untersuchten noch andere Leichen, doch den Leichnam seiner Majestät fanden wir nicht. Endlich erblickten wir unweit dieses Sumpfes ein frisches Grab und trafen darin – ein göttlicher Fingerzeig! – auf den begrabenen Leichnam der königlichen Majestät. Wir alle eilten dorthin, und sofort begann Zetritz die Erde mit bloßen Händen wegzuscharren, und wir folgten seinem Beispiel: Zuerst legten wir die Beine frei. Zetritz ergriff das rechte Bein des Leichnams, waschte es sorgsam, indem er seinen Hut zweimal mit Wasser füllte, und entdeckte dann das Mal, das auf dem rechten Bein seiner Majestät war. Daraufhin rief er laut aus: ›Das hier ist der Leichnam seiner Majestät des Königs, meines stets allergnädigsten Herrn, das ist gewiß‹ – er fiel in die Knie und küßte den Leichnam. Wir legten ihn frei und wuschen zunächst den Kopf, dann das Gesicht und erkannten seine Majestät an den Malen seiner Zähne wieder. Dann legten wir den Körper der Majestät auf eine Decke und wuschen ihn sauber. Ich möchte nicht schmeicheln, aber Euer Hochwürden geruhe mir zu glauben, daß ich noch nie eine menschliche Leiche gesehen habe, die so unversehrt geblieben, so wenig abstoßend und furchterregend gewesen wäre. Denn nicht einmal der kleinste Körperteil der Majestät war in Verwesung begriffen, und es war keinerlei Wunde auf ihm, nicht einmal wie eine von einem Nadelstich, nur eine ganz kleine auf seiner Lippe. Nachdem all dies mit größter Ehrfurcht getan, kleideten wir den königlichen Leichnam in ein sauberes Hemd, das ich zu diesem Zweck aus Raab mitgebracht, und legten ihn in den Sarg, den ich ebenfalls aus Raab mitgenommen hatte. Dann brachen wir mit Gottes Hilfe auf und reisten überall unbehelligt. Vor Stuhlweißenburg angelangt, ritt Zetritz in die Stadt und trug dem Richter und den andren Standesherren vor, wen wir mit uns führten. Daraufhin kamen sie, wie es sich ziemt, zusammen mit dem ganzen Klerus in feierlicher Prozession aus der Stadt und zum Sarg des Königs. Dann trugen wir den Leichnam der Majestät in die Stadt... und legten ihn mit großer Ehrfurcht auf einen Schild. Danach öffneten wir den Sarg und zeigten ihn dem Richter, der darin seinen Herrn ebenfalls wiedererkannte...«

Leibeigene aus der nahen Umgebung hatten heimlich den König begraben und seine Kleidung, seinen Siegelring und ein kleines goldenes Herz, das er stets um den Hals getragen, zu sich genommen und händigten dann die Gegenstände, wie dies eine Urkunde vom Juni 1527 beweist, dem Bevollmächtigten der Königin aus.

Nun wußte Maria, daß sie Witwe war. Nach der Krönung ihres Bruders verläßt sie das Land, in dem sie, lebensfroh wie ihr Vater, die unbeschwerten heiteren Jahre der Jugend an einem Hof, an dem sie den Ton angab, verlebt hat. Karl V. bestellt sie 1530 zur Statthalterin der Niederlande, und sie bekleidet das hohe Amt würdevoll, umsichtig, zum Segen des Landes 25 Jahre lang. Sie heiratet nicht wieder. 1555 folgt sie dem Ruf des Bruders nach Spanien und stirbt dort, einen Monat nach dem Tod Karls, am 18. Oktober 1558. Sie ruht im Escorial, an der Seite ihres Bruders Karl und ihrer Schwester Eleonore. Nach ihrem Tod öffnet man ihr Testament. Verwundert und ergriffen liest man den Passus: »Seit dem Tod meines Gemahls des Königs trug ich am Leib ein goldenes Herz, das er bis zu seinem Lebensende getragen hatte. Ich befehle, daß das Herz zusammen mit der Kette, an der es hängt, eingeschmolzen und unter die Armen verteilt werde. Es war der Weggenosse zweier Menschen bis zu ihrem

Tod, die, solange sie lebten, niemals in der Liebe und der Neigung voneinander getrennt waren – daher soll es vernichtet werden und seine Gestalt ebenso verändern wie die Körper der einander Liebenden.«

Sobald bekannt geworden war, daß die Zápolya-Partei am 14. Oktober einen Landtag einberufen hatte, eilte Ferdinand von Wien – dorthin hatte er sich von Linz begeben – nach Hainburg und traf dort mit Maria zusammen. Sie und die ungarischen Räte überzeugten ihn, daß auch er unverzüglich einen Landtag einberufen müsse. Während die Vorbereitungen zur böhmischen Königswahl noch liefen, erließen Königin Maria und ihr Getreuer, der Palatin Stephan Báthory, Einladungsschreiben an die Stände – auf den 9. Oktober vordatiert, damit es den Anschein habe, sie wären der Gegenpartei zuvorgekommen. Sie wählten Komorn zum Schauplatz und den 25. November zum Eröffnungsdatum. Doch sie bestimmten nicht offen die Königswahl zur Aufgabe des Landtags, denn sie wollten die Erbrechte Ferdinands weder verkünden noch sie verschweigen – da die alten Instanzen nicht oder nur unvollkommen funktionierten, wußte man nicht, welches Argument, das des Erbrechts oder das der Wahl, mehr Gewicht haben würde.

Im Lande herrschten chaotische Zustände: Parteigänger Zápolyas fingen die Einladungsschreiben der Königin und des Palatins ab, der Wojwode brachte die heilige Stephanskrone in seinen Besitz und besetzte Stuhlweißenburg und Gran.

Daraufhin bat Ferdinand seine österreichischen Räte um ihre Meinung. Am 25. Oktober empfahlen sie, Königin Maria und der Palatin mögen den Landtag auf den 11. November vorverlegen und ihn so organisieren, daß der Adel nicht einzeln und bewaffnet erscheinen solle, sondern vertreten werde durch Abgesandte. Als den besten Standort nannten sie Preßburg, Ödenburg oder Raab. Zu den mächtigeren Herren sollte Ferdinand persönliche Gesandte schicken, ihnen allerlei Gunstbezeugungen, Burgen, Herrschaften und Ämter versprechen und sie so auf seine Partei ziehen. Und sie empfahlen die Aufstellung einer Streitmacht. Ferdinand stimmte allem dem zu und bat Maria um die Durchführung der Vorschläge. In einem Brief vom 28. Oktober an den Kaiser meinte er: »Wenn es auch Schwierigkeiten gibt, so vertraue ich doch in den Herrn, daß alles gut gehen wird.«

Indes, die Verhältnisse änderten sich in dem vom Krieg und den grausamen Raubzügen heimgesuchten Land von Tag zu Tag. Zápolya hatte eine gewisse Machtfülle an sich gerissen und nach dem Abzug der Türken seine Position in Buda gefestigt. Mit einemmal schien es zweifelhaft, ob der Landtag in Komorn würde abgehalten werden können. Was tun? Die österreichischen Räte meinten, der Erzherzog sollte am Landtag in Komorn, an seinem Erbrecht doch festhalten, da er Ungarns »Erbkönig« sei. Ferdinand gelang es, eine Streitmacht von 10 000 Mann in die Umgebung von Preßburg und eine andre von 3000 Mann nach Raab zu entsenden. Komorn aber öffnete dem Wojwoden die Tore. Daraufhin verlegte Maria den Landtag nach Preßburg und die Eröffnung für eine Woche später. In eigenhändigen Briefen lud sie mehrere Magnaten dazu ein.

Währenddessen ging die Wahl des Johann Zápolya in Stuhlweißenburg vor sich: Am Morgen des 10. November – nachdem am Vortag Ludwig II. beigesetzt worden war – eröffnete er die Magnatentafel, und sie wählte auf den stark demagogisch vorgebrachten Vorschlag des Stephan Werböczy hin Zápolya mit Akklamation zum König. Kaum trat etwas Ruhe ein, erhob sich der Abgesandte Ferdinands. Er hielt es nicht für angebracht, den Rechtsanspruch des Erzherzogs zu betonen, sondern beschränkte sich darauf nur, die Adelsversammlung vor der Durchführung der Königswahl zu warnen, da ein Großteil der Stände nicht anwesend sei. Wieder war es Werböczy, ein durchtriebener Rechtsgelehrter mit zündender Rednergabe, der die Antwort gab: »Jeden Tag«, rief er aus, »ja, in jeder Stunde kann uns der Feind überfallen, wir brauchen sofort einen König, nicht einen Augenblick länger können wir warten!« Da reckte sich neben ihm eine lange Lanze in die Höhe, an ihr hing eine mit vielen Petschaften behaftete Urkunde. »Item, meine Herren«, zeigte Werböczy einem Zauberer gleich die Urkunde vor, »hier die Zusage, hier der mit Eid beschworene Bescheid, der besagt, daß die Komitate und die Herren gelobt haben, niemals einen Fremden zu ihrem König zu wählen!«. Niemand wagte es noch, im Interesse Ferdinands auch nur ein Wort zu sprechen. Viel zu geladen war die Atmosphäre mit einer Leidenschaft, welche die unglückliche Schlacht, der Tod des Königs, der Raubzug der türkischen Heere, das ganze unfaßliche Elend, das über das Land hereingebrochen war, in den Herzen aufgestaut hatten. Ferdinands Abgesandter schwebte sogar in unmittelbarer Gefahr, mehrere forderten seinen Kopf, andre richteten ihre Waffen gegen ihn. Er konnte gerade noch entkommen. Am nächsten Tag, am 11. November, wurde Zápolya zum König Johann I. gekrönt.

Es war Ferdinand, der den wahren Kern, den lenkenden und entscheidenden politischen Sinn der Ereignisse erfaßte – erkannte, daß der sture Hinweis auf seine »Erbrechte« eine ungute, ja feindliche Wirkung hervorrufen mußte. Am 30. November ließ er für dreizehn ungarische Magnaten eine Urkunde ausstellen und verkündete feierlich, er werde »die Stände Ungarns in ihren Freiheiten und Gesetzen, in welchen sie seit der Zeit der weiland Könige lebten, selbst wenn er das Land mit Waffengewalt in Besitz nähme, ebenso einhalten und schützen, als wäre er mit dem Willen aller zum König gewählt worden; er werde die klerikalen und weltlichen Güter nicht an Fremde übertragen; Ausländer nicht in den Rat des Landes berufen; er werde die Anordnungen König Andreas' II. (aus dem Hause Árpád, 1205–1235, im besonderen das in der Goldenen Bulle von 1222 garantierte »Widerstandsrecht« des Adels), welche einzuhalten, die Könige Ungarns bei der Krönung zu schwören verpflichtet sind, heilig befolgen«.

Bereits von Linz aus hatte Ferdinand den Bruder gebeten, Gesandte nach Ungarn zu schicken, damit sie die Hilfe des Kaisers und des Reiches gegen den Türken anböten. Karl V. kam dem Wunsch nach. Er entsandte zwei seiner engsten Vertrauten: Christoph von Stadion, Bischof zu Augsburg, einen edlen Kämpfer für die Erneuerung der Kirche, unermüdlich im Bestreben der Versöhnung und Wiedervereinigung, und Friedrich II. Fürstenberg, seinen ergebenen Anhänger, damit sie in Ungarn und Kroatien für die Wahl Ferdinands tätig würden. Und er richtete einen persönlichen Brief an die Stände.

Der Brief war ein meisterhaftes Gemisch von zweckbedingter Interpretation der Ereignisse, von verschwommenen und erhabenen Zielen, nach Herzenslust zu deutenden Absichten, verdeckten Drohungen auch und zugleich aufrichtigen Gedanken – ein diplomatisches Meisterstück, das vom hohen politischen Sinn Karls zeugt, mit dem er die Triebfedern ferner Geschehnisse und, bedeutungsvoller noch, nationaler Empfindungen erfaßte. Dennoch mußte fraglich bleiben, ob die hochgestochenen Redewendungen die gewünschte Wirkung auf jene haben würden, deren Güter verwüstet dalagen und deren Familien und Leibeigenen niedergemetzelt worden waren, auf Menschen also, die das physische und psychische Elend als die einzige Wirklichkeit ihrer Tage durchlebten.

Die Präambel begann mit den Worten »Carolus, dei clementia electus Romanorum imperator«, es folgten seine anderen eindrucksvollen Titel, auch der eines »Königs von Jerusalem« fehlte nicht. Dann führte er aus:

»Seit wir die Regierung des römischen Reiches und die Schirmherrschaft über die christliche Gemeinschaft übernommen haben, war es unser Bestreben, sie in Frieden auszuüben, unsere Waffen mit der gemeinsamen Hilfe der christlichen Fürsten gegen den ewigen Feind des Glaubens zu wenden. Daher schlossen wir, als sich die Gelegenheit dazu ergab, mit dem durchlauchtigsten französischen König, der damals unser Gefangener war, Frieden und vereinbarten mit ihm einen gegen den Türken zu führenden Krieg, erlaubten ihm unter dieser Bedingung die Rückkehr nach Frankreich. Um die Angelegenheiten zu ordnen, gingen wir vergangenen Sommer nach Italien, um von dort aus die Feinde der (christlichen) Gemeinschaft aus Eurem Vaterland und den Grenzgebieten zu verjagen, da schlossen derselbe französische König – den eigenen Eid und unsere Liebe und unser Wohlwollen vergessend – und der römische Papst zusammen mit anderen Mächten Italiens einen Angriffsbund gegen uns (Anspielung auf die Liga von Cognac), teilten unsere Länder und Besitztümer unter sich auf, begannen einen ungeahnten Krieg, damit wir gezwungen werden, die Waffe, die wir zur Verteidigung der Gemeinschaft und zu Eurem Schutz bereitgestellt hatten, zum Schutz der eigenen Untertanen zu verwenden. Wir aber, nicht erschrocken durch diese Bewegungen des Feindes, traten von unsrem Entschluß, Euch Hilfe zu schicken, nicht zurück, ja, wir begannen sogar entsprechende Maßnahmen zu ergreifen, als ein zufälliger Bote den durch Jahrhunderte zu beweinenden Verderb Eures Königs Ludwig ruhmreichen Angedenkens meldete. Was wir wahrlich mit solchem Schmerz und einer Ergriffenheit der Seele vernahmen, daß wir Eurem erwähnten König den ruhmesvollen und ewig zu preisenden Tod neideten. Denn wir sehen, daß Er, der die Schuld der Menschheit gegenüber – für das Vaterland, die eigenen Untertanen, für die christliche Gemeinschaft und den Glauben mannhaft kämpfend – abgetragen hat, nicht gestorben, sondern nur in ein glücklicheres Leben eingegangen ist. Doch Euren und der Eueren Niedergang darf man nicht einen Verderb, sondern einen wahren Ruhm und großartigen Triumph nennen. Verstorben sind zwar jene beherzten und starken Kämpfer, doch so, wie es guten Untertanen ziemte: an der Seite ihres Königs, und sie opferten ihre Seelen dem Erlöser, dem allmächtigen und gnädigen Gott. Was sollten wir sonst noch sagen als dies: Seid alle, in Treue verharrend, eines Herzens, eines Willens. Wenn Ihr auch den besten Fürsten in der Blüte seines Lebens und seiner Kraft verloren habt, so ist doch der durchlauchtigste Ferdinand da, Infant von Spanien, Erzherzog von Österreich, unser lieber Bruder, der jene Länder auf Grund des natürlichen Erbrechts und gemäß den früheren Verträgen und Vereinbarungen geerbt hat, der nichts unterlassen wird, was die Pflicht eines guten Fürsten ist, damit Ihr alle Euch selbst, Eure Häuser und Güter verteidigen und das Verlorene wiedererwerben könnt – und den wir mit unserer Macht, Autorität, sogar mit der eigenen Person niemals verlassen werden, ja wir sind in dieser Sache in größter Bereitschaft und beginnen die eigene und der Untertanen Kraft darauf auszurichten, den Türken, soweit dies in Anbetracht der Größe der Sache möglich ist, innerhalb kurzer Zeit und schnell von Eurer Schwelle zu verjagen und sogar, so Gott hilft, Euren Grenzgebieten fernzuhalten – und so unsren Bruder in den Besitz jener Länder und Provinzen zu versetzen und ihn darin zu erhalten. Wollt ihr, wie wir dies von Eurer unerschütterlichen Treue erhoffen, unsrem erwähnten durchlauchtigsten Bruder, Eurem natürlichen König im Bestrafen der Unvernunft der Tyrannen, wenn sie sich im Auf und Ab der menschlichen Dinge erhöben, mit einer Seele und einem Herzen beistehen, dann werdet Ihr unser Wohlwollen und unsre Großzügigkeit erfahren; wenn andre aber, dem eigenen Verlangen eher denn der allgemeinen Ruhe zu dienen wünschend, Eure Leidenschaften zu verführen trachteten, so wisset: Wir werden weder Euer Wohlergehen und Fortbestehen noch unsren durchlauchtigsten Bruder vernachlässigen, sofern dazu unsere und unsrer Untertanen Macht ausreicht, sondern wir beschlossen, unsere ganze Kriegsmacht, ja, sogar unsere Person, wenn nötig, dazu zu verwenden. Ihr habt also dies zu tun: Euch so zu verhalten, daß es nicht den Anschein habe, Ihr hättet auf Eure Treue und auf Euer Fortbestehen vergessen – zugleich von uns all das zu erhoffen, was die Pflicht eines guten Fürsten und Kaisers ist. Dieses und anderes werden Euch unsere Räte und Gesandten, Hochwürden Fürstbischof Christoph zu Augsburg, unser frommer Getreuer, und der edle Friedrich Graf Fürstenberg, mit eigenen Worten auseinandersetzen; ihnen in allem diesem vollen Glauben zu schenken, ermahnen wir Euch wieder und wieder. Gegeben in unsrer Stadt Granada, am 26. des Monats des hl. Andreas (November), anno Domini 1526,

im achten Jahr unsrer römischen, im elften unsrer übrigen Herrschaft.«
Der Brief war von Karl unterschrieben und von Alfonso de Valdés, dem für lateinische Urkunden zuständigen Sekretär des Kaisers, gegengezeichnet. In einem Brief ähnlichen Inhalts bat Karl König Sigismund von Polen, Ferdinand beizustehen. Auch an die Stände Kroatiens erging ein Brief. Die kaiserliche Kanzlei war in diesen Tagen vollauf mit den ungarischen Angelegenheiten beschäftigt. Welch europaumspannendes Zusammenwirken der drei Geschwister war hier im Gange! Eine »konzertierte Aktion«, obwohl die Kommunikationsmittel eine Absprache und eine Konzertierung der Handlungen gar nicht ermöglichten! Es dürften sie eine angeborene innere Bereitschaft, sich stets und unter welchen Bedingungen immer der Öffentlichkeit zu stellen, und ein tiefer Sinn der Zusammengehörigkeit gelenkt haben. Macht auszuüben, war für sie eine Selbstverständlichkeit, sie zu erlangen, ein Gebot der Geburt.
Auf dem Landtag zu Posonium wollte Ferdinand nicht auftreten – vielleicht riet ihm sein kluger und kühler Instinkt dazu, seiner Wahl, in die notwendigerweise Leidenschaft wie Berechnungen gleichermaßen hineinwirken würden, fernzubleiben, damit die Ferne seiner Person die lockende Aura des Unbekannten verleihe. Er entsandte eine Kommission, die unter der Leitung des Fürstbischofs Christoph Rauber von Laibach stand, es waren dieselben Männer, die er noch von Linz aus zu Maria dirigiert hatte, damit sie ihr in den anfallenden Geschäften beistünden. Das Beglaubigungsschreiben unterschrieben sie beide: Ferdinand und Anna.
Nach den vorbereitenden Verhandlungen wurde der 16. Dezember, ein Sonntag, zum Tag der Königswahl bestimmt. Jene, die kommen wollten, weil sie Johann Zápolya ablehnten und für sich wie für das Land mehr Nutzen von einer Verbindung mit dem Reich versprachen, und auch kommen konnten, weil sie die Schlacht und die Raubzüge überlebt hatten, versammelten sich im Kloster des hl. Franziskus. Doch auch diese Wahlversammlung, wie jene des Zápolya, mußte unvollständig bleiben. Der Palatin Stephan Báthory eröffnete sie:
»...Da die Bresche an der Schutzmauer des Landes«, führte er aus, »so breit und groß ist, daß die Macht einer Privatperson nicht ausreicht (ein Hieb gegen Zápolya), um sie zu schließen, bedarf Ungarn jetzt mehr denn je eines mächtigen Fürsten, der die verlassenen Bur-

gen mit Kanonen und andrem Kriegsgerät versorge, die im letzten Sommer verlorenen Grenzfesten zurückerobere und dem Türken, sollte er wiederkehren, mit einer ausgerüsteten Streitmacht zu Lande und zu Wasser widerstehe – einen Fürsten aber, der zu all dem fähig wäre, kenne ich unter den Nachbarfürsten nur einen: König Ferdinand, sonst niemanden.«

Der Palatin sprach einfach und aufrichtig. Er sprach die einzige Hoffnung aus, welche die Wirklichkeit dem ausgebluteten Land noch erlaubte. Dann trat der Fürstbischof von Laibach auf, und glatt flossen von seinen Lippen die in gepflegtem Latein gesprochenen Worte, welche die Wiener und Preßburger Räte unter der persönlichen Mitwirkung Ferdinands verfaßt hatten. Er trug die bekannten Argumente vom Erbrecht des Erzherzogs, nun schon Königs von Böhmen, vor, beschwor die Treue der Herren und der Stände und sprach dann ein Wort, das aufhorchen ließ und das Ferdinand selbst formuliert haben dürfte. Er sagte: Kraft des gültigsten Erbrechts stünde dem König von Böhmen frei, »gegen den usurpierenden Wojwoden zu den berechtigten Waffen zu greifen. Doch er will das Blut der Christen und besonders der Ungarn schonen, die für die Religion und den Glauben viele Jahre tapfer gekämpft haben, und erwartet von Euch Vereinbarung und Wahl; er sehnt sich nach der Liebe und der Achtung eines freien Volkes und nicht nach dessen Haß.«

Der Beauftragte der verwitweten Königin breitete vor den aufmerksam lauschenden Herren historische Argumente aus, daß nämlich drei Könige schon kraft des Erbrechts ihrer Gemahlinnen den Thron Ungarns erlangt hätten. Er mahnte die Stände, die Unterstützung des mächtigen römischen Kaisers und des Königs von Böhmen nicht zu verscherzen, schließlich erklärte er, wenn die Stände »Ferdinand und seiner Gemahlin huldigen, so wird Königin Maria bei ihren beiden Brüdern Partei für die Stände ergreifen«.

Lebhaft diskutierend, doch nicht hingerissen von einer Leidenschaft, wie sie den Wahlgang zu Stuhlweißenburg einen Monat zuvor gekennzeichnet hatte, wägten die Herren alles Gehörte ab und setzten den Meinungsaustausch auch noch am nächsten Tag fort. An diesem 17. Dezember nahm der Landtag die Argumentation an, daß Johann Zápolya zu Unrecht zum König gewählt worden sei, und erklärte alle Beschlüsse des Landtags von Stuhlweißenburg für ungültig. Als erster gab der Palatin seine Stimme ab, ihm folgten die Oberhirten, die weltlichen Herren, der Adel und die Gesandten der Städte. Dann wählten sie alle mit Akklamation Ferdinand zum »Rex Hungariae«, und unverzüglich verkündete man das Wahlergebnis, die Bürger riefen »Vivat!«, und alle Glocken der Stadt ertönten, und die Mörser wurden abgefeuert. Und die zeitgenössische »Declaratio Eleccionis Ferdinandi in Regem Hungariae«, die »Erklärung zur Wahl Ferdinands zum König von Ungarn«, vermerkt ausdrücklich und spürbar stolz, daß die Wahl frei, ohne Drohungen und ohne Angst vor sich gegangen sei (»Eleccio fuit facta libera, non coacta minis nec timore...«). Und so entschieden die drei denkwürdigen Tage des Jahres 1526 über das Geschick des Donauraums und die Rolle Habsburgs in ihm: der 29. August von Mohács, der 22. Oktober von Prag und der 17. Dezember von Preßburg.

Es folgte einiges Nachspiel. Im 1478 gestifteten Franziskanerkloster in der montenegrinischen Stadt Cetinje huldigten am 1. Januar 1527 die Stände Kroatiens »dem durchlauchtigsten Herrn und Fürsten Ferdinand, gewählten böhmischen König und seiner Gemahlin, der durchlauchtigsten Frau Anna, geborenen Königin von Ungarn und Böhmen, unseren gnädigsten Herren, als den wahren, rechtmäßigen und natürlichen Erben, König und Königin Kroatiens«. Allerdings hatte die eindrucksvolle Huldigung einige Hilfsgelder an die kroatischen Herren gekostet. Vier Tage später hielten die slawonischen Stände in der Stadt Dombro ihre Wahlversammlung ab. Hier riefen die Emmissäre König Johanns die Herren auf, Johann Zápolya zum König zu wählen. Die Herren, unentschlossen und etwas geängstigt, fanden eine wahrhaft salomonische Lösung: Am 22. Januar berichtete der Feldhauptmann Nikolaus Jurischitsch Ferdinand, daß die Herren zwar Johann Zápolya als ihren König und Christoph Frangepán als ihren Banus anerkannt, jedoch diesen verpflichtet hätten, auf die Versöhnung der beiden Könige hinzuwirken.

Doch die Positionen waren viel zu unterschiedlich, viel zu gegensätzlich die internationalen Interessen, welche in die Personen der beiden Könige projiziert wurden, auf daß sie sich zu einer »Versöhnung« (was immer darunter verstanden werden mochte) hätten bereit finden können. Um der Wahl Ferdinands entgegenzuwirken, berief Johann am Frühlingsanfang 1527 einen Landtag nach Buda ein, und es kamen viele Magnaten, die Abgesandten von 53 Komitaten, zehn königlichen Städten, Siebenbürgens und Slawoniens. Man erklärte jene, die an der Wahl Ferdinands mitgewirkt hatten und ihn weiterhin unterstützten, »zu Feinden des Vaterlandes und der heiligen Krone«, und sie sollten mit dem Verlust ihrer Güter bestraft werden. Im Juni unternahm König Sigismund von Polen den wohlgemeinten Versuch, die beiden Könige an den Verhandlungstisch zu bringen, doch er scheiterte. Es mußten die Waffen entscheiden.

Ferdinand war kein Feldherr. Klug, gebildet und mit einem hohen Sinn für Gerechtigkeit ausgestattet, war er stets bereit, dem Wort den Vorzug gegenüber dem Schwert zu geben. Doch nun mußte er handeln. An der Spitze einer verhältnismäßig großen Streitmacht von etwa 13 000 Mann überschritt er am 31. Juli die Grenze nach Ungarn – in derselben Nacht kam in Wien Anna nieder, und Ferdinand trennte sich von ihr in ihrer schweren Stunde nur unter dem äußersten Zwang der Ereignisse. Gegen Mitternacht gebar sie Maximilian. Als Ferdinand ungarischen Boden betrat, schwor er neuerlich, die Rechte und Freiheiten der Nation zu achten. Johann und seine Räte hatten nicht mit einem Feldzug Ferdinands gerechnet und mußten weichen. Am 20. August zog Ferdinand in Buda ein. Es war der Tag der Heiligsprechung des ersten Königs von Ungarn, Stephan.

Der schnelle Vormarsch Ferdinands verblüffte alle Welt, viele Gefolgsleute Johanns liefen zu ihm über. Die Zeit schien gekommen, die Wahl Ferdinands durch einen weiteren Landtag, durch die Entgegennahme der Huldigung der Stände und durch die Krönung zu bestätigen. Am 6. Oktober eröffnete er diesen zweiten Landtag, und sein Auftreten und seine Worte, vielleicht mehr noch seine zurückhaltende und doch wirksame Art zu sprechen, sich hingebungsvoll und doch distanziert zu verhalten, führten eine echte Begegnung zwischen der Nation und ihrem neuen König herbei. Er sprach lateinisch und rief Gott zum Zeugen auf, daß er den Krieg gegen seinen Willen begonnen habe, doch gerade der glückliche Ausgang zeige die Gerechtigkeit seiner Sache. Denn Gottes Hilfe und Macht und nicht menschliche Stärke hätten den Sieg bewirkt, und so sei es seine Pflicht, seinen Rechten Geltung zu verschaffen. Er schloß die Rede, die einer Regierungserklärung gleichkam, mit den Worten:

»Da ich also von Gottes unzweifelhaft geoffenbartem Willen und mit Eurer Zustimmung über Euch zu herrschen berufen bin, bleibt nun nichts anderes übrig, als unsere Bestrebungen darauf auszurichten, das im Auflösen begriffene, beinahe in all seinen Gliedern zerfallende Land wiederherzustellen, ihm die Feinde mit unseren Waffen fernzuhalten und schließlich seine Grenzen auszudehnen. Zur Durchführung alles dessen bieten wir unsere ganze Kraft auf, scheuen keine

Mühe und fürchten keine Gefahr, also ist es nur zu billig, daß Ihr mich in der Lösung dieser wichtigen und für Euch so heiligen Aufgabe mit Rat und Opferbereitschaft treu unterstützt.«

Im Namen der Magnatentafel bat der Erzbischof von Gran den König, unverzüglich die Regierung des Landes zu übernehmen und sich in Stuhlweißenburg krönen zu lassen. Zwei Tage später begab sich Ferdinand in Begleitung einiger Magnaten zu dem niederen Adel und sprach ihn an. Er sprach wieder lateinisch, da er, der gebürtige Spanier, die Sprachen der Länder, über welche er herrschte, nicht verstand, und der Kanzler verdolmetschte seine Worte. Es war eine Rede von überragender psychologischer Fertigkeit, abgestimmt auf die Bedürfnisse der Zuhörer in der Stunde nationaler und politischer Verwirrung und von dem Wunsch getragen, sich als einen gütigen, einsichtsvollen und gerechten Fürsten zu präsentieren. Wie zwei Tage zuvor, wie immer, seit er um die Stephanskrone rang, unterstrich Ferdinand auch jetzt die beiden stärksten Motive seiner erstrebten Herrschaft über Ungarn: das Erbrecht und die Wahl, und hob die Freiheit der Nation hervor, mit der sie ihn gewählt hatte.

»Euch allen«, sagte er, »sind meine Absichten bekannt, mit welchen ich in Euer Vaterland gekommen bin: Euch von der Tyrannei zu befreien, Euch und Eure Güter vor dem Feind zu schützen, den alten Glanz Eures von inneren Zwistigkeiten und vielen Schicksalsschlägen aufgewühlten Vaterlandes wiederherzustellen. Erstrebt habe ich den Thron des Landes, den ich rechtmäßig beanspruchen kann, eher aus Mitgefühl, um Eurer beinahe schon verlorenen Sache zu helfen, denn aus Eigennutz. Da ich nun das Land mit Euer aller Zustimmung übernehme, gelobe ich, Gott als Zeugen anrufend, Euch eher die väterliche Gnade und Milde als die königliche Macht fühlen zu lassen. Es kann mir nicht als Nachteil angerechnet werden, daß ich ein Fremder bin. Das Land hatte auch vor mir schon mehrere fremde Herrscher, die es besser regiert hatten als manche einheimische. Am wichtigsten ist die Frage, wie man ist, und nicht woher man stammt... Unter meinen Ahnen kann ich römische Kaiser und spanische Könige aufweisen. Mein Vater trug ebenfalls eine Königskrone, und hätte nicht der frühe Tod ihn dahingerafft, dann wäre er meinem Großvater auf dem kaiserlichen Thron gefolgt. Mein Bruder, Kaiser Karl, hat von seinen Ahnen viele Länder und Reiche geerbt... Welche Meinung die Welt von unsrer Person hegt, mögen zwei mächtige Nationen veranschaulichen: die deutsche, die einst uns zum Kaiser hat wählen wollen, und die tschechische, die uns im vergangenen Jahr den Thron einstimmig angeboten hat. Gemäß unserem Vermögen und unseren Kräften werden wir nichts versäumen, was die Untertanen von einem gerechten, gnädigen, wohlwollenden Herrscher erwarten mögen. Befürchtet nicht, daß wir die von unseren königlichen Vorfahren gegebenen Gesetze aufheben werden. Wir werden Eure Rechte und Privilegien zu allen Zeiten in Gänze wahren. Ihr könnt Euch in allem vertrauensvoll an uns wenden. Wir werden uns eifrig bemühen, damit Ihr uns für einen gerechten, gnädigen und gütigen Fürsten haltet. Wir werden keinen Unterschied machen zwischen den Vornehmen und den Niedrigen – wir werden jedem gleichermaßen Gerechtigkeit widerfahren lassen. Wir werden die vom grausamen Feind eroberten Festen zurückgewinnen, die Grenzen des Landes mit dem Rat und der Hilfe aller ausdehnen. Wir können auf die Armeen unseres Bruders, des Kaisers, und auf die Hilfe vieler Fürsten und Völker rechnen. Für Euch, für Eure Kinder und Frauen wollen wir nicht nur unsere Schätze opfern, sondern wir sind auch bereit, unser Leben aufs Spiel zu setzen. Nehmt unser Angebot gerne an, wir aber wünschen, daß Ihr treu gehorcht: uns und unsrer Gemahlin, Eurer Königin, die in Eurem Vaterland geboren wurde.«

Als huldigendes Gegenstück zu den königlichen Worten des Wohlwollens entschuldigte sich der Adel für die Wahl Zápolyas und bat den König, sich alsbald krönen zu lassen. Man erklärte die Gefolgsleute des Gegenkönigs zu Hochverrätern und bestimmte den 3. November zum Krönungstag, zu dem die Stände mit gesonderten Schreiben eingeladen wurden.

Nun ließ Ferdinand Anna aus Wien und Maria aus Preßburg kommen. In Begleitung der beiden Königinnen zog er am 31. Oktober in Stuhlweißenburg ein. Einige Tage später traf dort der Kronwächter mit der hl. Stephanskrone ein.

Prunkvoll war an jenem 3. November der Torbogen des Domes mit teuren Teppichen geschmückt, und die Oberhirten des Landes und die höchsten Herren erwarteten dort den König. In der Mitte Ferdinand, links von ihm Maria, rechts Anna – so zogen sie in die Kirche ein, ihnen voran schritten die Bannerherren, welche die Krone und die Krönungsinsignien trugen. Hoch auf einem Podest stand der mit einem golddurchwirkten Teppich bedeckte Thron. Ferdinand nahm auf ihm Platz, zwischen den beiden Königinnen. Ihm zur Seite standen fünf Bannerherren, seidene Fahnen mit den Wappen der Neben-

länder der Stephanskrone in den Händen. Derselbe Bischof von Neutra, der ein Jahr zuvor Johann Zápolya gekrönt hatte, nahm nun die Krönungszeremonie vor. Zu Beginn der Messe legte Ferdinand über seinen goldbestückten und mit Pelzen geschmückten Anzug den verblaßten Mantel des hl. Stephan an. Man führte ihn zu den Stufen des Altars, dort fiel er in die Knie und hörte sich die Ermahnungen des Bischofs an. Nun wandte sich der Palatin dem Adel zu, der sich in den Kirchenschiffen versammelt hatte, und fragte dreimal, wie der Brauch es vorschrieb: »Wollt Ihr König Ferdinand von Böhmen zu eurem König?«, und dreimal kam die Antwort: »Wir wollen!«. Vielleicht standen dort einige ältere Herren, die sich an eine andre Krönung erinnerten: an die des zweijährigen Ludwig. Es ertönten die Klänge von »Te Deum laudamus«, der Bischof setzte die heilige Krone Ferdinand aufs Haupt, reichte ihm das Zepter und den Reichsapfel und umgürtete ihn mit dem Schwert des hl. Stephan.
Dann betrat der königliche Historiograph Ursinus Velius die Kanzel, und in herrlichem Latein pries er das Haus und die Person Ferdinands, und dem König schilderte er das Land und dessen Menschen, die so tapfer für die Christenheit gekämpft hätten.
Nach der Messe begab sich König Ferdinand in eine andre Kirche und schlug dort einige vornehme Herren zu Rittern. Dann schwang er sich in den Sattel, ritt in die Außenstadt, vor der Kapelle des hl. Martin setzte er ab, bestieg einen hohen Podest und schwor unter freiem Himmel, daß er die Rechte, Freiheiten und Gesetze des Landes achten werde. Er sprach auch einige persönliche Worte, und laut tönten ihm aus dem Volk Vivatrufe entgegen. Dann bestieg er wieder sein Roß, ritt zum Hügel im anderen Stadtteil, von dem aus er die vier Schwerthiebe in die vier Himmelsrichtungen führte, um seinen Willen kundzutun, daß er das Land gegen jedweden Feind schützen werde. Dreißig Magnaten und nur zwei Damen waren zum anschließenden Krönungsmahl geladen. Am nächsten Tag krönte man Anna. Ritterturniere schlossen die Feierlichkeiten ab.
Seinen ersten Gesandten seit der Schlacht von Mohács aber schickte Sultan Soliman zu König Johann.

VI. KAPITEL

Ein Fürst des Donauraums

Und so huldigte dem König Ferdinand beinahe ganz Ungarn. Sogar die Székler und die Sachsen Siebenbürgens bekannten sich zu ihm, und auch der Wojwode Peter Rares vom Fürstentum Moldau erhoffte von ihm Beistand. Der König Johann mußte weichen. Aber der Kampf der beiden Könige fand nicht mehr nur auf dem Boden Ungarns statt, sondern wuchs ins Weltweite, und ging nicht bloß um den Besitz des Königreichs, denn die Kräftefelder überlagerten sich, und Ungarn war ein solches überlagertes Kräftefeld, auf dem die Interessen der beiden Weltmächte, der spanischen und der osmanischen, und das Sendungsbewußtsein zweier Kulturen aufeinanderprallten. Alles, was nun kommen sollte – bis hin zur Belagerung Wiens 1529, zur Besetzung von Buda 1541, das unabsehbare Ringen mit dem Türken – war die Folge dieses weltweiten Kampfes, und der Donauraum war nur der eine Schauplatz.

Die Erhebung Ferdinands zum König von Ungarn war nicht nur in der Geschichte Österreichs und Ungarns eine Zäsur, nicht nur in der Geschichte des jahrhundertelangen Abwehrkampfes, sondern auch in der Beziehung Karls und Ferdinands und somit in der Geschichte Habsburgs. In jenen feierlichen Stunden zu Stuhlweißenburg trennten sich die Wege der beiden Brüder: Der König mußte den eigenen Weg gehen, den ihm seine Lage vorzeichnete, wie auch der Kaiser den seinen, der ebenfalls vorbestimmt war durch die geistigen und machtpolitischen Bedingungen seines Reichs. Nur das ausgeprägte Bewußtsein der Zugehörigkeit zum selben berufenen Herrscherhaus übertünchte ihr zwangsläufiges Auseinanderstreben, das durch die Lage und die Entwicklung der Länder bedingt war, deren höchste Würden sie verkörperten.

Ihr Auseinanderstreben konnte auch den Zeitgenossen nicht verborgen bleiben. Im Jahr 1529 sprach man sogar von Feindseligkeiten zwischen dem Kaiser und dem König, und mit einer spektakulären

Geste suchten die beiden Herrscher die Gerüchte über ihren Zwist zu zerstreuen: Ihre Gesandten nahmen den größten Palast Roms zu gemeinsamem Wohnsitz, den wundervollen Palazzo della Cancellaria auf dem Campo dei Fiori. Dieser diplomatische Auftritt vor der staunenden Weltöffentlichkeit änderte aber nichts daran, daß die Krönung Ferdinands den Beginn einer Entwicklung kennzeichnete: den Beginn der politischen Integration Österreichs in den Donauraum, mit der auch sein gleichzeitiges Ausscheiden aus dem spanisch-deutschen Interessenkonglomerat einherging. Ferdinand wird eine aufgabenschwere Würde zuteil, die ihm nicht das Zeremoniell, um so mehr die geschichtliche Wirklichkeit verleiht: die Würde eines Fürsten des Donauraums. In dieser seiner historischen Würde finden endlich jene Entwicklungskräfte ihren Ausdruck, die in den vorangehenden Jahrhunderten Sigismund von Luxemburg, die beiden Kaiser Friedrich III. und Maximilian I. und den König Matthias I. Corvinus bewogen haben, die Errichtung einer zunächst noch schemenhaft sich anbietenden gemeinsamen Staatlichkeit der Länder im Donauraum anzustreben, indem sie die Würden jener Länder in ihrer Person zu einen suchten. Ihr Streben war nicht bloße Machtpolitik, denn es war getragen von einer zwar nicht klar erkannten, doch seit jeher wirkenden Gemeinsamkeit der existentiellen Interessen. Es bedurfte der Katastrophe von Mohács, damit sie sich in der Person Ferdinands offenbaren konnte.

Seine neue Rolle, seine kaum noch zu meisternde Lage zwangen ihn, auf weitere Hilfeleistungen an den Bruder zu verzichten. Hatte er noch einige Monate zuvor Jörg von Frundsberg mit einer Streitmacht nach Italien entsandt, so war er es nun, der Karl um Hilfe anging. Das war der Punkt, der die Interessengegensätze in ihrer ganzen gegenwärtigen und künftigen Unausgleichbarkeit aufzeigte: Der König mußte den Sultan bekämpfen, der ein Mitstreiter von König Franz I. von Frankreich war, dem unversöhnlichen Gegner des Kaisers. Und so lag die Einigung der Kräfte des Abendlandes im Lebensinteresse Ferdinands, damit seine Lande eine politische und militärische Rükkendeckung erhielten, und in ebensolchem eminenten Interesse des Sultans lag die Zersplitterung der Kräfte des Abendlandes, der das fortdauernde Ringen des Kaisers mit dem König von Frankreich nur förderlich sein konnte.

Die Nachricht von Mohács hatte in ganz Europa eine Welle des Mitgefühls hochschnellen lassen und eine schon seit langem nicht

mehr gezeigte Bereitschaft hervorgerufen, gegen den Türken zu ziehen. Doch ebenso offenbar wurde der Vorbehalt vieler Höfe und Stände gegenüber dem Machtzuwachs des »burgundischen Hauses«. Ferdinand hatte Martin Salinas nach Spanien geschickt, und am 10. Februar 1527 berichtete der Gesandte aus Valladolid, die Cortes würden gerne Geld bewilligen, um Ungarn in seinem Kampf gegen die Osmanen zu unterstützen, doch sie hätten Bedenken, daß der Kaiser die Hilfsgelder zu anderen Zwecken verwenden würde. Die Abgesandten der Stände und des Adels, hieß es weiter im Bericht, empfänden Mitleid mit den Ungarn und seien bereit, die gewünschte Hilfe zu bewilligen, doch verlangten sie die Versicherung, daß das Geld tatsächlich gegen den Türken verwendet würde. Mit diesem ihrem sehr verständlichen Verlangen formulierten sie ungewollt den vorherrschenden Gegensatz zwischen Karl und Ferdinand.
Und der Kaiser? Im Juli 1527 ließ er Ferdinand wissen, daß es ihm nicht möglich sei, sich mit König Franz zu versöhnen, und am 27. August, daß er Ferdinand Mailand nicht überlassen könne, denn er müsse das Herzogtum um des Friedens willen für Francesco Sforza bereithalten. Dann, am 27. September, gab er Ferdinand bekannt, daß ihm am 21. Mai ein Sohn geboren worden sei (es war der spätere König Philipp II.), und riet ihm, mit dem Sultan Frieden zu schließen, denn der König könne ja einen längeren Krieg nicht durchstehen, er, Karl, sei aber nicht in der Lage, ihm zu helfen. Wie anders klang dieser Brief als jener andre, ermutigende vom 30. November 1526, auch als jener an die Stände Ungarns und Kroatiens! Nun ja, die Wirklichkeit sprach eben eine andre Sprache als diplomatische Taktik.
Etwa gleichzeitig gelangte der Bericht des erfahrenen Diplomaten Salinas in die Hände des Königs, und der Gesandte schilderte die kaiserliche Politik ohne jegliche Schönfärberei, ja, geradezu mit brutaler Offenheit: Gerne schlösse der Kaiser Frieden, damit er sich ganz den Angelegenheiten des Reichs und Ungarns widmen könne, doch wichtiger als Ungarn, wichtiger als die Machenschaften des »Wojwoden« Zápolya sei der italienische Schauplatz. Ein allgemeiner Friede sei ohnehin nicht in Sicht. (Im Verlauf des zweiten Kriegszugs Karls V. gegen Franz I. hatten die kaiserlichen Truppen, voran die deutschen Landsknechte, die Söldner des Karl von Bourbon, am 5. Mai 1527 Rom erstürmt und die Stadt in den darauffolgenden Wochen aufs grausamste verwüstet – das war der »Sacco die Roma«, die

»Plünderung Roms«. Der Connétable von Bourbon fand hier den Tod: Als einer der ersten erkletterte er die Mauern, und eine Kugel, die angeblich der gefeierte Goldschmied Benvenuto Cellini abfeuerte, traf ihn tödlich.)

Sogar nach London, zu König Heinrich VIII. hatte Ferdinand einen Gesandten um Hilfe geschickt, seinen alten Getreuen Salamanca, und erhielt im März 1527 die vorsichtig abschlägige Antwort des englischen Königs: Nicht eher als der allgemeine Friede geschlossen würde, könne er Geld geben.

Wie muß Ferdinand enttäuscht gewesen sein! Die Hilfe aus dem kaiserlichen Hinterland, auf die er mit Recht hatte hoffen dürfen, die Rückendeckung durch das Reich, ja, durch das Abendland, erwiesen sich als Trugbild. Waren sie es denn? Waren sie nicht vielmehr ein zu erwartender Ausdruck der seit eh und je obwaltenden politischen Wirklichkeit? Jener Wirklichkeit, mit welcher auch Ludwig II. und seine Räte unentwegt konfrontiert gewesen waren und welche nun mit unveränderter Wirksamkeit Ferdinands Sicht der Dinge neu prägte? Denn mit dem Thron Ungarns hatte er auch die Aufgaben geerbt, die ihm das Geschick des Landes und die Rolle des Königs aufbürdeten. Und so bewog ihn die politische und militärische Wirklichkeit, die er langsam in ihrer ganzen Weite zu erkennen begann, zu einem Schritt, den auch sein verstorbener Schwager, auch Sigismund von Polen oft hatte erwägen müssen. Anfang 1528 beschloß Ferdinand, seine Fühler nach Istanbul auszustrecken. Er schickte eine Gesandtschaft zur Hohen Pforte.

Wußte er, daß bereits Ende 1526 ein osmanischer Gesandter in Buda eingetroffen war? Ausländische Gesandte hatten ihren Regierungen über dessen Aufenthalt am Hof König Johanns berichtet, obwohl der Abgesandte der Hohen Pforte inkognito gereist, der Inhalt der Verhandlungen geheim geblieben war. Man nahm an, daß es sich um einen Vertragsentwurf gehandelt haben muß. Es ist wahrscheinlich, daß auch Ferdinand und seine Räte zumindest um die Entsendung eines osmanischen Gesandten zu König Johann gewußt haben. Es war dies ein politisch begründeter diplomatischer Schritt der Pforte, nachdem sie sich über die mißlichen – für sie mißlichen – Folgen des Todes von König Ludwig klar geworden war: Über ihr Anliegen, derentwegen sie den Feldzug unternommen hatte, konnte sie nur mit dem König verhandeln, und sobald ein neuer König gewählt war, schickte sie ihren Abgesandten zu ihm. Und aus der ganzen bisherigen Europapolitik der osmanischen Regierung folgte, daß sie nicht den habsburgischen Herrscher Ferdinand als den König von Ungarn – einem von ihr eroberten Land, welches das »Eigentum« des Padischahs war – ansah, sondern den andren, den die »nationale Partei« gewählt hatte und der zwangsläufig ein Gegner Ferdinands sein mußte. Und es bedurfte keines besonderen Scharfsinns, um zu erraten, worüber der Gesandte Solimans mit König Johann, dessen Handlungsspielraum ziemlich eng war, verhandelt haben mochte: nämlich über die vertragliche Absicherung der Bedingungen, welche die Pforte den ungarischen Regierungen spätestens seit der Eroberung Belgrads, 1521, immer wieder aufzuzwingen suchte. Ausländische Gesandte munkelten schon, daß König Johann – sollte nicht König Ferdinand auf Ungarn verzichten – die Pforte um Hilfe bitten würde. Doch so einfach lagen die Dinge nicht. Denn es spielten in das überlagerte Kräftefeld Ungarn viele, aufeinander nicht abstimmbare fremde Interessen und Erwägungen hinein: Die Beziehungen der Dogenrepublik zu Karl V. waren äußerst gespannt, geradezu bedrohlich seit dem »Sacco die Roma«, mit Istanbul hingegen pflegte sie ausgesprochen freundschaftlichen Umgang. Frankreich führte einen erbitterten Kampf gegen die Umklammerung, in welche es durch das spanische Königreich und das Heilige Römische Reich, durch Karls Reiche also, geraten war, und sogar vom Westen, vom Kanal her fiel ein Schatten, der Schatten Englands, über Frankreich, denn König Heinrich VIII. machte alte dynastische Ansprüche geltend. Und so war es König Franz I. gewesen, der über die Köpfe Europas hinweg die Hand nach Istanbul ausgestreckt hatte. Nicht nur der Hohen Pforte also, sondern auch Venedig und Frankreich lag viel, sogar sehr viel daran, daß Ungarn aus der habsburgischen Einflußsphäre herausgeführt würde, indem sein König Johann sich an die Pforte anlehnte. Johann, der von Ferdinand aus Buda verjagt wurde und bis nach Klausenburg weichen mußte, dieser König »ohne Land«, sogar ein »Gegenkönig« nur, verfügte über gar keine Entscheidungsalternative. Zwar hatte er, gleichsam einer abgedroschenen diplomatischen Routine folgend, Gesandte an viele europäische Höfe geschickt, um einen Kreuzzug gegen die Osmanen anzuregen, doch er konnte nicht einen Augenblick ernsthaft darauf rechnen, daß die christlichen Herrscher, die einander gerade in diesen Monaten und Jahren blutiger und bitterer denn je bekriegten, einen gemeinsamen Feldzug gegen die Pforte organisieren würden. Die Wirklichkeit zwang Johann, die Freundschaft der Pforte zu suchen. Doch war seine Position unvergleichlich schwächer, als die Position Ludwigs II. jemals gewesen war. Denn Johann war der vertriebene Gegenkönig eines besiegten und ausgeplünderten Landes. Dennoch zögerte er, obwohl der venezianische Gesandte und auch der französische unentwegt in ihn drangen, er zögerte aus den gleichen ethischen Überlegungen, welche auch frühere ungarische Regierungen davon abgehalten hatten, mit dem Türken Bündnisse einzugehen. Die Wirklichkeit siegte über die ethischen Bedenken, und im Oktober 1527 entsandte er einen polnischen Edelmann, Hieronymus Lasky, nach Istanbul, damit dieser dem Sultan die Huldigung des Königs Johann anbiete.

Die venezianische Diplomatie ebnete dem Gesandten den Weg zum Großwesir und zum Sultan. Geradezu atemberaubend war die Schnelligkeit, mit welcher der Vertrag ausgearbeitet wurde, besonders, wenn man die Schwierigkeiten bedenkt, die eine wirksame Kommunikation erschwerten (man erinnere sich an die 53 Tage, die der Kurier Ferdinands gebraucht hatte, um zu Karl in Granada zu gelangen!). Ende Januar 1528 erhielt Lasky den mit dem feierlichen Eid des Sultans bekräftigten Vertrag ausgehändigt. Am außergewöhnlich schnellen Vertragsabschluß läßt sich aber auch das Interesse Venedigs und der Pforte erkennen, in Ungarn klare Positionen zu schaffen.

Der Vertrag besagte, daß der Sultan König Johann Ungarn »zurückgab« (wie er es, nach eigenen Worten, Ludwig II. »zurückgegeben« hätte, wäre dieser am Leben geblieben). Soliman verlangte keinen Tribut, er versprach, Johann gegen Ferdinand zu unterstützen. Zu diesem Zeitpunkt aber hatte Johann auch schon aus Klausenburg fliehen müssen, er fand am polnischen Hof Asyl, von wo aus er die Rückkehr vorbereitete – nun schon mit türkischer Hilfe. Da schickte Ferdinand seine erste Gesandtschaft nach Istanbul.

Er entsandte zwei bewährte Heerführer, die sich in den Kämpfen in Ungarn ausgezeichnet hatten: den Ungarn Johann Hoberdanacz und den Krainer Sigmund Weichselberger. Ihre Instruktion wurde nicht überliefert, doch ihr Bericht läßt erkennen, daß Ferdinand und seine Räte das Kräfteverhältnis falsch eingeschätzt haben dürften. Wenn auch Ferdinand im Augenblick, da die Gesandtschaft die Reise antrat, Herr über ganz Ungarn war – auch König von Böhmen, Erzherzog von Österreich und Landesherr in einigen andren Provinzen –, beliefen sich doch seine Einkünfte aus allen diesen Ländern auf nicht einmal eine Million Golddukaten, jene der Hohen Pforte hingegen auf 9–12 Millionen. Ferdinands materielle Machtquellen waren also unvergleichlich schwächer als jene des Sultans. Doch auch seine geistigen und ethischen Machtquellen vermochten nicht jene wirkungsvolle Einheitlichkeit der Verwaltungsinstanzen und die bedingungslose Kampfbereitschaft der Truppe heraufzubeschwören, über welche der Sultan uneingeschränkt verfügte. Denn Ferdinand mußte beispielsweise, um eine Streitmacht aufzubieten, einzeln mit den Ständen seiner Länder verhandeln, und dann auch noch mit den Reichsständen, deren jeder eine andere Vorrangigkeit der Interessen vertrat. Anscheinend verkannten die Räte Ferdinands auch die politischen Strömungen innerhalb der osmanischen Regierung, so etwa dürften sie kaum gewußt haben, daß der einflußreiche Großwesir Ibrahim ein überzeugter Anhänger der Freundschaft mit Venedig war.

Dennoch wurde die österreichisch-ungarische Gesandtschaft Ferdinands schon am dritten Tag nach ihrer Ankunft, am 31. Mai 1528, vom Sultan empfangen. Soliman hörte, offen oder heimlich hinter einem Paravent, den Verhandlungen immer nur zu, ließ sich aber nicht dazu herab, an die Gesandten ein Wort zu richten. Der allgegenwärtige Ibrahim war sein Sprachrohr. Zwar nahm er sichtlich Anstoß daran, daß die Gesandten im Namen eines »Königs Ferdinand von Ungarn« sprachen, deutete aber an, man könne über die Regierung in Ungarn, bei Aufrechterhaltung des Eroberungsrechts des Sultans, verhandeln. Was mochte Ibrahim mit dieser Verhandlungsbereitschaft zu einem Zeitpunkt bezwecken, da der Vertrag mit König Johann erst kurz zuvor in Kraft getreten war? Wahrscheinlich wollte er die Gesandten hinhalten und aushorchen, sie vielleicht gegenüber Venedig oder König Sigismund von Polen ausspielen, der, um der Pforte keinen Anlaß zu einer weiteren Intervention in Ungarn zu geben, sich ehrlich um eine Versöhnung Ferdinands und Johanns bemühte. Die osmanische Diplomatie verstand es meisterhaft, undurchsichtige Verhandlungen zu führen. Der venezianische Gesandte machte sich tatsächlich Sorgen darüber, die Pforte könnte mit den Gesandten irgendwelche Vereinbarungen treffen. Doch er sorgte sich ohne Grund. Bei der nächsten Audienz, am 1. Juni, forderten die königlichen Gesandten, wahrscheinlich durch die Verhandlungsbereitschaft Ibrahims ermutigt, die Rückgabe der ungarischen Grenzfestungen, welche türkische Truppen besetzt hielten – es waren dies die Schlüsselpositionen Belgrad und Peterwardein, von welchen aus die Pforte jederzeit »Straffeldzüge« starten konnte. Das war eine anmaßende Forderung, die nur im völligen Verkennen der Machtverhältnisse und der osmanischen Rechtsauffassung gestellt werden konnte. Tatsächlich: Von diesem Augenblick an führte Ibrahim nur noch eine Sprache voller Hohn. Abrupt änderte er auch die Verhandlungsgrundlage, er forderte die bedingungslose Übergabe Ungarns als eine Selbstverständlichkeit, von der man nicht einmal diskutieren könne, und erklärte sich dann bereit, über »Deutschland« zu verhandeln. Aus dem Bericht der Gesandten geht nicht hervor, was der Großwesir damit gemeint haben mochte. Deutete er vielleicht jetzt schon an, um die Gesandten einzuschüchtern, daß man mit dem Gedanken eines Feldzugs spielte, dessen Ziel Wien sein könnte? Aber die Verhandlungen – wie bezeichnend für die osmanische Diplomatie! – gingen weiter, die Gesandten erfuhren nicht, welche Art Antwort sie erhalten würden, obwohl die Pforte ihren Entschluß über Ungarn längst schon getroffen hatte. Endlich, am 28. Juni, gab Ibrahim den Gesandten in Anwesenheit des Sultans eine Antwort, die einer Kriegserklärung gleichkam. Doch noch immer ließ man sie nicht gehen. Erst Anfang Dezember wurde ihnen jener verschlossene Brief Solimans an Ferdinand ausgehändigt, auf den der König monatelang keine Antwort geben konnte – weil man niemanden gefunden hatte, der den Brief hätte übersetzen können. In ihm forderte die Pforte Ferdinand auf, sich mit König Johann auszusöhnen, denn nur um diesen Preis könne er Frieden haben – eine Bedingung, die Ferdinand im Besitz des Landes nicht glaubte annehmen zu können. Und so brachte die erste Gesandtschaft, die Ferdinand nach Istanbul geschickt hatte, anstatt des Friedens die Kriegserklärung der Hohen Pforte.

Inzwischen war Johann im Herbst 1528 von Polen aus mit angeworbenen Truppen nach Ungarn gezogen, und es gelang ihm, die nordöstlichen und östlichen Teile des Landes wieder unter seine Herrschaft zu bringen. Allerhand Volk lief zu ihm über. Das war nicht verwunderlich: Die Befehlsinstanzen waren immer noch zerschlagen, die Schreckensnachricht von einem neuerlichen Zug der Türken eilte von Dorf zu Dorf, von Stadt zu Stadt, die unbezahlten Truppen Ferdinands, dem alles Geld ausgegangen war, wüteten nach zeitgemäßer Söldnerart unter der Bevölkerung, und die siebenbürgischen und kroatischen Stände haderten miteinander. Die allgemeine Stimmung schlug um. Das Volk, das von Ferdinand Schutz erhofft hatte, sah sich, als weder gegen Johann noch gegen die Türken Verteidigungsvorbereitungen getroffen wurden, um seine Erwartungen betrogen, und zieh König Ferdinand der Wortbrüchigkeit.

Eine böse Anschuldigung. Gerechtfertigt war sie nur bis zu einem gewissen Punkt: Man konnte Ferdinand vorwerfen, zu viel versprochen zu haben, solches nämlich, wovon er hätte wissen müssen, er würde es nicht halten können. Gewiß, Ferdinand war in seinen Zusagen großzügig, vielleicht sogar unverantwortlich gewesen und begierig im Streben nach dem Erbe seines Schwagers. Doch wer hätte abwägen können, wieviel in der Zahl von Truppen und Kanonen auszudrückenden Wert die Andeutungen und Aufgebote der verschiedene Interessen vertretenden zahlreichen Stände und die viel Ermutigendes signalisierenden Worte des Kaisers besitzen würden? Konnte denn Ferdinand im voraus unterscheiden zwischen verprochener und tatsächlich zu gewährender Hilfe? Durfte er sich denn nicht auf das Wort des Bruders verlassen? Und weiter: Mußte denn Karl nicht dem Kampf mit Franz I. den Vorrang geben? Einem Kampf, den gewiß nicht bloße Macht- und Interessenpolitik lenkte, sondern auch das zwingende Bewußtsein, zum Herrn einer zu verwirklichenden Monarchia universalis berufen zu sein? Eindeutige Antworten auf diese Frage kann es nicht geben, weil auch die materiellen und geistigen Komponenten nicht eindeutig, sondern einander ergänzend waren. Auch die Weltbilder des 16. Jahrhunderts – wie jedes andre Weltbild auch – waren aus Hergebrachtem und Postuliertem entstanden, sie enthielten irdisches Wirklich und geistiges Soll: diese beiden aufeinanderstoßenden Weltbilder, das christlich-abendländische und das islamisch-orientalische. Ihre Protagonisten waren Gestalter und zugleich Getriebene im Verwirklichungsprozeß: Die Ziele wurden durch das im Ideellen existente Weltbild gesetzt. Die beiden Herrscher Karl und Soliman waren die tragenden Verkörperungen ihrer Welten.

Wieder einmal wie zwei Jahre zuvor, als er die Nachricht vom Tod seines Schwagers erhalten hatte, entfaltete Ferdinand eine fieberhafte Tätigkeit. Nun mußte er erkennen, daß er einem neuerlichen Zug der Türken mit den Kräften des zerrissenen Ungarn allein nicht würde entgegentreten können. Im März 1528 eilte er nach Znaim, mit überzeugenden Worten bat er die mährischen Stände um Türkenhilfe, sie bewilligten auch 3000 Mann Fußvolk und 200 Berittene. Von hier ging es weiter nach Prag, die tschechischen Stände boten 6000 Mann zu Fuß und 1000 Reiter auf. Im November traf Ferdinand in Wien ein, wo ein Landtag abgehalten wurde, dann begab er sich nach Graz und sogleich nach St. Veit in Kärnten, von dort nach Innsbruck. Hier blieb er bis Ende Januar 1529. Innerhalb von zehn Monaten führte ihn sein Weg von Buda über Znaim, Prag, Wien, Graz, St. Veit nach Innsbruck – ein Wettlauf mit der Zeit, wenn man bedenkt, daß das einzige Fortbewegungsmittel das Pferd war, das oft über unwegsame Pfade traben mußte. Ein Wettlauf mit der Zeit war seine Reise, weil sich die Nachrichten von den Kriegsvorbereitungen der Türken bedrohlich verdichteten, doch auch ein Bittgang, ein schon entwürdigender, wenn man sich darauf besinnt, daß der König zweier vornehmer Reiche und der Erzherzog von Österreich und Statthalter des Kaisers im Reich die oft ungeneigten Vertreter seiner Länder sogar angesichts der offenkundigen Bedrohung geradezu anflehen mußte um die Bewilligung von Hilfsgeldern und die Aufstellung von Truppen. In Anbetracht der Machtfülle des Sultans zeigte der Bittgang Ferdinands viele gefährliche Mängel im Entscheidungsprozeß abendländischer Verwaltungen. Wie schicksalhaft bestätigte sich immer wieder die Erkenntnis, daß mit dem Thron Ungarns auch das Geschick des Landes und des gesamten Donauraums auf Ferdinand übertragen worden war! Hatte nicht auch sein Schwager und Vorgänger auf dem Thron einen gleichen Wettlauf mit der Zeit antreten müssen? Hatte nicht auch er die eigenen Stände und fremde Höfe im Namen dessen, was ihnen allen als heilig zu gelten hatte, um Einigkeit und Hilfe angefleht? Und was war das Echo auf sein Flehen gewesen? Doch die schlimmste Erfahrung stand Ferdinand noch bevor. Sie wird ihm in Speyer zuteil.

Dort hielt man wieder einen Reichstag ab, und zwar vom 15. März bis 22. April. Die Jünger Luthers protestierten gegen die Beschlüsse des ersten Reichstags, 1526, nach welchem jeder Fürst – »cuius regio, eius religio« – die Religion seines Landes bestimmen durfte, und hießen seitdem »Protestanten«. Doch auch anderes trug sich in Speyer zu, das die politischen Fronten in grellem Licht aufscheinen ließ.

Ferdinand gemahnte die Fürsten und die Stände des Reichs mit den mächtigsten Worten, derer er nur fähig war, an die Gefahr, die – welche bereits abgedroschene Redewendung! – der gesamten Christenheit drohte. Er hatte gute Argumente. Die ungarische Statthalterei berichtete ihm in kurzen Zeitabständen von den türkischen Vorbereitungen, und Sigmund Weichselberger hatte ihn am 1. Februar von der Erfolglosigkeit der Gesandtschaft in Istanbul informiert. Verzweifelt und verbissen zugleich hatte Ferdinand sofort einen andren Gesandten instruiert und ihn zum Wojwoden Radul von der Walachei geschickt, damit dieser den Frieden mit dem Sultan vermittle. Ferdinand war bereit, auf jede ungarische Festung in türkischem Besitz zu verzichten und der Pforte einen jährlichen Tribut von 100 000 Golddukaten zu zahlen. Doch ehe der Gesandte dort eintraf, wurde bekannt (man vergesse die Kommunikationsschwierigkeiten nicht!), daß Radul und sein Sohn ermordet worden waren. Nun werden die Friedensbemühungen Ferdinands so richtig zu einem Wettlauf mit der Zeit: Erst am 13. Juni kann er seinen Gesandten am polnischen Hof, Sigmund von Herberstein, beauftragen, König Sigismund um Vermittlung zu bitten.

In Speyer zeigte Europa sein wahres Gesicht. Die Parteigänger von König Franz I. – die Ferdinand feindlich gesinnten Fürsten, an der Spitze die Herzöge von Bayern – trachteten danach, die Bewilligung einer Türkenhilfe zu vereiteln. Sie wollten eine Türkengefahr gar nicht erst gelten lassen. König Franz hatte einen Brief an die Stände gerichtet, der am 25. März vorgelesen wurde:

»Um die Verleumdungen der Feinde zu entkräften, haben wir für richtig erachtet, Euch, erlauchte Fürsten, als denen, die ohne Widerrede in der christlichen Republik die erste Stelle einnehmen, und mit denen und zugleich mit dem heiligen römischen Reich uns und unsere Vorfahren ein uraltes und heiliges Bündnis verbindet, die ganze Sache zu schreiben. Was nun das betrifft..., daß wir nicht nur auf jede Weise den Frieden und die Ruhe der christlichen Welt verhindern, sondern auch noch die ungeheuren Türken nach Ungarn zu kommen angestiftet und durch unsere Gesandten und Schreiben den König der Türken von einem Frieden mit Ferdinand, wenn nicht auch wir in die Aussöhnung einbegriffen würden, abgehalten hätten – so wäre es nicht geringen Lobes wert, vom Gemüt eines barbarischen und heidnischen Königs eine um vieles größere Billigkeit und Milde hoffen zu können als von jenem, der Fürst und Kaiser ist und der das Haupt der christlichen Republik genannt und dafür gehalten sein will. Es kann nicht geleugnet werden, daß wir ihm, um den Frieden zu erkaufen und herzustellen und um unsere Kinder, die er als Geisel hat (der König hatte seine beiden Söhne beim Frieden von Madrid, 14. Januar 1526, als er aus der Gefangenschaft heimkehrte, dem Kaiser zu Geiseln überantworten müssen), zurückzuerhalten, öfters schon die billigsten Bedingungen angeboten haben – und daß wir ihm für das Herzogtum Burgund, das zu veräußern und in fremdes Eigentum zu bringen das heiligste Gesetz dieses Königreichs verbietet, eine übergroße Geldsumme geben wollen und zu bezahlen uns erboten haben; daß wir außerdem ... mit allen Truppen und Schätzen, überall, wo es nötig sein würde, dem Kaiser beizustehen angeboten haben ...« Würde der Kaiser die Bedingungen annehmen und ihm die Kinder zurückgeben, dann würde König Franz selbst mit den deutschen Fürsten der türkischen Kriegsmacht mit einem überaus großen Heer entgegenziehen und 30 000 Mann zu Fuß und 2000 Mann schwere Reiterei, um nichts von der sonstigen Begleitung zu sagen, heranführen.

König Franz rechnete selbstverständlich nicht damit, daß auf dem Reichstag ein Friede zwischen ihm und dem Kaiser beschlossen würde – der Reichstag konnte gar nicht dazu befugt sein –, er wollte mit seinen spitzfindigen Worten lediglich als christlicher Fürst vor aller Welt seinen guten Willen zum Kampf gegen den »Heiden« demonstrieren, wohl wissend, daß er mit seinem Auftritt den türkischen Feldzug gegen Ferdinand weder beschleunigen noch verhindern konnte. Auf jeden Fall aber mußte ein Angriff auf die Lande Ferdinands die habsburgische Macht, indirekt auch die Karls, schwächen. Der Reichstag bewilligte dennoch, wenn auch verspätet, die Türkenhilfe.

Doch auch die Anwerbung von Landsknechten ging mit Schwierigkeiten einher: Der Sacco di Roma, die Vorstellung von märchenhaften Schätzen, beseelte sie viel mehr als die trostlosen Berichte von den verwüsteten Landstrichen Ungarns, obwohl man auch dort Gelegenheit bekam, seinen Sold durch Plünderung aufzubessern. Am 23. Januar hatte Königin Maria Ferdinand wissen lassen: »Sie (die Söldner) treiben den Sold ein und urgieren dann die weitere Zahlung. Die Armee ist gleich feindlich, wenn sie den Sold bekommt, wie auch dann, wenn sie ihn nicht bekommt.«

Ferdinand muß die Lage als hoffnungslos angesehen haben. Das unaufhaltsame Herannahen der osmanischen Armee ließ ihn die tödliche Bedrohung seiner Existenz als des höchsten verantwortlichen Würdenträgers seiner Länder erkennen. Nach dem Reichstag scheint er geradezu von Panik ergriffen zu sein. In Linz will er weiter mit den Ständen verhandeln. Das Ergebnis der Gesandtschaft Herbersteins wartet er gar nicht erst ab, sondern schickt einen vom 15. Juli datierten Brief an den Sultan. Der Kurier sollte das Schreiben mit Hilfe des Beis Husref von Bosnien nach Istanbul bringen, doch erst Hoberdanacz gelingt es, das Anliegen Ferdinands, nun vom 23. Juli datiert, tatsächlich in die Hände Solimans gelangen zu lassen. Noch hat der Kurier nicht einmal die ungarische Grenze überschritten, da beauftragt Ferdinand am 29. Juli den Feldhauptmann Nikolaus Jurisich mit einer weiteren Gesandtschaft zur Hohen Pforte.

Inzwischen bewilligen die böhmischen Stände auf einem neuerlichen Landtag in Budweis im Juli eine größere als im Vorjahr aufgebotene Türkenhilfe. Einen verzweifelten Aufruf richtet Ferdinand an den Landtag von Niederösterreich im Juni und schildert in schon selbstquälerischer Weise, welche Gefahr gerade diesem Land drohe: Eine Streitmacht von 40 000 Mann Fußvolk und 10 000 Reitern, verstärkt durch Truppen »aus unserem kunigreich Hungern«, könnte den Feind in einer Schlacht bekämpfen. Doch auch Ferdinands Worte vermögen nicht, die Landtage zu patriotischer und christlicher Einigkeit zu bewegen, nicht einmal dazu, daß die Ständevertreter die unmittelbare Gefahr in ihrer ganzen Weite erkennen: Insgesamt werden 349 000 Gulden bewilligt – davon 80 000 von Österreich ob und unter der Enns –, obwohl für die Streitmacht, die vom 1. Juni an vier Monate lang zu unterhalten wäre, 645 000 Gulden veranschlagt wurden.

Der verzweifelte Wettlauf mit der Zeit geht weiter. Die Truppen Karls, den Ferdinand selbstverständlich ebenfalls um Hilfe bittet, bestreiten auf dem italienischen Schauplatz gerade die letzten Kämpfe mit den Venezianern und den Franzosen. Endlich wird Friede geschlossen: Am 29. Juni mit Papst Klemens VII. und mit Frankreich am 5. August in Cambrai – ein Friede, den die beiden hohen Damen, Erzherzogin Margarete, die aus den Niederlanden in zehn Kriegsjahren 15 Millionen Taler für ihren kaiserlichen Neffen beschafft hat, und Madame Louise, die Mutter Franz' I., erwirkt haben. Die frei werdenden Kräfte können aber nicht mehr rechtzeitig nach Österreich verlegt werden. Außerdem bereitet Karl, nun er sich mit Klemens VII. versöhnt hat, seine Krönung zum Kaiser durch den Papst vor. Erst am 11. Januar 1530, 44 Tage vor seinem dreißigsten Geburtstag und seiner prunkhaften Erhebung zum Imperator Romanorum in Bologna (die Erinnerung an den Sacco di Roma läßt Krönungsfeierlichkeiten in Rom unangebracht erscheinen), als rund um Wien schon alles vorbei ist, unternimmt er den Versuch, sich in einem langen, vertraulichen Brief an Ferdinand Rechenschaft über seine schwierige, verworrene Lage und gleichsam eine Rechtfertigung dem Bruder gegenüber zu geben.

Als Ferdinand Nikolaus Jurisich zu Soliman schickt, nähert sich der Sultan mit seiner Armee schon der Drau. Herberstein erreicht kaum etwas, König Sigismund geht nur widerwillig ans Werk der Vermittlung. In seinem Brief vom 15. beziehungsweise vom 23. Juli entschuldigt sich Ferdinand beim Sultan, er habe dessen Brief bis zum Tag deswegen nicht beantworten können, weil der Text erst jetzt von einem erlösten Gefangenen habe übersetzt werden können, doch er biete die gegenseitige Abrüstung an, wenn der Sultan noch immer friedlich gesinnt sei. Doch auch dieser Brief, der einzige, den Soliman tatsächlich erhält, bewirkt nichts. Jurisich gelangt nicht nur nicht vor den Sultan, er kann nicht einmal türkisches Territorium betreten: Am 27. August berichtet er aus Metling in Krain dem Bischof Bernhard von Cles, er habe Ferdinands Brief an Soliman abgeschickt und warte nun auf den Freibrief, damit sein Beauftragter sofort zum Sultan aufbrechen könne. Das freie Geleit wird nie erteilt. Am 28. August läßt Ferdinand den Kaiser wissen, daß der Sultan nur noch acht Meilen von Buda entfernt sei und vorhabe, Wien zu belagern. Am selben Tag erst zieht die erste Entsatztruppe durch Regensburg, und der Aufbruch der böhmischen Streitmacht in Znaim wird für den 28. Oktober festgelegt.

An diesem selben 28. August des Jahres 1529, am Vorabend des dritten Jahrestages der Schlacht von Mohács, erläßt in Linz König Ferdinand ein flammendes Manifest, selbstredend an die »gesamte Christenheit« – ein rhetorisches Meisterwerk des Bischofs Bernhard von Cles. In ihm ist solches zu lesen – und ein Gleichlauf im Geschick der beiden Könige Ludwig und Ferdinand von Ungarn wird augenscheinlicher denn je –: »Ihr alle, die ihr als Freunde Christi und des Kreuzes auf Erden lebt, *es brennt fürwahr, es brennt das Dach eures nächsten Nachbars, in Gefahr steht euer eigenes Heil, euer ganzes Besitztum wird bedroht.* Mit dieser Absicht eilt gegen uns der grausame Tyrann der Türken, mit einem nicht zu verachtenden Heer sich durch Ungarn ergießend, daß er nicht allein uns und unser Reich und Lande seiner Gewalt unterwerfe, sondern auch das ganze Deutschland, und von da so weit wie der christliche Name reicht, alle Reiche und Lande ihm zu dienen zwinge, weshalb wir, damit dem Andrang so großer Übel begegnet werde und der etwa durch unsere gemeinsame Schuld und Laster aufs gerechteste erregte Zorn des höchsten Gottes besänftigt werden möge, euch ermahnen und beschwören, alle und jeden, bei der innigsten Erbarmung unseres Gottes Christus, daß ihr erheben wollt eure Gemüter und Herzen zum allmächtigen großen und guten Gott, dem Vater aller Barmherzigkeit, abbittend in demütigem Gebet die begangene Schuld..., daß ihr Gnade bei Gott sucht und Hände und Augen zu ihm aufrichtet – wer weiß, ob nicht Gott sich zu uns wendet und sich erbarmt und uns seinen Segen läßt? Auf diesem Weg hoffen wir und vertrauen mit Zuversicht, daß wenn auch der wild drohende Feind die größten und bestgerüsteten Heere, wie Heuschrecken zahllos, gegen uns, ein kleines Häuflein Christen, führte, Gott seine Getreuen nicht verlassen und uns gegenwärtige Hilfe gewähren werde... Denn Gott allein ist es, wie die Schrift sagt, dem es ein Leichtes ist, den Sieg zu geben, der so gut durch wenige wie durch viele erretten kann, und wir erkennen es aufrichtig mit dem königlichen Sänger, daß nicht durch Waffen und Rosse, sondern durch den Arm des Höchsten gerettet werden alle, die auf ihn hoffen.« Dann fordert Ferdinand jeden auf, von dem Vermögen, das er der göttlichen Güte verdanke, gleichsam als dessen guter Verwalter zum Werk der Verteidigung gegen den Feind beizusteuern. Der König verspricht auch auf Handschlag und Treue der Fürsten, daß er die Geldbeiträge zu keinem andern Zweck als zur Unterhaltung des Heeres gegen die Türken verwenden werde.

Aber der Donauraum war, wiewohl die Bedrohung seiner Völker durch die Osmanen in der Gedankenwelt der Verantwortlichen zur Existenzfrage schlechthin wurde, doch nur ein Nebenschauplatz. Von größerer, von weltmachtpolitischer Bedeutung war der Mittelmeerraum. In seiner Geschichte ragt eine Seemannsgestalt hervor, die unter den größten genannt wird, ausgestattet mit den schillernden Charaktermerkmalen des selbstbewußten, von Zweifel kaum geplagten, bald diesem, bald jenem, letztlich aber doch nur dem eigenen Ehrgeiz und unbändigen Selbstentfaltungsdrang dienenden Typus seiner Zeit: der »admiral condottière« Andrea Doria. Er hatte den legendären afrikanischen Korsaren furchtbaren Schaden zugefügt, er hatte Papst Klemens VII. und König Franz I. gedient. 1528 gelang es dem Kaiser, diesen besten Flottenführer des Abendlandes für seine Dienste zu gewinnen, und er ernannte ihn zu seinem Obersten Seeadmiral. Zugleich schloß er ein Bündnis mit der genuesischen Flotte, der stärksten im Mittelmeer. Karl V. hatte zu Beginn der zwanziger Jahre

Versuche unternommen, das Mittelmeer unter seine Kontrolle zu bringen – der Sultan hatte die kaiserlichen Unternehmungen 1522 mit der Wegnahme der Insel Rhodos beantwortet und dort wie auch in Istanbul und an anderen Orten mit dem Schiffsbau und der Errichtung von Arsenalen begonnen.

Der letzte große Korsar, Hayreddin Barbarossa, hatte Algerien und Tunis erobert und im westlichen Mittelmeer eine starke Piratenflotte aufgebaut. Aus Angst, die Spanier könnten ihm seine Besitzungen wegnehmen, hatte er sich 1518 unter die Oberhoheit des Sultans gestellt und den Titel eines Beglerbegs (Provinzstatthalter) erhalten. Eine Truppe von 6000 Mann wurde ihm unterstellt, und 1529, als Soliman gegen Wien aufbrach, vertrieb er die Spanier von der dem Hafen von Algier vorgelagerten Insel Peñon. Von diesem strategischen Zentrum aus operierte er entlang der nordafrikanischen Küste und lenkte die kaiserliche Flotte auf sich. Während im Donauraum bald ein Gleichgewicht der Kräfte die Fronten erstarren läßt, bleibt das Mittelländische Meer jener Kriegsschauplatz, auf dem die beiden Weltmächte mit großen Anstrengungen die Entscheidung suchen. Denn sowohl von Madrid wie auch von Istanbul aus wird Weltmachtpolitik betrieben, die sich auf vier Kontinente erstreckt: auf Europa, Asien, Afrika und Südamerika.

1530 überläßt Karl den von Rhodos vertriebenen Johannitern die Insel Malta. 1533 ernennt Soliman Hayreddin Barbarossa zu seinem Großadmiral, 1535 belagert und nimmt Karl Tunis, 1537 unternehmen Hayreddins neue Flotte und Solimans Streitkräfte eine gemeinsame Operation gegen Süditalien, die von einem gleichzeitigen französischen Angriff auf Norditalien begleitet werden sollte (wie in einem Geheimabkommen vereinbart, als die »Kapitulationen«, die osmanisch-französischen Handelsverträge, 1535 abgeschlossen wurden) – doch Franz I., durch die heftigen Reaktionen Europas auf seine nun schon offenkundigen Verbindungen mit den »Ungläubigen« erschreckt, verzichtet auf das Ablenkungsmanöver. Venedig, wegen der wirtschaftlichen Vormachtstellung Frankreichs im Osmanischen Reich, die es einst selbst innegehabt, erbittert, läßt sich von Karl V. zum Kriegseintritt gegen die Osmanen überreden, und Soliman muß den Feldzug gegen Süditalien abbrechen. Doch im September 1540 erringt die türkische Flotte in der Seeschlacht von Prevesa vor der albanischen Küste gegen die vereinte christliche Flotte unter dem Befehl von Andrea Doria einen Sieg, der Europa erzittern läßt. Nun schließt Venedig mit der Pforte einen Separatfrieden und überantwortet ihr seine letzten Besitzungen auf den Ägäischen Inseln, dem Peloponnes und in Dalmatien, und bald auch seine nun schon vergehende Größe der wehmütigen Erinnerung. Der Niedergang Venedigs, wie Ungarn zwischengelagert im Ringen der beiden Weltmächte, nimmt seinen Anfang. Das Osmanenreich herrscht unangefochten über den östlichen Mittelmeerraum, seine Küsten und die Seeverbindung mit Ägypten sind abgesichert. Im Jahr 1543 segelt Hayreddin Barbarossa ungehindert entlang der Westküste Italiens, plündert und raubt und unterstützt im Mai die französische Flotte, wenn sie Nizza erobert. Die osmanische Seeherrschaft im Mittelländischen Meer bleibt auch noch nach dem Tod Hayreddins, 1547, aufrecht und wird erst in der berühmten Schlacht von Lepanto, 1571, gebrochen. All dies nahm, wie gesagt, im Jahr 1529 seinen Anfang, als Sultan Soliman gegen Wien zog.

Doch er wollte Österreich nicht erobern. Nicht einmal Wien wollte er auf die Dauer besetzt halten, wiewohl Ferdinand und seine Räte dies selbstverständlich annehmen mußten. Der Sultan konnte Österreich gar nicht erobern und Wien nicht unter einer osmanischen Besatzungstruppe seinem Reich einverleiben wollen. Mit dem Feldzug verfolgte er ein anderes Ziel, eines, das sich aus der ganzen bisherigen Politik der Pforte und aus der neuen Lage, die nach dem Tod König Ludwigs II. entstanden war, folgerichtig ergab. Der andere Grund dafür, daß die Pforte Österreich nicht erobern und Wien nicht besetzt halten wollte, war ein militärischer.

Soliman und seine Armee hatten am 17. Juli Belgrad erreicht. Zu diesem Zeitpunkt war das politische Ziel des Feldzugs bereits klar formuliert, wie dies aus dem »Fethname« (Feth = Sieg, name = Brief, Schrift) des Sultans hervorgeht:

»Der böse Ungläubige namens Ferendus ... hat ... einige Provinzen und Länder erobert. Nachdem der niederträchtige König von Ungarn (Ludwig II.) ... im Feld untergegangen war: der an seiner Stelle zum König gewählte Johann schickte aus Angst vor dem Angriff einer größeren Macht einen Gesandten zur Hohen Pforte und flehte mich, seine Treue offenbarend, um Parteinahme und Schutz an, und ich nahm seine Huldigung entgegen. Da kam jener Verfluchte (Ferdinand) mit einer Armee gegen mich, eroberte die Residenzstadt Buda und besetzte es mit Soldaten. Ungarn – das unter den Ländern der tugendlosen Ungläubigen zu den größeren zählt – hat aus alter Zeit eine als »korona« gekannte, mit Gold und Edelsteinen geschmückte Fürstenkrone, die auf der Burg Visegrád in der Nähe von Buda aufbewahrt wird und die ein Gegenstand des eitlen Stolzes und der Prahlerei der ungarischen Könige ist. Da es bei ihnen (den Ungarn) Sitte ist, daß jener, der sich dieser Krone bemächtigt und sie sich auf den Kopf setzt, König wird und ihm das ganze Land huldigt: so setzte sich jener Niederträchtige (Ferdinand) auch die Krone auf den Kopf und, König im ganzen Land, *mischte sich ungesetzlich in die Angelegenheiten des genannten Landes.* Daher forderten es von mir mein Pflichtbewußtsein und mein Ehrgefühl als Lehnsherr, daß die Fahnen des Islams ein zweites Mal in jenes Land getragen werden...«

Die Pforte wollte ihr altes Ziel – nämlich die Absicherung der Balkanhalbinsel gegen die habsburgische Macht durch die Befriedung Ungarns – nun endlich realisieren. Dies war dadurch, daß Soliman das Land dem ihm notgedrungen huldigenden Johann »zurückgegeben« und mit ihm einen Vertrag geschlossen hatte, geschehen. Da aber Ferdinand ebenfalls zum König gewählt worden war und Anspruch auf das Land erhob, sah sich die Pforte gezwungen, die Herrschaft Johanns zu sichern und seine königliche Autorität durch die Überantwortung der hl. Stephanskrone (dies geschieht bald), deren Bedeutung sie genau kannte, zu untermauern. Der Feldzug gegen Wien hatte auch den Charakter eines »Straffeldzuges«, wie ihn die Pforte auch anderswo oft gegen ungehorsame Länder und Provinzfürsten anwandte und mit dem nun das politische Ziel verfolgt wurde: Ferdinand zum Verzicht auf Ungarn zu zwingen. Zur gleichen Zeit trug sich im Mittelmeerraum, in Nordafrika, im Nahen und Fernen Osten so manches zu, das für die wirtschaftlichen, politischen und militärischen Optionen und Interessen des Osmanischen Reiches – etwa am Welthandel mit indischen Gewürzen, der einen Großteil seiner Einnahmen ausmachte – von unvergleichlich größerer Bedeutung war.

Einen Monat hielt sich Soliman in Belgrad auf und zog dann auf der bekannten Route gen Norden. Auf dem nun schon symbolhaften Feld von Mohács schlug er sein Prunkzelt auf. Darin trug sich jene Begegnung zu, welche wahrhaftig die gesamte Christenheit aufhorchen ließ: Soliman empfing König Johann. Er empfing ihn mit großem Pomp und mit aller zeremoniellen Ehrerbietung, die einem Fürsten zustand, wohl um die Position des Königs vor aller Welt zu festigen. Von der Unterredung, die in dem wohlriechenden und üppig geschmückten Zelt des Sultans stattfand, ist kein unmittelbarer Bericht überliefert. Doch zwei Hinweise lassen den Inhalt des Zwiegesprächs, das mit Hilfe eines oder mehrerer Dolmetscher geführt worden sein muß, erkennen. »... König Johann«, heißt es im Fethname des Sultans, »küßte die Schwelle meines Sultanenthrons, und ich ließ ihn meiner Gnade als Padischah teilhaftig werden, schenkte ihm fürstliche Gewänder und – den Garten seines Zustandes mit dem Tau meiner kaiserlichen Protektion begießend – *schenkte ich ihm das Königreich Ungarn«*. Also bekräftigte Soliman die osmanische Rechtsauffassung, daß Ungarn *jure gladii* das Eigentum des Padischahs war, indem er König Johann das Land in aller zeremoniellen Form schenkte.

Der andere Hinweis stammt von Erzbischof Franz Frangepán, der sich in Begleitung von König Johann befand: »Es wurde festgehalten, daß wir nach unsern eigenen Gesetzen leben und das Land in Frieden, ohne Tributzahlung und ohne die Anerkennung der (osmanischen) Oberhoheit besitzen sollten«. Der Umstand, daß König Johann nicht zur formellen Anerkennung der osmanischen Oberhoheit angehalten wurde, bedeutete freilich nicht, daß er eine souveräne, von der Pforte unabhängige oder sogar gegen sie gerichtete Außenpolitik betreiben durfte (sobald er es versucht, rächt sich die Pforte furchtbar), sondern nur, daß das Land nicht dauerhaft besetzt wurde. Die Rechtslage war aus der Sicht des Sultans ohnehin klar und die Abhängigkeit Johanns dadurch manifestiert, daß er sein Königreich vom Sultan »geschenkt« bekommen hatte. Der Verzicht auf den Tribut deutet darauf hin, daß Soliman erkannte: Nur ein erstarkendes Ungarn sei in der Lage, dem habsburgischen König Ferdinand zu trotzen. Es will scheinen, daß der Sultan am Vorabend des Feldzugs gegen Ferdinand seine Beziehung zu Ungarn und zu dessen von ihm anerkannten König über jeden Zweifel erhaben klargestellt wissen wollte. In Anbetracht der Tatsache, daß Johann und das Land dem Sultan wortgetreu auf Gedeih und Verderb ausgeliefert waren, erscheint Solimans Verhalten Johann gegenüber, erscheinen die Bedingungen, unter welchen er das Land dem König übergab, wahrhaftig mild – wahrscheinlich stimmte es den Sultan gnädig, daß er sein politisches Ziel, dessentwegen er kostspielige Feldzüge hatte unternehmen müssen, nun verwirklicht sah: Der König von Ungarn wurde sein Verbündeter und das Land ein Bollwerk gegen die habsburgische Macht auf dem Festland. Der »Straffeldzug« gegen Ferdinand sollte die gefestigte Beziehung der Pforte zu Ungarn aller Welt offenbaren.

Und noch etwas geschah bei jener denkwürdigen Begegnung, es versetzte die Gemüter Europas in Erregung und enthüllte seine mit erhabenen Worten kaum noch zu tarnende Scheinheiligkeit.
»... Johann küßte die Schwelle meines Sultanenthrons«, heißt es im Fethname, und andere türkische Quellen wollen wissen, daß Johann dem Sultan die Hand geküßt hat. Ein Aufschrei der Entrüstung erhob sich, als die Nachricht von der Begegnung die Höfe des Abendlandes erreichte: Ein christlicher Fürst küßte dem Sultan der Ungläubigen die Hand...! Mit einemmal war die seit vielen Jahren praktizierte Anbiederungspolitik Venedigs vergessen, derentwegen man die Dogenrepublik eine »Hure« nannte, »die mit dem Türken schlief«, vergessen auch der Hilferuf des französischen Königs an den Sultan, vergessen waren die vielerlei Verbindungen europäischer Mächte mit der Pforte, die alle ausschließlich um verschiedener Vorteile willen gepflegt wurden und von denen die vatikanische Diplomatie genauestens informiert war. Im Dezember 1529 exkommunizierte Papst Klemens VII. in Bologna König Johann. Allerdings tat er es nicht so sehr aus Überzeugung, vielmehr deswegen, weil Kaiser Karl Rom fest in der Hand hielt und der Papst Verbündeter des Kaisers sein mußte und im Begriff stand, ihn zu krönen. Man wollte nicht wahrhaben, daß hier ein Mann, Gefangener einer unabänderlichen Schicksalsfügung, eine tiefe Demütigung auf sich nahm – nicht um irgendwelcher kleinlichen Vorteile willen, sondern um von seinem Volk weitere Demütigung und Schande abzuwenden und ihm endlich den Frieden zu bringen. Zwei Entgegnungen – die eine auf die Vorwürfe aus dem Ausland, die andre auf die Exkommunikation – mögen die Kluft veranschaulichen, die das Vordringen des Osmanenreichs in Europa zwischen dessen »Westen« und dessen »Osten« hat entstehen lassen:
»Du sagst: Du hast dem türkischen Kaiser die Hand geküßt«, antwortete im Namen Johanns Erzbischof Frangepán auf den Vorwurf des Bischofs von Ravello. »Was ist denn schlecht daran, daß ich einem Herrscher die Hand geküßt habe? Wenn man um nicht einmal eines besonders großen Nutzens willen dem Statthalter Christi den Fuß küssen kann, warum sollte man nicht dem Statthalter Mohammeds die Hand küssen, wenn man um diesen Preis so viele Seelen retten kann?«
Und König Johann antwortete dem Papst: »Eure Heiligkeit stößt, anstatt wie Petrus, der Cornelius samt hundert Begleitern aufnahm, zu sammeln, Tausend und abertausend Seelen aus der Kirche. Ich

erkläre vor Gott, Eurer Heiligkeit und der ganzen christlichen Welt, daß ich mich in mein Schicksal füge, daß es mich nicht nach den Provinzen und Ländern anderer verlangt, daß ich anderen Schaden und Gefahr nicht wünsche, doch man lasse mich in diesem meinem zerrissenen und vielgeplagten Land leben und Gott und der Christenheit dienen. Ist mir das nicht vergönnt, dann versichere ich Eurer Heiligkeit, daß ich mich und mein Land auf jede nur mögliche Weise schützen werde . . , obwohl ich nicht die Absicht habe, den Schoß der Kirche zu verlassen, der ich immer ein gehorsamer Sohn gewesen bin«. (Zum Vergleich: Wie unsäglich würdelos sind, gemessen an dem großen und aufrechten Herrscher Soliman, gewisse zwielichtige Politiker von heute, die vorgeben, den Islam, seine Schaffenskraft und seine Kultur zu verkörpern – und gerade bei diesen biedern sich so manche europäischen Staatslenker ohne auch nur den Anschein einer Zwangslage wie jene, in welcher sich König Johann befunden hat, augenzwinkernd an!)
Soliman zog von Mohács weiter, am 3. September belagerte er Buda und nahm am 8. die von den Soldaten Ferdinands verteidigte Burg ein: »Die Straßen und Plätze der Stadt waren von den Leichen der Bewohner bedeckt, und auf dem Marktplatz der Burg floß reichlich das Blut der Feinde des Glaubens«. Dann brach der Sultan gegen Wien auf. Doch vorher übersandte er Johann die erbeutete Krone des hl. Stephan.
Die Verteidigung Wiens war musterhaft organisiert. Der Oberste Feldhauptmann Niklas Graf Salm hatte die in Ungarn stationierten Truppen rechtzeitig zurückbeordert. Ferdinand hatte am 29. August von Linz aus die Bevölkerung des östlichen Niederösterreich in einem »Warnungsmandat« aufgerufen, »wegen der herannahenden Türkengefahr die Feldfrüchte und ihre sonstige bewegliche Habe in die nächsten Städte und Schlösser zu bringen und auf gegebene Alarmzeichen (Feuer, Rauch, Schüsse) die Glocken läuten zu lassen. Die Untertanen haben sich mit ihren Waffen in Bereitschaft zu halten, die Befehle der Obrigkeit zu erwarten und diesen Folge zu leisten.«
Dennoch war die Lage Wiens lebensgefährlich. Den Türken war die Schreckensnachricht von ihren Greueltaten in Ungarn vorausgeeilt, die Angst, welche die Menschen erfüllte, war auch die Angst vor dem »Heiden«, vor dem Wesensfremden, und bald erfahren sie – so auch die 5000 Flüchtlinge in der Umgebung von Tulln: Frauen, Greise, Kinder –, daß die Nachricht von der Grausamkeit des Feindes die

blutige Wirklichkeit angekündigt hat. Die ausreichende Verproviantierung Wiens litt unter dem chronischen Geldmangel, und die Hilfstruppen aus dem Reich trafen nur sporadisch ein. Mit hundert Reitern kam ein tapferer kaiserlicher Heerführer, der schon in Italien so manche Schlachten erfolgreich geschlagen hatte: Philipp, Pfalzgraf am Rhein und Herzog in Bayern, den man den »Streitbaren« nannte. Einige Fähnlein Reichstruppen erreichten noch rechtzeitig die Stadt, so daß Niklas Graf Salm und sein Stellvertreter, Wilhelm von Roggendorf, mit einer Streitmacht von 17000 Mann Fußtruppen, 1400 schweren und 1200 leichten Reitern dem Ansturm begegnen konnten. Die gesamte türkische Armee bezog am 26. September Stellung. Die Verteidiger hatten einen Aufruf des Sultans zur Übergabe der Stadt abgelehnt, daraufhin begann die Belagerung. Es wurde mit heldenhafter Selbstaufopferung gekämpft. Den Verteidigern kam ein besonderer Umstand zugute: Den Belagerern mangelte es an Befestigungsartillerie. Der letzte Ansturm am 14. Oktober brach an den Mauern Wiens zusammen. Am 15. traf die türkische Armee die ersten Vorbereitungen zum Abzug, mit dem sie am 20. begann. Dankgefühl schlug den Verteidigern entgegen. Doch die Truppen aus Deutschland verlangten einen Sturmsold, bedrohten ihre Hauptleute und wollten sich, da ihre Forderungen nicht sofort erfüllt wurden, am Eigentum der Bürger schadlos halten. Nur mit Mühe konnten sie endlich befriedigt und aus der Stadt entfernt werden. An König Ferdinand wurden Eilboten mit der Nachricht vom Abzug der Türken und der Befreiung Wiens geschickt.

Also hatte die türkische Armee die Belagerung abbrechen müssen. Doch nicht allein deswegen, weil der Widerstand heldenhaft war und sie keine geeignete Befestigungsartillerie besaß, sondern auch noch aus einem andren zwingenden Grund: Vor Wien angekommen, hatte die Armee ihren Aktionsradius weit überschritten. Der Nachschub konnte nicht mehr gewährleistet werden, weil das Osmanische Reich seine höchste Ausdehnung erreicht hatte. Allerdings gewannen Soliman und seine Wesire diese Erkenntnis nicht erst vor Wien. Sie wußten bereits in Buda, wahrscheinlich auch schon früher, um die unüberbrückbaren Schwierigkeiten, welche die Versorgung einer so großen Armee über anderthalbtausend Kilometer und über eine lange Zeitspanne bereitete. Im Fethname des Sultans heißt es: »Also wurde die Burg (Buda) eingenommen. Da aber *infolge der übergroßen Entfernung zwischen ihr* (der Burg von Buda) *und dem muselmanischen*

Reich Buda nicht unmittelbar in Besitz genommen und mit Wache versehen werden konnte ...« Hinzu kam, daß die Armee sich überall – auf dem Balkan, in Ungarn, in Österreich – auf feindlichem Gebiet befand, das hieß, ihre Nachschubwege wurden von kleinen Scharen aus den unterdrückten Völkern immer wieder abgeschnitten, ihre kleinen Einheiten angegriffen. Wenn auch diese Partisanentätigkeit dem Gros der Armee nichts anhaben konnte, wurde sie doch als störend empfunden.

An der Südgrenze Ungarns stieß die osmanische Armee auf das Äußerste ihres realen Aktionsradius. Sie konnte die Schlüsselpositionen Belgrad und Peterwardein und noch einige andere kleinere Festungen gerade noch halten und »mit Wache versehen«, das heißt, die Besatzungstruppen auch versorgen. Über diese reale Grenze hinaus konnte der Aktionsradius nur noch mit äußerster Anstrengung und nicht ohne Gefahr für die gesamte Armee weiter gespannt werden. Darum auch räumte Soliman 1526 Ungarn, darum auch wollte er 1529 Buda nicht besetzen. Darum auch dachte er gar nicht erst daran, Wien oder sogar Österreich, also vielleicht Niederösterreich und die Steiermark, zu besetzen. Darum schloß er mit König Johann einen – für Johann unter den gegebenen Umständen günstigen – Frieden, der aber, wenn Johann die Bedingungen erfüllte (und dafür sollten die Garnisonen in Belgrad und Peterwardein sorgen), auch für die Pforte günstig war, weil sie dann Ungarn als Puffer gegen die habsburgische Macht erhalten konnte, ohne ihre Armee den bedrohlichen Nachschubschwierigkeiten auszusetzen.

Warum Soliman und seine Wesire dennoch den Marsch gegen Wien beschlossen, geht aus dem weiteren Text des soeben zitierten Fethname hervor, wobei zu bedenken ist, daß das bereits klar formulierte politische Ziel nach wie vor gültig blieb. Im weiteren heißt es: »... Mein eigentliches Ziel war der bereits erwähnte niederträchtige König (Ferdinand), der ... nach Ungarn kommend, sich ungesetzlich in dessen Angelegenheiten einmischte. Daher, da das entschiedene Ziel meines hellen Verstandes der gegen Deutschland gestartete Feldzug war, setzte ich, in Buda aufbrechend, meinen Weg in Richtung Alaman (Deutschland) fort ... « Also wollte Soliman Ferdinand mit Waffengewalt zum Verzicht auf Ungarn zwingen – darauf deutet auch die Wortwahl: Ferdinand habe sich »ungesetzlich« – da Soliman Ungarn bereits Johann »geschenkt« hatte (so im Fethname) – in die Angelegenheiten des Landes »eingemischt«. Diese Motive scheinen in den amtlichen osmanischen Schriften immer wieder auf, so auch in einer Abschrift des Fethname des »seligen Sultans Soliman«, die also offensichtlich nach seinem Tod angefertigt wurde. In ihr wird übrigens auch die ganze Problematik der Zeit aufs einfachste beschrieben. Sie zeigt auch, daß die osmanischen Staatsmänner in großen Zusammenhängen dachten:

»... Ich habe Ungarn und seine Hauptstadt Buda aus Gottes Gnaden und mit Hilfe meines siegreichen Schwertes erobert. Da es aber zu jener Zeit sehr weit vom moslemischen Reich entfernt war und also seine Regierung schwer gewesen wäre, König Johann sich aber zu Tributzahlung verpflichtete, überantwortete ich das Königreich Ungarn dem Genannten und nach seinem Tod seinem Sohn ... Doch auch der König des Ungarn benachbarten Deutschland, der Ferendus genannte Ungläubige ... wollte gerne König von Ungarn werden. Daher sammelte er im Bund mit seinem ungläubigen Bruder Karlo, König von Ispania, und mit der Unterstützung anderer tugendloser Ungläubiger eine riesengroße Armee ... «

Wahrscheinlich hatten die Wesire mit der Einnahme Wiens nach einer kurzen Belagerung gerechnet. Die Rechnung ging nicht auf. Im Oktober kämpfte schon die Armee mit einem nicht mehr aufholbaren Zeitverlust. Die Witterung war ungewöhnlich kalt geworden. Die Belagerung mußte abgebrochen werden. Der etwa 260 km lange Marsch von Wien nach Buda war hart, grausam: Fast wie eine geschlagene Armee kamen dort die türkischen Truppen an. Nach beschwerlichem Marsch, viele Tausende Gefangene mitführend, erreichte der Sultan am 16. Dezember Istanbul. Von den beiden Zielen, welche die Pforte mit dem Feldzug verfolgte, war nur das eine erreicht: das Bündnis mit König Johann. Doch König Ferdinand blieb unbesiegt.

Und so wurde die erfolgreiche Verteidigung Wiens zu einer Wende in der Geschichte des Donauraums, sie markierte den Anfang einer Entwicklung. Vor Wien hatte Sultan Soliman die erste Niederlage seiner Herrscherlaufbahn erlitten, und diese freudige Nachricht wurde in alle Himmelsrichtungen getragen. Solimans Niederlage aber wertete die Position und die Rolle Wiens auf. Die habsburgischen Kaiser Friedrich III. und Maximilian I. hatten die Stadt an der Donau nicht zu ihrer Residenz erkoren, ihr Verhältnis zu den Bürgern war nicht immer ungetrübt gewesen. Die Osmanen hatten die Europäer aus deren traditionellem Handelsraum, dem Mittelmeerraum, verdrängt, und der Welthandel hatte sich, als die seefahrenden Völker in die fernen Welten fremder Kontinente vorgestoßen waren, von Konstantinopel über Italien an die Atlantikküste verlagert: Wien war die Rolle eines gewinnbringenden Umschlagplatzes verlorengegangen. Die oberdeutschen kapitalkräftigen Kaufleute hatten das Stapelrecht der Stadt immer augenscheinlicher umgangen, und kein Fürst hatte auf dieses Recht geachtet: Der Wiener Pfennig hatte seinen Wert eingebüßt. Selbst Ferdinand residierte, wenn er nicht gerade in Prag oder Buda war, lieber in Innsbruck oder in Linz als in Wien. Auch sein Verhältnis zu den Bürgern war eher gespannt. Erzogen im strengen, man ist geneigt zu sagen: spanischen Glauben an die gottgewollte Allmacht der Fürsten, hatte er die Führer der Wiener ständischen Opposition, unter ihnen den ehemaligen Bürgermeister Martin Siebenbürger, am 11. August 1522 durch das Urteil des »Wiener Neustädter Blutgerichts« auf dem Neustädter Marktplatz hinrichten lassen. Dieses »Blutgericht« belastete seine Beziehung zu den Bürgern Wiens. Am 12. März 1526 hatte er eine neue Stadtordnung erlassen – aus landesfürstlicher Allmacht, ohne Anhörung der Bürger –, um ihre Freiheiten, die aus der städtischen Selbstverwaltung im Mittelalter herrührten, zurückzudrängen und seine Macht des Landesherrn als geltendes Recht zu verankern. Nein, Wien ragte unter den anderen Großstädten nicht hervor.

Doch nun, da es den Türken nach den erschütternden Niederlagen des Nachbarn im letzten Jahrzehnt – 1521 bei Belgrad, 1526 bei Mohács –, erfolgreich Widerstand geleistet hatte, erhielt die Stadt ein besonderes militärstrategisches Gewicht: Es schien offenkundig, daß die osmanische Macht nicht über Wien hinausreichte. Und so fiel ihm eine Aufgabe zu, die in vergangenen Zeiten Buda erfüllt hatte: das Zentrum der militärischen Planungen und die Instanz der übergeordneten politischen Entscheidungen zu werden. Hinzu kam seine geographische Lage, die unmittelbare Nachbarschaft zu den beiden Ländern, in welchen der Erzherzog von Österreich als König herrschte: Wien sollte eine »Hauptstadt des Donauraums« werden. Die Bürger sind sich dieser Entwicklungstendenz noch lange nicht bewußt, nicht einmal der augenscheinlichen Tatsache, daß beispielsweise Wien und Buda einander näher gelegen sind als Wien und Innsbruck oder Buda und Klausenburg. Aber die Höfe Europas erkennen die neue Rolle Wiens, die Rolle der politischen Entscheidungsinstanz im Donauraum sehr bald schon. Jener Oktober 1529 war ein markierender

Punkt im Integrierungsprozeß Österreichs, Ungarns und Böhmens in die gemeinsame Staatlichkeit.
Das Kriegsgeheul der Akindschi und der Janitscharen war verhallt, der »Selbstherrscher beider Landfesten, Asiens und Europas«, befand sich im fernen Istanbul, der Frühsommer des Jahres 1530 übertünchte mit frischem Grün die Wunden der Stadt und ihres Umfelds, und mit Schrecken und Trauer gedachten die Menschen jener Abertausende, Nächsten und Verwandten, unbekannter Christenkinder, welche die Türken auf ihrem langen, langen Zug mitgeführt hatten und welche die Heimat kaum je wiedersehen würden. Und weiter schwelte die Frage der Herrschaft über Ungarn, weil sie allen Verträgen und Kämpfen zum Trotz unbeantwortet geblieben ist.
Vorbei war die erhabene Krönungszeremonie von Bologna, zu der allerdings die deutschen Kurfürsten, obwohl die Verfassung dies vorschrieb, nicht geladen worden waren. Karl, der fünfte Kaiser dieses Namens des Heiligen Römischen Reichs Deutscher Nation, war zugleich der letzte, den ein Papst gesalbt und gekrönt hatte. Von Bologna zog er über Mantua und Triest in Richtung Augsburg, um sich auf dem Reichstag nun endlich den Angelegenheiten des Reichs zu widmen. In Innsbruck ruhte er sich aus. Hier kam Trauer über ihn: Sein Großkämmerer Mercurino Gattinara, der ihm seine Berufung und seine einmalige Würde mit unvergleichlich klaren Worten gewiesen und als einziger seine politischen Entscheidungen mit getroffen hatte, starb am 5. Juni im fünfundsechzigsten Lebensjahr. Karl blieb, inmitten eines zahlreichen Beraterstabes von Diplomaten, Militärs, Juristen, Theologen plötzlich allein. Niemand folgt dem Verstorbenen in dessen geistigem Amt, niemand mehr übt einen so bestimmenden Einfluß auf den Kaiser aus: Von nun an trifft Karl seine Entscheidungen einsam.
Aber auch Freude kam über ihn. Von Linz kommend waren Ferdinand und Maria in Innsbruck eingetroffen. Man bereitete sich auf den Reichstag vor. Die Proposition enthielt drei Punkte. »Der erste und wichtigste«, schrieb Karl an seine Gemahlin Isabella von Portugal, »betraf den Glauben, der zweite die Türkennot und Ungarn, der dritte die Regierung von Deutschland.« Und auch noch ein vierter Punkt war zu bestreiten: Ferdinand, Erzherzog von Österreich, sollte zum Römischen König gewählt werden.
Man meinte, daß sich die Haltung Ferdinands verhärtet habe, steifer geworden sei. Vielleicht waren es die Mühen der letzten Jahre, die ihn

nun schon kennzeichneten: der Kampf um die Kronen der beiden Königreiche, die ihm – wem denn sonst? – von Gottes Fügung zustanden. Das unstillbare Streben danach, die Würde, die ihm angeboren war, auch zu bekleiden, ließ seine Haltung strenger werden. Er flüchtete gleichsam in die Omnipotenz des Fürsten. Doch sein Geist blieb geschmeidig, sein politischer Instinkt ungebrochen. In den Verhandlungen mit der Pforte, die auf ihn zukommen – immer wieder, mit nie enden wollender Hartnäckigkeit, bis an sein Lebensende –, zeigt er seinen kühlen Verstand. Doch dem Reichstag tritt er schroff entgegen. Denn er, die Verkörperung des abendländischen Herrscherbegriffs, lebt an der Schwelle einer wesensfremden Welt, die seine tatsächlichen Machtpositionen, die an der Donau, auf furchtbare Weise zu vernichten droht. Die Reichsfürsten und die Könige Europas wissen nicht um das Besondere dieser Drohung, die anders geartet ist als alle Drohungen, mit welchen ein Fürst dem andren einen Vorteil abzugewinnen sucht. Er, Ferdinand, erlebt die Drohung, die gegen die Ganzheit seines Fürstendaseins gerichtet ist, Tag für Tag. Auch Karl weiß nicht darum. Nur Maria, die kluge Schwester. Und vielleicht Bernhard von Cles, Bischof und Kanzler, der ihn nach Augsburg begleitet.

Schon vor seiner Krönung zum Kaiser, im Januar 1530, hatte Karl V. den Reichstag zu Augsburg ausgeschrieben und ihm zum Ziel gesetzt: man wolle dort »die Zwietracht hinlegen, vergangene Irrsal unserem Seligmacher ergeben und eines Jeglichen Opinion in Liebe und Gütigkeit hören, verstehen und erwägen, und also alle in einer Gemeinschaft, Kirche und Einigkeit leben«. Auch sei er, der Kaiser, bereit, »alle Meinungen zu einer einigen christlichen Wahrheit zu vergleichen und alles, so zu beiden Teilen nicht recht ausgelegt oder gehandelt ist, abzutun«.

Doch auf dem Reichstag, der im Juni zusammentrat, standen ihm nicht mehr nur ein schismatischer Mönch und dessen einige Anhänger gegenüber, sondern es trat ihm eine Schar deutscher Fürsten entgegen. Die neue Glaubensform, die Karl »in Liebe und Gütigkeit hören, verstehen und erwägen« wollte, war während des vergangenen Jahrzehnts zum Ausdruck einer geistigen, sozialen und nationalen Entwicklung geworden, die Karl nicht begriff, nicht begreifen konnte, weil er die Entwicklung in Deutschland nicht miterlebt hatte, sondern in der Erinnerung an Worms, an die Ächtung Luthers nach Augsburg gekommen war. So erkannte er auch nicht die Tiefe der

Kluft, die sich zwischen dem alten römischen und dem neuen Glauben aufgetan hatte. Denn die neue Glaubensform wollte gar nicht mehr »verstanden und erwogen« werden, sondern sie trat schon als eine neue Geistesform hervor, der die Bauernkriege einen nicht mehr fortzudenkenden sozialen Inhalt auferlegt hatten. Die Bibelübersetzung Luthers hatte die deutsche Sprache, deren Karl kaum mächtig war, auf eine kurz zuvor noch nicht geahnte Höhe erhoben und ein nationales Bewußtsein heraufdämmern lassen (das ebenso wenig wie das italienische Renaissance-Gefühl mit dem Nationalismus des 19. und 20. Jahrhunderts gleichzusetzen ist).
Die Protestierenden – fortan Protestanten genannt – hatten es schon nach dem Reichstag von Speyer abgelehnt, sich in Fragen des Glaubens einem Mehrheitsbeschluß zu fügen, und sie dadurch aus dem politischen Bereich herausgehoben. Nun legten sie dem Kaiser am 25. Juni die von Philipp Melanchthon redigierte Confessio Augustana vor: das erste öffentlich vorgebrachte dogmatische Schriftstück des Protestantismus. Es war dies eine unversöhnliche Absage an die alte Grundordnung der römischen Kirche. Karl erkannte nicht, daß damit das Gefüge des kirchlichen Hierarchismus aufgespalten wurde, und wollte weiter auf einen Ausgleich zusteuern. Doch die Protestanten lehnten den Reichstagsabschied, in dem Drohungen gegen die Abtrünnigen ausgesprochen wurden, unumwunden ab. Karl war mit seiner Absicht, zwischen den Protestanten und den Altkirchlichen einen Ausgleich zu erreichen, gescheitert. Die Drohungen wurden nicht wahrgemacht. Auch der strenge und aufrechte spanische Kardinal Loaysa, ein Ergebener des Kaisers, riet ihm davon ab, Gewalt anzuwenden, und versuchte, den Blick Karls auf die gesamteuropäischen Zusammenhänge zu lenken: »Ich wage es«, schrieb er dem Kaiser, »Eure Majestät zu bitten, Euch wohl oder übel mit diesen Ketzern abzufinden und sie Eurem Bruder in der Art untertan sein zu lassen wie die Böhmen … Arbeitet darauf hin, daß sie einige ihrer Irrtümer aufgeben und im übrigen Euch als ihrem Herrn dienen und gehorchen, um Deutschland und Ungarn gegen die Türken zu verteidigen.«
Auch manch andres trug sich während des Reichstags zu. Augsburg selbst huldigte am 25. Juni dem Kaiser. Karl erteilte den Herzogen von Pommern die Belehnung und erhielt mitten in den Feierlichkeiten die Nachricht, daß ein Sohn, den die Kaiserin während seiner Abwesenheit zur Welt gebracht hatte, gestorben sei. Äußerlich unbe-

rührt vollzog er die Zeremonie. Er belehnte den Hoch- und Deutschmeister Albrecht von Brandenburg mit Preußen.
Ferdinand war mit einem großen, hochrangigen Gefolge nach Augsburg gekommen. Der Kaiser, nun er schon gekrönt war, belehnte ihn mit den österreichischen Landen, und Ferdinand empfing die Belehnung nach dem Privilegium von Österreich auf freiem Feld, in der Nähe von Schloß Welburg, etwa eine Stunde von Augsburg entfernt. Die Kurfürsten waren zugegen, vier von ihnen begehrten für Ferdinand die Lehen, welche das Haus Österreich erkauft und an sich gebracht habe, Würtemberg inbegriffen. Hierauf kamen Grafen und Herren angeritten und trugen zwanzig Lehnfahnen der einzelnen Lande. Nun erschien Ferdinand im herzoglichen Ornat aus rotem Samt mit weißem Hermelinfutter. Er trug den Erzherzogshut »mit einem gezymeten und gespizten Kranze, mit dem Krondiadem und dem Kreuz geziert, einen silbernen Stab gleich einem Zepter haltend«. Um den Kaiser zu begrüßen, »zog er das erzherzögliche Hütlein ab« und empfing die Lehen zu Pferde. Es folgte ein Ritterturnier, an dem auch Ferdinand teilnahm, und abends wurde an langen Tischen feierlich getafelt. Zuoberst saßen der Kaiser und die Königinwitwe Maria, am andren Ende der Tafel Ferdinand und Königin Anna, zwischen dem Kaiser und dem König nahmen die Kurfürsten Platz. Es war ein steifes Fest.
Weit wichtiger als die Belehnung Ferdinands mit den österreichischen Landen, in welchen er ohnehin schon seit einem Jahrzehnt als Landesherr regierte, war seine Wahl zum Römischen König. Auch diese konnte nun vollzogen werden, da der Kaiser gekrönt war, wiewohl die Wahl des Bruders nicht mit den Bestimmungen der Goldenen Bulla, die 1356 Kaiser Karl IV. als die Reichsverfassung verkündet hatte, zu vereinbaren war. Doch in dieser Hinsicht setzte der Kaiser seinen Willen ganz durch. Der Wahlakt wurde nach Köln anberaumt.
Auch ein Jahr des Sterbens geliebter Menschen war dieses 1530. Nach Mercurino Gattinara, der wie niemand andrer die Wesensart Karls begriffen hatte, nach dem kleinen Sohn, den Karl nie gesehen hatte, verstarb am 30. November in Mecheln bei Antwerpen die Statthalterin der Niederlande, die sechzigjährige Erzherzogin Margarete, die Tante Karls und Ferdinands und der anderen Geschwister. Sie war ihnen stets eine Stütze gewesen, von ihr war nicht nur eine geistige Autorität ausgegangen, sondern auch eine ganz besondere: eine familiäre. Nachdem der Vater, Philipp der Schöne, so beklagenswert früh

verstorben war, nachdem auch der Großvater, Maximilian I., und auch der andre, Ferdinand der Katholische, das Zeitliche gesegnet hatten und nachdem die Mutter, Johanna, sich aus der wirklichen Welt in eine von niemandem nachvollziehbare zurückgezogen hatte, war Margarete für die Geschwister als ein Bindeglied zwischen den Dahingegangenen und den Lebenden geblieben. Karl erhielt noch einen letzten Abschied von ihr, den sie an ihrem Sterbetag dem Sekretär zur Niederschrift in die Feder gesagt hatte: »... Die Stunde ist gekommen, da ich nicht mehr mit eigener Hand schreiben kann ... Mein Gewissen ist ruhig, und ich bin bereit, ohne Klagen alles hinzunehmen, was dem Herrn mir zu schicken gefällt. Mein einziger Schmerz ist, daß ich Euch vor meinem Tod nicht noch einmal sehen und sprechen kann, denn dies ist mein letzterBrief. Ich lasse Euch als meinem einzigen Erben Eure Länder, die ich während Eurer Abwesenheit nicht nur wohl gehütet, sondern auch sehr vergrößert habe, wofür ich Gottes Lohn, Eure Zufriedenheit und den Dank Eurer Untertanen erwarte. Indem ich Euch vor allem den Frieden, besonders mit den Königen von Frankreich und England empfehle und Euch um Fürsorge für meine Diener bitte, sage ich Euch das letzte Lebewohl«.

Es stand außer Frage, daß nur ein Mitglied des Hauses Habsburg das hohe niederländische Amt bekleiden durfte, und so übertrug es Karl mit Schreiben vom 3. Januar 1531 der verwitweten Königin von Ungarn, Maria. Unter dem Einfluß Georgs von Brandenburg, der ein Erzieher ihres Gemahls gewesen war und sich nun den protestantischen Fürsten im Reich angeschlossen hatte, neigte Maria zum neuen Glauben. Doch Karl sah darüber großzügig hinweg: »... Wenn ich Bedenken wegen der Religion hätte«, schrieb er ihr am 3. Januar, »würde ich Euch weder diese Vertrauensstellung anbieten noch auch Euch die brüderliche Liebe entgegenbringen können, die ich für Euch hege ... Aber ich habe einige Zweifel wegen Eurer Umgebung, die Ihr ändern müßt, denn was man in Deutschland wohl oder übel hinnehmen muß, kann man in den Niederlanden auf keinen Fall dulden.«

Die Königinnen Maria und Anna nahmen Abschied, die eine brach nach Brüssel auf, die andre nach Linz. Karl und Ferdinand fuhren mit dem Schiff nach Mainz. Dorthin hatte ihnen der Kurfürst von Trier ein prächtig ausgerüstetes Schiff entgegengeschickt, mit dem sie bis nach Boppard weiterreisten. Hier bestiegen sie ein anderes, nicht minder reichlich geschmücktes Schiff des Kurfürsten von Köln und fuhren nach Bonn. Als sie in Köln einzogen, begrüßte sie eine große Zahl bewaffneter Bürger.

Am Vorabend von Weihnachten bat Karl die Kurfürsten in seine Wohnung und setzte ihnen in Wort und Schrift auseinander, warum er König Ferdinand zum Römischen König gewählt wissen möchte. Die persönlichen Vorzüge Ferdinands faßte er so zusammen: Es sei angebracht, ein Haupt im Reich zurückzulassen – und das könne nur durch die Wahl eines Römischen Königs geschehen –, das Ansehen und Macht, Verstand und Erfahrung besitze, eine Person, zu der der Kaiser wie zu sich selbst Vertrauen habe. In der politischen Empfehlung klang die gleiche Motivation an, welche Karl in seinem Empfehlungsschreiben an die ungarischen und die kroatischen Stände angewandt hatte: Zwar gebe es unter den Fürsten und Kurfürsten gewiß auch geeignete Personen für die hohe Würde, doch Ferdinand sei ein mächtiger Fürst und – Anspielung auf Ungarn – gegen den Türken gleichsam als eine Bastei und Vormauer gelegen.

Dennoch regte sich Widerstand unter den Kurfürsten, besonders Kursachsen sträubte sich gegen die Wahl Ferdinands, nicht so sehr aus Gründen der Religion, vielmehr aus der berechtigten Überlegung, daß mit der Wahl des Königs von Ungarn und Böhmen, der durch seine österreichischen Erblande ohnehin schon machtvoll genug war, auch noch zum Römischen König der übergroße Einfluß des Hauses Habsburg eine ungünstige Wirkung auf das Gleichgewicht im Reich haben würde. Die Kurfürsten baten den Kaiser, er möge eine freie Wahl zulassen. Am 4. Januar 1531 trat ihnen Karl mit entwaffnender Offenheit entgegen, indem er vor Notar und Zeugen erklärte, er stelle den Kurfürsten die Wahl, da er Vertrauen zu ihnen habe, frei.

Der Wahlakt selbst hatte schon am 29. Dezember begonnen, indem die Kurfürsten, deren jedem das Schwert vorgetragen wurde, zum hochgotischen Dom ritten – zu dieser Zeit waren nur der Chor und die ihn umstehenden Kapellen vollendet. Karl blieb in seiner Residenz. Dort legte der Botschafter des sächsischen Kurfürsten, der selbst nicht erschienen war, formellen Protest gegen die Wahl ein. Doch in der Sakristei des Doms erklärten die Kurfürsten dem sächsischen Botschafter, sie seien vom Kur-Erzkanzler rechtmäßig zur Wahl aufgerufen worden und wollten die »Election in gebührlicher Zeit continuiren«. Die Abwesenheit Kursachsens sei Ungehorsam.

Am 5. Januar wurde dann die Wahl vollzogen. Lange Zeit beratschlagten die Kurfürsten in der Sakristei. Endlich riefen sie den mainzischen deutschen Sekretär und Notar Andreas Rücker, damit er das Wahlprotokoll aufnehme. Als erster gab Trier die Stimme ab: Nachdem der Kaiser, führte er aus, den Kurfürsten anheimgestellt habe, einen Römischen König zu erwählen, so benenne und wähle er den König Ferdinand zum Römischen König und bestimme, daß dieser nach dem Ableben des regierenden Kaisers (bei einem Altersunterschied von nur drei Jahren!), das Gott lange verhüten möge, zu der kaiserlichen Krönung und Salbung gelangen solle.

Nun trat Ferdinand vor. In demütiger Bescheidenheit bat er, seine Stimme diesmal ruhen zu lassen. Die anderen vier Kurfürsten stimmten wie Trier. Ferdinand dankte für die Zuneigung, die ihm zuteil geworden sei, und versprach, »Leib und Vermögen« zum Wohl des Reiches zu verwenden.

Dem Kaiser wurde die Wahl gemeldet, und nun erschien auch er in der Sakristei. Man bat ihn, er möge das Trauerkleid, das er wegen des Todes der Erzherzogin Margarete trage, in Anbetracht des nunmehrigen freudigen Ereignisses ablegen und den Zeremonien beiwohnen.

Dem erwählten König wurde ein langer goldener Rock und darüber ein mit weißem Hermelin gefütterter Mantel angelegt und eine Halbkrone aufgesetzt. In der Kirche wurde die Wahl verkündet und der Lobgesang angestimmt. Als man nachher nach Hause ging, regnete es in dichten Strömen, und man hielt es für ein günstiges Vorzeichen.

Drei Tage danach zogen der Kaiser und der König in Harnisch, mit goldenem Obergewand, auf gerüsteten Pferden in Aachen ein. Am nächsten Tag wurde Ferdinand in der Liebfrauenkirche gekrönt. Die feierliche Inthronisierung auf dem Stuhl Karls des Großen vor dem Altar Simons und Judas wurde mit den Worten vollzogen: »Behalte von nun an den Sitz des Reichs, das dir, wie du weißt, nicht nach Erbrecht und väterlicher Nachfolge, sondern durch die Fürsten oder Wähler im Reich Alemanniens übertragen ist.«

An den beiden folgenden Tagen berieten sich der Kaiser und der König mit den Kurfürsten über die Protestschrift Sachsens und anderer, die in Aachen übergeben worden war, und über die Zuschrift der Stände, die sich in Schmalkalden versammelt und sich zur gemeinsamen Abwehr gegen ein gewaltsames Vorgehen des Kaisers verpflichtet hatten. So wurde zum Schutz der Wahl ein Bündnis auf zehn Jahre geschlossen: König Ferdinand wolle die Kurfürsten schützen und diese wollten ihm gebührenden Gehorsam leisten. Am folgenden Tag huldigte Aachen Ferdinand als Römischem König.

Am 13. Januar nahm er Abschied vom Kaiser und reiste zurück nach Köln. Als er sich der Stadt näherte, erwarteten ihn 5000 Bürger mit Fackeln und Lunten und geleiteten ihn in die Stadt, die ihm am nächsten Tag huldigte.
Der König fuhr zu Schiff rheinaufwärts, von Bingen ritt er nach Speyer und bis nach Donauwörth, wo ihn Markgraf Georg als Römischen König anerkannte. Hier bestieg er wieder ein Schiff, in Regensburg wurde er von Herzog Ludwig von Bayern und dem Kardinal von Salzburg ehrenvoll empfangen. Dann fuhr er weiter, weiter nach Linz, wo er endlich Anna umarmen konnte.

Schön und erhebend war die Reise nach Innsbruck, nach Augsburg und Köln, nach Aachen und zurück quer durch die deutschen Lande, schön und erhebend auch die Wahl und die Krönung und die Huldigung der Städte. In Linz trat Ferdinand die Wirklichkeit entgegen. Er konnte nicht übersehen, daß ihm manche Fürsten im aufgespaltenen Reich mit Ablehnung begegneten. Er konnte auch nicht übersehen, daß die politische Entfernung zwischen ihm und dem Kaiser trotz der betonten Einhelligkeit bei den gemeinsamen Auftritten vor der deutschen Welt – nur um einen Fußbreit zwar, aber doch! – größer geworden war. Denn seine Herrschaft über Ungarn, und damit die ungestörte Regierung in Österreich, konnte nur dann gewährleistet werden, wenn die christlichen Mächte, allen voran der Kaiser und Frankreich, miteinander Frieden schlossen und in schöner Einigkeit mit allen ihren gesammelten Kräften den Türken aus Ungarn verjagten. Doch er wußte, daß ihm ein solches Einigungswerk nicht vergönnt sein konnte, denn es war eine Chimäre. Er wußte auch, daß in den Gedankengängen der kaiserlichen Räte der Schwerpunkt der osmanischen Bedrohung nicht in Ungarn und schon gar nicht in Österreich lag, sondern im Mittelmeerraum. Also mußte Ferdinand mit eigenen Kräften, unterstützt durch die spärlichen Türkenhilfen aus dem Reich, immer wieder versuchen, seinen Herrschaftsbereich in Ungarn auszudehnen – die erfolgreiche Verteidigung Wiens und die Verfolgung der Türken wirkte bei diesen Überlegungen ermutigend. Da aber eine militärische Entscheidung doch nicht zu erreichen war, mußte man auch mit diplomatischen Mitteln einen Modus vivendi mit der Pforte und mit Johann finden. Denn auf Ungarn zu verzichten, wie die Pforte es forderte, war Ferdinand selbstverständlich nicht bereit.

Auf Ungarn zu verzichten, hatte die Pforte Ferdinand nicht zwingen können. Aus der erfolglosen Belagerung Wiens – wenn auch der Sultan Wien nicht hatte behalten wollen, so hatten die Wesire doch nicht damit gerechnet, daß sie die Stadt nicht einmal würden einnehmen können – zog die Pforte eine nüchterne Schlußfolgerung, die Erkenntnis nämlich, daß der Aktionsradius ihrer Streitmacht (der ja bei Wien schon maßlos überzogen wurde) die Verwirklichung ihrer politischen Ziele bestimmte. (Diese Erkenntnis wirkt in der osmanischen Österreichpolitik so nachhaltig, daß die Pforte erst anderthalb Jahrhunderte später, 1683, wieder eine Belagerung Wiens unternimmt, und wieder erfolglos.) Da Wien vom islamischen Reich noch weiter entfernt lag als sogar Buda und noch weniger »mit Wache versehen« werden konnte und da also die Pforte König Johann vor den zu erwartenden militärischen Unternehmungen Ferdinands nicht ausreichend schützen konnte, mußte man die Diplomatie in größerem Umfang, möglichst unter Einbeziehung Johanns, einsetzen. Denn die Pforte konnte ihre handelspolitischen und militärischen Optionen im Mittelmeerraum, in Afrika, im Nahen und Fernen Osten wegen eines zweitrangigen Schauplatzes nicht vernachlässigen. Und auch die führenden ungarischen Politiker erkannten nun, daß Wien und Österreich außerhalb des Wirkungskreises der osmanischen militärischen Macht lagen und auch die nördlichen Provinzen Ungarns für die Türken unerreichbar bleiben würden. Das bedeutete, daß der Schutz, den die Pforte dem König Johann gewähren mochte, von zweifelhaftem Wert war. Sie erkannten aber auch – und es war eine bittere Erkenntnis –, daß auch die Macht Ferdinands nicht ausreichte, um die Türken aus dem Land zu vertreiben. Und so entsteht in Ungarn im weltumspannenden Ringen der großen Mächte trotz aller militärischen Bewegungen und diplomatischen Vorstöße ein Kräftegleichgewicht. Gleichzeitig aber unternehmen jene Staaten, die eine Übermacht des Hauses Habsburg verhindern wollen, weit ausholende diplomatische Feldzüge, um einen dauerhaften Frieden zwischen Ferdinand und der Hohen Pforte zu vereiteln und so die Türkengefahr an der habsburgischen Ostflanke latent zu halten. Diese Bestrebungen bestimmen die Vorgänge der nächsten Jahrzehnte: Während Ferdinand bald mit Waffengewalt, bald mit Diplomatie die Lage zu stabilisieren sucht, arbeiten seine Gegner im Westen daran, den Gegensatz zwischen dem Sultan und Ferdinand aufrechtzuerhalten und so die habsburgische Macht zu schwächen. (Diese Konstellation liefert für die nächsten Jahrhunderte ein geradezu formelhaftes Modell der europäischen Bündnisstrategien. Es bleibt bis in unser Jahrhundert hinein gültig.)

Roggendorf war den im Oktober 1529 von Wien abziehenden Türken nachgestoßen, ein Jahr später belagerte er Buda, Johann mußte wieder fliehen. Währenddessen schickte Ferdinand eine Gesandtschaft nach Istanbul und bot dem Sultan Frieden und Tribut unter der Bedingung an, daß die Pforte ihn als König von Ungarn anerkenne. Die Antwort mußte ablehnend ausfallen, sie war klar und hart: »Ungarn gehört mir, weil ich es mit meinem Schwert erobert habe. Was mir gehört, kann ich geben, wem ich will. So kam König Johann, verneigte sich vor mir und erbat sich Ungarn. Worum er bat, das gab ich ihm an die Hand. Deine Gesandten kamen, um meine Freundschaft zu suchen, und doch behauptest du, König von Ungarn zu sein, jenem Ungarn, das ich mit meinem Schwert erobert habe. Dies führt nicht zur Freundschaft.«

An diesem ihrem Standpunkt hält die Pforte unbeirrt fest, sie macht den Verzicht Ferdinands auf Ungarn zur Vorbedingung jeglichen Friedens, sie verkündet ihre Entschlossenheit nicht nur Ferdinand, sondern auch den anderen europäischen Höfen und auch Kaiser Karl V. gegenüber, immer wieder und unmißverständlich. Vom 24. Juni 1533 ist der Brief des Großwesirs Ibrahim Pascha an »Karlo, König von Ispania« datiert. Er ist in der Form konziliant: »... Wir geben dir, Karlo, Herrscher von Ispania und den dazugehörigen Ländern, nach Entbietung unseres Grußes zur Kenntnis, daß der Brief, den der König von Alaman, Ruhm der Herrscher der messianischen Länder, dein Bruder Ferdinandus durch Gesandten geschickt hatte... « – doch unversöhnlich im Inhalt: »Wisse, daß niemand das Recht hat, Anspruch zu erheben auf die Länder, welche die Waffen des allmächtigen Kaisers, Zuflucht der Welt, erobert und unseren Feinden abgenommen haben. Trotz alledem ging dein Bruder nach Ungarn und verbreitete die Nachricht, daß das Land sein Besitz sei und gemäß dem Erbrecht ihm gehöre, und er gewann mit Schlauheit Verbündete... Unter den Königen ist es eine allgemeine Regel, daß, wenn der Fuß des Pferdes irgendeines Herrschers den Boden irgendeines Landes betritt, dieses Land der Besitz jenes Herrschers wird. Ungarn ist ein mit der Macht des Schwertes des durchlauchtigsten Padischah erobertes Grenzgebiet wie alle anderen Gebiete, in welche er seine Armeen geführt hat... Unser allmächtiger Padischah hatte wohlwollend und barmherzig eingewilligt, daß das mit der Macht seines Schwertes eroberte Land dem elenden König Johann übergeben werde, der gezwungen war, in das gesegnete Lager zu kommen ... Nach diesen Ereignissen kamen die Gesandten deines Bruders mit Briefen, die weder Aufrichtigkeit noch Ehrlichkeit enthielten, und sogar die Worte der Gesandten wiesen darauf hin, als ob dein Bruder glaubte, er hätte ein Recht auf den Besitz Ungarns ... Es hat uns sehr verwundert, als wir aus deinem zur Hohen Pforte gelangten Brief erfuhren, welchen Anspruch du auf Jerusalem und andere Gebiete erhebst. Ein Kaiser hat das Recht auf die Städte, die er mit der Macht seiner Armee erobert hat, und diese sind dann sein Besitz. Wer aber behauptet, die von einem anderen Kaiser besessenen Städte seien die seinen, der denkt nicht so, wie ein König zu denken hat ... «

Unabhängig vom aktuellen Anlaß, aus dem Ibrahim Pascha den Brief an Karl V. richtete, offenbaren die Worte des Großwesirs über die Tagesereignisse hinaus das politische Credo der Pforte sowohl Ferdinand als auch Karl gegenüber einfach und nüchtern. Es bestimmt ihr Verhalten auch in Zukunft.

Ein Erfolg war also Ferdinand beim Versuch, die Freundschaft der Pforte zu gewinnen, nicht beschieden: Sie lehnte seinen Anspruch auf Ungarn kategorisch ab. Dies verstimmte den König: »Auf ganz Ungarn sollte ich verzichten, auf ein so altes, großes Königreich«, schrieb er am 17. März 1530 Karl V. Zehn Tage später ließ er den Kaiser wissen, er schicke wieder eine Gesandtschaft nach Polen, um auf diesem Umweg einen Ausgleich mit der Pforte zu erreichen, dennoch könne man nicht auf den Frieden hoffen, sondern müsse gegen den Türken rüsten: Der Sultan habe den Gesandten Ferdinands gegenüber jede Vereinbarung und Freundschaft abgelehnt, »wenn wir ihm nicht ganz Ungarn überlassen«.

Doch nicht nur zwischen den beiden Königen Ferdinand und Johann und dem Sultan schwelte die schier unlösbare Frage, wem denn Ungarn gehören solle, nein: Die gesamte europäische Diplomatie war damit befaßt, spielte doch die Pforte im europäischen politischen Geschehen eine bestimmende Rolle, jede Regierung mußte mit ihr rechnen, und somit war die ungarische Frage keine nationale mehr, sondern eine des europäischen Gleichgewichts. Die beiden Könige traten mit ihren Ansprüchen vor die Weltöffentlichkeit, sie schickten ihre Gesandten an alle Höfe, um die christlichen Mächte zu überzeugen, daß nur dann Ruhe in jenem europäischen Raum einkehren und nur dann die Türkengefahr gebannt werden könne, wenn der jeweils andere König auf seinen Besitzanspruch verzichte. So trat Johann mit einem Brief vom 13. März 1530 sogar an Kaiser Karl heran und bat ihn, dieser möge Ferdinand überzeugen, daß Ungarn ihm, Johann, gehöre, also solle ihn Ferdinand nicht behelligen, denn er, Johann, sei zum Frieden bereit, und sogar der Sultan neige dazu, mit Ferdinand Frieden zu schließen, wenn sich Ferdinand nur mit ihm, Johann, aussöhne. So absurd auch dieser diplomatische Schritt Johanns erscheinen mag – er war doch nur ein Gegenstück zu den Bemühungen Ferdinands, den eigenen Anspruch auf Ungarn durch Sultan Soliman, den »Schirmherrn« oder besser: »Lehnsherrn« Johanns, anerkennen zu lassen. Auch mit den ungarischen Getreuen Ferdinands korrespondierten die Räte Johanns, um sie zu überzeugen, daß dem ausgebluteten, ausgeplünderten, geplagten Land – und die Eigenschaftswörter waren wortgetreu zu verstehen – nur dann der Friede beschieden sein könne, wenn Ferdinand nachgebe. Genau der gleichen Ansicht waren auch die Räte Ferdinands, freilich mit umgekehrtem Vorzeichen: Sie forderten immer wieder Johann auf, seinem Anspruch zu entsagen. (Bei allem Vorbehalt, den man bei historischen Vergleichen walten lassen soll, drängt sich einem beim Anblick des in zwei Teile gerissenen Ungarn in den 1520er und 1530er Jahren doch das Bild des zweigeteilten Deutschland unsrer Zeit auf: Die Bemühungen der ungarischen Politiker beider Lager von damals und die Bemühungen der deutschen von heute entspringen dem gleichen Wunsch: Den Menschen des jeweils zerrissenen Landes zu dienen und die geistig-nationale Einheit über alles Trennende hinweg zu wahren.)

Indes, die europäische Diplomatie arbeitet weiter angestrengt. Den Gesandten fremder Höfe boten sich die Reichstage, gleichsam als das Vorphänomen eines »Europaparlaments«, als die Tribüne an, auf der sie ihre Angelegenheiten der Weltöffentlichkeit vortragen konnten: Französische, englische, italienische, ungarische, polnische Beauftragte traten dort auf und suchten die Stände zu überzeugen. Bald offen, bald in geheimen Gesprächen bezichtigte jeder den andern, Verursacher des osmanischen Angriffs auf Europa zu sein. So ist nicht zu verwundern, daß das Vokabular der französischen und der im Dienst Johanns stehenden ungarischen Diplomaten beinahe gleichlautend war, mit dem einen Unterschied: Während Johann Ferdinand die Schuld wegen der Türkengefahr gab, da dieser sich weigere, auf den ungarischen Thron zu verzichten, zieh Franz I. den Kaiser, die Bedrohung heraufbeschworen zu haben. Allerdings gab Johann offen zu – er hätte ja auch kaum anders handeln können –, Verbündeter des Sultans zu sein. Hingegen leugnete Franz I. seine Verbindung mit der Pforte: »Bereits meine Vorfahren haben gegen die Heiden gekämpft«, erklärte er im Mai 1532 in Anspielung auf die Kreuzfahrer unter den französischen Königen großspurig, »darum erhielten sie den Titel ›allerchristlich‹ (das Prädikat »Rex christianissimus« oder »Sa Majesté très chrétienne« wurde Ludwig XI. 1469 von Papst Paul II. zuerkannt). Tatsächlich: Franz I. schickte einen Gesandten über Ragusa nach Istanbul, um der Pforte von einem Angriff auf Wien abzuraten – allerdings nicht aus christlicher Einsicht, sondern deswegen, weil der Kaiser unter dem Vorwand der Türkengefahr, so wollte man in Venedig wissen, Geld eintreibe, um Truppen gegen den König von Frankreich aufzustellen. Hingegen wäre aus französischer Sicht am vorteilhaftesten gewesen, wenn nichts geschah, denn der Türke könnte Karl kaum etwas Besseres antun, meinte man in Paris, als von Ungarn aus anzugreifen und somit die Reichsstände zu Gehorsam dem Kaiser gegenüber zu veranlassen. Dem französischen Hof wäre ein türkischer Angriff auf die Besitzungen Karls in Italien oder noch besser in Spanien gewiß von größerem taktischem Wert gewesen.

Nicht minder hinterlistig ging die päpstliche Diplomatie vor. Papst Klemens VII. hätte am liebsten beide Mächte, Spanier wie Franzosen, aus Italien entfernt und schlug vor, Mailand und einige Venedig abgenommene Gebiete dem zweitgeborenen Sohn Franz' I. und Sizilien dem Zweitgeborenen Karls (sobald er einen haben würde), Venedig selbst aber den Johannitern zu überantworten und nach ein paar Jahren gemeinsam gegen den Türken zu ziehen – dadurch wären Spanien und Frankreich auf der italienischen Halbinsel nur durch Sekundogenituren vertreten gewesen, denen nicht die gleichen vollen Erbrechte zustanden wie den Primogenituren.

Und England? Auch das Inselreich mischte im allgemeinen europäischen Verwirrspiel der Interessen mit: Heinrich VIII. hieß es gut, wenn Ferdinand mit der Pforte Frieden schlösse, doch nur dann, wenn der Sultan gegen den Kaiser und den Papst vorging, mit dem er selbst wegen seiner Scheidung und geplanten neuen Eheschließung in Hader lag.

Ferdinand war sich darüber klar, daß die diplomatischen Unternehmungen Franz' I., dessen Verbindungen mit der Pforte und Intrigen

im Reich, ihn in tödliche Gefahr bringen konnten. »Der allerchristlichste König und Verteidiger des Glaubens« (und seine Räte), schrieb er voller Hohn Maria, »sind vielmehr die Verderber der Christenheit (destruiseurs de la chrétienté), ihre indirekten Machinationen führen den Türken gegen uns.«
In der Tat – und mehr noch als die Religionskämpfe, zeigt dies, wie unheilvoll aufgespalten das Reich war: Im Mai 1532 verbündete sich Franz I. mit dem bayrischen, dem sächsischen und anderen deutschen Fürsten, die ihm sogar erlaubten, auf ihren Besitzungen Söldner anzuheuern, und, so munkelte man im Februar 1532 in London, der Herzog von Sachsen habe einen vornehmen Herrn nach Istanbul entsandt.
Am 17. April 1532 wurde der Reichstag in Regensburg eröffnet. Du Bellay, Gesandter Franz', fand in seinen Bemühungen, eine Türkenhilfe zu vereiteln, Unterstützung bei den bayrischen Herzögen und bei Hieronymus Lasky, dem Gesandten Johanns.
Und doch: Europa, durch kurzsichtige Interessengegensätze und Religionskämpfe zersplittert, fand in jenen Tagen zu sich selbst. Ein allgemeines warmes Gefühl der christlichen Zusammengehörigkeit schnellte hoch und bewog den Reichstag, eine zahlreiche Armee gegen die Türken aufzubieten. Eine Welle der Begeisterung erfaßte die Stände und das Volk, sie war so mitreißend, daß sogar die Signoria sich gezwungen sah (und sie fühlte sich dabei gar nicht gut), ihren jungen Edelleuten zu erlauben, in österreichischen Dienst zu treten. Doch der bayrische herzögliche Sekretär berichtete am 19. Juli in Buda, die Reichshilfe sei ausschließlich zum Schutz der Reichsgrenzen bestimmt und nicht für Ferdinand zum Kampf gegen König Johann – aus Angst vor der habsburgischen Übermacht.
Die Türkengefahr, der Krieg mit Frankreich und Mißhelligkeiten mit dem Papst nötigten Karl V., den Frieden im Reich zu suchen. Der Schmalkaldische Bund hatte sich nicht damit zufrieden gegeben, daß der Kaiser am 8. Juli 1531 das Vorgehen des Reichskammergerichts gegen die Protestanten eingestellt hatte, sondern forderte als Vorbedingung ihrer Zustimmung zur Türkenhilfe den verbrieften Religionsfrieden. Dieser wurde auf dem Reichstag zu Nürnberg vereinbart: Die Protestanten unterzeichneten den Nürnberger Religionsfrieden am 23. Juli 1532, der Kaiser bestätigte ihn am 2. August in Regensburg. Nun mochte die Reichsarmee gegen

die Türken aufbrechen, sie sollte am 25. August in Wien eintreffen. Denn der Türke war wieder einmal im Anmarsch.

Im Juni 1531 hatte Ferdinand seine ungarischen Räte nach Prag einberufen, um mit ihnen die Gefahr eines neuerlichen türkischen Feldzugs zu erörtern. Sie meinten, wenn der König nicht imstande sei, dem Sultan erfolgreich Widerstand zu leisten, dann solle er Gesandte zur Hohen Pforte schicken, damit sie einen Waffenstillstand erwirkten. Daraufhin entsandte der König Georg von Nogarola und Josef von Lamberg mit der Instruktion nach Istanbul, er sei um eines längeren Waffenstillstandes willen bereit, Johann Zápolya jenen Teil des Landes zu überlassen, den er besitze, ja, sogar das ganze Land, doch nur unter der Bedingung, daß dieser nicht mehr heirate und nach seinem Ableben König Ferdinand zu seinem Erben einsetze. Das heißt, Ferdinand hielt seinen Anspruch auf Ungarn weiterhin aufrecht. Die beiden Gesandten erhielten den freien Geleitbrief erst Ende Mai 1532 und trafen den Sultan am 12. Juni in seinem Heerlager in Nissa an.

Drei Audienzen wurden ihnen gewährt. Bei der ersten empfing sie der Großwesir Ibrahim Pascha und erklärte ihnen, der Sultan führe nicht Krieg gegen Ferdinand, der sich – den Einwand wiederholten die osmanischen Diplomaten immer wieder – fälschlich König von Ungarn nenne, sondern gegen den König von Spanien. Im übrigen könne Ungarn nicht geteilt werden, weil der Padischah das ganze Land erobert habe. Die darauffolgende Audienz beim Sultan war nur noch eine Formsache. Das Heer zog weiter, am 21. Juni erreichte es Belgrad. Am 5. Juli wurden die Gesandten Ferdinands wieder zur Audienz befohlen und zusammen mit dem Gesandten des Königs von Frankreich empfangen. Eine schriftliche Antwort wurde ihnen versprochen. Sie erhielten sie am 17. Juli, sie war ein Brief des Sultans an König Ferdinand, datiert vom 12. Juli aus Esseg, und enthielt nichts anderes, als was schon der Großwesir ausgeführt hatte: Der Sultan ziehe gegen den König von Spanien, der sich oft gebrüstet habe, gegen den Padischah zu marschieren. Wenn der König von Ispania Mut habe, möge er den Sultan im Felde erwarten, sonst aber Tribut zahlen. Mit diesem Schreiben wollte die Pforte offensichtlich einer bindenden Antwort ausweichen oder sogar jegliche Verhandlung vereiteln. Eine Regelung der Lage in Ungarn bei der Aufrechterhaltung der habsburgischen Ansprüche war für sie ohnehin indiskutabel. Die Gesandten wurden nicht einmal entlassen, damit sie das Schreiben des Sultans

vor dessen Eintreffen in Ungarn Ferdinand übergeben konnten, sondern sie sollten das Heer bis an die österreichische Grenze begleiten. Denn auch diesmal, wie in den vorangehenden Jahren, leiteten den Sultan weltpolitische Überlegungen, in welchen Ungarn und Österreich mit ihren kleinlichen – von der Sicht der Pforte aus kleinlichen – Angelegenheiten nur eine zweitrangige Rolle spielten. Darum werden die Ereignisse im Donauraum in diesen erschütternden Jahrzehnten nur dann begreifbar, wenn man sie als ergänzende Abläufe im weltumfassenden Ringen zweier Welten sieht – in einem Ringen, in welchem die Einsätze der Weltmächte das politische, wirtschaftliche und militärische Gewicht der beiden Länder Ungarn und Österreich weit übertrafen: Die Entscheidungen wurden über die Köpfe ihrer Völker und ihrer Könige hinweg getroffen, und sie alle hatten nur höchst selten Gelegenheit, die Entschlußfassungen auch nur zu beeinflussen. Die ungeklärte Lage in Ungarn war ein störender Faktor in den Überlegungen der Pforte. Der Ausbau des Suezkanals war im Gange, um den Handelsweg zwischen Indien und Europa abzukürzen. In der Levante blühte der Handel unter osmanisch-venezianisch-französischer Meistbeteiligung wieder kräftig auf, und die Portugiesen, die härtesten Konkurrenten der Osmanen im Gewürzhandel, sahen sich immer mehr um die üppigsten Einkünfte betrogen. Wie einst König Franz I. von Frankreich über die Köpfe Europas hinweg dem Sultan die Hand reichte, so versuchten nun die Portugiesen ein ähnliches weltpolitisches Handreichen: Ihre Diplomatie entwickelte den kühnen Plan, über die Köpfe der Osmanen hinweg mit Persien ein Bündnis herzustellen – unter der Beteiligung des Kaisers. In der Tat: Das Bündnis wurde im Frühjahr 1532 geschlossen.
Der überall gegenwärtige osmanische Nachrichtendienst hatte von den Vorbereitungen Wind bekommen, und so beschloß die Pforte, das östliche Umfeld des Reiches, das für den Gewürzhandel von lebenswichtiger Bedeutung war, abzusichern: Der Feldzug gegen Persien war für das Jahr 1534 vorgesehen, Sultan Soliman wollte ihn persönlich führen. Aber gemäß dem alten Prinzip der Vermeidung von Zweifrontenkriegen meinte die Pforte, den Feldzug nur dann erfolgreich führen zu können, wenn im Westen, namentlich im Donauraum, Friede herrschte. Den Frieden jedoch meinte die Pforte nur dann herstellen zu können, wenn die Herrschaft Johanns über Ungarn anerkannt würde. Also mußte Ferdinand zum Verzicht auf seinen Anspruch auf die ungarische Krone gezwungen werden. Das

war das Ziel des Feldzuges von 1532, wie es auch das Ziel jenes von 1529 gewesen war.
Sultan Soliman war einer friedlichen Regelung nicht abgeneigt, wenn er dadurch einen kostspieligen und zeitraubenden Feldzug vermeiden konnte. Auch seine beiden Verbündeten, König Franz und König Johann, rieten ihm dazu. Der französische Gesandte Rincon entwikkelte den Gedanken, ein Angriff auf Österreich würde zur Folge haben, daß sich die Reichsfürsten und die Stände um den Kaiser scharten, und somit würde eine deutsche Einheit heraufbeschworen werden, die sowohl Frankreich als auch die Pforte zu vereiteln suchten. Zweckmäßiger wäre also ein türkischer Angriff auf Italien – zumindest aus französischer Sicht. Einen Seekrieg hatte die Pforte nicht im Sinn, doch über die Möglichkeit und die Gefahr, daß die Reichsfürsten einhellig handeln könnten, dachte sie nach.
König Johann muß überzeugt gewesen sein, daß ein osmanischer Feldzug die Macht Ferdinands, besonders wenn er auch noch vom Reich unterstützt werde, nicht würde brechen können, aber der Zug der Heere und die Kämpfe würden wieder einmal unsagbares Elend über das Land bringen. Daher bat er bereits im Herbst 1531 den Sultan, auf Waffengewalt zu verzichten, zumal er mit Ferdinand Verhandlungen führe und gute Aussichten habe, zu einer Vereinbarung zu gelangen. Auch hierüber dachte die Pforte nach.
Sie ließ Johann wissen – und dies zeigt wieder einmal, wie ernst sie die Argumente abwog –, dem Sultan liege der Friede in Ungarn am Herzen, doch er müsse die Gewähr haben, daß die beiden Herrscher Karl und Ferdinand einen Waffenstillstand oder einen Frieden auch einhielten. Und so begann wieder einmal ein Wettlauf mit der Zeit.
Denn Johann erfährt erst im Januar 1532 von den Bedingungen des Sultans, deren eine die Frist enthält: Die Pforte könne nur bis März auf die Antwort warten – verständlich, wenn man die Spanne der zur Mobilmachung und für den Anmarsch notwendigen Zeit bedenkt, doch die Frist ist kaum einzuhalten, wenn man die Langwierigkeit der Kommunikation in Rechnung stellt. Dennoch schickt Johann in Todeseile einen Gesandten mit der Bitte nach Rom, der Papst möge beim Kaiser intervenieren. Papst Klemens VII., der sich mit Karl V. erst vor kurzem ausgesöhnt hatte, weicht aus und empfiehlt Johann, einen Gesandten zum Reichstag nach Regensburg zu schicken. So kommt Hieronymus Lasky nach Deutschland und trägt den Ständen vor, der Sultan wäre bereit, den Feldzug abzubrechen, wenn König

Ferdinand auf Ungarn verzichtete. Der französische Gesandte unterstützt ihn mit ähnlich lautenden Argumenten. Doch inzwischen treffen die Schreckensnachrichten von dem Anmarsch einer großen türkischen Armee ein – die von der Pforte gesetzte Frist war abgelaufen –, und die Stände bewilligen die Türkenhilfe. Deren Verwendung aber setzen sie Grenzen: Es sind die Grenzen des römischen Reichs, in diesem Fall also Österreichs. Denn nicht wenige Fürsten und Ständevertreter sehen als Ursache der Türkengefahr die Verbindung der ungarischen und der römischen Königswürde in der Person Ferdinands an.

Also marschiert das türkische Heer und erreicht am 6. August die kleine Grenzstadt Kőszeg, zu deutsch Güns, zwischen der Steiermark und Ungarn, seit dem Tod Mathias I. Corvinus, 1490, zu Österreich gehörend, seit 1529 ein Pfandlehen von Ferdinands vertrautem Feldhauptmann und Diplomaten Niklas Jurischitsch, der entschlossen ist, die Stadt zu verteidigen. Er weiß, daß die mit acht Türmen verstärkte Ringmauer dem Ansturm nicht standhalten kann, hofft aber, den Feind auf seinem Marsch gegen Wien einige Tage lang aufhalten zu können, und bereitet sich auf den ehrenvollen Heldentod im Feld vor. Doch die Stadt hält stand, und der Sultan marschiert nicht auf Wien. Von allen Feldzügen Solimans gegen Ungarn und Österreich ist dieser mit den meisten Fragezeichen behaftet: Das politische Ziel des Feldzugs ist klar formuliert, wie es sich aus der bisherigen Geschichte der Beziehungen ergibt – seine militärische Durchführung ist, wohl aus Mangel an überlieferten Dokumenten, fast unerklärlich.

Denn es stellt sich die Frage: Warum marschiert der Sultan von Belgrad, falls er Wien belagern will, durch Südwestungarn gegen Güns und läßt den schnellsten, billigsten und sichersten Nachschubweg, nämlich die Donau, ungenützt? Will er die Landstriche unter der Herrschaft Johanns schonen und nur jene unter Ferdinands Herrschaft verwüsten? Darauf deutet eine Bemerkung des schon öfter zitierten Geschichtsschreibers Dscheladsade hin: »Als vom Fußkuß des Streitrosses des siegreichen Padischahs der Boden Ungarns beglückt wurde, wandte man die Länder erobernden Fahnen nicht jenem Teil Ungarns zu, der dem König Johann gehörte, sondern jenem, der dem wahnhaften Feind (Ferdinand) huldigte«. Doch nur um den Landesteil seines immerhin »ungläubigen« Verbündeten zu »schonen«, hätten der Sultan und sein Oberkommando kaum unnötige Gefahren und Strapazen für das Heer in Kauf genommen, davon gar nicht zu reden, daß eine klare Grenze zwischen dem Herrschaftsbereich Ferdinands und dem Johanns nicht zu erkennen war (im späteren Verlauf des Feldzuges plündern und morden die »verbündeten« türkischen Truppen auch im Herrschaftsbereich Johanns). Und weiter: Will vielleicht der Sultan, wie manchmal vermutet wird, dem Vorschlag seines französischen Verbündeten folgend, doch gegen Italien ziehen? Das ist ganz und gar unwahrscheinlich, denn ein solches Vorhaben widerspricht dem politischen Ziel des Feldzugs, zumal im Lager Solimans bekannt ist, daß sich der »König von Ispania«, also der wahre Gegner, in »Alaman« aufhält. Weiter: Warum bleibt das gesamte Heer vor Güns stehen, wenn sein Ziel Wien ist? Niemand kann ernsthaft annehmen, daß die etwa 700 Verteidiger von Güns, unter ihnen viele in den Waffen kaum geübte Bürger und Bauern, das türkische Heer von seinem Plan, gegen Wien zu ziehen (falls dieser Plan besteht), würde abbringen können! Damit sei der Heldenmut von Jurischitsch und seinen Mannen – gleich wird davon die Rede sein – nicht im geringsten geschmälert. Aber der Großwesir hätte ein paar tausend Mann rund um Güns zurücklassen und mit dem Gros der Armee gegen Wien ziehen können, man hätte die Stadt – wie dies zu Beginn der zwanziger Jahre bei der Belagerung kleinerer Festungen in Bosnien so erfolgreich praktiziert wurde – aushungern, ihr Umfeld verwüsten, daraus eine »verbrannte Erde« machen können, und Güns hätte die Aufgabe, wie sie jeder Festung auf der Marschroute einer feindlichen Armee zufiel, nämlich deren Nachschubweg abzuschneiden, nicht mehr erfüllen können. Fragen, auf welche es keine verläßlichen Antworten gibt.

Also belagerte das türkische Heer die kleine Stadt Güns. Allerdings hatte es nur »Falken« und »Falkonetts« – so hießen die leichten »Feldschlangen«, Geschütze, Vier- bis Zehnpfünder – mitgeführt, und dieser Umstand deutet doch darauf hin, daß das Oberkommando nicht Wien belagern wollte, obwohl es auf der Donau auch schwere Geschütze transportieren ließ. Bei Dscheladsade heißt es nämlich: »In diesem glücklichen Feldzug führte der Padischah des Meeres und des Festlandes keine Mauern zertrümmernden Kanonen mit, denn er hatte nicht vor, Burgen zu befreien, sondern die Revolte des gegen das Volk Mohammeds vorgehenden und auf den Schaden der Jünger des wahren Glaubens bedachten bösen Königs (Ferdinand) zu unterdrücken«. Dies kann so ausgelegt werden, daß das Ziel des Feldzuges – und das stimmte mit dem allgemeinen politischen Ziel der Pforte überein – lediglich das Vertreiben Ferdinands aus Ungarn war.

Doch auch die Kugeln der leichten Feldschlangen richteten großen Schaden an. Die Angreifer lehnten Leitern an die Mauern und versuchten so, in die Stadt einzudringen, und nur mit übermenschlicher Mühe und Mut gelang es den Verteidigern immer wieder, die Leitern samt Soldaten von der Mauer abzustoßen. Die Angreifer versuchten auch, die Stadtmauer mit Minen, Petarden und durch Untergrabung zum Einsturz zu bringen, doch auch diese ihre Versuche wurden durch gut organisierte und flinke, rechtzeitig an der richtigen Stelle eingeleitete Abwehrmaßnahmen vereitelt. Dann errichteten die Angreifer an der Stadtmauer Bollwerke aus Holz, die höher als die Mauer werden sollten, um von diesen aus über die Stadtmauer in die Festung zu gelangen – doch die Verteidiger brachen in der Nacht Löcher am Fuß der Mauer und steckten die Gerüste in Brand, indem sie mit leicht brennendem Stoff gefüllte Fässer unter das Holzwerk warfen und sie anzündeten. (Das Beispiel von Güns zeigt, daß die Festungsbelagerung – wenn die Festung mit Wasser und Lebensmitteln versorgt war und die Verteidiger außer Mut und Entschlossenheit auch noch Einfallsreichtum besaßen – einen äußerst riskanten Waffengang darstellte. So muß das Türkenheer 1552 die Belagerung von Erlau, etwa 100 km nordöstlich von Buda, abbrechen: Dort treten Frauen an die Stelle der gefallenen Männer, sie gießen heißes Wasser und brodelnden Teer auf die über Leitern heraufstürmenden Angreifer. Oder Szigetvár in Pannonien, vor dessen Mauern 1566 Soliman der Tod ereilt, ehe Nikolaus Zrinyi mit seinen noch verbliebenen Mannen die letzte, selbstmörderische Attacke reitet. Diese wenigen Beispiele – es gibt viele – berichten von einem Widerstandsgeist, der sich unauslöschlich regt: Er ist in jenen Jahrzehnten und Jahrhunderten von der Steiermark und Niederösterreich bis zum Donaudelta allgemeines moralisches Gut, oft nur das einzige, das den Namenlosen bleibt.)

Die Türken griffen wieder an, am 27. August gelang es ihnen, einige Fahnen auf der Stadtmauer aufzupflanzen, doch sie wurden wieder hinabgestürzt. Am 28. wurde Jurischitsch aufgefordert, die Stadt zu übergeben, doch er lehnte es mit der Begründung ab, Schloß und Stadt gehörten nicht ihm, sondern seinem Herrn, dem König. Noch zweimal wurde die Aufforderung wiederholt, vergeblich. Da sammelten sich die Belagerer zum achtzehnten Anlauf, und nun mußten die Offiziere die Soldaten bereits mit Schlägen vorantreiben. Achtmal schon wehten die Fahnen mit dem Pferdeschwanz auf den Wällen,

Allegorie anläßlich des Friedensschlusses zwischen Karl V. und Franz I. im Jahr 1544: Der kaiserliche Doppeladler zerzaust mit dem rechten Fang den gallischen Hahn.

Das »Schweizertor«, das von Ferdinand I. 1552 errichtete westliche Hauptportal im ältesten Teil der Wiener Hofburg, das einzige Baudenkmal, das an Ferdinand erinnert.

Wappentafel Ferdinands an der Mauer im Inneren Burghof in der Hofburg zu Wien

Mitglieder des Hauses Jagiello im 16. Jahrhundert, von links nach rechts

1. Reihe: Sigismund I. von Polen, Onkel Ludwigs II. von Ungarn und Annas, der Gemahlin Ferdinands I.; Bona von Sforza, Gemahlin Sigismunds I.; deren Sohn Sigismund August von Polen; seine drei Gemahlinnen: Elisabeth, Tochter Ferdinands I.;

2. Reihe: Barbara Radziwill; Katharina, Tochter Ferdinands I.; Isabella, Tochter Sigismunds I. und Gemahlin Johanns I. Zápolya von Ungarn; Sophie, Tochter Sigismunds I. und Gemahlin Heinrichs von Braunschweig;

3. Reihe: Katharina, Tochter Sigismunds I. und Gemahlin des Johann Wasa von Schweden; Anna, Tochter Sigismunds I. und Gemahlin von Stephan Báthory, Fürst von Siebenbürgen und König von Polen.

und jedesmal wurden sie wieder herabgeworfen. Doch eine Bresche war geschlagen, und die Belagerer drangen ein. Die Verteidiger mußten sich auf den in aller Hast gebauten letzten Wall zurückziehen. Das Stadtvolk lief zusammen, es sah das Ende kommen und stimmte in seiner Verzweiflung ein durchdringendes Geschrei an, das aber die Angreifer mißdeuteten: Sie meinten, es rücke unerwartete Hilfe heran. Sie brachen den Sturm ab und zogen sich zurück.
Jurischitsch wurde gegen verbrieftes freies Geleit in das Lager des Großwesirs gebeten. Er hoffte, ehrenvolle Übergabebedingungen zu erreichen oder doch Zeit zu gewinnen. Ibrahim Pascha empfing den verwundeten Feldhauptmann freundlich, erkundigte sich nach seinem Befinden und eröffnete ihm, er habe für ihn beim Padischah Gnade erwirkt, der ihm, Jurischitsch, Stadt und Schloß schenke, und forderte den Hauptmann auf, zum Sultan zu gehen. Jurischitsch küßte den Kleidsaum des Großwesirs und sagte, er wisse, der Sultan heiße alles gut, was Ibrahim verspreche. In die Stadt zurückgekehrt, schickte Jurischitsch dem Großwesir alles Silberzeug, das er besaß. Vom Sultan erhielt er ein Ehrenkleid.
Soliman zog am 31. August nach Eisenstadt. Und hier endlich wurden die Gesandten Ferdinands entlassen. Sie nahmen ein Schreiben Ibrahims mit, in dem der Großwesir die Absicht des Sultans bekanntgab, den Rückzug anzutreten, weil er dem so eifrig gesuchten König Karlo nicht begegnet sei. Fünfhundert Reiter begleiteten die Gesandten bis nach Bruck an der Leitha. Von dort ritten sie allein in Richtung Wien weiter. Manchmal drehten sie sich in den Satteln um. Da sahen sie die Orte, durch welche sie vor kurzem geritten waren, in Flammen aufgehen …
Raubend, plündernd und mordend zog sich das türkische Heer zurück, sein Weg führte es auch an Graz vorbei, von dessen Schloßberg aus es beschossen wurde. Der Sultan erreichte am 12. Oktober Belgrad und sandte von hier aus ein Siegesschreiben an den Dogen von Venedig. Am 18. November traf Soliman in Istanbul ein, und fünf Tage lang feierte man einen Sieg, der keiner war. Die osmanischen Geschichtsschreiber nennen den Feldzug von 1532 den »alemanischen Krieg gegen den König von Ispania«. Etwa 30 000 Gefangene – Männer, Frauen, Kinder – aus der Steiermark, Ungarn und Kroatien hatte das Heer mitgeschleppt.
Wenn schon die Frage, warum der Sultan gegen Güns gezogen ist, offen bleiben muß, so läßt sich die nächste Frage, die sich stellt, mit

einiger Glaubwürdigkeit beantworten, die Frage nämlich, warum Soliman nach der scheinbaren Kapitulation von Güns, nach Eisenstadt ziehend, kaum 60 km von Wien entfernt, auf ungarischem Boden stehen blieb und den Feldzug abbrach.
Die französischen Gesandten und die ungarischen König Johanns hatten ihren Regierungen von den Reichstagen über die aufgebotene Türkenhilfe berichtet, und diese informierten die Pforte. Soliman und seine Wesire sahen sich nun zum erstenmal einer einheitlichen Front der »Ungläubigen« gegenüber. Noch nie zuvor war das Abendland oder waren zumindest die Reiche Karls V. und Ferdinands I. den imperialen Bestrebungen des Osmanenreichs auf dem Festland so entschlossen entgegengetreten wie in diesem Sommer 1532. Der Reichstag bewilligte 40 000 Mann – eine ungeheure Armee im Vergleich zu den früheren halbherzigen Aufgeboten! –, und der Kaiser selbst ordnete die Entsendung von weiteren 40 000 Mann und den Ankauf von schweren Geschützen in Nürnberg an. 6000 schwere Reiter sollten noch zu ihnen stoßen. In der Tat: Als Kaiser Karl und König Ferdinand am 23. September nach Wien kommen, hat sich dort schon eine Armee von 86 000 Mann mit einer beträchtlichen Anzahl Geschütze angesammelt. Aber die Eliteeinheiten des osmanischen Heeres zählten auch nicht mehr als 70–80 000 Mann (mit einer Elitearmee von 70 000 Mann als Kern des gesamten Heeres war es bei Mohács angetreten). Dann: Der Papst entsandte seinen Neffen, den Kardinal Hyppolit von Medici, mit 100 000 Golddukaten und italienischen Offizieren nach Deutschland für die beiden Heerführer Ferdinands, den Ungarn Bálint Török und den Serben Paul Bakics, damit sie in Ungarn Truppen anwerben. Böhmen und die übrigen Länder Ferdinands bewilligten hohe Sondersteuern und die Aufstellung von großen Truppenkontingenten. Gewiß, die Ansammlung der verschiedenen Einheiten ging langsam und nicht immer koordiniert vor sich: Anfang September waren erst 22 000 Mann Reichstruppen in der Umgebung von Wien eingelangt, und die aus Italien gen Norden ziehenden Einheiten des Kaisers trafen erst am 14. August in Brixen in Tirol ein (und brannten, nach Söldnerart, die Vorstadt Stulfs nieder). Doch der Sultan und seine Wesire konnten nicht voraussehen, wann die verschiedenen Kontingente, zu einer einheitlichen schlagkräftigen Armee vereint, gegen das Osmanenheer antreten würden. Aber sie wußten, daß in der Armee der »Ungläubigen« die am besten ausgebildeten und ausgerüsteten Soldaten der Welt kämpften: italie-

nische Pyrotechniker, spanische Infanteristen, deutsche Landsknechte, befehligt von Feldherrn wie Johann Katzianer, Wilhelm Roggendorf, Bálint Török, Paul Bakics (Niklas Salm war knapp drei Jahre zuvor gestorben) und andere, die alle Meister der taktischen Heerführung waren. Soliman und die Wesire mußten zu der Einsicht kommen, daß sie gegen eine solche Armee, mit welcher sie auf Grund bisheriger Erfahrungen kaum hatten rechnen können, nicht mit Aussicht auf Erfolg antreten konnten: Sie waren anderthalbtausend km von ihrer Nachschubbasis entfernt, während ihre Feinde auf dem Boden ihrer Heimat kämpfen würden. Europa war in diesem Sommer alarmiert wie nie zuvor: Elf Jahre hatten verstreichen müssen – von Belgrad, 1521, über Mohács, 1526, und Wien, 1529 –, ehe die tödliche Bedrohung in das Bewußtsein seiner Völker drang. Nun stand es auf. Sultan Soliman verzichtete auf einen Kampf mit dem Abendland. Den Verzicht machte ihm eine Schreckensnachricht aus der Heimat nur noch leichter.
Sie erreichte ihn Ende August, vielleicht schon im Lager vor Güns oder auf dem Zug nach Eisenstadt. Der Kurier brachte die Nachricht von einem glänzenden Sieg der kaiserlichen Flotte unter dem Befehl ihres Admirals Andrea Doria: Die christlichen Truppen hätten am 8. August Koron und Patras auf dem Peloponnes den Türken entrissen. Soliman erteilte den auf der Halbinsel stationierten Truppeneinheiten durch Eilkuriere den Befehl, unverzüglich auf Koron zu marschieren, und dirigierte auch die am Roten Meer liegenden Kontingente samt Artillerie dorthin. (Dennoch wird es der Pforte erst im September 1533 gelingen, die Festung zurückzuerobern.) Doch sie wandte nun ihre Aufmerksamkeit dorthin, wo sie die wahren Interessen des Reiches sah: dem Osten zu.
Die Ereignisse überstürzen sich im türkisch-persischen Grenzgebiet: Die Portugiesen hatten die persische Armee mit Feuerwaffen ausgerüstet und sie in deren Gebrauch unterrichtet, so daß die kleineren osmanischen Truppen sie nicht niederringen können. Im Herbst 1533 muß der Großwesir Ibrahim Pascha persönlich die Führung übernehmen, im Sommer 1534 begibt sich der Sultan selbst zu seiner Armee, und endlich erringt diese einen vollständigen Sieg: Soliman schließt seinem kaum noch überblickbaren Reich eine neue, reiche Provinz an: Mesopotamien. Der Sultan trifft erst im Januar 1536 wieder in Istanbul ein.
Währenddessen trug sich auch im westlichen Mittelmeerraum man-

ches zu: Hayreddin Barbarossa hatte 1534 Tunis erobert. Der Kaiser faßte den Entschluß, den tollkühnen Korsar, einen Anhänger des Sultans, der sogar die Küsten Neapels, Sardiniens und Spaniens überfiel und plünderte, in einem groß angelegten kombinierten Waffengang zu Wasser und zu Land zurückweisen. Er ließ die ausländischen Gesandten nichts merken. Denn er herrschte zwar über das größte Reich, welches das Abendland je hervorgebracht hatte, aber gegen seinen Anspruch, als der dem Papst beigeordnete weltliche Herr der Christenheit zu wirken, regte sich geistiger, nationaler, religiöser und politischer Widerstand, besonders in Frankreich, dessen Verbindungen mit der Pforte niemandem mehr ein Geheimnis waren. Im Mai 1535 stoßen die spanischen und portugiesischen Schiffe zu denen des Andrea Doria bei Cagliari auf Sardinien. Dort gehen deutsche und italienische, unter ihnen auch päpstliche Truppen an Bord der 300 Galeeren. Am 15. Juni ankert die Flotte vor dem alten Karthago, am 15. Juli erstürmen Soldaten die Festung La Goletta in der Bucht von Tunis. Hayreddin verliert 82 Schiffe, fast seine gesamte Flotte. Unter den erbeuteten Kanonen findet man auch solche, die mit den drei Lilien des französischen Königshauses gekennzeichnet sind.

Diese Geschehnisse zeigen, daß sich die Schwerpunkte im Ringen der beiden Weltmächte seit dem Feldzug von 1532 in andere geographische Räume verlagert haben. Der Ausgang des Feldzuges selbst läßt die Unentschiedenheit im Kampf Österreichs und des Osmanenreichs erkennen: Wie 1529 konnte die Pforte auch jetzt, 1532, Ferdinand ihren Willen nicht aufzwingen: den Verzicht auf Ungarn. Sie mußte nun wahrhaben, daß sie die staatliche Einheit Ungarns unter der Regierung ihres Vasallen König Johann nicht herstellen und also das Land nicht als Puffer gegen den habsburgischen Machtbereich verwenden konnte, mehr noch – und das sah Soliman mit scharfem Blick –, der Pforte drohte, wenn sie den Kampf gegen Ferdinand weiter betrieb, ein europäischer Festlandskrieg, der, wenn man die bisherigen Ergebnisse bedachte, zu keinem Ende zu führen war. Gleichzeitig aber erforderte die dringende Wahrung der Interessen des Osmanischen Reiches im Nahen und Mittleren Osten den vollen Machteinsatz. Und so wird der Feldzug von 1532 in den Beziehungen von Wien und Istanbul zu einem markierenden Punkt. Die Pforte sieht sich veranlaßt, ihr taktisches Prinzip, sich nicht gleichzeitig an zwei Fronten zu engagieren, nun König Ferdinand gegenüber beinahe bedingungslos zur Geltung zu bringen. Und da auch Ferdinand das

Kräftegleichgewicht erkennt, neigt auch er, mehr denn je zuvor, dazu, eine friedliche Regelung zwischen sich, König Johann und der Pforte herzustellen. In dieser seiner Neigung bestärkt ihn die bittere Erfahrung, die er im September und Oktober 1532 in Wien machen mußte. Die Huldigung der Bevölkerung Wiens an jenem 23. September, als er an Seite des Kaisers hoch zu Roß in die Stadt einzog, war herzlich, aufrichtig, überwältigend, ein Ausdruck der Erleichterung und der Dankbarkeit. Die Menschen wußten, eine wie große Armee aus aller Herren Ländern angesammelt wurde, um den schrecklichen Feind zu verjagen, und wähnten sich nun von allen Gefahren befreit. Auch Ferdinand durfte sich in seinen jahrelangen Bemühungen, das Reich gegen die Pforte zu mobilisieren, bestätigt fühlen. Nichts lag näher als die Annahme, die Armee würde nun weiter gen Osten ziehen, die Türken verfolgen, den »Usurpator« Johann Zápolya verjagen und die staatliche Einheit Ungarns unter der Regierung Ferdinands wiederherstellen. Nie zuvor war eine Konstellation zu einem solchen Vorhaben geeigneter als die gegenwärtige. Selbstverständlich waren es Ferdinands ungarische Räte, die einen solchen Vorgang aufs dringlichste empfahlen. Doch nichts dergleichen geschah.
Als das Gerücht vom Abzug der Türken zur Gewißheit wurde, faßte Kaiser Karl den Entschluß, sie nicht weiter zu verfolgen – ihm dürfte bereits ein anderer Feldzug vorgeschwebt sein, einer im westlichen Mittelmeerraum, seinem unmittelbaren Herrschaftsbereich. Er begab sich auf die Reise über Italien nach Spanien und nahm einen Teil der Truppen mit. Die zurückbleibenden Reichskontingente aber beriefen sich auf ihre Instruktion, die Reichsgrenzen gegen türkische Einfälle zu verteidigen, und verweigerten den weiteren Kampf außerhalb des Reichsgebiets, namentlich in Ungarn gegen König Johann. Die Saat der habsburgfeindlichen Reichsfürsten und der Könige Franz und Johann ging hier auf. Man mußte die Truppen entlassen. Karl hatte die in Italien angeworbenen Söldner in Wien zurückgelassen, allerdings im Solde Ferdinands, der sie aber nicht bezahlen konnte – da verjagten die Söldner ihre Hauptleute und zogen plündernd in die Heimat.
Auch die böhmischen und die mährischen Einheiten verweigerten die weitere Heerfolge. Ferdinand mußte tatenlos zusehen, wie die große Armee, deren Fahnen im Herbstwind so hoffnungsvoll geflattert waren, unaufhaltsam dahinschmolz. Ihm verblieben nur noch das Fußvolk aus Tirol und aus der Grafschaft Pfirt, auch einige Reiter, die

bereit waren, ihrem König nach Ungarn zu folgen. Doch nein, so entmachtet, muß sich Ferdinand gedacht haben, könne er nicht in dieses sein umkämpftes Königreich ziehen. »Hätte ich mehr zu erhalten gewußt«, schrieb er am 2. Oktober voller Bitterkeit der verständnisvollen Schwester Maria, »so wäre ich in Person nach Ungarn gegangen, aber mit so wenig Macht ist es mir weder ratsam noch durchführbar erschienen, und ich muß das jetzt Gott anvertrauen und an einen Frieden denken, wie man ihn wird haben können.« Sein Gesandter Hieronymus Záray traf schon am 12. Januar 1533 in Istanbul ein und wurde nur wenige Tage später von Soliman und Ibrahim empfangen.

Und schon im Februar gelangte eine Nachricht von Záray nach Preßburg, wo sich Ferdinand gerade aufhielt, eine, wie man sie nicht einmal zu erhoffen gewagt hatte. Der Sultan, hieß es im Bericht des Gesandten, habe sich bereit erklärt, König Ferdinand zu seinem Sohn anzunehmen – eine Geste besonderer Freundlichkeit und Auszeichnung – und einen Waffenstillstand auf Grund des gegenwärtigen Besitzes zu gewähren. Sogar mit dem Kaiser und dem Papst wolle die Pforte gegen die Rückgabe von Koron über einen Waffenstillstand verhandeln. Das war eine logische Anwendung des alten außenpolitischen Prinzips, die Kräfte stets nur an einer Front zu binden.

Das Angebot der Pforte bedeutete allerdings die verbriefte Zweiteilung des Landes, auf das Ferdinand in dessen Ganzheit Anspruch erhob. Aber es bedeutete doch eine Anerkennung gewisser Ansprüche, wenn auch nur eine bedingte. Die Räte des Königs erkannten die Tragik, welche die Zweiteilung des Landes in sich barg, und lehnten sich dagegen heftig auf. Doch schließlich fügten sie sich in das Unabänderliche, sie erkannten, welchen großen Fortschritt in den Beziehungen König Ferdinands und der Pforte allein die Tatsache darstellte, daß der Sultan seinen Standpunkt abgeändert hatte und dem König gewisse Territorien zugestand. Das konnte der Ausgangspunkt einer späteren Wiedervereinigung werden.

Also war man sich über den Waffenstillstand einig, nur noch die Grenzen zwischen dem Herrschaftsbereich Ferdinands und dem Johanns sollten gezogen werden. Ferdinand schickte wieder einen Gesandten zur Pforte, der vom Sultan feierlich empfangen wurde. Aber auf die Aufteilung der Herrschaftsbereiche kam Soliman nur andeutungsweise zu sprechen. Die Frage sollte durch einen Vertrauten des Sultans geklärt werden: durch Ludovico Gritti, den unehelichen Sohn

des Dogen von Venedig, dem Juwelenhändler des Sultans, einem Abenteurer der Weltpolitik. Ibrahim Pascha teilte dem Gesandten voller Freude mit, die Pforte habe mit König Ferdinand »ewigen Frieden« geschlossen. Sogar die Witweneinkünfte der Königin Maria sollten sichergestellt werden. Dies geschah am 22. Juni 1533.
Doch kaum waren zwei Wochen vergangen, da änderte die Pforte unvermittelt ihre Haltung. »Ich habe Ungarn«, ließ der Sultan König Ferdinand mitteilen, »das ich mit dem Schwert erobert hatte, gnädig dem König Johann geschenkt.« Was war geschehen? Nichts anderes als daß die Pforte eine groß angelegte diplomatische Konzeption schlau und erfolgreich zu Ende geführt hatte. Da sie im Osten des Reiches in einen schweren Konflikt mit den von Portugal unterstützten Persern verwickelt war, wollte sie den Rücken im Westen frei halten. Dies gelang ihr, indem sie mit Ferdinand einen Waffenstillstand ausgehandelt hatte, ohne auch nur ein Jota von ihren Ansprüchen und Eroberungen preiszugeben. Als Ferdinands Gesandter im November bei Ajas Pascha, dem Stellvertreter des zur Armee in Persien abgereisten Großwesirs Ibrahim vorspricht, bekommt er Enttäuschendes zu hören: Die Pforte gesteht König Ferdinand nur die Gebiete zu, die er auch zur Zeit des Todes von König Ludwig II. besessen habe: Güns und Umgebung. Ferdinand muß sich fügen.

Der König ist nun dreißig Jahre alt und Vater von drei Kindern. Die Züge des einst so hübschen blonden Knaben sind markanter geworden, härter. Die schönen, lebhaften Augen, die einst den Großvater und den Erzieher so sehr begeistert haben, blicken nun durchdringend und stechend. Seine Gestalt ist etwas gedrungen, die Stirn zurückliegend. Er ist von freundlicherem, entgegenkommenderem Wesen als sein älterer Bruder, dem, so will es Ferdinand scheinen, mehr Glück beschieden wurde als ihm. Auch Ferdinand wird von Herrscherwillen beseelt und von Ehrgeiz angetrieben wie der Kaiser, doch ist er im Umgang mit den deutschen Fürsten geschmeidiger. Nun spricht er auch schon fließend Deutsch. Der beiden geschwisterliche Einigkeit, immer großartig vorgeführt, gilt aber nur der Welt: In seinem Innern lehnt sich Ferdinand immerfort gegen den Bruder auf – gegen den Kaiser, der ihn durch die Verträge von Brüssel in das bloße Schattendasein eines Regierenden gedrängt hat, der seine Einigung mit den Reichsfürsten immer wieder zunichte macht, der die Armee, mit der Ferdinand das Tor zu Ungarn hätte aufstoßen können, ziehen ließ. Seine Erfolge sind nur halbe Erfolge, im Reich wie in Ungarn, und sein Fürstendasein immer nur das eines Zweitgeborenen. Seine Loyalität zum Bruder entspringt dem Gebot, als Fürst und Mitglied desselben Herrscherhauses das unvergleichlich hohe Amt des Erstgeborenen bedingungslos zu achten und zu ehren, und so ist sie eine Loyalität dem Kaiser, nicht dem Bruder gegenüber. Er steht im Schatten des Kaisers – so sieht ihn die Diplomatie der Zeit, besonders die osmanische. Seine Loyalität wird weder besonders anerkannt noch belohnt, sondern als selbstverständlich hingenommen. Er selbst spielt die Rolle des liebenden Bruders und dem Kaiser ergebenen Fürsten vollendet – nur manchmal, in Briefen an Maria, die sich gegen den kaiserlichen Bruder gelegentlich ebenfalls auflehnt, tönt die Enttäuschung, die seine Gefühle zu Karl motiviert, leise durch. Aber sein Sohn und Nachfolger Maximilian sieht die Beziehung des Vaters und des Onkels im grellen Licht der Wirklichkeit: »Gott gew, daß Seine Majestet sich ainmal tapfer gegen der Kayserl. Majestet erzag und nit so klanmietig als bisher beschehen ist«, schreibt er seinem Vetter Albrecht von Bayern. »Mich wundert nur, daß Seine MT. so blint ist oder nit merken will, wie untreulich und unbrüderlich die Kayserl. Mt. mit ime umbget.«

Der eruptive Fleiß, der Ferdinand in den Jugendjahren zu Höchstleistungen angespornt hat, äußert sich nun in geregelter Arbeitsamkeit. Er hat Zeit und Muße für alles, nichts ist ihm so bedeutungslos, daß er sich nicht persönlich darum kümmerte. Nicht nur der hohen Diplomatie widmet er seine stets bereite Aufmerksamkeit, sondern auch Staatsgeschäften aller Art in allen seinen Ländern. Er bemüht sich um das Bauwesen und das Münzwesen, um eine einheitliche Gerichtsbarkeit in den österreichischen Landen, in Böhmen und seinem ungarischen Herrschaftsbereich, er tritt für die Freizügigkeit, das Recht auf freies Wegziehen und freie Niederlassung, der Leibeigenen ein, er vereinheitlicht das Kriegswesen und den diplomatischen Dienst, er schafft den Geheimen Rat als Staatsorgan – und legt so den Grundstein der späteren Donaumonarchie.

In seiner Lebensweise übt er, im Gegensatz zu seinem Bruder, große Mäßigkeit. Er ist auch, ebenfalls im Gegensatz zum Bruder, sittenrein. Dennoch erschreckt er von Zeit zu Zeit seine Umgebung mit jähzornigen Ausbrüchen aus nichtigen Anlässen. So auch im Fall eines Wilddiebes, der Hirsche und Fasane geschossen hat: Ferdinand ordnet im ersten Zorn an, dem Mann an Ort und Stelle die Augen

auszustechen – eine damals ganz und gar übliche Strafe. Doch schon im nächsten Augenblick widerruft er und begnadigt den armen Teufel. Dieser harte Zug in seinem Charakter offenbart sich auch in seiner Art zu regieren: Mit eiserner Strenge erläßt er Dekrete gegen Lutheraner und Wiedertäufer, gegen aufrührerische Bauern. Und doch sind nicht Härte noch Grausamkeit sein letzter, sein innerster Wesenszug, im Gegenteil: Angeborene Großzügigkeit, Milde und ein hoher Sinn für Gerechtigkeit, allerdings auch Unbeugsamkeit, lenken ihn. »Fiat iustitia, et pereat mundus« (Gerechtigkeit geschehe, und geht auch die Welt darüber zugrunde) ist sein Wahlspruch.
Und im Hintergrund leuchtet ein Vierteljahrhundert lang das schöne Antlitz Annas, ihr liebliches Lächeln besänftigt den Zorn, der die Züge des Gatten manchesmal verzerrt. Er kann sich nicht von ihr trennen, er nimmt sie auf allen Reisen mit, und als man ihn einmal darauf aufmerksam macht, welche Unkosten deswegen entstünden, meint er: »Einem frommen Herrn gebührt, seinen Ehebund zu halten, es ist besser, einige Unkosten auf seine Ehegattin zu wenden als auf Buhlerei.«

Die beiden Weltreiche zeigen in diesen Jahrzehnten beinahe schon verblüffende Gemeinsamkeiten, geradezu einen Gleichlauf in ihrer Geschichte. Kaiser Karl V. ist Herrscher über das größte Reich, das je im Zeichen des Kreuzes entstanden ist – Sultan Soliman II. begründet das größte Reich, das je im Zeichen des Halbmondes hervorgebracht wurde. Kaiser Karl verkörpert das aus dem Mittelalter herrührende Postulat, das weltliche Oberhaupt des gesamten Abendlandes zu sein, dem geistlichen zugeordnet und ihm ebenbürtig. Der Sultan ist in seinem Reich »Papst« und »Kaiser« gleichermaßen, in seiner Person finden die islamischen Bestrebungen ihren höchsten Ausdruck. Die geistigen Kräfte beider Weltreiche entwickeln zentrifugale Bewegungen, deren Stoßrichtungen einander entgegengesetzt sind: Die Richtung des spanischen Imperialismus deutet nach dem Westen, nach Amerika, jene des osmanischen nach dem Osten, nach Persien und Indien. An ihren Berührungspunkten in der Mitte – in Ungarn, auf der Balkanhalbinsel, im Mittelländischen Meer – vereitelt das nicht zu überwindende Gleichgewicht ihrer Kräfte dem andern gegenüber jeden größeren Raumgewinn, es wirkt stabilisierend. Sie existieren, gegeneinanderstrebende und verschiedentlich strukturierte Weltbilder, nebeneinander. Beider Geistigkeit ist missionarisch, der Beru-

fung bewußt und mit dem göttlichen Auftrag beschwert, Jünger anderer Glaubensinhalte zu bekehren und in sich aufzunehmen, und erhebt Anspruch darauf, die einzig wahre, einzig erlösende, einzig seligmachende zu sein. Die Geistigkeit beider Reiche ist auch messianisch: Man formuliert das Postulat von einer einzigen Herde unter einem einzigen Herrn, vereint von einem einzigen Schwert. Ist es Zufall, daß dieses strenge, missionarische, messianische, universalisierende Weltbild sich einerseits in dem spanisch-christlichen und andererseits in dem osmanisch-islamischen Reich verwirklicht? Haben die Christenheit und der Islam nicht auf spanischem Boden sieben Jahrhunderte hindurch in engem Miteinander gelebt?
Ihre ewig schwelenden Probleme machen den Gleichlauf ihrer Geschichte nur noch deutlicher. Der Kaiser vermag das Land an seinem unmittelbaren Herrschaftsbereich, das umklammerte Frankreich, nicht dazu zu bewegen, einen ihm genehmen Frieden zu halten. Die päpstliche Politik ist insofern berechenbar, als sie immer mit dem einen Gegner, dem spanischen oder dem französischen, gegen den andern gemeinsame Sache macht. Und die latenten Fragen im Reich werden nicht gelöst, sondern nur durch halbherzige Kompromisse hinausgeschoben. Der Sultan vermag das Land, dem er die Rolle des Puffers zugedacht hat, Ungarn, nicht zu befrieden. Und in seinem weiten Reich regt sich immer wieder, bald hier, bald dort, haßerfüllter Widerstand gegen die Vorherrschaft der Osmanen.
Karl hatte von dem Korsar Barbarossa auch noch Tunis erobert, nun feierten ihn seine beiden Königreiche Neapel und Sizilien, die vor dem Korsar die größte Angst hatten und die Karl zum erstenmal besuchte, unter cäsarischen Triumphbögen als den Vorkämpfer Europas gegen Afrika. Seine Vorherrschaft im westlichen Mittelmeerraum war nun wiederhergestellt. Da starb im November 1535 Herzog Francesco Sforza von Mailand, und Franz I. von Frankreich erhob Anspruch auf das Herzogtum. Karl wußte, daß die französische Präsenz in Mailand gefährlich für seine Herrschaft in Italien war und sah sich plötzlich dem alten, anscheinend niemals zu lösenden Dilemma gegenübergestellt: »Ich muß mich an den Grundsatz halten«, schrieb er Ferdinand, »entweder mit Frankreich übereinzukommen, wenn es sich unter annehmbaren Bedingungen zum Wohl der allgemeinen Angelegenheiten machen läßt, oder, wenn nicht, gestützt auf die Fürsten Italiens und sogar der Venezianer, ohne die es schwierig oder sogar unmöglich sein würde, den Status von Mailand zu vertei-

digen und erhalten.« Das bedeutete, daß er dem Bruder weiterhin nicht zu Hilfe sein konnte.
Karl faßte einen kühnen Gedanken: Am zweiten Ostertag, dem 17. April 1536 sammelte er im Raum vor der Vatikankapelle, der Camera dei paramenti, Kardinäle und viele Diplomaten um sich und bat auch den Papst zu der Versammlung. Es war seit dem Tod Klemens VII. im September 1534 Paul III. aus dem Hause der Farnese, der letzte der Renaissancepäpste und der erste der Gegenreformation. Eine Stunde lang sprach Karl zu ihnen, eindringlich, überzeugend, versöhnlich, darauf bedacht, den Frieden mit Frankreich zu erhalten – oder einen letzten Kampf zu wagen, sogar einen persönlichen: ein Duell, ein Gottesurteil mit Franz I. Er sprach spanisch, und das erregte einen gewissen Widerwillen, aber er beherrschte weder das Italienische noch das Französische genügend. Er forderte den Papst zur Stellungnahme auf. Paul III. wich geschickt aus. Er wollte die Würde seines Amtes und die Zukunft Italiens weder Spanien noch Frankreich verpfänden. »Ich habe versucht«, schrieb Karl am nächsten Tag Ferdinand, »Seine Heiligkeit zu überreden, daß er sich gegen denjenigen erkläre, durch dessen Schuld der Friede vereitelt würde. Aber er hat an seiner Neutralität festgehalten, um nicht, wie er mit mehreren klugen Überlegungen und Gründen vorbrachte, unversehens die Eifersucht der einen oder der andern Seite zu erregen.« Also mußten die Waffen sprechen. Erst 1538 wird in Nizza ein Waffenstillstand vereinbart. Karl kann mit Frankreich keine Entscheidung herbeiführen. Wie Soliman nicht mit Ungarn.
Also schwelte es unheilvoll weiter. Soliman entsandte Ludovico Gritti zum Schiedsrichter nach Ungarn und gab ihm eine ansehnliche Begleitung von 2000 Mann zur Seite. Was für ein Mann war dieser Gritti, der von der Pforte das bedeutende Amt übertragen erhielt, zwischen den beiden Königen zu schlichten und die strittigen Grenzfragen zu einer gemeinsamen Lösung zu führen? Er war gewiß ein besonders auffälliger Typus seiner Zeit, die nicht nur große Herrscher und kühne Soldaten, nicht nur schlaue Diplomaten und charakterstarke Priester hervorgebracht hat, sondern auch Piraten und Abenteurer von hoher Qualität, die sie aber nicht befähigte, die trennende Grenze zwischen dem ethisch Vertretbaren und dem praktisch Durchführbaren zu erkennen. Gritti war verhaßt – sowohl bei seinen Auftraggebern als auch in dem Land, in das er nun, im August 1534, an der Spitze der kleinen Streitmacht hochmütig einzog. In Istanbul

hatte er Gelegenheit gehabt, sich mit den Gesandten Ferdinands zu unterhalten, und entwickelte ihnen einen phantastischen Plan von einem Kreuzzug gegen das Osmanenreich unter der Beteiligung aller christlichen Mächte, um die Türken aus Europa zu vertreiben und Konstantinopel zurückzuerobern. Wollte er sich vor Ferdinand als einen Mann des Abendlandes ausweisen, um später, bei etwa sich ergebender Gelegenheit, als ein Parteigänger des Königs dazustehen? Oder glaubte er wirklich, seine weltfremden Anregungen könnten in die Tat umgesetzt werden? Schließlich stand er mit solchen Phantastereien nicht allein da. Kein Geringerer als Papst Paul III. schwelgte von Zeit zu Zeit in ähnlichen Wunschvorstellungen, von anderen geistlichen und weltlichen Herrn in niederen Stellungen gar nicht erst zu reden. Doch Gritti hatte nur erreicht, daß er dem vorsichtigen Ferdinand verdächtig vorkam. Auch bei der Pforte traute ihm nicht jeder. Junis Beg, der bei den Verhandlungen mit den Gesandten Ferdinands und Johanns als Dolmetsch fungierte, ließ die Bemerkung fallen: »Einen niederträchtigeren und bösartigeren Menschen als diesen Hurensohn gibt es auf der ganzen Erde nicht. Er ist weder Türke noch Christ. Es tut mir unendlich leid, daß sich noch kein Ungar fand, der diesen Nichtsnutz getötet hätte.« Das war kein gutes Empfehlungsschreiben für Gritti.

Er kam nach Kronstadt in Siebenbürgen. Es war ihm die Kunde vorausgegangen, er würde als Statthalter des Sultans in dessen Auftrag die »hochmütigen Magyaren« mit eiserner Hand zu Gehorsam zwingen. Doch man weigerte sich, seine Anordnungen zu befolgen. Das erboste ihn so sehr, daß er den von König Johann eingesetzten Wojwoden, den Bischof von Nagyvárad (Großwardein), gefangennahm und den verzweifelt sich Wehrenden töten ließ. Doch auch mit dieser blutigen Tat konnte er sich keinen der Herren gefügig machen, gerade im Gegenteil, ihr Haß durchbrach nun die letzte Hemmschwelle, und sie belagerten das Schloß, in das sich Gritti geflüchtet hatte, nach allen Regeln der Kunst und mit dem stillen Einverständnis Johanns. Gritti mußte sich ergeben. Er wurde am 29. Oktober 1534 zeitgemäß auf grausame Weise hingerichtet: Man schlug ihm zunächst beide Hände ab, dann den Kopf. Dieser Abenteurer der Weltpolitik trug bei seiner Hinrichtung wahre Grandezza zur Schau: Als er das Schafott betrat, schenkte er dem Scharfrichter einen Diamantenring, der ein Vermögen wert war.

Die Zeit bediente sich gerne und nicht selten und in allen Ländern

solcher Männer und solcher Vorgänge. Dieses kleine Beispiel zeigt einprägsam, auf welchen Irrwegen sich manchmal die Diplomatie bewegte. Auf Irrwegen befanden sich auch Ferdinand und seine Räte in der Beurteilung des Vorgangs und der Haltung der Pforte. Sie hatten angenommen, daß der Sultan, wegen der Hinrichtung seines Gesandten aufgebracht, Johann seine Gunst entziehen würde, und ihrerseits einen Gesandten nach Istanbul geschickt und Soliman um die Krone Ungarns gebeten. Doch der Sultan hatte zwei schwerwiegende Gründe, die Bitte abzulehnen, und es ist wahrhaftig verwunderlich, daß Ferdinand, der in großen Zusammenhängen dachte, zumindest den zweiten, den hochpolitischen Grund nicht sofort erkannte. Soliman hatte sich inzwischen von den Machinationen Grittis überzeugt und meinte, den Abenteurer habe in Ungarn das nämliche Geschick erreicht, das ihn in Istanbul ohnehin erwartet hätte (sogar Grittis Schutzherr, Ibrahim Pascha, geriet ins Zwielicht, und vielleicht war seine Beziehung zu Gritti mit ein Grund für seine spätere Hinrichtung).
Der politische Grund bestand darin, daß die Pforte Ungarn unter keinen Umständen an die Hand eines habsburgischen Herrschers geben konnte: Das war die Conditio sine qua non der osmanischen Politik in Europa, die unabdingbare Voraussetzung zu jeglichen Verständigungsversuchen, und die Motive der Pforte waren zu diesem Zeitpunkt nicht nur Karl und Ferdinand, sondern auch schon allen Höfen Europas hinlänglich bekannt. Die Pforte konnte das Land dem Bruder ihres unversöhnlichsten und mächtigsten Gegners, ihres geschichtlichen Antagonisten, auch dann nicht – oder erst recht dann nicht – überantworten, wenn sie dort keine militärische Entscheidung herbeizuführen vermochte. Es ist durchaus denkbar, daß Soliman und seine Wesire, voran der junge und begabte Ibrahim, nun schon die Unmöglichkeit erkannt hatten, Ferdinand mit Waffengewalt zum Verzicht auf Ungarn zu zwingen. Das mußte aber zur Folge haben, daß sie ihren Einfluß auf den Herrschaftsbereich Johanns nur noch intensivierten – denn daß sie Ungarn aufgaben, war nicht einmal zu denken. Das war es, was Ferdinand verkannt hatte. Doch bei diesem Punkt tat sich eine neue, bis dahin unvorstellbare Perspektive in der Beziehung Ferdinands und der Pforte auf.
Johann und die ihm ergebenen Herren sahen die Triebfedern der osmanischen Politik unvergleichlich schärfer als Ferdinand und seine Räte – das folgte aus der Tatsache, daß sie der Pforte ausgeliefert,

gleichsam mit ihr zu leben verdammt waren. Und so kamen sie zu der gleichen Erkenntnis wie die Pforte, ohne ihr freilich darüber auch nur eine Andeutung zu machen – zu der Erkenntnis nämlich, daß die Pforte nicht in der Lage war, in Ungarn eine Entscheidung herbeizuführen. Von dieser Erkenntnis mußten sie unweigerlich zu der schmerzlichen Schlußfolgerung gelangen, daß Johann der Aufgabe, die sich in seiner Königswürde manifestieren sollte, nicht gerecht werden konnte: In diesem Augenblick der Erkenntnis hatte seine Königswürde jeglichen Sinn verloren. Daraus wiederum folgte, daß sie das Land, um von ihm die Schrecknisse des Bürgerkrieges zu wenden, in seiner Ganzheit dem andern gekrönten König zuführen mußten. Sie mußten hoffen, daß Ferdinand in der Lage sein würde, Ungarn als Ganzes zu erhalten (das war es, wiederum, worin sie sich irren sollten). Im Oktober 1534 entsandte König Johann Stephan Brodarics zu einer ersten Fühlungnahme nach Wien.

Nun begann ein fieberhaftes diplomatisches Versteckspiel, an welchem nicht nur Johann und Ferdinand, sondern, und vielleicht mit noch größerem Gewicht als diese, auch die führenden Höfe ihren Anteil hatten – war doch die Frage, um die es letztlich ging, ob nämlich Ungarn unter habsburgischer oder osmanischer Oberhoheit wiedervereint würde, schon längst ein gravierender Bestandteil im Fragenkomplex der Vorherrschaft in Europa. Die vordergründigen Akteure waren allerdings die beiden Könige. Die bald offenen, bald versteckten Querverbindungen verliefen von Paris über Venedig nach Istanbul und von Neapel über Madrid nach Wien, flankiert vom Reich, von England und Polen.

Ferdinand verschloß sich zunächst dem Angebot Johanns, weil er nach der Hinrichtung Grittis eine positive Antwort von der Pforte erhoffte. Diese aber blieb aus. Im Frühjahr 1535 jubelte die Christenheit, als der große Sieg Karls über Hayreddin Barbarossa in Tunis bekannt wurde, und selbst Franz I. wurde nachdenklich. Johann und seine Räte sahen sich in der Auffassung bestätigt, daß Habsburg eher als der Sultan die staatliche Einheit ihres Landes gewährleisten könnte. Nun entschloß sich der König zu einem verzweifelten Schritt: Im September 1535 schickte er zwei vornehme und würdevolle Gesandte, die wahrlich nicht als Parteigänger des einen oder des andern Königs anzusehen, sondern als Vertreter des gesamten Königreichs bekannt waren: die Bischöfe Stephan Brodarics und Franz Frangepán – und er entsandte sie nicht zu Ferdinand, sondern zum

Kaiser. Diese übermittelten Karl ein Angebot, welches das Meiste und das Höchste war, das ein König nur machen konnte: Möge der Kaiser Buda und Temesvár in Südostungarn, beide strategische Zentren, mit Truppen besetzen, dann sei er, Johann, da er das Land unter dem Schutz des Kaisers wüßte, bereit, auf die Krone zu verzichten. Noch mehr Gewicht verlieh diesem Angebot die ihm innewohnende Gefahr, daß die Pforte von ihm erfahren könnte – saßen doch die Agenten aller Mächte in jeder Kanzlei – und es mit einem grausamen Straffeldzug beantworten würde. Aber die Räte nahmen die Gefahr in Kauf, weil ihnen – wie auch den Räten Ferdinands – die staatliche Einheit des Landes das höchste Gebot war.

Doch der Kaiser konnte ihnen keine Antwort geben. Franz I. von Frankreich schloß im Februar 1536 in Istanbul ein formales Bündnis mit der Pforte und besetzte das Herzogtum Savoyen. Daraufhin drangen die kaiserlichen Truppen in die Provence ein, um die Franzosen zum Abzug aus Savoyen zu zwingen, diese aber wandten die Taktik der »verbrannten Erde« an, und die kaiserliche Streitmacht mußte sich bald wegen Versorgungsschwierigkeiten zurückziehen. Bei dieser Konstellation aber konnten Johann und die Räte ihr ursprüngliches Angebot selbstredend nicht mehr halten. Sie mußten auch die Forderung Ferdinands, ihm Buda zu überlassen, ablehnen, weil sie wußten, daß der »römische König« (so wurde Ferdinand oft in der diplomatischen Korrespondenz apostrophiert) nicht imstande war, einem osmanischen Straffeldzug, der ja auf die Übergabe der Hauptstadt unverzüglich gefolgt wäre, erfolgreich zu begegnen. Daher entschloß sich Johann zu einem Präventivschlag: Im Dezember 1536 besetzten seine Truppen Kaschau im Oberland, das bis dahin eine uneingeschränkte Domäne Ferdinands war. Aber Ferdinand rüstete weiter, obwohl die europäische Lage äußerst ungünstig war: Karl mußte seine ganze Aufmerksamkeit auf den Krieg mit Frankreich konzentrieren, er warnte sogar Ferdinand vor einem unüberlegten Feldzug, und der Papst, den Ferdinand um Hilfe gebeten hatte, winkte ab: In Rom wußte man, daß die Pforte Ungarn nicht preisgeben würde. In Rom wußte man auch, daß so manche europäischen Mächte Ungarn lieber unter osmanischer als habsburgischer Oberhoheit sähen. Und im Reich selbst wurden Stimmen hörbar, welche die Zweckmäßigkeit der Türkensteuer, wenn sie zur Unterstützung Ferdinands verwendet würde, offen in Frage stellten.

Im Oktober 1537 berichtete der Gesandte Franz von Sprinzenstein

König Ferdinand, er habe bei der Pforte nicht den mindesten Erfolg erreichen können, und der Großwesir Ajas Pascha, der Nachfolger Ibrahims, habe ihm sogar auseinandergesetzt, des Königs Erbrecht, worauf er sich berufen habe, sei nach der Auffassung der Pforte in dem Augenblick erloschen, in dem der Sultan Ungarn erobert habe. Im selben Jahr 1537 erzitterte Süditalien unter dem gemeinsamen Schlag der neuen Flotte Hayreddins und der türkischen Armee, aber der vereinbarte Angriff Frankreichs im Norden blieb aus. Damit beginnt das große Ringen um die Vorherrschaft im Mittelländischen Meer, das erst 1540 mit der katastrophalen Niederlage der christlichen Flotte und dem Separatfrieden Venedigs mit der Pforte ein vorläufiges Ende nimmt.

Ferdinand entsandte im Spätsommer 1537 zwei Armeen nach Ungarn, die eine in das Oberland, die andere gegen Esseg im Süden. Die erste blieb nach anfänglichen Erfolgen stecken und löste sich auf, weil die Soldaten nicht bezahlt wurden. Die andere wurde von den Türken vernichtet. Beide Könige mußten wieder einmal erkennen, was sie auf Grund bisheriger Erfahrungen ohnehin wußten: Ferdinand vermochte nicht, die Türken aus Ungarn zu verjagen, und die Pforte war nicht imstande, die Herrschaft Johanns über ganz Ungarn zu gewährleisten. Nun endlich fanden sie, Ferdinand und Johann, zueinander: Das geschieht am 24. Februar 1538 in Großwardein.

Sie kamen überein, daß Johann bis zu seinem Tod König von Ungarn bleibe, danach Ferdinand als rechtmäßiger und alleiniger König die Krone erhalte, und zwar auch dann, wenn Johann einen männlichen Erben zurückließe. Beide Teile schworen, die Vereinbarung geheim zu halten, zumal ein osmanischer Angriff zu gewärtigen wäre, wenn der Vertrag bekannt würde. Sollte die Pforte gegen Johann Waffengewalt anwenden, dann war Ferdinand verpflichtet, Waffenhilfe zu leisten.

Ferdinand mochte meinen, mit dem Vertrag das Ziel seiner langjährigen Bestrebungen erreicht und seinen und Annas sehnlichsten Herzenswunsch erfüllt zu haben. Johann mochte meinen, den inneren Frieden wiederhergestellt und die Integrität des Landes gewahrt zu haben. Indes, die Durchführbarkeit der vertraglichen Bestimmungen war sogar schon zum Zeitpunkt, als sie vereinbart wurden, fraglich; jedes Experiment, sie in die Tat umzusetzen, gefahrvoll. Warum? Beim Versuch, aus dem Vertrag politische Wirklichkeit zu machen, mußten beide Vertragschließende voraussetzen können, daß die

Macht Ferdinands ausreichte, den zweifellos einsetzenden osmanischen Vergeltungsschlag im Augenblick von Johanns Tod abzuwehren und danach die staatliche Einheit des Landes zu gewährleisten. War diese unerläßliche Vorbedingung nicht zu erfüllen, dann war der Vertrag bloß Ausdruck eines Wunschdenkens. Die Vorbedingung konnte nicht erfüllt werden. Die Geschichte der vorangegangenen anderthalb Jahrzehnte, besonders die Geschichte der Feldzüge von 1529 und 1532, zeigte das Kräftegleichgewicht in seiner ganzen Tragik auf.

Ferdinand konnte aus eigenen Kräften, das heißt mit den Machtmitteln des ausgebluteten, von den verschiedensten Heeren geplünderten Ungarn, Böhmens und Österreichs, niemals eine der osmanischen gleichwertige Streitmacht aufstellen. Zu einer solchen hätte er eines großzügigen Beistandes bedurft, den nur das Reich und der Kaiser zu bieten vermochten. Aber das in sich gespaltene Reich lehnte die Verwendung seiner Kräfte außerhalb der Reichsgrenzen ab, und der in Italien und dem westlichen Mittelmeer engagierte Karl durfte seine Machtmittel anderswo als im eigentlichen Operationsgebiet nicht einsetzen – das hatten beide, Reich und Kaiser, spätestens im Verlauf des Feldzuges von 1532 unmißverständlich dokumentiert. Der Donauraum war für den Kaiser ebenso wie für den Sultan ein Nebenschauplatz, manchmal sogar nur ein lästiger, weil sie die Entscheidung im Mittelmeer suchen mußten, wo die lebenswichtigen Handelsinteressen aufeinanderprallten und die Machtpositionen die direkte Konfrontation erforderten. In fast allen Briefen, die Karl über die Türkengefahr und Ungarn an Ferdinand richtet, erklingt bald versteckt, bald offen die Sorge, die den Kaiser wegen der militärischen Unternehmungen des Königs stets bewegt. Und gerade jetzt, da der Kaiser endlich mit dem König von Frankreich zu einem Waffenstillstand gelangt war und seine Kräfte für die Operationsgebiete Mittelmeer und Nordafrika sammelte, mußte er ein Engagement im Donauraum erst recht vermeiden. War das Ferdinand nicht bekannt? Und wenn es ihm bekannt war, warum ging er dann auf den Vertrag von Großwardein mit der Verpflichtung des militärischen Beistandes ein? Die allgemeine Lage dürfte dem König bekannt gewesen sein, wenn ihm auch Einzelheiten der kaiserlichen Planung verborgen blieben. Aber Ferdinand war geradezu versessen darauf, Ungarn uneingeschränkt in Besitz zu nehmen. Die Motive seiner Haltung waren mannigfach. Er sah in dem Land eine Machtbasis, so groß und so wertvoll, daß ihm jedes Mittel gerechtfertigt erschien, es sich zu erkämpfen. Sein Ehrgeiz hatte eine Kränkung erlitten, als nach dem Tod seines Schwagers auch noch ein zweiter König gewählt worden war, und er strebte unentwegt danach, der alleinige zu sein. Und schließlich Anna, die geliebte Frau! Sie, die geborene Prinzessin Ungarns, wollte er in das Land heimführen und ihr das königliche Schloß zu Buda zur Residenz geben. Nun – im Vertrag von Großwardein legitimierte gerade der Gegenkönig sein, Ferdinands, Nachfolgerecht. Und Johann erhielt durch den Vertrag eine Atempause, die er notwendig hatte, um seine Herrschaft, von Ferdinand nicht mehr gestört, zu festigen – und außerdem erhielt er die Hand der polnischen Prinzessin Isabella. Die Bedingung des polnischen Königshauses zu dieser Heirat war eine Anerkennung der Herrschaft Johanns durch Ferdinand gewesen: Sie war nun erfüllt.

Im übrigen sollte es sich sehr bald herausstellen, ob der Vertrag durchführbar war. Nach dem Vertragsschluß gelangten Nachrichten von Kriegsvorbereitungen der Pforte nach Ungarn, und Johann und seine Räte nahmen schuldbewußt an, die Pforte habe von dem Vertrag mit Ferdinand Wind bekommen und plane einen Straffeldzug. Doch diesmal galt der Schlag dem Fürstentum Moldau, das die Türken Kara-Bogdan nannten und das nur ein kleines Heer ohne Geschütze unterhalten durfte, der Fürst wurde zwar von den Bojaren gewählt, mußte aber von der Pforte bestätigt werden. Im August 1538 überflutete die osmanische Armee die an die Ostkarpaten angrenzende Provinz. Der Sultan verleibte seinem Reich den südlichen Teil des Fürstentums ein und ließ einen anderen Wojwoden wählen, weil der frühere 1536 ein Bündnis mit Ferdinand eingegangen war. Nachdem Soliman den Risikofaktor Moldau ausgeschaltet hatte, wandte er sich dem Mittelmeerraum, dem vorrangigen Schauplatz, zu. Im Februar 1538 hatten sich Kaiser Karl V., Papst Paul III., die Republik Venedig und König Ferdinand I. in einer »Heiligen Liga« zur Bekämpfung der osmanischen Macht vereint. Am 18. Juli schloß sogar der treueste Mitgestalter der osmanischen Europapolitik, König Franz I. von Frankreich, in Nizza mit seinem großen Gegner, Karl V., einen Waffenstillstand. Ehe jedoch die Stoßrichtung des türkischen Straffeldzuges bekannt geworden war, hatte Johann Ferdinand zur vereinbarten Hilfeleistung aufgefordert, der dieser auch nachkam: Er entsandte eine kaum nennenswerte Streitmacht von einigen tausend Mann. Die Frage, ob Ferdinand keine größere Armee schicken konnte oder wollte, erübrigt sich – denn was zählten schon bei dem vorherrschenden Mißverhältnis der Kräfte zehntausend Mann mehr oder weniger? Und Ferdinand – das hatte sich 1532 gezeigt – konnte kaum mehr Truppen aufbieten. Es stand auf jeden Fall fest, daß nicht einmal die vereinten Kräfte Johanns und Ferdinands ausreichten, um einem osmanischen Ansturm zu begegnen. Dann aber war ihr Vertrag wahrhaftig nicht mehr als nur der Ausdruck einer politischen Illusion. Zumal die Pforte von ihm erfuhr, und zwar vom Gesandten Ferdinands.

Noch eindringlicher, noch schicksalshafter stellte sich die Frage nach dem Wert des Vertragswerkes im Sommer 1540. In Siebenbürgen erhoben sich einige Herren gegen Johann, und als der König sich anschickte, persönlich nach dem Rechten zu sehen, sandten sie ein Schreiben an Ferdinand: Dieser möge jetzt von Ungarn Besitz ergreifen und »keine andere oder bessere Gelegenheit erwarten«. Sie verlangten von ihm 7000 Söldner, 4000 Reiter und 1000 Büchsenschützen. Sollten sie von König Ferdinand keine Hilfe erhalten, dann müßten sie mit dem Türken ein Bündnis eingehen.

Ferdinand wandte sich an Karl um Rat. Er gab zu bedenken, daß Siebenbürgen und ganz Ungarn in einigen Jahren »in ewige Dienstbarkeit der Türken« gebracht würden, wenn man ihnen die Hilfe verweigerte – zur größten Gefahr für Niederösterreich und andere Lande. Er habe den Willen gehabt, den mit Johann geschlossenen Vertrag treu zu halten, doch habe ihn Johann durch vielfache Gewaltsamkeiten verletzt. In all seinen »Traktaten mit den Türken« habe er, Ferdinand, immer die Vereinigung des Reiches zum Ziel gehabt wie auch neulich, als er Hieronymus Lasky (dieser war aus dem Dienst Johanns in den Ferdinands übergetreten) zur Pforte geschickt und die Überantwortung ganz Ungarns verlangt habe, und zwar so: Wenn Johann die Friedensbedingungen von Großwardein nicht hielte, möge die Pforte ihm, Ferdinand, gestatten, Johann »zu züchtigen und aus dem Reich zu werfen«, so daß auf Grund einer Übereinkunft mit der Pforte das ganze Reich Ferdinand »gelassen werde«.

Wegen dieser siebenbürgischen Affäre sprach auch Königin Maria mit dem Kaiser, und dieser meinte, daß Ferdinand eine solche »Gelegenheit« (»conjecture«: eher Mutmaßung, Vermutung) nicht verlieren sollte, wenn sie nur auf Gewißheit gründete, denn sonst würde viel Unbequemlichkeit und Übel daraus entstehen (dachte vielleicht Karl daran, an der Nordflanke des Osmanenreichs Verwirrung zu stiften

und es vom Mittelmeer abzulenken?). Maria schrieb Ferdinand, er möge »wohl sehen«, wen er sende, und die »Veränderlichkeit der Leute« bedenken und ja nicht ohne Gewißheit »die schlafende Katze wecken«.
Gleichzeitig, am 16. Juni 1540, schrieb ihr Ferdinand aus dem elsässischen Hagenau, er sei entschlossen, erst sich der Sache zu versichern, sei sie aber gesichert, dann meine er, nichts unterlassen zu dürfen, um sie zu Ende zu führen, denn sonst würde er Gefahr laufen, »das Königreich zu verlieren«.
Vorhin war ein kaiserlicher Rat bei Johann eingelangt, der ihm das Wohlwollen des Kaisers übermittelt, Ungarn im Namen seines Herrn einen »Schutzwall der Christenheit« genannt und ihn um Erlaubnis gebeten hatte, Buda auf Kosten des Kaisers zu befestigen. König Johann hatte ihn vor seinem Aufbruch nach Siebenbürgen abgefertigt. Zur gleichen Zeit reiste ein Gesandter Johanns nach Frankreich und zum Kaiser. Denn jeder der beiden Könige wollte den Schutzherrn des andern, den Kaiser und den Sultan, von seinen lauteren Absichten überzeugen und ihn dazu bewegen, das gesamte Königreich Ungarn ihm, Ferdinand oder Johann, zuzusprechen. Der König von Frankreich schickte Johann 10000 Scudi (italienische Silbermünzen) und den treffenden und höchst bezeichnenden Rat: Er solle seine Sache mit den Türken regeln und nicht den Versprechungen christlicher Fürsten trauen, wenn er nicht zu Grunde gehen wolle.
Die rebellierenden siebenbürgischen Herren konnten zur Treue zu Johann bekehrt werden. Kurz danach erreichte diesen die freudige Botschaft, daß seine Gemahlin Isabella am 7. Juli 1540 einem Knaben Johann Sigmund das Leben geschenkt hatte. Der König wollte zu seiner Frau reisen, kam aber nicht weit: Am 22. Juli erlag er, dreiundfünfzigjährig, einem Schlaganfall. Vor seinem Tod beschwor er seine Getreuen, Isabella und Johann Sigmund zu schützen, den Knaben, sofern der Landtag es wünschte, zum König zu krönen, und warnte sie davor, einen König aus dem Hause Habsburg zu wählen, denn nur unter der Oberhoheit des Sultans sei die Einheit des Landes zu wahren, da von den christlichen Mächten keine Hilfe zu erwarten sei.
Das war die Verfügung eines Realpolitikers. Ihn des Vertragsbruchs zu zeihen (wie dies in der Geschichtsschreibung oft geschah), hieße, seine Beweggründe und die zeitbedingten motivierenden Kräfte zu verkennen. Denn abgesehen davon, daß Ferdinand selbst den Vertrag, unter welchem Vorwand immer, gebrochen hatte – er hatte ihn ja der

Pforte durch Lasky bekannt gegeben –, war es ein Gebot der praktizierten Politik, Verträge, wenn eine im Vertrag nicht vorgesehene Lage entstand, außer acht zu lassen: Beispiele dafür gibt es spätestens seit dem Madrider Frieden, 1525, zwischen Karl V. und Franz I., Dutzende. Johann tat auf dem Sterbelager nichts anderes, als was er seit seiner Wahl zum König getan hatte: In der Erkenntnis, daß die Macht des Hauses Habsburg nicht ausreichte, die staatliche Einheit des Landes zu gewährleisten und es gegen das Osmanenreich zu schützen – die Ereignisse der späten dreißiger Jahre, als er versucht hatte, das Königreich Ferdinand zu überantworten, bestärkten ihn nur noch in dieser Erkenntnis –, setzte er seine alte Politik fort, die darin bestand, sich an die Pforte anzulehnen. Das tragische Element in dieser Politik war nur, daß auch die Macht des Osmanenreichs nicht groß genug war, um Ungarns staatliche Einheit wiederherzustellen und Habsburg gegenüber zu garantieren. Eine dritte Möglichkeit gab es nicht. (Auf wie traurige Weise bezeichnend ist es, daß nicht nur die österreichischen Räte Ferdinands und die ungarischen Anhänger der habsburgischen Orientation Johann als einen Verräter verdammten, sondern, nachdem sein Vertrag mit Ferdinand der Pforte bekannt geworden war, auch die Osmanen, und sie rächen sich grausam an seinem Andenken: 1543 nehmen türkische Truppen Stuhlweißenburg ein, und ihr Anführer läßt, offensichtlich einem höheren Befehl folgend, die Königsgruft, eine der ältesten im christlichen Europa, öffnen. Aus allen anderen Gräbern nehmen sie nur die Juwelen heraus, doch aus dem Grab Johanns entfernen sie auch die Gebeine und zerstreuen sie.)

Im Sommer des Jahres 1540, nachdem die Kunde vom Tode Johanns aller Welt bekannt geworden und die im Vertrag von Großwardein vorgesehene Lage eingetreten war, forderten die Ereignisse Ferdinand mächtig wie nie zuvor heraus. Er tritt ihnen in einer Zeit entgegen, da nicht nur einst blühende Städte und reiche Länder, einst üppig tragende Landstriche, sondern auch viele gesellschaftliche, religiöse, geistige und politische Autoritäten zerstört waren. Er tritt ihnen in einem Land entgegen, das im Ringen der beiden Weltmächte kraft seiner geopolitischen Lage ein Puffer sein muß.

Ihm aber, Ferdinand, standen drei Gesinnungen, drei Parteien gegenüber. Jene in seinem Herrschaftsbereich bekannten sich uneingeschränkt zu den Verpflichtungen, die aus dem Vertrag von Großwardein folgten. Die andern, die Parteigänger der Königinwitwe Isabella

und des kleinen Prinzen, eine mächtige Gruppe siebenbürgischer und anderer Herren, beabsichtigten, Johann Sigmund zum König zu küren – sie waren überzeugt, daß die Pforte intervenieren würde, sobald sie Ferdinand in den Herrschaftsbereich als König einführen wollten, und sie wußten, daß der König nicht die Macht besaß, einen türkischen Angriff abzuwenden. In der dritten, einer »Mittelpartei«, fanden Männer zueinander, die den Vertrag durchzuführen gesonnen waren, doch nur unter der alten und logischen Bedingung, daß König Ferdinand und Kaiser Karl eine Armee aufböten, die stark genug wäre, das Land von den Türken zu befreien und unter der Herrschaft Ferdinands wiederzuvereinen. Ferdinand erklärte sich bereit, die Bedingung zu erfüllen, wenn er nicht – und das war bezeichnend für seine abwägende Art – durch eine Übereinkunft mit der Pforte das Land in Besitz nehmen könnte. Die internationale Lage schien im Augenblick nicht ungünstig zu sein: Die Verhandlungen im deutschen Reich zielten auf eine allgemeine Befriedung ab, das Verhältnis zum Papst war geklärt, und der Waffenstillstand zwischen dem Kaiser und dem König von Frankreich dauerte an. Doch die Ruhe mußte täuschen, und die Lage war nur scheinbar günstig. Denn viel zu groß waren die angesammelten Kräfte im Westen wie im Osten, auf daß man sie lange hätte ungenützt halten können, viel zu bestimmend für die Anwendung der Kräfte war auch der Interessengegensatz, der sogar mehr war als nur das: Es waltete ein Antagonismus, der jeglichen Ausgleich zwischen dem spanischen und dem osmanischen Weltreich ausschloß. Aber der Blick Ferdinands war nur auf sein Königreich Ungarn gerichtet. Von hier schickten fünf führende Herren der Mittelpartei, an der Spitze der würdevolle Bischof Franz Frangepán, sechs Wochen nach dem Tod König Johanns, am 30. August 1540, aus Erlau, den folgenden Brief an Kaiser Karl V., der gründlicher und einleuchtender als irgendwelche Vermutungen die Lage Ungarns und die Chancen Ferdinands im Land darlegte:
»... Das Reich (Ungarn) ist in der größten Gefahr. Wir fürchten, daß der Kaiser der Türken es entweder offen für sich selbst einnehmen oder unter dem Titel der Verteidigung es dem Sohn des verstorbenen Königs erhalten will, was wir dem Reich für ebenso gefahrvoll halten. Wir sind unvermögend einer solchen Macht zu widerstehen. Ja, vorzüglich aus diesem Grund hat unser verstorbener König mit kaiserlicher Majestät und Ihrem Bruder, dem römischen König, Eintracht geschlossen, auch mit der ausdrücklichen Bedingung, daß, wenn er

einen Sohn hinterließe, nicht dieser, sondern der Bruder Eurer Majestät nachfolgen solle... Weil der König, unser verstorbener Herr, deutlich sah..., daß dem Reich eine einleuchtende Gefahr von den Türken bevorstehe und daß er derselben nicht widerstehen könne, ja, daß solches auch kein andrer der christlichen Fürsten vermöge als nur Eure kaiserliche Majestät, deshalb hat er alles Recht seines Sohnes auf Eure Majestät und Ihren erlauchten Bruder übertragen, lieber wollend, daß sein Sohn des königlichen Titels als die Christenheit des Reiches Hungarn entbehre. Auch wir, die wir dieses Ratschlages mitwissend und dessen Förderer gewesen sind, wissen gegenwärtig niemanden auf dem christlichen Erdkreis, der unsere Wunden zu heilen und dieses höchst edle Glied der christlichen Republik zu erhalten vermöchte, außer Eure kaiserliche Majestät, und darum tun wir solches jetzt, weil es zum Wohl und Vorteil dieses Reichs, unseres Vaterlandes, und zum Vorteil Eurer Majestät und Ihres Bruders gereicht... Es scheint uns höchst notwendig zu sein, daß Eure kaiserliche Majestät mit Ihrem erlauchten Bruder *entweder die Sache gänzlich aufgebe oder ernsthaft in Angriff nehme*... Eure Majestät möge bewirken, wie es Eure Majestät nach Ihrem weisesten Ratschlag für das beste erachtet: entweder durch einzugehende Verträge mit den Türken oder durch Zahlung eines Tributs oder mit Gewalt; *zu jedem dieser Wege aber scheint uns,* wie wir ehrfurchtsvoll Eure Majestät erinnern, *Eintracht mit dem König von Frankreich notwendig zu sein.* Denn wir wissen, daß dieser durch Geld und Ansehen viel bei dem Herrscher der Türken vermag. Nichts wird Eure Majestät in der Einigung mit dem allerchristlichsten König verlieren, was Sie nicht mit Wucher (Zinsen) zurück erhalten wird, wenn Sie Ungarn frei in Ihre Gewalt zu bringen vermag. Wollte aber Eure Majestät von allem diesem keines tun, was wir sehr ungern wollten, dann bitten wir Eure Majestät um der Liebe Gottes willen, nicht unser Verderben zu wollen, sondern vielmehr *Ihrem erlauchten Bruder zu befehlen, daß er zulasse, daß auch jener Teil des Reiches, den Er innehat, mit dem übrigen Körper des Reiches vereinigt werde, damit wir auch so noch, wenngleich nicht mit Gewalt und Waffen, wenigstens erbettelterweise* (precario) *dieses vormals edle Reich der christlichen Republik erhalten können.* Wir glauben, Eure Majestät erkennen wohl, wieviel der Christenheit zum Krieg gegen die Türken daran gelegen ist, unsere Nation auf ihrer Seite zu haben, und dagegen, wie großen Nachteil, sie gegen sich zu haben. Wir werden nichts unterlassen, was guten

Christen, guten Ungarn, guten Freunden ihres Vaterlandes und getreuen Dienern zukommt, wenn wir nur nicht verlassen werden von Eurer Majestät...«
Aber alles Flehen verantwortungsbewußter Männer und das Wohlwollen, das der Kaiser durch seinen Gesandten kundtat, wie auch das ungebrochene Bestreben Ferdinands, das Land unter seiner Herrschaft zu einen, konnten gewiß nicht die Kräfte sein, welche die Wirklichkeit gestalteten: Die politische und militärische Macht Karls und Ferdinands reichte weiterhin nicht aus, gleichzeitig im westlichen Mittelmeerraum und im Donauraum offensiv zu werden – der Südwesten des Kontinents besaß in den Überlegungen der Regierung Karls ohnehin den unbestrittenen Vorrang –, und es war nicht zu erwarten, daß die Pforte von ihrer alten Politik abgehen würde, davon nämlich, Ungarn zur Absicherung der Balkanhalbinsel als unmittelbares Umfeld der Hauptstadt Istanbul zu einem Pufferstaat gegen den habsburgischen Machtbereich zu machen. So kam es denn auch. Die Pforte erkannte »Istfan« – so nannte sie den jungen Prinzen Johann Sigmund – als den rechtmäßig gewählten König an, und der Sultan erklärte sich bereit, dessen Interessen zu wahren. Er lehnte die Forderung Ferdinands, ihm Ungarn zu überlassen, entschieden ab. Daraufhin beschloß man in Wien, sich der Hauptstadt Buda zu bemächtigen, denn man meinte, wohl etwas unüberlegt, dadurch Johann Sigmund und die Königinwitwe Isabella einer gewichtigen Machtposition zu berauben, und bedachte nicht den politischen Willen der Pforte, der im Land regierte. Der Feldzug begann im Oktober 1540, Gran, Visegrád und Vác wurden genommen, doch Buda widerstand der Belagerung, die abgebrochen werden mußte. Inzwischen reifte in der Pforte ein Plan heran, der bald eine neue Lage im Donauraum schafft. Im Frühjahr 1541 entsandte Ferdinand eine weitere Armee unter dem Befehl des nun schon alten und kränkelnden Roggendorf gegen Buda. Als dieser die Nachricht erhielt, Sultan Soliman sei in Anmarsch und nur noch fünf Tagesritte von der Hauptstadt entfernt, gab er die Belagerung auf, seine Truppen ergriffen in Panik die Flucht. Und so erreichte Soliman unbehelligt die Festung. Er lud die führenden ungarischen Herren samt dem kleinen König, den er »zu küssen wünschte«, zu einem großen Gelage in sein Prunkzelt. Währenddessen schlichen türkische Soldaten als »Verbündete« in kleinen Gruppen in die Stadt und die Festung. Als die vorgesehene Anzahl Soldaten in der Festung eintraf, entwaffneten sie in einem Überraschungs-

angriff die Ungarn. Die Hauptstadt fiel ohne Blutvergießen in die Hände der Osmanen. Bis zum 22. August 1541 besetzt Soliman das ganze Land bis auf die westlichen und nördlichen Landstriche im Herrschaftsbereich Ferdinands. Seine wahre Absicht offenbart er, indem er die Kirchen von Buda in Moscheen umwandeln läßt. Am 15. Jahrestag der Schlacht von Mohács, am 29. August 1541, verleibt Sultan Soliman Ungarn dem Osmanischen Reich ein. Bald entsteht im Südosten des Königreichs ein eigenes, selbstverwaltetes, jedoch der Pforte tributpflichtiges Staatswesen: das Fürstentum Siebenbürgen »der drei Nationen, Magyaren, Székler, Sachsen«. (Ein Jahrhundert lang wirkt es in dieser verlorenen Region des Abendlandes als ein Hort der europäischen Hochkultur und eine Stätte der Religionsfreiheit in historischem Ausmaß – gleichsam als »pars pro toto« für das zerrissene Mutterland.) Nun ist Ungarn dreigeteilt. Die europäische Geschichte kennt nur noch ein Land, dem das gleiche Schicksal widerfährt: Es ist – und man ist geneigt zu sagen: folgerichtig – Polen, das gegen Ende des 18. Jahrhunderts Rußland, Preußen und Österreich unter sich aufteilen.
Und so fanden die Einigungsbestrebungen ein jähes Ende. Nachdem die Pforte durch den Gesandten Ferdinands vom »Verrat« König Johanns erfahren hatte, muß sie beschlossen haben, nicht weiter mit christlichen Vasallen zu experimentieren, die zur »Untreue« neigten, sondern das Land zu besetzen und es selbst zu verwalten, und zwar ungeachtet der schier unlösbaren Schwierigkeiten, die ihr die Entfernung von ihrem Machtzentrum bereiteten. Aber es schien ihr lebenswichtig, Ungarn als Puffer zu erhalten, auch wenn sie nun schon erkennen mußte, daß sie nicht in der Lage war, das Land dem habsburgischen Einfluß zu entreißen. Also annektierte sie den mittleren, dreieckförmigen Teil, die fruchtbare Große Tiefebene, und ließ im östlichen Teil eine ungarische Regierung des unmündigen Königs zu: das Kernland der späteren *Principes Transsylvaniae.*
Es will scheinen, daß man im Westen bereits im Herbst 1540 einiges von den Plänen der Pforte erfahren hat. Am 25. September berichtete der französische Botschafter in Venedig nach Paris: »Hier gehen Gerüchte um, daß der Sultan das Königreich Ungarn in drei Teile geteilt hat.« Bald darauf, am 8. Oktober, beschrieb er in seinem Bericht die großen Kriegsvorbereitungen Karls V., dessen Verbündeter nun auch Venedig war, und fügte hinzu: Wenn die Dogenrepublik nicht bald mit der Pforte Frieden schließe, könnte sie den Sultan in

die Enge treiben, denn dieser sei in großer Verlegenheit, da die Perser sich in Empörung befänden und Soliman auch König Johann verloren habe. (Doch inzwischen, am 28. September, endete die erste große Seeschlacht, in der das Abendland vereint gegen das Osmanenreich angetreten war, vor der albanischen Küste mit einem überwältigenden Sieg der osmanischen Flotte, und Venedig schloß am 20. Oktober mit der Pforte einen Separatfrieden.) Der französische Botschafter schrieb weiters, die Zusage des Kaisers, Ungarn Hilfe zu gewähren (Anspielung auf die kaiserliche Botschaft zu Johann mit der Bitte, Buda zu befestigen), habe den Sultan so sehr erbost, daß er beschlossen habe, sich das Land zu unterwerfen und einen Pascha als Regenten einzusetzen. Ferdinand und seine Räte wußten selbstverständlich nicht von den Berichten des französischen Botschafters in Venedig. Doch diese Berichte sind beredte Zeugnisse der vorausschauenden osmanischen Planung. Allerdings konnte die Pforte – und hier spielte die Entfernung wieder einmal eine bestimmende Rolle – erst zuschlagen, nachdem sie die Mobilmachung zu Ende geführt, den Marsch über anderthalbtausend Kilometer und den Nachschub des Heeres organisiert hatte: also ein gutes halbes Jahr später, im Sommer 1541.
Die Nachricht vom Fall von Buda ließ die Reichsstände aufhorchen: Nun mochten sie das Ringen Ferdinands um das Königreich Ungarn als einen Kampf gegen die Osmanen auffassen. Tatsächlich stellten sie 1542 auf Verlangen Karls eine große Streitmacht auf, doch der Feldzug endete mit einer Katastrophe: Nicht einmal das kleine Pest konnten sie einnehmen, an die Belagerung von Buda dachten sie gar nicht. Der aufgebrachte Sultan verlangte die Übergabe mehrerer Festungen. Als Ferdinand sich weigerte, ließ Soliman Tata, Visegrád, Gran und Stuhlweißenburg besetzen. Nun hatte Ferdinand keine Entscheidungsalternative mehr: Seine Machtquellen waren vollends erschöpft, er mußte mit der Pforte Frieden schließen. Die Verhandlungen beginnen 1545, und der König sieht bangend den Bedingungen Istanbuls entgegen.

Stete Geschäftigkeit und ungebrochener Fleiß waren hervorstechende Charaktermerkmale dieses Herrschers, der zeit seines Lebens und sogar noch darüber hinaus, in erweitertem Sinn, ein Zweitgeborener geblieben ist. Während seiner Regierungszeit stand er immerfort im Schatten des erstgeborenen kaiserlichen Bruders, und die Zeitgefährten zollten ihm nicht immer die Achtung, die ihm kraft seiner Begabungen und seines guten Willens gebührt hätte. Auch die Geschichtsschreibung setzt ihn, vielleicht gar nicht gewollt, oft zurück und verweist ihn auf den zweiten Platz. Im Heiligen Römischen Reich blieb er, solange Karl lebte, auch noch als Römischer König nur der »Statthalter« und oft fühlte er seine Hände durch den Willen Karls, auch wenn dieser abwesend war, gebunden, obwohl er sehr bald schon ein gutes Deutsch sprach und bessere Einsicht in die durch den Religionsstreit und den sozialen Umbruch verworrenen inneren Angelegenheiten des Reichs gewann als der Kaiser und seine Regierung. Immer wieder beugte er sich dem kaiserlichen Willen und steckte zurück, wenn verschiedentliche Notwendigkeiten, die sich aus den divergierenden Machtinteressen ergaben, einander gegenüberstanden. Warum? Wohl aus anerzogener, aber wahrscheinlich auch aus angeborener Demut vor der einmaligen Würde des älteren Bruders, und auch aus dem vielgepriesenen Familiensinn. Das ist menschlich einnehmend für ihn. Ob jedoch nicht die Entwicklung hie und da anders verlaufen wäre, hätte er manchmal seine Vorstellungen durchgesetzt, bleibt eine nie zu beantwortende, aber berechtigte Frage. Denn auch in den Ländern, in denen er allem Recht nach uneingeschränkt herrschte, war er nur zu oft vom Wohlwollen des Kaisers abhängig, doch dieses Wohlwollen mußte in seiner Auswirkung durch die Interessen Spaniens bedingt sein. Niemals gelang es Ferdinand zu erreichen, daß ein wirklich schlagkräftiges und durch Überzeugung motiviertes Reichsheer aufgeboten worden wäre, um dem Osmanenreich erfolgversprechend entgegenzutreten und Ungarn zurückzuerobern. Die auch von außen geschürte Abneigung mancher Reichsfürsten und Reichsstände, durch die Eroberung der Krone Ungarns die Macht Habsburgs zu mehren, galt nicht sosehr der Machtposition Ferdinands, sondern vielmehr jener Karls – Ferdinands Königswürden wurden nur als die flankierende Macht der kaiserlichen erachtet. Und doch ist es das Reich Ferdinands, diese aus dem Ringen der Weltmächte hervorgehende Donaumonarchie – eine späte ausgleichende Gerechtigkeit! –, welche die beiden andern, die spanische und die osmanische, in der Entwicklung überflügelt und durch die gemeinsame Staatlichkeit ihrer Völker vierhundert Jahre lang, als Spanien und das Osmanenreich von der Weltbühne schon abgetreten sind, noch immer ein mitbestimmender Faktor in Europa bleibt.

Mit steter Geschäftigkeit und ungebrochenem Fleiß widmete sich daher Ferdinand mitten in den Kämpfen um Ungarn und den Wirren

im Reich seinem andern Königreich: Böhmen. Der innere Parteienzwist wütete dort ebenso wie in Ungarn und im Reich, und die Regierungszeit der beiden schwachen Könige Wladislaw II. und Ludwig II. schürte einen Geist der Empörung, der aus dem Kampf gegen die Hussiten und die Utraquisten – Anhänger einer gemäßigten Gruppe, die das Abendmahl in beiderlei Form, mit Brot und Wein, zu nehmen wünschten – entstanden war. Also ging Ferdinand daran, die zwei verschiedenen Nationalgesetzbücher, das Landrecht und das Stadtrecht, gesammelt dem Volk zugänglich zu machen: Das Stadtrecht wurde bereits 1536 gedruckt, das Landrecht erst 1564. Das mährische Landrecht wurde sogar erst 1535 auf dem Landtag von Znaim in Anwesenheit von Ferdinand gefaßt. Als die Mährer auf dem Landtag von 1540 eigenmächtig Verbesserungen im Recht und in der Gerichtsordnung vornehmen wollten, verbot ihnen der König, solches ohne sein Mitwissen und seine Genehmigung zu tun, »da wir das Haupt und der Gipfel des Rechts und überdies der oberste Friedensrichter im Lande und ihr König und Herr sind«.
Die Justiz wurde von den Großen, die das Landrecht besaßen, im eigenen oligarchischen Interesse ausgeübt, und so geschah nicht selten, daß die Angelegenheiten der niederen Stände Jahre hindurch unerledigt blieben. Ferdinand griff ein und zügelte mit harter Hand so manche Große. Auch in Ungarn ließ er den Landtag die Freizügigkeit, das freie Wegziehen, der Leibeigenen beschließen. Sein ausgeprägter Sinn für Gerechtigkeit äußerte sich dann besonders zielstrebig, wenn er die Rechte von Rechtlosen, die auf ihn angewiesen waren, wahrzunehmen hatte – hierin ist ihm eine späte Nachfolgende auf seinen Thronen auffallend ähnlich: Maria Theresia.
Er war der Baukunst zugetan: Im Prager Schloß ließ er großzügige Gartenanlagen entstehen und das Schloßgebäude von italienischen Meistern im Stil der Zeit verschönern, obwohl die Italiener ungestüm auf Bezahlung drängten, sie schienen dort nur ungern arbeiten zu wollen: »Denn Euer Majestät haben gnädig zu bedenken«, schrieben sie ihm am 5. Februar 1539, »daß ein jeder, der Geld hat, es lieber an sicherem Ort anlegt. Es ist an Geld auch jetzt, wie wir vernehmen, ein solcher Mangel in dieser Kron' (in diesem Land), wie wir ihn vorhin nie gehört.«
Und doch ließ Ferdinand auch das nach dem Verlust von Buda zur königlichen Residenz erkorene Schloß zu Preßburg von italienischen Künstlern umbauen, Gemälde mit Motiven malen, die symbolträchtig

auf das Elend des Krieges und die Ruhe des Friedens hinwiesen. Ihr Werk galt seinem Sohn Maximilian, den der Vater hier 1563 zum König von Ungarn krönen läßt.

Und mit welcher Liebe wendet er sich Wien zu! Vielleicht wollte er Anna, der er Buda nicht schenken konnte, mit Wien entschädigen. Man beginnt mit dem Bau der Hernalser Wasserleitung, die Befestigungsanlagen werden zwei Jahre nach der Belagerung von 1529 neu gebaut, 1546 entsteht das kaiserliche Arsenal, und 1550 erhält die Hofburg eine Trinkwasserleitung. Noch heute offenbart sich aller Welt ein in seiner Pracht unvergängliches Stück der Renaissance-Baukultur: das Schweizer Tor, das 1552 entstand und mit einer Zugbrücke und einem Schlagbaum gesichert war, die erst Maria Theresia entfernen läßt. Als Erzherzog Maximilian aus Spanien heimkehrt, erwarten ihn, der Wien kaum kennt, eine Stadtgeschichte, die erste, genannt »Vienna Austriae«, und die umgestaltete Stallburg. Und ein Bildnis des Vaters mit einem Ausblick auf die Stadt Wien im Hintergrund, geschaffen von dem Bamberger Maler, Holzschneider und Kupferstecher Hans Sebald Lautensack, der 1556 in Wien seinen Dienst als »Röm. kais. Majestät Antiquitäten Abconterfetter« antrat und 1558 eine schöne und präzise Ansicht Wiens schuf. An ihn erinnert die Wiener Lautensackgasse. An Ferdinand erinnert keine Straße, kein Platz.

Doch die Beschäftigung mit den schönen Künsten erbrachte nur selten glückliche Augenblicke der Ruhe und des Müßiggangs. Diesem Fürsten des Donauraums – eigentlich ein Fürst zwischen zweien Welten: zwischen dem heimischen Abendland und dem feindlichen Morgenland – war Ruhe kaum und Müßiggang schon gar nicht gegönnt. Den Müßiggang verweigerte ihm sein geschäftiger Sinn, und Ruhe wollte nicht in seine Länder einkehren. Immer breitere Schichten der oberen wie der niederen Klassen wurden dem Protestantismus gewonnen, und als Ferdinand Ende 1541 einen gemeinsamen Landtag der österreichischen und der böhmischen Stände nach Prag einberief, damit sie die dringend notwendige Türkenhilfe beschlössen, verlangten sie nach dem Laienkelch und traten für die Forderungen der protestantischen Kirchen ein. Als der Bund der Schmalkaldner 1546 unter dem Oberbefehl des Kurfürsten Johann Friedrich von Sachsen ins Feld zog, erschien Kaiser Karl in Deutschland und besiegte ihn am 24. April 1547 in der berühmten Schlacht von Mühlberg. Der Sieg brachte eine Wendung der Machtverhältnisse, und Ferdinand konnte seine Stellung im Sudetenland festigen: Sagan, Oppeln und Ratibor kehrten zurück. Er ging gegen die böhmischen Stände, die sich vor der Schlacht von Mühlberg zwielichtig gezeigt hatten, nun energisch vor.

Auch in Österreich gewann der Protestantismus an Boden: Vier »Visitationen« von 1528 bis 1544, an denen auch katholische Laien teilnahmen, zeigten die angeschlagene Position der alten Kirche auf, und die evangelische Propaganda – hier im ursprünglichen Sinn des Wortes: als Verbreitung des Glaubens – griff bereits auf südslawische Gebiete über. Sie bewirkte die ersten Bibelübersetzungen ins Slowenische und Kroatische, die erste ungarischsprachige Bibelübersetzung erschien in Siebenbürgen.

Ferdinand blieb dem Glauben, in dem er erzogen worden war, treu, doch er war klug genug, um zu wissen, daß ein Ausgleich angestrebt werden mußte, damit die Einheit des Glaubens und seiner Formen der Ausübung und somit die politische Einheit wiederhergestellt werden könne. Aber dem Konzil von Trient, 1545–1562, blieben die Protestanten fern, und die Kluft, welche die Wesensfragen des christlichen Glaubens betrafen, ließ sich nicht überbrücken. Also sollten die Abtrünnigen mit Überzeugung oder mit Gewalt zum wahren Glauben zurückgeführt werden. So beginnt die Gegenreformation, und bald setzt sie, um die alten Machtpositionen zurückzuerobern, hemmungslos alles ein: »Der Priester Zungen und der Völker Schwert, des frommen Wahnsinns fürchterliche Waffen.«

In vielen Kleinstaaten regte sich Widerstand gegen die Vorherrschaft, welche die Weltmacht Spanien im Namen des Kaisers kraft seiner Würde als Herr der Christenheit anstrebte, und der Gedanke an eine föderative Ordnung begann langsam um sich zu greifen. Die französische Diplomatie und Propaganda – nun im gebräuchlicheren Sinn des Wortes – machten sich das allenthalben spürbare Verlangen nach Machtausgleich und der freien Ausübung der Religion dienstbar, denn sie erkannten, welche polit- und militärstrategischen Möglichkeiten ihnen die Spaltung im Reich bot, und diese ihre Erkenntnis wird in den kommenden Jahrhunderten zu einem Axiom der französischen Außenpolitik. Sie weisen mit dem Zeigefinger auf die habsburgischen Reiche als die Verkörperung einer antiföderativen Reichsordnung, einer »Hausmacht«, die gleichzusetzen ist mit der alles einheimsenden spanischen Oberhoheit, deren ergänzendes, stützendes Glied die österreichischen Habsburger seien. Bald ist »habsbur-

gisch« gleichlautend und gleichbedeutend mit »römisch« und »katholisch«, später auch mit »reaktionär«. Hier wurzelt die Trennung innerhalb des Reichs. Hier trennen sich Nord und Süd, so wird der schuldlose Main zur sprichwörtlichen Grenze: »nördlich vom Main« und »südlich vom Main«. Hier: in der Religionstrennung. Sie ist auch eine soziale, eine nationale, eine politische, aus ihr entwickeln sich verschiedenartige Verhaltensweisen. Die »Freiheiten«, die das Eigenschaftswort »deutsch« ausleuchten soll – und »deutsch« war damals ein geistiger Wertbegriff! –, werden von manchen Fürsten mißbraucht, diese treiben die deutschsprechenden Völker in vielen selbstzerfleischenden Kriegen gegeneinander, und die protestantischen Länder finden in den katholischen Königen von Frankreich die mächtigsten Stützen gegen die katholische Zentralmacht des Kaisers.
Frankreich selbst gewinnt im Osmanenreich für Jahrhunderte eine machtvolle Rückendeckung, und erst zweihundert Jahre später, 1756, gelingt es Kaunitz, dem Staatskanzler Maria Theresias, mit dem vielgerühmten Renversement des alliances, dem Umsturz der Bündnisse, die zerstörerische Bündnisstrategie »West« (Paris) und »Ost« (Istanbul) gegen die »Mitte« (Wien) vorübergehend zu beseitigen. Die Pforte richtet, als sie die Spaltung in Europa erkennt – und das geschieht recht bald –, ihre Europapolitik darauf aus, die christlichen Höfe, insbesondere die deutschen Fürsten voneinander zu trennen. Das ist eine Strategie der politischen Logik: Jede an Europa angrenzende Weltmacht, der eine europäische Einigung in ideologischer, religiöser, in politischer, wirtschaftlicher oder sogar militärischer Hinsicht gefährlich werden könnte – und sei es nur insofern, als eine Einigung deren Vordringen in Europa vereiteln würde –, muß sich die Zersplitterung der Kräfte Europas zum Ziel setzen. Aufs klarste, aufs einfachste wird die Politik der Pforte, hier wieder unabhängig vom tagespolitischen Anlaß, in einem Brief Sultan Solimans an die Verbündeten Heinrichs II. von Frankreich, des Nachfolgers von Franz I., im Heiligen Römischen Reich formuliert. Der Brief ist vom 10. Mai 1552 datiert und ruft die deutschen Fürsten, vornehmlich Moritz von Sachsen und Markgraf Albert von Brandenburg, zum Kampf gegen Karl und Ferdinand auf. Hier die markanteste Passage:
»... Jene, die mit dem erwähnten französischen König in Freundschaft leben, werden auch zu denen gezählt, die unserer Hohen Pforte in Freundschaft zugetan sind, und wir haben unserem entsandten Serasker (Oberbefehlshaber) den Befehl gegeben, daß jenen weder zu

Lande noch zu Wasser etwas zugefügt werde. Da auch Ihr mit dem erwähnten französischen König in gutem Verhältnis seid, sollet Ihr die Freunde seines Freundes und die Feinde seines Feindes sein, und da Ihr samt Euren Ländern, Eurem Vermögen und Euren Familien vor unserer erhabenen Person in Sicherheit seid, fügt Euch unser siegreiches Heer keinerlei Schaden zu, Ihr werdet sogar als Entgegnung auf Eure Ehrlichkeit mehrere Zeichen unserer Gnade sehen. Die Kriegsvorbereitungen laufen nur wegen des den Prinzen (Johann Sigmund) aus seinem Land vertreibenden Ferendus und wegen des Volkes von Ispania. Also freuet Euch in Euren Herzen und schenkt unserem kaiserlichen Brief Glauben. Gemäß der Forderung Eurer Ehrlichkeit sollt Ihr Euch in Einvernehmen mit dem französischen König bemühen, den Ländern der erwähnten Lügner (Karl und Ferdinand) Schaden zuzufügen und mit ihnen fertig zu werden... Vernachlässigt es nicht, unserem Freund, dem französischen König, ganze Freunde zu sein. Wer mit dem französischen König in Freundschaft ist, dem ist unsere hohe Gnade gewiß. Solange Ihr also in Freundschaft seid, kann Euch keinerlei Schaden ereilen, Euch ist sogar unsere hohe Parteinahme gewiß. Wisset das!«

Also blickten Ferdinand und seine Regierung mit Bangen den Bedingungen entgegen, welche die Pforte stellen mochte, wenn sie überhaupt bereit war, wenigstens einem Waffenstillstand zuzustimmen. Denn obwohl der andauernde Krieg mit Persien und der Feldzug in Ungarn von 1543 die Staatskasse Solimans stark beeinträchtigt hatten, ließ sich der Sultan erst nach dem Vertrag von Crépy zu Verhandlungen mit dem König herbei. Dieser Vertrag vom 18. September 1544 regelte den Frieden nach dem vierten Krieg zwischen Karl V. und Franz I., nachdem auch die evangelischen Stände auf dem Reichstag von Speyer als den Preis für die Verlängerung des Religionsfriedens die Kriegshilfe gegen Frankreich und die Osmanen bewilligt hatten und Karl V. bis zur Marne vorgestoßen war: König Franz versprach Hilfe gegen die Pforte und, in einem Geheimvertrag, auch gegen die Protestanten, verzichtete auf Mailand, das der Herzog von Orleans durch die Ehe mit einer kaiserlichen Prinzessin erhalten sollte, auf Neapel und die Lehnshoheit über Flandern und Artois, der Kaiser auf Bourgogne. Der Friede zwischen dem Verbündeten des Sultans, Frankreich, und seinem Gegner, dem Kaiser, entlastete Karl, und da der Schauplatz Donauraum stets im Schatten des weltpolitischen

Geschehens lag, neigte nun auch die Pforte dort einer friedlichen Regelung zu. Auch Ferdinand betonte in der Instruktion für seinen Gesandten Hieronymus Adurno vom 29. Dezember 1544 die für ihn günstige Bedeutung des Friedens von Crépy. Eine Verhandlungsbasis war geschaffen.

Rustan Pascha empfing Adurno am 2. März 1545 mit dem gewohnten Hochmut und setzte ihm auseinander, daß die früheren Gesandten stets gelogen hätten und Ferdinand in Ungarn, wo er nicht einmal einen Rebstock sein eigen nennen könne, nichts zu suchen hätte. Da starb Adurno plötzlich mitten in den Verhandlungen. Sein Tod kam besonders der Pforte ungelegen, weil sie trotz allem zur Schau getragenen Hochmuts den Frieden brauchte. Das verriet die hektische Tätigkeit von Rustan Pascha: Bei einer öffentlichen Audienz fragte er den Sekretär Adurnos, Malvezzi, ob dieser bereit wäre, die Verhandlungen fortzusetzen, er ließ sogar die Residenz des verstorbenen Gesandten nach der Instruktion Ferdinands durchsuchen und deutete Malvezzi an, er könnte dessen König behilflich sein. Er riet, Ferdinand solle sich nicht in die Angelegenheiten jener ungarischen Landstriche einmischen, die der Sultan mit Waffen erobert habe. Weiters: Ferdinand möge beim französischen König anregen, im Interesse des Friedens ein Schreiben an die Pforte zu richten, damit Rustan es wagen könne, für Ferdinand ein gutes Wort einzulegen. Ferdinand möge sich wie der König von Polen verhalten, von dessen Land der Sultan die plündernden Tataren fernhalte.

Malvezzi kehrte nach Wien zurück und meinte in seinem Bericht von Mitte Mai, die Pforte sei zu einer dauerhaften Friedensregelung eher als zu einem vorübergehenden Waffenstillstand bereit. Beide Höfe, der Wiener wie der Madrider, griffen die Anregung auf: Ferdinand schickte einen neuen Gesandten zur Pforte: Nikolaus Siccus, und Karl, da er vom Friedenswillen des Sultans überzeugt war, einen kaiserlichen: Gerard Veltwyck. Siccus reiste in aller Eile und traf bereits am 9. Juli 1545 in Istanbul ein, Veltwyck kam zusammen mit dem französischen Diplomaten Monluc Mitte August an.

Die französische Diplomatie sollte vermitteln. Karl glaubte an die Ehrlichkeit der französischen Vermittlungsbemühungen, weil – wie bezeichnend für seinen offenen Charakter! – König Franz gemäß den Bestimmungen von Crépy verpflichtet sei, dem Kaiser gegen die Osmanen Hilfe zu leisten. Doch Veltwyck wie Siccus berichteten gleichlautend von der feindlichen Gesinnung der Franzosen. In Wirklichkeit bemühten sich die beiden Diplomaten Monluc und d'Aramon um ein Vermittlungsergebnis nur, um die französisch-osmanischen Beziehungen zu stärken, und verrieten den Paschas die kaiserliche Instruktion, soweit sie ihnen bekannt war. Die Franzosen hatten auch allen Grund, sich zu bemühen...

Ein abwechslungsreiches Versteckspiel war im Gange. In Anwesenheit des französischen Gesandten erklärte Rustan Pascha, der Sultan habe auf Verlangen des Königs von Frankreich in die Friedensverhandlungen eingewilligt, hinter dessen Rücken aber deutete er Veltwyck an, die Franzosen hätten gar kein Verdienst am Zustandekommen der Verhandlungen. In Wahrheit war im Brief des Kaisers zu lesen, dieser sei zum Frieden bereit und schicke einen Gesandten *auf Verlangen von König Franz* nach Istanbul. Diese Instruktion Karls interpretierte Rustan vor dem Sultan so, als hätte der Kaiser König Franz um Vermittlung gebeten, und Veltwyck, ein kluger Diplomat, ließ diesen kleinen Trick des Pascha um des Friedens willen durchgehen. Denn mit nicht weniger Genugtuung registrierte er, wie groß das Ansehen des Kaisers bei der Pforte war.

Hingegen waren die Paschas auf die Franzosen nicht gut zu sprechen, weil der König Frieden mit dem Kaiser geschlossen hatte, ohne den Sultan vorher informiert, geschweige denn gefragt zu haben. Der französische Gesandte mußte sich schwere Vorwürfe gefallen lassen, als man ihm vorhielt, sein König habe dem Kaiser Hilfe gegen den Sultan versprochen (eine Anspielung auf den Frieden von Crépy), obwohl die osmanische Flotte an der Seite des Königs gegen den Kaiser gekämpft habe. D'Aramon versuchte sich herauszuwinden, indem er auf die verzweifelte Lage seines königlichen Herrn hinwies: Die Engländer hätten mehrere Festungen eingenommen, der Kaiser habe Paris bedroht und sei im Begriff gewesen, das ganze Land zu verwüsten. Und was die Hilfe an den Kaiser gegen den Sultan betreffe – der König werde doch niemals gegen seinen geliebten Bruder, Soliman, vorgehen, mit seiner Zusage habe er ja nur den Kaiser irreführen wollen... Der Sultan entgegnete mit wohl unanfechtbarer Logik: Gemäß dem Bündnisrecht müsse man in allem gemeinsam vorgehen.

Siccus, der Gesandte Ferdinands, dürfte im Versteckspiel die Wahrheit erkannt haben. In seinem Bericht meinte er, König Franz habe die Vermittlung nur deswegen auf sich genommen, weil er im Falle eines Krieges entweder die Vereinbarung mit dem Sultan oder jene mit dem Kaiser hätte mißachten müssen. Denn der König wisse wohl, der Kaiser würde das Herzogtum Mailand niemals dem Herzog von Orleans überlassen (wie im Frieden von Crépy vorgesehen), wenn der König nicht alle Punkte des Vertrags einhielte. Siccus meinte, beim französischen Gesandten eine gewisse Verstimmung wahrgenommen zu haben, weil er, Siccus, der Wahrheit und somit einem Vertragsabschluß mit der Pforte nahe gekommen sei...

Die Pforte verlangte von Ferdinand eine Entschädigung von 10 000 Dukaten für die Schlösser des Valentin Török, den sie bei der listenreichen Überwältigung von Buda mit einem Trick in die Gefangenschaft gelockt hatte (mit einer fast gleichen Inszenierung locken vierhundertfünfzehn Jahre später, 1956, die Sowjets Pál Maléter, den Verteidiger von Budapest während des Volksaufstandes, in die Gefangenschaft und den Tod). Und in diesem Punkt funktionierte die osmanisch-französische Zusammenarbeit über alle Mißstimmung hinaus: Der Sultan empfahl König Franz zum Schiedsrichter in Sachen Entschädigung. Die habsburgischen Gesandten lehnten das Ansinnen selbstverständlich ab. Es blieb nur noch bei der Forderung der 10 000 Golddukaten. Die Gesandten wollten Zeit gewinnen und lehnten die Forderung weder ab noch nahmen sie sie an, sondern überließen sie dem Entscheidungsrecht Ferdinands.

Um den endgültigen Friedensvertrag abzuschließen, bedurfte es einer neuen Gesandtschaft. Die Pforte bewilligte eine Frist von 18 Monaten zur Annahme ihrer Bedingungen, und so konnte Siccus König Ferdinand mit Freude berichten: »... Während dieser Zeit zahlen wir Geld weder noch geben wir Schlösser zurück, und der Türke verlangt nichts davon, was bis dato im Besitz Eurer Majestät ist...«

Dieses diplomatische Zwischenspiel in Istanbul zeigt die internationale Verwicklung, von welcher der Bestand und die Zukunft des Donauraums abhingen, in ihrer ganzen Spannweite auf. Es zeigt aber auch, wie entscheidend jene außereuropäische Macht das Geschick Europas mitbestimmt hat. Und so ging es weiter:

Am 9. September 1545 verstarb der Herzog von Orleans, der Anwärter auf Mailand und vielleicht auch auf die Niederlande, und plötzlich wollte Franz I. nicht mehr die friedliche Vermittlungspolitik verfolgen – zumindest meinte das Veltwyck, der wahrgenommen haben will, wie sehr das Einvernehmen zwischen dem Kaiser und dem Papst den französischen Diplomaten Munloc verstimmte. Der kaiserliche Gesandte berichtete Ende 1546 aus Sofia und aus Istanbul, d'Aramon sei nach Paris abgereist, um seinen König zu einem neuerlichen Waffengang gegen Karl zu bewegen, und als er zurückkehrte, brachte er schöne Geschenke für den Sultan und die Wesire mit, doch vergebens: Die Pforte bewilligte nicht die von König Franz verlangten 500000 Dukaten und auch nicht die Flotte, die gegen Genua und Katalonien hätte eingesetzt werden sollen. Die Pforte hatte andere Sorgen. Die Kämpfe mit den Persern dauerten an. Außerdem scheint ein Hauptargument der Franzosen bei den Wesiren eine andere als die gewünschte Wirkung hervorgerufen zu haben. D'Aramon wollte nämlich mit dem Hinweis, daß bei einer Niederlage der Protestanten der Kaiser im Reich viel zu mächtig sein würde, die Pforte zum sofortigen Feldzug überreden, und meinte, in diesem Fall würde der siegreiche Kaiser einen Frieden mit dem Osmanenreich nicht einhalten. Soliman und die Wesire aber waren der Meinung, nur wenn die Protestanten siegten, sollte die Pforte einen Feldzug führen, denn nur dann hätte sie die Gewähr, daß sie nicht, wie 1532, auf die geeinte Macht des Reiches stoßen würde. Der Friede von Crépy, den Franz I. einzugehen gezwungen war, und das energische Vorgehen Karls gegen die Protestanten scheinen die osmanischen Staatsmänner überzeugt zu haben, daß die Macht des Kaisers größer sei, als die französischen Diplomaten sie schilderten. Das gegebene Ziel eines osmanischen Feldzuges konnte nur Wien sein, doch die Stadt lag anderthalbtausend km von der politischen und militärischen Basis des Osmanenreichs entfernt, und der Sultan und die Wesire hatten schon genug Erfahrungen darin gesammelt, daß sie die Organisierung des Marsches über eine so große Entfernung und die Sicherung des lückenlosen Nachschubs wie auch die permanente Aufrechterhaltung des Nachrichtenverkehrs mit der Hauptstadt vor beinahe unlösbare Probleme stellten: Die militärische Spannweite ihres Reichs – nun wußten sie es schon – reichte eben nicht bis nach Wien. Ungeduldig warteten sie auf Nachrichten aus Deutschland, sie jagten einen Tschaus (Kurier) nach dem andern nach Buda. Da traf in Istanbul eine Nachricht ein, welche die Pforte für einen Augenblick lähmte: König Franz I. von Frankreich, der größte Gegner ihres größten Feindes und Begründer der französisch-türkischen Bündnisstrategie, sei nach zweiunddreißigjähriger Herrschaft im dreiundfünfzigsten Lebensjahr am 31. März 1547 nach einem Jagdausflug in dem schon damals berühmten Schloß Rambouillet gestorben. Sofort, am 4. Mai, wurde

ein Sonderkurier nach Paris entsandt, um die Denkungsart des neuen Königs, Heinrichs II., des Sohnes von Franz I., zu erkunden.
Und wieder traf eine Nachricht bei der Pforte ein, die nun ihre zurückhaltende Politik vollends bestätigte: die Nachricht vom Sieg des Kaisers über die Protestanten bei Mühlberg. Noch ehe der Kurier in Paris eingelangt sein konnte, wurde dem kaiserlichen Gesandten Veltwyck eine bessere Residenz zugewiesen – ein untrügliches Zeichen des Einlenkens. Ein anderes gutes Zeichen war, daß man beschloß, in den persischen Angelegenheiten erst nach einer Audienz beim Sultan mit Veltwyck Beschlüsse zu fassen. Also wollte die Pforte ihrem alten politischen Prinzip entsprechend nun im Westen Frieden halten, ehe sie die Heere umgruppierte, um im Osten zuzuschlagen, und befürchtete, sie würde nach dem Tod von König Franz I. und dem Sieg des Kaisers im Reich nicht so leicht einen günstigen Frieden erwirken können. Doch auch Ferdinand und seine Räte mußten, da auch die böhmischen und die österreichischen Finanzquellen erschöpft waren, fast um jeden Preis einen Frieden erreichen. Der Bruchteil einer Instruktion an Veltwyck, wahrscheinlich der letzten vor dem Friedensschluß, ohne Datum ist überliefert, sie dürfte Ende Juni 1547 abgefaßt worden sein: »... Wir fordern dich auf und weisen dich gnädig an, keine Sorgfalt und keinen Eifer zu unterlassen, wodurch du in Sachen des Friedens schon endlich irgendeinen guten und willkommenen Abschluß erlangst...« (hortamur te... tibique clementer mandamus, nullam et diligentiam neque studium pretermittas, quo iam tandem super pacis negotio conclusionem aliquam bonam et optatam obtineas...).
Also handelte Veltwyck, als er am 19. Juni den Frieden annahm, ganz im Sinne Ferdinands. Ein formeller Friedensvertrag wurde nicht erstellt, die Bedingungen wurden jedoch in dem aus dem Türkischen übersetzten Brief überliefert, in dem der Sultan Ferdinand die »Genehmigung« des Friedens bekannt gab. Auch d'Aramon zählte die Bedingungen in seinem Bericht vom 25. Juni an Heinrich II. auf, und der Gesandte des Kaisers in Frankreich, Maurice, beschrieb sie in seinem Bericht vom 15. August an den Infanten Philipp. Auch an den Kaiser erging ein Brief, und dieser war nicht minder hochmütig als jener an Ferdinand: den Kaiser titulierte man üblicherweise »König von Ispania«, Ferdinand aber »König von Wien«, die beide den Frieden gemäß dem »erlauchten Befehl des Großherrn« angenommen hätten.

Der Sultan genehmigte den Frieden für fünf Jahre, und zwar so, daß jeder die von ihm besetzten Gebiete behielt, Ferdinand also die westlichen und einige nördliche Landstriche: »Alle Besitzungen usw. von Ungarn, die ... wir (Soliman) erobert haben und die unter der Herrschaft unserer Nation stehen und in denen wir Garnisonen unterhalten« (Toutes possessions etc. d'Hongrie, que ... nous avons occupés, qui sont en la puissance de n^re^ nation et ou nous tenons garnisons) blieben türkisch. Darüber hinaus mußte Ferdinand einen jährlichen Tribut von 30 000 Golddukaten entrichten. Beiden Vertragsschließenden wurden Raub und Plünderung untersagt. Der Sultan erlaubte dem König, einen ständigen Gesandten bei seiner Pforte zu halten. Mit diesen Friedensbedingungen brach Gerard Veltwyck am 20. Juni 1547 von Istanbul nach Wien auf.

VII. KAPITEL

Der Kaiser

Ein Kampf um Deutschland war im Gange, und er konnte nicht entschieden werden. Er wurde nicht geführt, um Deutschland zu erobern, sondern um es zu einen. Aber die in Spanien als integrierender Wertinhalt formulierte Kaiserwürde, die Karl V. als den ebenbürtigen weltlichen Herrn an die Seite des geistlichen Herrn des Abendlandes stellte, konnte nicht auf das Konglomerat der deutschen Staaten übertragen werden. Die Gründe dafür waren mannigfach und sind mit den Eigenschaftswörtern »geistig«, »sozial«, »religiös« und »national« nur schemenhaft anzudeuten. (Ungarn, beispielsweise, hätte, wäre das Land von Ferdinand oder sogar von Soliman militärisch erobert worden, wiedervereint werden können.) Deutschland hätte auch dann nicht geeint werden können, wenn Karl V. jeden der deutschen Staaten besetzt hätte. Eine Europa überschattende spanisch-deutsche Machtstellung, in des Kaisers Würde inkarniert, blieb ein Widerspruch zu den wirklichen Bestrebungen der Zeit. Denn es waren nicht nur die protestantischen deutschen Fürsten, Glieder des Reichs, die dem Einigungswillen des katholischen Reichsoberhauptes eigenstaatliche Interessenpostulate entgegensetzten – nein: Der Heilige Stuhl als gestaltende weltliche politische Kraft, in der sich auch das ins Nationale umschlagende italienische Kulturgefühl offenbarte, mußte sowohl einer spanisch-deutschen wie auch einer französischen Übermacht in Italien entgegenwirken und mußte also, da er auf sich gestellt zu schwach war, bald diesem, bald jenem gegen den jeweils andern ein Verbündeter sein. Seine geistigen und wirtschaftlichen Quellen als Antriebskraft geboten Frankreich, sowohl in als auch gegenüber dem Reich eine mitbestimmende Machtposition anzustreben, besonders dann, wenn es umklammert war von einem Machtgefüge, dem kaiserlichen nämlich, das sich der christlichen Welt als eine berufene geistige und politische Vormacht anbot. In diesen Gegensatz zur Kaiserwürde münden die Ziele Frankreichs und die eigenstaatlichen Postulate mancher deutschen Fürsten. Dann die außereuropäische Weltmacht, die osmanische! Die französischen Bestrebungen wie auch jene einiger deutscher Staaten mußten ja in ihr das willkommene Gegengewicht zur kaiserlichen Vormacht und zur habsburgischen Übermacht erkennen – die beiden Begriffe waren oft gleichbedeutend. Und England, dessen König Heinrich VIII. am 28. Januar 1547 starb, war ein unverläßlicher Partner des Kaisers im Ringen mit Frankreich, weil England gerade in diesen Jahrzehnten zu erkennen begann, daß sich seine weitere Entwicklung nicht mehr unbedingt im Gleichschritt mit jener des Festlandes zu vollziehen hatte. England wendet sich von Europa ab und der übrigen Welt zu: Hier wurzelt jene insulare Verhaltensweise, deren Glanz erst in unserem Jahrhundert zu verblassen beginnt. Dieses Bild bot das Abendland in der Mitte des 16. Jahrhunderts. In ihm zeichnet sich die Zwangsläufigkeit ab, die eine Einigung des Reichs im Zeichen der kaiserlichen Universalwürde ausschloß.

Der neue Herrscher Frankreichs, Heinrich II., vermochte die Jahre, die er, ein zarter Knabe und »Garantieobjekt« des Madrider Friedens vom Januar 1526, als Geisel des Kaisers hatte verleben müssen, nie zu vergessen. Der osmanische Sonderkurier konnte die Pforte beruhigen, und die französisch-türkische Bündnisstrategie, das gemeinsame Vorgehen des Westens und des Ostens gegen die kaiserlich-habsburgische Mitte, ließ eine Dauerhaftigkeit erahnen, die geschichtsbestimmend werden sollte.

Den Kompromißvorschlag des Kaisers nach dem Sieg von Mühlberg – eine maßvoll gemeinte Nutzung kirchlicher Güter durch weltliche Hoheitsträger, die Priesterehe und der Laienkelch, aber sonst die Rückkehr zum katholischen Ritus – lehnten beide Seiten geradezu entrüstet ab. Ebenfalls nicht zu verwirklichen war ein andrer Vorschlag Karls: der von kaisertreuen Fürsten und Städten zu bildende Reichsbund, dem auch die Niederlande und Österreich angehören sollten, mit einem gemeinsamen Oberbefehlshaber, einem Obersten Gerichtshof und einer Bundeskasse – eine Konstruktion, die letztlich nur die kaiserliche Übermacht gestärkt und die Fürsten belastet hätte. Auch der dritte Plan Karls stieß auf Ablehnung, mehr noch: Es entstand ein an der Fassade des erhabenen Hauses zwar unsichtbarer, aber im Innern nie mehr zu kittender Riß. Denn er hatte vorgeschlagen, daß in Zukunft die spanischen und die österreichischen Herren des Hauses Habsburg die Kaiserwürde abwechselnd innehaben soll-

ten. Die Kurfürsten lehnten schroff ab. Ferdinand war erschüttert und schloß sich den Kurfürsten an.
Jenseits aller politischen Verwicklungen war das ereignisreiche Jahr 1547 düster gewesen, es hatte Trauer gebracht, eine so alles überschattende Trauer, wie sie Ferdinand noch nie hatte empfinden müssen. Sie formte den König härter, unerbittlicher in Erkennung von Recht und Unrecht. Von nun an achtete er noch weniger auf die persönliche Prunkentfaltung, nur noch unbeugsamer verfolgte er das einzige Ziel, das seinen immerfort geschäftigen Geist allein anzufeuern vermochte: das Zusammenhalten seiner Länder. Vierundvierzig Jahre war Anna, eine Zierde der Jagiellonen, alt, als sie sich im Januar 1547 auf dem Schloß zu Prag in das Bett legte, in dem sie gegen Abend des 24. Johanna gebar, ihr fünfzehntes Kind. Drei Tage später ereilte sie das tückische, unabwendbare Fieber, das auch ihre Mutter nach der Geburt des Bruders Ludwig dahingerafft hatte. Der Hof und die vielen ihr aufrichtig Ergebenen gestalteten die Totenfeier zu einer Huldigung, wie sie die Lebende niemals erlaubt hätte. Denn sie sei bescheiden gewesen, fromm und demütig, eine Helferin und Fürsprecherin der Waisen, Armen, Witwen, Fremden und Notleidenden – so priesen sie die Zeitgefährten, die sie gekannt hatten, am offenen Grab. Sie habe mit Mäßigkeit und Freigiebigkeit, mit Großmut und gutem Rat Leutseligkeit und warme Freundlichkeit verbunden. In ihrem keineswegs glücklichen Zeitalter sei sie in allen wahrhaftig königlichen Tugenden ein Vorbild fürstlicher Frauen gewesen. »Des Königs würdig war diese Zierde, diese Anmut des Antlitzes, diese Majestät des Blicks.« Ihre aufrichtige Frömmigkeit habe bewirkt, daß der Türke nicht noch größere Verwüstung angerichtet habe und Ferdinand »vor allen Gefahren auf Reisen und kühner Jagd bewahrt geblieben« sei. Ein Poet aus Flandern, Petrus de Rota, besang in Hexametern die allgemeine Trauer um die Königin, die Liebe des Volks zu ihr, den hohen Sinn, mit dem sie nicht nur dem Vaterland und den Kindern gedient, sondern auch »die Pfleger der Wissenschaft« begünstigt habe. Das schönste und wohl aufrichtigste Zeugnis seiner Liebe und seine Verbundenheit mit ihr erbrachte Ferdinand: Er ließ als Zeichen immerwährender Trauer sich den Bart wachsen und bewahrte die unantastbare Treue zu ihr, die er, solange sie gelebt, nicht ein einziges Mal gebrochen hatte, auch noch nach ihrem Tod: Er lehnte alle Vorschläge, sich wieder zu verheiraten, kategorisch ab. Auch noch zwei Jahre nach Annas Tod, als die liebe, kluge und manchmal

überraschend praktische Schwester Maria ihm eine Ehe mit einer französischen Prinzessin andeutete, antwortete ihr Ferdinand am 3. September 1549: »... Wenn ich den Willen hätte, mich wieder zu vermählen, so würde ich nach dem, was Ihr schreibt und was ich sonst gehört habe, mich lieber mit jener als mit einer andern wieder vermählen. Es scheint mir aber, daß ich keinen Grund habe, es zu tun, da es Gott gefallen hat, mir Kinder zu geben, und ich im Alter so weit vorgerückt bin, daß ich mit Seiner Hilfe und Gnade die Wiedervermählung werde entbehren können ...« Zu diesem Zeitpunkt war Ferdinand sechsundvierzig Jahre alt.

Fünfzehn Kinder hatte ihm Anna in sechsundzwanzig Ehejahren geschenkt, und die Jugendzeit des ersten Sohnes, dessen Name vielleicht nicht nur, wie gewiß die der andern, in vergilbten Urkunden und den Nachschlagewerken weiterlebt, sondern auch im historischen Bewußtsein der Menschen in den Ländern, in welchen er regiert hatte, sei hier kurz aufgezeigt: Maximilian, als Kaiser der Zweite und als König von Ungarn und Böhmen der Erste seines Namens.

In einer Sommernacht, als der Vater gerade mit einem Heer unterwegs war, um sein ungarisches Königreich von dem Gegenkönig zurückzunehmen, kam Maximilan in Wien als zweites Kind des Königspaares zur Welt. Seine beiden Lehrer flößten ihm, vom König unbemerkt, protestantisches Gedankengut ein. Ferdinand versuchte später, den Erstgeborenen in einer ausführlichen Denkschrift – zwar nicht heftig tadelnd, doch mit liebevoller Strenge – zum wahren Glauben zurückzuführen. Dennoch blieben im Geist des jungen Mannes Spuren der Lutherischen neuen Art zu glauben lebendig, und viele Protestanten in seinen vielen Ländern und auch einige Reichsfürsten blicken seiner Regierungszeit mit großer Hoffnung entgegen. Doch der katholische Glaube konnte nicht nur Bekenntnis, sondern mußte auch Herrscherprinzip und politisches Instrument sein, und Ferdinand, der die ungebrochene Verbindung mit der spanischen Linie seines Erzhauses geradezu als eine Staatsmaxime ansah, wollte dafür sorgen, daß sein Nachfolger mit dem Kaiser über das verwandtschaftliche Band hinaus verbunden werde. Also mußte Maximilian katholisch bleiben. Nur so konnte er um die Hand Marias, der ein Jahr jüngeren Tochter Karls V., anhalten. Dies geschah am 24. April 1548 in Augsburg, im Haus der Fugger, und dort kam man auch überein, daß Maximilian die Kronen Ungarns und Böhmens und das Erzherzogtum Österreich erben sollte.

Ein halbes Jahr später, am 13. September, wurden Maria und Maximilian in Spanien vermählt. Karls Sohn Philipp, dem Maximilian wenig Verwandtenliebe entgegenbrachte, trat gerade eine Reise nach Deutschland und den Niederlanden an, und so wurde Maximilian für die Zeit der Abwesenheit des Kaisers und des Infanten die Statthalterschaft anvertraut. Nun war auch schon die Frage der Erbfolge in der Kaiserwürde reif, und sie sollte am Rande des Reichstags von Augsburg im Sommer 1550 Gegenstand heftiger familiärer Auseinandersetzungen sein. Hinter verschlossenen Türen berieten sich Karl, Ferdinand und Philipp. Karl wollte die Kaiserwürde seinem Sohn zugestanden wissen, doch gerade das, nämlich die Koppelung der Kaiserwürde und der spanischen Königswürde, stieß bei den Kurfürsten schon seit jeher auf heftige Ablehnung – und diese Ablehnung war das stärkste Argument Ferdinands für sich und Maximilian. (Als ein Beitrag zum Psychogramm Karls mag dieses sein Verlangen, genauer: sein starres Verhalten dienen, nicht wahrhaben zu können oder nicht wahrhaben zu wollen, daß das deutsch-spanische Machtgefüge, wie er es handhabte, wirklichkeitsfremd war.) Verstimmt wollte Karl schon die ganze Angelegenheit fallen lassen, da platzte Maria, den beiden Brüdern stets eine hilfreiche Schwester, in die Beratungen hinein, und sie wurden weitergeführt. Im November rief man eilends auch Maximilian nach Augsburg und versuchte eine Einigung zu erzielen: Nach dem Tod Ferdinands sollte zunächst Philipp die Kaiserwürde erhalten, und nach Philipp Maximilian. Auch Italien sollte der spanischen Linie zufallen. Im März 1551 gab Ferdinand nach, wie er gegenüber dem Bruder immer nachgab. Maximilian mußte sich beugen. Aber von nun an war er, der erste wahre Österreicher seines Hauses und zugleich ein deutscher Fürst, ein unversöhnlicher Gegner seines kaiserlichen Onkels.

1552 wird Maximilian, nun schon fünfundzwanzig Jahre alt, Gubernator in Ungarn, und die Befehlshaber des Heeres berichten nicht nur dem König, sondern auch ihm. Als er 1556 eine Reise in die Niederlande unternimmt, wird sein jüngerer Bruder, Erzherzog Ferdinand, mit dem Kommando betraut. Nach seiner Rückkehr führt Maximilian an des Vaters Statt die Verhandlungen auf den österreichischen Landtagen. So auch 1558. Man bereitet einen Empfang vor, denn dieses Jahr ist ein besonderes: Ferdinand I. wurde auf dem Kurfürstentag von Frankfurt zum Kaiser des Heiligen Römischen Reichs Deutscher Nation gekürt (die Vorgeschichte dieses Ereignisses wird sogleich erzählt), und Maximilian organisiert eifrig den Empfang für den kaiserlichen Vater. Er fährt mit seinem achtzehnjährigen Bruder Karl auf dem Schiff bis nach Klosterneuburg dem Kaiser entgegen. Dort huldigen ihm der Magistrat Wiens zu Fuß, der Adel und die bewaffnete Bürgerschaft in zehn Reihen. Unter Kanonengetöse und Instrumentenklängen gelangen der Kaiser und sein immerfort anwachsendes Gefolge an die Schlagbrücke, vom Tor an tragen acht Ratsherren einen prächtigen Himmel über ihm, am »Stephansfreithof« rund um den Stephansdom empfangen ihn der Bischof mit seiner Geistlichkeit, alle Orden und die Universität. Vom Stephansturm löst man Bombarden (Steingeschütze) und Feuer, allerhand Instrumente erklingen und dazwischen schallt die Glocke. Von St. Stephan reitet der Kaiser zur Burg, wo ihn die Familie mit einem spanischen Grußwort empfängt, und Ferdinand ist gerührt durch die Erinnerung an seine Muttersprache. So geschehen am 15. April. Am nächsten Tag überreicht ihm der Adel zwei kunstvolle Becher aus Gold, mit Goldmünzen gefüllt, am 17. April bringt der Magistrat goldene Becher, fette Ochsen und Hafer als Geschenk, und derselbe Poet Rota, der Königin Anna beweint hat, trägt nun ein lateinisches Huldigungsgedicht auf den Kaiser vor, in dem die Götter des Olymps mithuldigen. Auf dem Michaelerplatz strömt aus den Brüsten einer weiblichen Statue roter und weißer Wein. Und Maximilian, kurz vor dem einunddreißigsten Geburtstag, kann und will auch die Freude, die er ob der Genugtuung über den Triumph seines österreichischen Hauses über »die Spanier« empfindet, nicht verhehlen.

Denn, obwohl Schwiegersohn Karls und einige Jahre Statthalter in Spanien, war Maximilian allem Spanischen abgeneigt, besonders dem hochmütigen missionarisch-katholischen Zug der spanischen Wesensart, wie er sie am Hofe des Kaisers kennengelernt hatte. Diese Abwehr des spanisch-katholischen Zugriffs auf seine Persönlichkeit dürfte mit ein Grund für seine Hinwendung zum Protestantismus gewesen sein.

Von jenem »Augsburger Interim«, der einstweiligen Übereinkunft, von 1548, mit der der Kaiser die katholische Lehre in milderer Form zwar, aber für die Protestanten verpflichtend verordnet hatte, meinte das protestantische Volk der nördlichen Landstriche hinter vorgehaltener Hand augenzwinkernd: »Es hat den Schalk hinter ihm.« Dann hatte der protestantische Kurfürst Moritz von Sachsen erfolgreich gegen Ferdinand operiert, und so war am 2. August 1552 im Passauer Vertrag vereinbart worden, daß Friede herrschen sollte, bis ein nächster Reichstag oder ein Konzil die Streitfragen der Religion geregelt haben würde. Allerdings hatte der Kaiser seine Zustimmung dazu versagt. Doch nun, 1555, in Augsburg, bemühte er sich um einen Religionsfrieden, der am 26. September auch zustande kam: Die bischöfliche Gerichtsbarkeit für Glauben und Gottesdienst der Evangelischen wurde aufgehoben und – eine wahrhaft fortschrittliche Regelung! – den Untertanen die Freizügigkeit zwecks der Religionsausübung gewährt. Nein, ein Zusammenschluß der Glaubensinhalte und der Formen der Gottesdienste zu *einer* Kirche hatte nicht erzielt werden können – denn ein solcher hätte ja auch einen Zusammenschluß aller eigenstaatlichen Bestrebungen im Reich unter einer wirklichen kaiserlichen Oberhoheit zum politischen Inhalt gehabt. Aber es wurde doch eine Religionsfreiheit erzielt – diese wiederum festigte nur noch weiter die innere Abwendung vieler deutscher Fürsten vom spanisch-kaiserlichen Reichsoberhaupt. Und gerade in dieser Zeit, von 1555 bis 1561, zeigt sich der junge Maximilian mehr denn je den protestantischen Ideen zugetan.

Wollte er, dessen Muttersprache Deutsch und nicht, wie die des Vaters und auch die des Vetters, Spanisch war, als ein *echtes* Reichsglied, weil aus dem österreichischen Haus stammend, ein wahrer deutscher Kaiser werden? Und sah er dazu im Protestantismus das geistige und das politische Mittel? Sein Vater und seine Gemahlin und viele hervorragende Männer – so etwa der eifernde Kardinal Stanislaus Hosius, Diplomat Karls V. und Ferdinands I. – versuchten ihn auf den richtigen Weg zurückzuführen, doch vergebens. Schon munkelte man, es seien Versuche unternommen worden, ihn von seiner Gemahlin zu trennen, ja, auch dazu, ihm die Nachfolge in der Kaiserwürde und in der Krone Böhmens zu verweigern. Vielleicht wäre es wirklich soweit gekommen, hätte Maximilian den letzten Schritt gewagt und sich von der katholischen Kirche losgesagt. Doch davon rieten ihm gerade die protestantischen Fürsten ab: Denn im Fall offener Häresie hätten die böhmischen Stände gemäß der Bulle Karls IV. das Recht gehabt, ihm die Huldigung zu verwehren und die Krone dem Nächstfolgenden anzubieten. Dann aber wäre er ohne Macht geblieben und auch für die Protestanten von keinem Nutzen. Also entschied sich Maximilian, die Gemeinschaft der katholischen Kirche nicht zu verlassen. Die Entscheidung dürfte er zwischen 1561 und Herbst 1562 getroffen haben. In dieser Zeit nämlich erhielt Ferdinand von den geistlichen Kurfürsten eine entschieden beruhigende Erklärung hinsichtlich der Nachfolge Maximilians als Römischer Kaiser. Nun sollte er zunächst zum König von Ungarn gekrönt werden, doch die Feierlichkeiten mußten wegen des plötzlichen Todes des Palatins verschoben werden. Im September 1562 wurde er auf dem Hradschin zum König von Böhmen gewählt und gekrönt und im November in Frankfurt auf dem Kurfürstentag zum Römischen König proklamiert. Endlich, im September 1563, wurde ihm in Preßburg die Stephanskrone aufs Haupt gesetzt, und drei Tage und drei Nächte lang tanzte man auf dem Schloß und in den Palästen. In diesen beiden Ländern und in Österreich folgt Maximilian am 25. Juli 1564 seinem Vater.

Karl wollte den Gerüchten, einige deutsche Fürsten seien mit Heinrich II. von Frankreich im Bunde, keinen Glauben schenken, auch dann nicht, als ihn Maria und Ferdinand eindringlich davor warnten. War er bloß vertrauensvoll? Oder verachtete er seine Feinde so tief, daß er sich mit ihnen gar nicht abzugeben gesonnen war? Die Aufständischen, an der Spitze Moritz von Sachsen, jagten den Kaiser durch das halbe Reich, und nachdem er sich nach Villach am Wörther See gerettet hatte, versperrten ihm die Franzosen den Weg in die Niederlande. Jetzt erst begann er zu ahnen, daß seine Gegner es auf seine Person abgesehen hatten. Zu gutem Ende gelang es Ferdinand doch noch, durch den Passauer Vertrag einen Ausweg zu finden. Noch im selben Jahr 1552 besetzten die Franzosen Toul, Metz und Verdun. Im Oktober zog ein kaiserliches Heer unter dem Oberbefehl des Herzogs von Alba vor Metz. Im November erschien Karl selbst unter seinen Soldaten. Doch Metz hielt sich, und Karl mußte die Belagerung abbrechen. Im Februar 1553 war er schon in Brüssel. Die unwürdige Flucht vor dem protestantischen Feind, der mit dem allerchristlichsten König von Frankreich verbündet war, und der Mißerfolg vor den Mauern von Metz hatten den Stolz und das Ehrgefühl des Kaisers, eines Edelmannes von mittelalterlicher Größe, schwer getroffen. Er meinte nun, er hätte den Protestanten zu große Konzessionen gemacht, und ließ eine Erklärung verfassen, in der er die Abmachungen annullierte. Aber auf das Drängen Ferdinands hin veröffentlichte er sie nicht. Er sah ein, daß er einem Religionsfrieden nicht weiter im Wege stehen könne, zumal die Einigkeit der protestantischen Fürsten immer deutlicher wurde. War er in Erfüllung der Aufgaben, die ihm Gott anvertraut habe, gescheitert? Er beschloß, gewiß schweren Herzens, die Reichsregierung Ferdinand zu übertragen, damit dieser in Deutschland die Ruhe wiederherstelle. »Um Euch«, schrieb er ihm, »den Grund aufrichtig, wie es unter Brüdern ziemt, zu nennen und mit der Bitte, nichts anderes dahinter zu vermuten, ist es nur die Achtung vor der Religion, derentwegen ich jene unüberwindlichen Bedenken habe, die ich Euch im einzelnen mündlich dargelegt habe... Ich habe keinen Zweifel, daß von Eurer Seite, da Ihr ein guter christlicher Fürst seid, darauf geachtet wird, nichts zu bewilligen, was Euer Gewissen belasten könnte oder Grund zu noch größerer religiöser Zersplitterung gäbe.« Auf dem Augsburger Reichstag verhandelte Ferdinand mit absoluter Vollmacht. Und so erging am 25. September 1555 die Reichstagsresolution im Namen eines Kaisers, der die katholische Religion nicht verletzt oder geschwächt sehen wollte, und der Religionsfriede enthielt die Gleichberechtigung der beiden Konfessionen.

Im Juli 1544 hatte der Kaiser aus politischen Überlegungen seinen siebenundzwanzigjährigen Sohn Philipp mit der um elf Jahre älteren katholischen Königin Maria I. von England, Tochter Heinrichs VIII. und eine entfernte Verwandte Philipps, verheiratet, und die Engländer, die einen Haß gegen die Katholiken nicht kannten, nahmen ihn als Prinzgemahl an. Tat sich damit die Perspektive einer spanisch-niederländisch-englischen Weltallianz auf? Gewiß sah Karl eine solche im Entstehen begriffen. Doch auch diese Perspektive, wie jene der spanisch-deutschen kaiserlichen Europaherrschaft, war der Wirklichkeit, das heißt den wahren Interessen Englands und der Niederlande, fremd (in nur wenigen Jahrzehnten bekämpfen einander Spanien und England erbittert auf allen Meeren). Die Perspektive zerfiel auch wie eine Luftblase, als Königin Maria vier Jahre später kinderlos starb.

Nein, das erträumte christliche Universalreich ließ sich nicht verwirklichen. Denn selbst die Christenheit, um deren übergeordnete Einheit Karl zeitlebens gekämpft hatte, befand sich im Zustand der Spaltung. Nun erkannte er, daß er die Ziele, die ihm seine Würde gesetzt hatte, nicht erreichen konnte. Er mußte auch wahrhaben, daß Ferdinand, der auf die Hilfe des Reichs gegen die Osmanen angewiesen war, nicht mit den protestantischen Fürsten hadern durfte.

Nach fünfundzwanzigjährigem Pontifikat war der stolze Farnese, Paul III., Initiator des Konzils von Trient und der Gegenreformation, am 10. November 1549 gestorben. Sein Nachfolger, Sproß der ebenfalls noblen Familie der Carafa, hegte eine besondere Feindseligkeit

gegen die Spanier und eine politisch vielversprechende Freundschaft für die Franzosen: Er versprach sogar Neapel einem Sohn des französischen Königs, Karl nannte das »die Tollheiten seiner Heiligkeit«.
Nach unendlich langer geistiger Umnachtung war Johanna am 13. April 1555 dahingegangen, und der Tod der Mutter weckte in Karl beinahe mystische Vorahnungen. Nun war er auch staatsrechtlich der alleinige Herrscher in Spanien. Er beschloß, sich zurückzuziehen.
Der große Saal des Brüsseler Schlosses, in dem vierzig Jahre zuvor Karl für mündig erklärt worden war, wurde zum Schauplatz einer ergreifenden welthistorischen Szene auserkoren. In Anwesenheit seiner Geschwister, der Königinnen Eleonora und Maria und Ferdinands, vieler Fürsten und der Ritter des Ordens vom Goldenen Vlies übergab Kaiser Karl V., in das Schwarz der Trauer gekleidet, die Regierung an seinen Sohn Philipp. Karl trat von der Bühne des Weltgeschehens freiwillig und würdevoll ab. Mit ihm trat eine Idee ab: die Idee der abendländisch-christlichen Universalmonarchie.
Der Kaiser beschloß, seine Würde im Reich dem Bruder zu überantworten. Der König konnte die Urkunde nicht aus der Hand des Kaisers entgegennehmen, weil ihn die osmanische Gefahr wieder einmal fernhielt. Mit Schreiben vom 12. September 1556 stellte ihm Karl die Kaiserwürde zur Verfügung, er sprach ihm seine unveränderliche brüderliche Liebe aus und riet ihm zur einsichtsvollen Einigung mit den Kurfürsten. Doch erst anderthalb Jahre später, im März 1558, wurde Ferdinand in Frankfurt zum »erwählten römischen Kaiser« gekrönt. Im April zog er unter großer Prunkentfaltung in Wien ein.
Karl hatte sich in das Landhaus unweit vom Kloster San Jeronimo de Yusta zurückgezogen, seine beiden Schwestern begleiteten ihn. Eleonora starb am 18. Februar 1558, ihr Tod traf den einsamen Mann tief. Er selbst ging ein halbes Jahr später dahin, am 21. September. Einen Monat später, am 18. Oktober, verstarb, ihres seit zweiunddreißig Jahren toten, doch in ihrer Erinnerung immerfort jugendlichen Gemahls Ludwig bis zum letzten klaren Augenblick liebevoll gedenkend, Königin Maria. Ferdinand blieb allein in einer Welt, in der er sich an niemanden mehr so innig wenden konnte wie an die Schwester.
Fest, unüberwindbar und hochmütig – so saß der Türke auf der einst stolzen Festung von Buda und rumdherum im ganzen mittleren Ungarn. Die Königinwitwe nach Johann Zápolya, Isabella, war mit ihrem unmündigen Sohn Johann Sigmund in die östlichen Landteile

gezogen. Ihr Berater war der Erzbischof von Gran, der auch 1538 den Frieden mit Ferdinand im Namen Johanns ausgehandelt hatte und nun das Regiment führte – Sohn eines kroatischen Vaters namens Utiesenovic und einer italienischen Mutter Martinuzzi. Er selbst nannte sich Georg Martinuzzi, doch Freund wie Feind und das Volk nannten ihn nur den Bruder Georg. Er war klug, verschlagen, gebildet und besaß einen hohen politischen Instinkt. Und auch ihm schwebte nur ein Ziel vor Augen: die Einigung Ungarns. Nachdem König Johann gestorben war und Soliman Buda auf so tückische Weise in Besitz genommen hatte, erkannte er, daß eine Einigung des Königreichs nur unter Ferdinand vollzogen werden könnte, und diente nun dem König mit dem gleichen Eifer wie er einst Johann gedient hatte.

Denn die Erinnerung an das mächtige mittelalterliche Königreich Ungarn bewahrten nur noch die Gebiete, die Ferdinand untertan waren. Dort kamen noch die alten nationalen Institutionen, geschwächt zwar, aber doch zur Geltung. Die wahre Gefahr, welche nicht nur die Religion und die geistige Identität, sondern auch das Volkstum tödlich bedrohte, stellten die Türken dar – und nicht nur im Magyarenland, sondern in allen Ländern der Stephanskrone. Darum auch dienten große kroatische Staatsmänner und Heerführer – die Frangepán, die Zrinyi – in vollem Einvernehmen mit ihren magyarischen Standesgenossen uneingeschränkt dem König von Ungarn: Ferdinand, weil nur von ihm und seinem Haus die Befreiung von der tödlichen osmanischen Gefahr zu erhoffen war. Zehntausende und aber Zehntausende namenloser südslawischer Flüchtlinge hatten in Ungarn Zuflucht gefunden und stellten ihre Erfahrungen, die sie in den nun schon jahrhundertealten Kämpfen mit den Osmanen erworben hatten, in den Dienst der gemeinsamen Verteidigung. Auch die östlichen Landesteile hätten sich nach der Dreiteilung des Landes durch Soliman nur zu gerne Ferdinand angeschlossen, doch nach dem enttäuschenden Mißerfolg der Reichsarmee im Jahr 1542 sahen sie sich gezwungen, ein eigenes Staatswesen unter der Schirmherrschaft des Sultans zu begründen. Ihr Wortführer war Bruder Georg.

Er war an die siebzig Jahre alt. Nach dem Sieg des Kaisers über den Schmalkaldischen Bund sah er die Zeit gekommen, die von ihm geradezu beispielhaft organisierten östlichen Landteile – Anfänge des Staatswesens Siebenbürgen – dem König zu überantworten. Er bewog Königin Isabella, abzudanken, und erbat von Ferdinand eine große Armee, um den zu erwartenden Straffeldzug der Pforte abzuwehren. Um jeden Verdacht, der ihn und seine Regierung treffen könnte, zu entkräften, inszenierte er immer wieder spektakuläre Treuebekundungen für den Sultan und wurde das Opfer der eigenen übertriebenen Schläue. Denn er machte sich tatsächlich verdächtig – doch nicht der Pforte, sondern den Anhängern Ferdinands, die ihn, mit Wissen und Zustimmung des Königs und ganz im Stil der Zeit, im Dezember 1551 ermordeten.

Sowohl Papst Paul IV. als auch Sultan Soliman machten Ferdinand für den Tod Martinuzzis verantwortlich. Vor der Kurie konnte Ferdinand seine Unschuld beweisen, die Pforte aber rächte sich für die Ermordung ihres vermeintlichen Vertrauensmannes mit einem Feldzug und nahm mehrere Festungen ein. Ferdinand erhielt wieder eine Armee vom Reich, doch konnte er nicht verhindern, daß auf den Thron des Fürstentums Siebenbürgen mit osmanischer Hilfe Johann Sigmund gesetzt wurde. Das jahrzehntealte, zur Unbeweglichkeit erstarrende habsburgisch-osmanische Kräftegleichgewicht festigte im Jahr 1566 die tragische Dreiteilung des Pufferlandes Ungarn für weitere hundertunddreißig Jahre: Erst einem späten Nachkommen Ferdinands, Leopold I., wird vergönnt sein, die natürliche Hauptstadt des Königreichs 1686, drei Jahre nach der zweiten erfolglosen Belagerung Wiens, und Schritt für Schritt das ganze Land für sich und seine Nachfolger zurückzugewinnen.

Die Kräfte in Europa waren erschöpft, und sie ruhten in den letzten Regierungsjahren des Kaisers Ferdinand I. In welchem Maß er selbst zu diesem Kräfteruhen beigetragen haben mochte, läßt sich kaum abwägen. Doch bezeichnend sind die Zeilen, die sein kundiger, großer Biograph Franz-Bernhard von Bucholtz vor anderthalb Jahrhunderten zu Papier gebracht hat: »Nachdem Wien in kraftvoller Defension das Bollwerk Deutschlands geworden (1529), ist es drei Jahre später Ferdinands feurigster Wunsch, mit wirklich zur Stelle gebrachter Macht, im Einklang mit dem Kaiser, seinem Bruder, und unter persönlicher Teilnahme, der Heeresmacht Suleimans in offener Schlacht auf der Grenze von Deutschland zu begegnen, und in Folge des mit Grund gehofften Sieges zunächst ganz Ungarn zu befreien und zu vereinigen. Als diese Hoffnung durch die entgegenstehende Ansicht seines Bruders selbst, und in Folge der tiefgeteilten Lage von Europa, damals (es war die Mitte seines Lebens) zerfiel, zeigte es sich

Ihm wohl immer mehr, daß Erfolge, wie sie feurige Jugend, und das ungeteilte, von männlichen Gedanken und edlen Gefühlen genährte Gemüt ersehnt, in einer durch Alter und inneres Verderben auseinander fallenden Welt auch dem edeln Herrscher nicht vergönnt sein können. Die Schranken, welche durch die Macht der Tatsachen gesetzt worden, anerkennend, wußte er nun den Teil statt des Ganzen und den Keim der künftigen Wiedergewinnung durch Verträge und Negociationen zu erhalten...« Leise, doch unüberhörbar, klingt hier der Vorwurf an. Die einmalige Chance des Jahres 1532, die Osmanen mit dem mächtigsten Heer, welches das Abendland je auf die Beine gestellt hatte, aus Ungarn und vielleicht vom ganzen europäischen Festland zurückzudrängen, wurde wegen der »entgegenstehenden« – und wirklichkeitsfremden – »Ansicht« Kaiser Karls V. vertan.

Die Kräfte ruhten in den letzten Regierungsjahren des ermüdeten, an Schwindsucht leidenden Kaisers Ferdinand. Mit den Protestanten, deren Sache – und er wußte es besser als Karl! – nicht mit der Waffe bekämpft werden konnte, bestand der Friede seit 1552 und dann von 1555 an. Im selben Jahr wurde auch mit Frankreich eine Regelung getroffen. Mit dem gerade entstehenden neuen ungarischen Staatswesen, dem Fürstentum Siebenbürgen, das sich bald in einer eigenartigen Hochkultur zu einer *geistigen* »Bastion der Christenheit« entwikkelt, bestand zwar formell nicht, doch tatsächlich Friede, und auch in Böhmen konnte das Verhältnis zwischen der Monarchie und den ständischen Freiheiten gefestigt werden. In Österreich wurde ein Einvernehmen zwischen weltlicher und geistlicher Macht erzielt und die Eintracht zwischen der Wissenschaft und der katholischen Religion durch die Reform der Universität herbeigeführt. All dies war, wenn auch nicht ausschließlich, so doch zu einem großen Teil das Werk des immerfort um das sinnvoll Machbare bemühten, auf Ausgleich und Gerechtigkeit bedachten Herrschers. Sogar in Italien brach eine neue Zeit an, eine Zeit der Verjüngung des kirchlichen Lebens und, als 1559 Giovanni Angelo de Medici als Pius IV. sein Pontifikat antrat, auch einer freieren geistigen Tätigkeit, und sie schien gegenüber den bis dahin gefährlich balancierenden politischen Aktionen der Kurie überhandzunehmen. 1560 wurde der Friede mit der Pforte erneuert. Mit tiefer Verantwortung war Ferdinand darauf bedacht, seine Reiche im Zustand des Friedens dem Sohn und Nachfolger Maximilian zu hinterlassen.

Wie war die Hofhaltung dieses Fürsten, der niemals in solchem Glanz wie der Bruder vor die gaffende Welt trat? Er hatte mehrere Verordnungen erlassen, und der Oberkämmerer war für die Durchführung verantwortlich. Auch dafür, daß die Handwerker ihren billigen Lohn erhielten und jedweder Überfluß gemieden wurde. Bei Reisen waren sechs Wagen für den Hof bewilligt, sonst durfte niemand Wagen halten. Das Hofmeisteramt, welches für die Ausbildung von Edelknaben verantwortlich war, mußte darauf achten, daß die genau vorgeschriebene Ordnung strengstens eingehalten wurde. So standen die Edelknaben im Sommer wie im Winter um 5 Uhr auf, hörten Messe, hatten von 6 bis 9 Uhr Schule, gingen um halb zehn Uhr zu Tisch, bis eins übten sie sich im Reiten, Springen, Tanzen, Singen, Musizieren und ähnlichem, dann wurde wieder Schule abgehalten, und nach dem Abendessen durften sie im Sommer noch in den Garten, doch sie mußten um 9, im Winter um 8 Uhr schlafen gehen. Der Kaiser ordnete an, der Oberststallmeister, der die Oberaufsicht hatte, solle sehen, daß die Edelknaben ihre Zeit zur Ausbildung gut verwendeten, »damit ihre Eltern sie bei uns in guten Händen wissen mögen«. Manche niederländische Privilegien und gewisse extreme Formen der spanischen Hofhaltung schaffte der Kaiser ab. Er gab sich meistens leutselig und gutmütig, doch er war stets auf Distanz bedacht.

Ferdinand hatte zu verschiedenen Zeitpunkten Verfügungen zur Niederschrift angesagt, die zuletzt als sein Testament galten. Das erste machte er in Linz am 17. September 1532, einige Tage bevor er nach Wien ritt, in der Hoffnung, mit der Reichsarmee den Sultan zur offenen Feldschlacht zu zwingen. Das zweite ist vom 1. Juni 1543 datiert, nach der katastrophalen Niederlage des Reichsheeres in Ungarn gegen die Türken, und es wurde am 4. Februar 1547 in Prag vervollständigt, kurz bevor er in den sächsischen Krieg nach Deutschland zog. Hier einige charakteristische Punkte aus den umfangreichen Verfügungen:

Er sollte in Prag, wo Anna ruhte, in der Veitskirche begraben werden, und es solle ein Grab aus weißem Marmor gemacht, und darauf ringförmig mit goldenen Buchstaben sollen sein Name, seine Herkunft, Titel und Todeszeit vermerkt werden. Sollte er nicht das Spital in Wiener Neustadt für 32 Arme, wie beabsichtigt, stiften können, so sollen es seine Nachfolger tun. Da die so schädliche Spaltung der Religion auf den Mangel an frommen, geschickten und gelehrten Seelsorgern zurückzuführen sei, habe er sich gegen Gott verpflichtet, zu seinen Lebzeiten oder durch seine Nachkommen eine geistliche

Stiftung – Kollegium, Propstei und Gotteshaus – in Innsbruck anzulegen. Da er aus vielen Klöstern und Kirchen Kirchengefäße und Kleinodien zwar mit päpstlicher Genehmigung gegen die Türken zu Geld gemacht habe, wolle er doch alles noch zeit seines Lebens oder durch seine Erben vergütet wissen.

Nachfolger in der Regierung von Ungarn und Böhmen solle Maximilian als Erstgeborener sein, in den deutschen Erblanden solle Teilung vermieden sein. Maximilian und Ferdinand sollten gemeinschaftlich die Regierung führen. Der Vater ermahnte die beiden Brüder zur Einigkeit. Sollten alle Söhne sterben, dann sollte in Ungarn und Böhmen eine der Töchter nachfolgen, doch die österreichischen Erbländer sollten in diesem Fall an die männliche Nachkommenschaft Karls fallen.

»Der allmächtige und gütige Gott wolle jener lieben Seele gnädig und barmherzig sein und ihr die ewige Freude und Seligkeit mitteilen«, heißt es im Testamentzusatz von 1547, mit dem alles neu geregelt wurde, was die Tage zuvor verstorbene Königin Anna betraf: Das Offertorium sollte unter dem Beisein von »30 armen Leuten«, die »jedesmal jeder mit einem Taler zu beteilen« waren, dargebracht werden. Auf die Begräbnisstätte der Königin solle ihre Statue aus weißem Marmor aufrecht gestellt werden.

Für den Fall, der nicht eintreten möge, daß seine Söhne ohne eheliche Erben verstürben, sollte seine älteste noch lebende Tochter in Ungarn und Böhmen die Nachfolge antreten. Und noch eine letzte Verfügung über die Nachfolge in Ungarn und Böhmen, die seinen Geist immerfort und mit nicht nachgeben wollender Intensität beschäftigte – die Nachfolge in den beiden Königreichen, um deren Besitz er mit höchster Hingabe gekämpft hatte und immer noch kämpfte: »Maximilian also solle allein in Ungarn und Böhmen succediren, und in Betracht, daß die Behauptung gegen die Türken in statu quo so große Kosten erfordere, statt dessen, was die jüngeren Brüder auch von den Königen von Ungarn und Böhmen zu fordern hätten, nicht mehr als jährliche 10 000 fl. denselben zu geben haben. Ferner solle Maximilian erhalten Nieder- und Ober-Österreich mit Stadt Steyer, Hallstadt und Ischl, Neuburg am Inn und Wildeneck. Ferdinand solle Tirol mit allen Graf- und Herrschaften ennthalb des Arls und des Ferrn, dann in Schwaben, in Elsaß, Suntgau, Burgau etc., Karl aber Steiermark, Kärnten, Krain mit Görz, Triest usw. erhalten.«

Im Sommer 1563 suchte Ferdinand in Innsbruck Erholung, und man sah ihn heiter auf der Jagd und entspannt im Kreise seiner Familie, der beiden Töchter Anna und Leonora, die sogar ihren Gemahl, den Herzog Wilhelm von Mantua, mitgebracht hatte, und seiner Enkel, der Kinder Maximilians. Und doch sah man auch, daß seine Lebenskraft abnahm. Als er nach Wien aufbrach, bestieg er kein Pferd, sondern reiste mit dem Schiff. Die Töchter begleiteten ihn durch den Schloßgarten bis ans Wasser, und ihr Abschied vom Vater war tränenreich, als ob sie geahnt hätten, daß sie ihn nicht wiedersehen würden. Und sonderbar: Die Umherstehenden wollten gesehen haben, daß es auch in den Augen Ferdinands glitzerte. Sieben Tage später kam er in Wien an. Maximilian war ihm drei Meilen auf der Donau entgegengefahren. Im September reiste der Kaiser nach Preßburg, noch ein letztes Mal in die königliche Residenz Ungarns, und kehrte zu Wasser nach Wien zurück.

Zu Beginn des Jahres 1564 befiel ihn das Wechselfieber, und er konnte den Regierungsgeschäften nicht mehr nachkommen, sondern überließ sie Maximilian. Er trug sich mit dem Gedanken, auf einem in diesem Jahr zu versammelnden Reichstag die Kaiserwürde niederzulegen. Doch soweit kam es nicht mehr. Immer inniger bereitete er sich auf das Sterben vor. Noch besaß er die Kraft, seine letzten Gedanken in einem Schreiben an seinen Vertrauten Herold festzuhalten:

»Dadurch (durch die Anzeichen des nahenden Todes) werde ich nicht erschrecken, gewiß nicht, denn ich weiß, daß ich sterblich bin. Ich weiß auch, daß ich als Greis und mit geschwächten Kräften nicht lange leben kann. Um so mehr ist mir notwendig, an diesen Hinübergang zu denken, und für die Vorbereitung dazu mich zu bemühen. Außerdem aber und ungeachtet dessen erkenne ich, daß solches Gott dem Allmächtigen mit andächtigem Gemüt anheimgestellt werden muß, und wofern es Ihm wohlgefällig und mir heilsam und dem Heil meiner Seele zuträglich ist, daß mein Leben noch verlängert werde, ich mich auch dessen nicht weigern soll.«

Seinem Beichtvater Mathias Gitard befahl er, ihn im Todeskampf nicht mit seinen Titeln, sondern mit »Ferdinand, mein Bruder« anzureden. Die Sterbesakramente empfing er einige Tage vor seinem Tod, denn er wollte den Tag des Apostels Jakob abwarten, des »Patronus Hispaniae«, zu dem er seit seinen Kinderjahren eine besonders andachtvolle Beziehung gepflegt hatte.

Und so kam es auch: Am Tag des hl. Jakob, dem 25. Juli 1564, um 7 Uhr abends, starb der Fürst, dessen Werk, die Donaumonarchie, die

Reiche seines Bruders und jene seines größten Gegners, des Sultans, überdauern sollte.

In ganz Europa wurden prunkvolle und andächtige Gottesdienste zum Andenken an den Verstorbenen gefeiert, und in aller Welt, in großen Domen und kleinen Kirchen wurden viele rühmende Worte gesprochen. Nur ein Nachruf sei hier wörtlich zitiert. Als er vom Ableben Ferdinands erfuhr, sagte Sultan Soliman: »Er war ein gerechter Herrscher.«

In der Mitte des Chorraumes im Mittelschiff des Prager St. Veits-Domes steht das Habsburgische Mausoleum, vom flämischen Bildhauer Alexander Colin 1570-1589 geschaffen: Dort sind die Liegefiguren Ferdinands I., der Königin Anna und Maximilians II. zu sehen.

Im Sommer des Jahres 1566 zog Sultan Soliman, nun schon einundsiebzig Jahre alt, gegen Maximilian II. Etwa 100 km westlich von Mohács und südlich vom Plattensee stand ihm eine unbedeutende Festung im Wege: Szigetvár, verteidigt von Nikolaus Graf Zrinyi, einem alten Feldherrn Ferdinands I. Schon seit Wochen belagerten die türkischen Truppen die Festung, doch sie konnten sie nicht einnehmen. Auch am 5. September wurde ein Ansturm abgeschlagen. Am Nachmittag dieses Tages starb Sultan Soliman in seinem Prunkzelt. Die Wesire beschlossen, den Tod des Großherrn den Soldaten zunächst zu verheimlichen. Am Morgen des nächsten Tages banden sie den Verstorbenen auf seine weiße Stute und führten ihn im Sattel in einiger Entfernung, doch so, daß ihn die Soldaten sehen konnten, spazieren. So auch am Morgen des 7. September. Kurz nach dem Spazierritt des toten Sultans tat sich das Haupttor der Festung Szigetvár auf, und heraus stürmten, festlich gekleidet und mit dem Schlachtruf »Jesus«, die noch verbliebenen Verteidiger, an der Spitze Nikolaus Zrinyi. Der Kampf war kurz – 600 gegen Zehntausende –, und Zrinyi fiel.

TAFEL II

Die österreichis

Ferdinand 1503–1564 ⚭ 152
Infant von Spanien
Erzherzog von Österreich
König von Böhmen, 22. X. 1526
König von Ungarn, 17. XII. 1526
Römischer König, 5. I. 1531
Römischer Kaiser, 12. IX. 1556

Elisabeth	Maximilian II.	Anna	Ferdinand	Maria	Magdalena	Katharina
1526–1545 Gemahlin König Sigismunds II. August von Polen	1527–1576 Erzherzog von Österreich, König von Böhmen, 1562, von Ungarn, 1563, Römischer König, 1562, Römischer Kaiser, 1564	1528–1587 Gemahlin Hzg. Albrechts v. Bayern	1529–1595 Regent in Tirol Gemahl von 1) Philippine von Welser 2) Anna Katharina von Mantua	1530–1584 Gemahlin v. Wilhelm von Jülich	1532–? Ordensschwester	1533–1572 Gemahlin vo 1) Franz III. Mantua, 2) Sigismun II. von Pole

(deutsche) Linie

Anna von Ungarn und Böhmen aus dem Hause der Jagiellonen
1503–1547

Eleonora	Margarete	Johannes	Johanna	Helena	Ursula	Karl	Barbara
1534–1594	1536–1566	1538–1539	1547–1578	1543–1574	1541–1543	1540–1590	1539–1572
Gemahlin von Wilhelm von Mantua			Gemahlin von Ghzg. Franz von Toskana	Ordens-schwester		Regent in Steiermark, Kärnten, Gemahl von Maria von Bayern	Gemahlin von Alphons von Ferrara

Zeittafel

1503	10. März	Geburt Ferdinands in Alcalá de Henarez Waffenstillstand zwischen den Großfürstentümern Litauen und Moskau
	1. November	Julius della Rovere besteigt den päpstlichen Thron als Julius II.
1504	26. November	Tod Isabellas I., der Katholischen
1505		Konstitution von Radom regelt die polnische Gesetzgebung
1506	27.–28. März	Vereinbarung zur Vermählung eines Enkels von Maximilian I. mit Prinzessin Anna von Ungarn
	2. Juli	Geburt von Ludwig II. von Ungarn und Böhmen
	25. September	Tod Philipps I., des Schönen
1507	Februar	Der Landtag zu Prag erklärt Ludwig zum Erben der böhmischen Krone
1508	6. Februar	Maximilian nimmt den Titel »Erwählter Römischer Kaiser« an
	4. Juni	Krönung Ludwigs II. zum König von Ungarn
	10. Dezember	Liga von Cambrai zwischen Maximilian I., Ludwig XII. von Frankreich und Ferdinand II. von Aragon gegen Venedig, der 1509 Julius II. beitritt
1509	14. Mai	Sieg der Liga über Venedig bei Agnadello
1510		Hamburg wird zur freien Reichsstadt erklärt
1511		Heilige Liga zwischen Julius II. und Ferdinand II. von Aragon, der 1512 Heinrich VIII. von England und Maximilian I. beitreten, gegen Frankreich
1512	11. April	Französischer Sieg über die Liga bei Ravenna Schweizer Verbündete Julius' II. vertreiben die Franzosen aus Italien
		Ferdinand II. von Aragon besetzt Navarra

1513	15. Januar	Karl wird für großjährig erklärt
	20. Februar	Tod von Papst Julius II.
	4. März	Wahl Giovanni de' Medicis zum Papst Leo X.
	16. August	Maximilian I. und Heinrich VIII. besiegen bei Guinegate die Franzosen
1514		Wojwode Johann Zápolya schlägt den Bauernaufstand in Ungarn nieder, der Adel festigt im »Tripartitum« seine Vorrechte
		Herzog Ulrich von Württemberg schlägt den Bauernaufstand nieder
1515	5. Januar	Karl übernimmt die Regierung in Burgund
	1. Januar	Franz I. besteigt den Thron Frankreichs
	22. Juli	Kongreß zu Wien: Doppelhochzeit im Stephansdom
	13.–14. September	Franz I. besiegt die Schweizer und besetzt Mailand
1516	23. Januar	Tod Ferdinands II., des Katholischen, von Aragon
	13. März	Tod Wladislaws II. von Ungarn und Böhmen
	1. April	Leo X. bestätigt den spanischen Königstitel Karls I.
	20. Juli	Eheschließung »per verba de praesenti« Ferdinands von Spanien und Annas von Ungarn in der Marienkapelle der Hofburg zu Wien
1517	19. September	König Karl I. betritt spanischen Boden
	8. November	Tod von Jiménez de Cisneros
	12. November	Erste Begegnung Karls und Ferdinands
		Sultan Selim I. erobert Ägypten
1518	7. Februar	Eidesleistung Ferdinands an Karl
	27. Mai	Ferdinand verläßt Spanien und
	17. Juni	geht in Flandern an Land
	30. Dezember	Maximilians I. Letzter Wille
		Mercurino de Gattinara wird Großkanzler Karls
1519	12. Januar	Tod Maximilians I.
	28. Juni	Wahl Karls zum Römischen Kaiser: Karl V.
	3. Juli	kaiserliche Wahlkapitulation (capitulatio caesa-

		rea), mit der man ausschließen wollte, daß Karl seine spanischen Souveränitätsbegriffe auch in Deutschland geltend mache
		Ulrich von Württemberg überfällt die Reichsstadt Reutlingen und wird vom Schwäbischen Bund vertrieben, sein Herzogtum kommt 1520 an Österreich
1520	21. September	Soliman (25) wird nach dem Tod Selims I. Sultan des Osmanischen Reiches
	23. Oktober	Karl wird in Aachen zum Kaiser gekrönt
		Aufstand der kastilischen Stände, der »Comuneros«
1521	27. Januar	Reichstag zu Worms
	18. April	Martin Luther verweigert den Widerruf seiner Lehre
	23. April	Regierungstruppen besiegen die Comuneros
	28. April	Karl V. tritt die österreichischen Herzogtümer an Ferdinand ab
	8. Mai	Edikt gegen Luther
	26. Mai	Hochzeit Ferdinands und Annas
	26. Mai	Reichsregiment von Nürnberg zur Vertretung des Kaisers
	28. Mai	Bündnis Karls V. und Leos X.
	21. Juni	Tod von Kardinal Thomas Bakócz
	2. Juli	die Steiermark huldigt Ferdinand
	29. August	Soliman II. nimmt Belgrad ein
	19. September	Kaiserliche und päpstliche Truppen erobern Mailand
	1. Dezember	Tod Leos X.
1522	9. Januar	Wahl Adrians von Utrecht zum Papst Hadrian VI.
	30. Januar	Verträge von Brüssel zwischen Karl und Ferdinand
	7. Februar	dritter, geheimer Vertrag von Brüssel
	22. Mai	Testament Karls V.
	16. Juni	Vertrag von Windsor zwischen Karl V. und Heinrich VIII. gegen Frankreich
	23. Dezember	Die Johanniter übergeben Rhodos den Osmanen

1523	3. August	Karl V., Heinrich VIII. von England, Ferdinand, Papst Hadrian VI., Venedig, Mailand, Florenz, Siena und Lucca verbünden sich gegen Franz I. von Frankreich
	14. September	Tod Hadrians VI.
	Oktober	Zusammenkunft Ferdinands und Ludwigs II. von Ungarn in Wiener Neustadt
	19. November	Wahl Giulio de' Medicis zum Papst Klemens VII.
1524		Reichstag zu Nürnberg
		»Regensburger Konvent«: Ferdinand, die Herzöge von Bayern und süddeutsche Bischöfe verpflichten sich zur Durchführung des Wormser Edikts
	26. Oktober	Franz I. von Frankreich besetzt Mailand und
	12. Dezember	verbündet sich mit Papst Klemens VII. und Venedig
1525	24. Februar	Schlacht von Pavia: Das kaiserliche Heer besiegt Franz I. und nimmt den König gefangen
	4. April	Niederwerfung der Bauernaufstände durch die Fürsten: bei Leipheim (Baltringer Haufen)
	12. Mai	bei Böblingen (württembergische Bauern)
	15. Mai	Thomas Münzer wird hingerichtet
	16. Mai	Blutbad Herzog Antons von Lothringen unter den elsässischen Bauern
	2. Juni	die Odenwälder Bauern werden niedergeworfen
	15. Juni	Christoph Frangepán entsetzt Jajce, die südlichste Festung Ungarns
	6. September	Separatfriede Heinrichs VIII. von England mit Franz I. von Frankreich in Moore
	Dezember	Hilferuf Franz' I. an Sultan Soliman
1526	14. Januar	Friede von Madrid zwischen Karl V. und Franz I., den der König nach seiner Freilassung für nichtig erklärt, er schafft
	22. Mai	die Heilige Liga von Cognac, ein Bündnis mit Papst Klemens VII., Francesco II. von Mailand, Venedig und Florenz gegen Karl V.
	29. August	Schlacht bei Mohács: Soliman vernichtet das ungarische Heer, König Ludwig II. fällt

	22. Oktober	Wahl Ferdinands zum König von Böhmen
	10./11. November	Wahl und Krönung Johanns I. Zápolya zum König von Ungarn
	17. Dezember	Wahl Ferdinands zum König von Ungarn
1527	1. Januar	die kroatischen Stände huldigen Ferdinand
	24. Februar	Krönung Ferdinands zum König von Böhmen
	6. Mai	Sacco di Roma: das kaiserliche Heer erobert und plündert Rom
	21. Mai	Geburt Philipps II.
	31. Juli	Geburt Maximilians II.
	3. November	Krönung Ferdinands zum König von Ungarn
	Dezember	Johann I. Zápolya flieht nach Polen
1528	Januar	Ferdinand errichtet die »Allgemeine Hofkanzlei«
		Flottenführer Andrea Doria befreit Genua von der französischen Herrschaft
	31. Mai	Gesandtschaft Ferdinands in Istanbul
		Rückkehr Johanns I. Zápolya aus Polen
1529	15. März bis 22. April	Zweiter Reichstag zu Speyer: Die evangelischen Fürsten und Städte protestieren gegen den Mehrheitsbeschluß und werden seitdem »Protestanten« genannt; Franz I. intrigiert gegen Ferdinand
	10. Mai	Soliman bricht in Istanbul gegen Ungarn auf
	5. August	»Damenfriede von Cambrai« zwischen Karl V. und Franz I.
	20. August	»Eilende Türkenhilfe« der Reichsstände
	28. August	Aufruf Ferdinands gegen die Osmanen
	8. September	Soliman erobert Buda
	25. September bis 14. Oktober	Belagerung Wiens durch die Osmanen; Ferdinands Truppen besetzen einige westungarische Städte
	Dezember	Klemens VII. exkommuniziert Johann I. Zápolya
		Hayreddin Barbarossa bringt Algier unter seine Kontrolle
1530	24. Februar	Krönung Karls V. durch Klemens VII. zum Kaiser in Bologna (letzte Kaiserkrönung durch einen Papst)
	4. Mai	Tod von Niklas Graf Salm

	5. Juni	Tod von Mercurino Gattinara
	25. Juni	»Confessio Augustana« auf dem Augsburger Reichstag
	30. November	Tod von Erzherzogin Margarete, Statthalterin der Niederlande
		Karl V. überläßt Malta den Johannitern als Lehen (Malteserorden)
1531	3. Januar	Karl V. ernennt Königin Maria zur Statthalterin der Niederlande
	5. Januar	König Ferdinand wird in Köln zum Römischen König gewählt
	27. Februar	Beistandspakt der protestantischen Stände in Schmalkalden
	8. Juli	Einstellung des Reichskammergerichts gegen die Protestanten
1532	17. April	Reichstag von Regensburg
	23. Juli	Nürnberger Religionsfriede
	6. August bis 20. August	Belagerung von Güns (Köszeg) durch Sultan Soliman
	8. August	Sieg Andrea Dorias über die Osmanen in Griechenland
	23. September	Karl V. und Ferdinand ziehen in Wien ein; nach Abzug der Osmanen entläßt Karl V. das kaiserliche Heer; die Osmanen ziehen sich plündernd zurück
1533	12. Januar	Gesandter Ferdinands trifft in Istanbul ein
	22. Juni	die Pforte schließt mit Ferdinand »ewigen Frieden«
		Soliman nimmt Hayreddin Barbarossa in seine Dienste
1534	August	Ludovico Gritti kommt im Auftrag der Pforte nach Ungarn und wird ermordet
		Hayreddin Barbarossa erobert Tunis
	25. September	Tod von Papst Klemens VII., ihm folgt Paul III. als Papst
1535	14. Juli	Karl V. erobert La Goletta und Tunis von Hayreddin zurück
		»mährisches Landrecht« Ferdinands

1536	Februar	Bündnis (»Kapitulationen«) zwischen Franz I. und Soliman
		»böhmisches Stadtrecht« Ferdinands
		Franz I. besetzt Savoyen
	Dezember	Truppen Johanns I. Zápolya besetzen Kaschau und das Oberland
1537	September	erfolglose Feldzüge Ferdinands in Ungarn gegen die Osmanen
		Feldzug Hayreddins gegen Süditalien
1538	8. Februar	Bündnis zwischen Karl V., Papst Paul III. und Venedig gegen die Osmanen: Heilige Liga
	24. Februar	Vertrag von Großwardein (Nagyvárad) zwischen Ferdinand und Johann I. Zápolya: Ferdinand erkennt Johann als König von Ungarn an, Johann die habsburgische Nachfolge
	18. Juli	Waffenstillstand von Nizza zwischen Karl V. und Franz I.
1539		Ausdehnung des Nürnberger Religionsfriedens auf die Anhänger der Confessio Augustana
1540	7. Juli	Geburt Johann Sigmunds, Sohn Johanns I. Zápolya
	22. Juli	Tod Johanns I. Zápolya
	25.–28. September	vernichtende Niederlage Andrea Dorias in der Seeschlacht von Prevesa gegen die Osmanen
	20. Oktober	Venedig verliert im Separatfrieden mit der Pforte seine Vormachtstellung
1541	29. August	Soliman besetzt Buda und verleibt seinem Reich Ungarn ein
		Annäherung zwischen Königinwitwe Isabella und Ferdinand
1542		4. Krieg zwischen Karl V. und Franz I. beginnt
	Sommer	ein Reichsheer operiert in Ungarn erfolglos gegen die Osmanen
1543		weitere Ausdehnung der Türkenherrschaft in Ungarn (Fünfkirchen, Gran, Stuhlweißenburg)
	11. Februar	Beistandsvertrag zwischen Karl V. und Heinrich VIII. von England gegen Franz I. von Frankreich
	28. Mai	die französische Flotte erobert mit Hilfe Hayreddins Nizza

1544	18. September	Friede von Crépy zwischen Karl V. und Franz I.
	29. Dezember	Instruktion Ferdinands an seinen Gesandten bei der Pforte
1545	2. März	Beginn der Friedensverhandlungen Ferdinands mit der Pforte
	13. Dezember	Eröffnung des Konzils von Trient (bis 1563)
1546	6. Juni	Kaiser Karl V. und Papst Paul III. verbünden sich gegen den Schmalkaldischen Bund
	14. Juni	Ferdinand und Herzog Wilhelm IV. von Bayern schließen einen Ehevertrag für ihre Kinder Anna und Albrecht, Hochzeit am 4. Juli
	Juni	Karl V. verhängt die Reichsacht über den Schmalkaldischen Bund (Kursachsen und Hessen) und eröffnet den Krieg
1547	27. Januar	Tod Annas, Gemahlin Ferdinands I.
	28. Januar	Tod Heinrichs VIII. von England, ihm folgt Edward VI. auf dem Thron
	31. März	Tod Franz' I. von Frankreich, ihm folgt Heinrich II. auf dem Thron
	24. April	Schlacht bei Mühlberg, Sieg Karls V. über den Schmalkaldischen Bund
	19. Juni	Annahme der osmanischen Friedensbedingungen durch Ferdinand I.
		Tod Hayreddin Barbarossas
1548	24. April	Karl V. und Ferdinand I. regeln in Augsburg die Erbfolge im Hause Habsburg
	15. Mai	»Augsburger Interim«: Karl V. verordnet für die Protestanten die katholische Lehre in milderer Form
	13. September	Ferdinands Erstgeborener, Maximilian, und Karls Tochter, Maria, werden in Spanien vermählt
1549		Vertreibung der Portugiesen aus Südmarokko
1550	7. Februar	Giovanni Maria Ciocchi del Monte, Prinzipallegat auf dem Tridentinischen Konzil, wird zum Papst Julius III. gewählt
1551	9. März	Habsburgischer Familienvertrag zur Regelung der Nachfolge Karls V.
		Stände Siebenbürgerns huldigen in Klausenburg Ferdinand, die Türken erobern Temesvár

	Dezember	Ermordung von Erzbischof Martinuzzi
1552		Maximilian wird Gubernator Ungarns
		französische Truppen besetzten Toul, Metz und Verdun, die kaiserlichen Truppen müssen die Belagerung von Metz abbrechen
		Ferdinand läßt das »Schweizertor« in der Hofburg zu Wien errichten (1553 fertiggestellt)
	2. August	Passauer Vertrag zwischen Ferdinand und Moritz von Sachsen, Zusicherung des Religionsfriedens für die Protestanten
1553	6. Juli	Edward VI. von England stirbt, ihm folgt Maria die Katholische (Bloody Mary) auf dem Thron und beginnt mit der katholischen Restauration
1554	25. Februar	Ferdinand erläßt eine Hausordnung zur Regelung der Nachfolge in Österreich
		Vermählung Philipps II. von Spanien mit Maria von England
1555	13. April	Tod Johannas der Wahnsinnigen
	23. Mai	Gian Pietro Carafa wird zum Papst Paul IV. gewählt
	25. September	Augsburger Religionsfriede: Die Confessio Augustana von 1530 wird anerkannt
	25. Oktober	Karl V. übergibt seinem Sohn Philipp die Regierung der Niederlande
	15. Dezember	Bündnis zwischen Papst Paul IV. und Heinrich II. von Frankreich
1556	16. Januar	Karl V. überantwortet Philipp II. die spanischen und die italienischen Besitzungen
	12. September	Karl V. überläßt Ferdinand I. in einem Schreiben die Kaiserwürde und zieht sich zurück
	22. Oktober	Johann Sigmund wird der erste Fürst von Siebenbürgen
1557	5. Februar	Karl V. bezieht das Landhaus neben dem Kloster San Jeronimo de Yusta
1558	18. Februar	Tod Eleonoras, Schwester Karls und Ferdinands
	24. März	Krönung Ferdinands zum Römischen Kaiser
	21. September	Tod Karl V.
	18. Oktober	Tod Marias, Gemahlin Ludwigs II. von Ungarn, Schwester Karls und Ferdinands

1559	10. Juli	Heinrich II. von Frankreich stirbt, ihm folgt Franz II. auf dem Thron
	17. November	Tod Marias I. von England, ihr folgt Elisabeth I. auf dem Thron
	25. Dezember	Giovanni Angelo de' Medici wird zum Papst Pius IV. gewählt
1560		Philipp I. macht Madrid zur Hauptstadt Spaniens
1561		Alexander Colin errichtet den Kenotaph (leeres Grabmal) von Kaiser Maximilian I. in Innsbruck
1562	März	Friedensschluß zwischen Ferdinand I. und Soliman
	24. September	Wahl Maximilians, Sohn Ferdinands I., zum Römischen König
	Dezember	Wahl und Krönung Maximilians zum König von Böhmen
1563	September	Krönung Maximilians zum König von Ungarn
1564	25. Juli	Tod Ferdinands I.

Allgemeiner Literaturhinweis

Bauer, Wilhelm: Die Anfänge Ferdinands I. Wien-Leipzig, 1907
Bucholtz, Franz-Bernhard von: Geschichte der Regierung Ferdinand des Ersten. 9 Bde. Wien, 1831–1838
Lhotsky, Alfons: Das Zeitalter des Hauses Österreich. Die ersten Jahre der Regierung Ferdinands I. (1520–1527). Wien, 1971
Hammer-Purgstall, Joseph von: Geschichte des Osmanischen Reiches. 10 Bde. Pest, 1827–1835. Nachdruck: Graz, 1963
Hóman, Bálint – Szekfü, Gyula: Magyarország története (Geschichte Ungarns). 7 Bde. Budapest, 1936
Palacky, Frantisek: Geschichte von Böhmen. Prag, 1836–1837
Zöllner, Erich: Geschichte Österreichs. Wien, 1984

Ausgewählte Literatur- und Quellenangaben

Acsády, István: Magyarország három részre szakadásának története (Geschichte der Dreiteilung Ungarns). Budapest, 1897
Árpád-kori és Anjou-kori levelek (Briefe aus der Zeit der Árpáden und der Anjou): Hgb. von László Makkai und László Mezey. Budapest, 1960
Artner, Edgár: Magyarország és az apostoli szentszék viszonya a mohácsi vészt* megelözö években (Das Verhältnis Ungarns und des Heiligen Stuhles in den Jahren vor dem Verderb von Mohács), in: Mohács emlékkönyv. Budapest, 1926
Babinger, Franz: Die Geschichtsschreiber der Osmanen und ihre Werke. Leipzig, 1927
Mehmed der Eroberer und seine Zeit. München, 1953
Balogh, István: Velencei diplomaták Magyarországról (Venezianische Diplomaten über Ungarn), 1500–1526. Szeged, 1929
Brandi, Karl: Kaiser Karl V. – Werden und Schicksal einer Persönlichkeit und eines Weltreichs. Bd. I. Frankfurt a. M., 1976. Bd. II. Quellen und Erörterungen. München, 1967
Braudel, Fernand: La méditerranée et le monde méditerranéen á l'epoque de Philippe II. (Der Mittelmeerraum und seine Welt im Zeitalter Philipps II.). 2 Bde. Paris, 1966
Brodarics, Stephan: (Stephanus Brodaricus) De conflictu Hungarorum cum Turcis ad Mohács verissime descriptio (Die wahre Beschreibung des Kampfes der Ungarn mit den Türken bei Mohács). Sambucus-Ausgabe. Köln, 1690
Cambridge History of Islam, The: Ed. by (hgb. von) P. M. Holt, Ann K. S. Lambton, Bernard Lewis. Vol. 1,2. Cambridge, 1970

---

* »Mohácsi vész« ist im Ungarischen ein Terminus und eine Redewendung und weist auf den Niedergang des Landes nach der Schlacht von Mohács hin. Ich übersetze »vész« – ursprünglich: Gefahr, Bedrohung – wegen der verderbenbringenden Folgen der Schlacht sinngemäß mit »Verderb«. T.S.

Fraknói, Vilmos: A Hunyadiak és a Jagellók kora (Das Zeitalter der Hunyadi und der Jagiellonen) 1440–1526. Budapest, 1896
Magyarország a mohácsi vész elött a pápai követek jelentése alapján (Ungarn vor dem Verderb von Mohács auf Grund der Berichte der päpstlichen Gesandten). Budapest, 1884
A magyar királyválasztások története (Geschichte der ungarischen Königswahlen). Budapest, 1921
Gévay, Anton von: Urkunden und Actenstücke. Geschichte der Verhältnisse zwischen Österr., Ung. und der Pforte im 16. und 17. Jh. Wien, 1838–1842
Hatvani, Mihály: Magyar történelmi okmánytár. A brüsszeli országos levéltárból és a burgundi könyvtárból (Ungarische historische Urkundensammlung. Aus dem Brüsseler Landesarchiv und der burgundischen Bibliothek). 1441–1538. Monumenta Hungariae Historica. Diplomataria.
Horváth, Mihály: Adalékok János külviszonyai történetéhez (Beiträge zu den Außenbeziehungen Johanns). Pest, 1866
Iorga, Nicolae: Geschichte des Osmanischen Reichs. 5 Bde. Gotha, 1908–1913
Jászay, Pál: A magyar nemzet napjai a mohácsi vész után (Tage der ungarischen Nation nach dem Verderb von Mohács). Pest, 1846
Karabacek, Joseph von: Geschichte Suleimans des Großen, verfaßt und eigenhändig geschrieben von seinem Sohn Mustafa. Wien 1917
Katona, István: Historia critica regum Hungariae. Pestini, 1779–1817
Körner, Karl Theodor: Zriny. Ein Trauerspiel. Uraufgeführt 1812 am Wiener Hofburgtheater
Kretschmayr, Heinrich: Geschichte von Venedig. Bde. II.–III. Stuttgart, 1934
Kupelwieser, Leopold: Die Kämpfe Ungarns mit den Osmanen bis zur Schlacht bei Mohács. Wien, 1899
Die Kämpfe Österreichs mit den Osmanen. Wien, 1899
Lanz, Karl: Correspondenz des Kaisers Karl V. 3 Bde. Leipzig, 1844–1846. Nachdruck: Frankfurt a. M. 1966
Lewis, Bernard: Die Welt der Ungläubigen – Wie der Islam Europa entdeckte. Berlin, 1983
The Arabs in History (Die Araber in der Geschichte bis 1517). London, 1958
Liske, Xaver: Der Congress zu Wien im Jahre 1515. Forschungen zur deutschen Geschichte. Bd. VII.–VIII., 1867
Monumenta Vaticana, I.: Relationes Oratorum Pontificiorum, 1524–1526. Budapest, 1884
Perjés, Géza: Mohács. Budapest, 1979
Sanudo, Marino: s. Wenzel
Schiller, Friedrich von: Maria Stuart. Uraufgeführt 1800 in Weimar. Daraus Zitat auf S. 270
Simányi, Tibor: Kaunitz oder Die diplomatische Revolution. Staatskanzler Maria Theresias. Wien-München, 1984. Siehe im besonderen die »Schlußbetrachtung: Rückblick (1525–1756) und Vorschau (1763–1958)«

Sörös, Pongrácz: Frangepán Ferenc, kalocsai érsek, egri püspök (Franz Frangepán, Erzbischof von Kalocsa, Bischof von Erlau) in: Századok (Jahrhunderte). Budapest, 1917
Szmodis-Eszláry, Éva: Hauptfragen der Wandmalerei in Ungarn im 15. und 16. Jahrhundert. Vortrag. Wien, 1985
Thury, József: Török történetirók (Türkische Geschichtsschreiber). Mit Urkundensammlung. Budapest, 1896
Török-magyar oklevéltár (Türkisch-ungarische Urkundensammlung) 1533–1789. Gesammelt und kommentiert von Imre Karácson. Hgb. von Lajos Thallóczy, János Krcsmárik, Gyula Szekfü. Budapest, 1914
Török, Pál: I. Ferdinánd konstantinápolyi béketárgyalásai (Friedensverhandlungen Ferdinands I. in Konstantinopel). Budapest, 1930
A mohácsi vész diplomáciai elözményei (Die diplomatische Vorgeschichte des Verderbs von Mohács) in: Mohács emlékkönyv (Mohács-Gedenkbuch). Budapest, 1926
Türckische und Ungarische Chronica, Nürnberg/: In Verlegung Paul Fürsten/ Künsthändlern/ M. DC. LXIII.
Vaughan, Dorothy Margaret: Europe and the Turk. A Pattern of Alliances (Europa und die Türken. Ein Bündnismodell) 1530–1700. Liverpool, 1955
Verancsics, Antal: M. kir. helytartó, esztergomi érsek összes munkái (Kgl. ung. Statthalter, Erzbischof von Gran, Gesammelte Werke). 25 Bde. Monumenta Hungariae Historica. Pest, 1857
Wenzel, Gusztáv: Frangepán Kristóf velencei fogsága (Die venezianische Gefangenschaft von Christoph Frangepán). Pest, 1850–1851
Marino Sanudo világkrónikája (Weltchronik von Marino Sanudo) in: Magyar Történeti Tár (Ungarisches Historisches Archiv). Budapest 1878
Weiss, M. Charles: Papiers d'état du cardinal de Granvelle. 4 Bde. Paris, 1841–1843
Wien 1529. Die erste Türkenbelagerung. Textband. 62. Sonderausstellung des Historischen Museums der Stadt Wien, 1979
Wittek, Paul: The Rise of the Ottoman Empire. London, 1965
Zinkeisen, Johann Wilhelm: Geschichte des Osmanischen Reiches in Europa. 7 Bde. Hamburg, Gotha, 1840–1863
Zrinyi, Miklós (Urenkel des Verteidigers von Szigetvár): »Szigeti veszedelem« (Der Sturz Szigets) Epos, 1651. Nachdruck Pest, 1852
Zurita y Castro, Jerónimo de: Anales de la corona de Aragón. 1562–1580 (Aufzeichnungen von der Krone Aragons)

Namenregister

Abbildungsnachweis

Das Titelbild stellt Ferdinand I. im ungarischen Krönungsornat mit Zepter und Reichsapfel dar.

Die Landkarten sowie die Fotos »Schweizertor«, und »Wappentafel« sind Arbeiten von Herbert Schiefer, Wien.

Das Faksimile »Türkische und Ungarische Chronica« stammt vom Original im Schloß Brühl am Rhein.

Alle anderen Bilder: Bildarchiv der Österreichischen Nationalbibliothek.